KB188102

통찰

휴넷CEO 비즈니스 인사이트

리더를 바꾸고, 비즈니스를 바꾸고, 세상을 바꿉니다

통찰

휴넷리더십센터 엮음

행복한북클럽
Happy Bookclub

"리더를 바꾸고, 비즈니스를 바꾸고, 세상을 바꿉니다."

휴넷CEO 브랜드 런칭과 함께 휴넷CEO리더십연구원의 진심을 담아 정한 비전입니다. 오늘날 기업의 비즈니스 환경은 복합적이고 영구적인 위기의 시대로 접어들었습니다. 불확실성 속에서도 기업은 경쟁 우위를 선점해야 하고, 이를 위해 빠른 결정과 신속한 실행이 필요합니다. 결국 기업의 성패는 경영진의 리더십에 달려 있습니다.

성공적인 리더십을 위해서는 비전과 소통, 조직 관리 등 많은 요소가 필요합니다. 그중에서도 중요한 것은 보이지 않는 것을 볼 수 있는 능력과 미래의 방향을 예측하는 감각입니다. 그리고 세상을 읽고 비즈니스를 이해하려는 지속적인 학습과 노력 위에 펼쳐지는 넓고 깊은 아이디어. 바로 기업을 성장시키는 리더십의 근간, 통찰입니다.

우리는 이러한 경영진의 성장과 통찰에 집중합니다. '리더의 학습과 성장, 비즈니스 성공을 위해 무엇이 필요한가'라는 고민에서 출발해, 보이지 않는 것을 보는 힘을 키우고, 지속적으로 성장하는 조직을 만들 수 있도록 경영자를 위한 솔루션 개발에 매진합니다.

이제 《통찰》이라는 이름의 도서로, 휴넷CEO에서 매일 제공하는 다양하고 깊이 있는 인사이트를 모아 선보입니다. 경영, 리더십, 혁신, 트렌드, 인문, 예술 등 각 분야 최고의 교수진과 전문가로 구성된 휴넷CEO 프로페서의 프리미엄 인사이트를 멤버십 서비스, 북러닝, 도서 등 다양한 플랫폼을 통해 제공함으로써, 더 많은 리더가 더 빠르게 성장할 수 있도록 지원하고자 합니다.

앞으로도 우리는 리더의 성장과 통찰을 위한 솔루션 개발에 모든 역량을 집중할 것입니다. 경영과 비즈니스 환경을 이해하고, 리더십을 계발하며, 인간에 대한 깊은 철학을 지닌 리더가 탄생하고 성장하여 글로벌 비즈니스의 선두에 설 수 있도록 휴넷CEO가 함께하겠습니다.

휴넷CEO리더십연구원장

조영탁

차 례

1장 경영

2장 리더십

3장 혁신

4장 글로벌 · 인문

1

경영

지금 우리 회사는?
CEO를 위한 AI 도입 가이드

김지현 SK경영경제연구소

챗GPT는 이미 대학생들 사이에서 학습과 리포트 작성의 중요한 도구로 자리 잡았다. 방학 기간에는 챗GPT의 사용량이 20퍼센트가량 줄어든다고 할 정도다. 하지만 기업에서는 보안 이슈를 비롯해 업무의 특성에 맞는 정확한 정보 제공이 어렵다는 한계 탓에 널리 이용되지 못하고 있다. 그렇다고 생성형 인공지능(Artificial Intelligence, 이하 'AI')이 업무에 무용지물인 것은 아니다. 2022년 11월에 출시된 이후 챗GPT가 너무 빠르게 발전되고 있다 보니 아직 기술의 한계와 문제가 검증되지 않았을 뿐이며, 제대로 된 사용법과 용도에 대한 인식도 함께 부족한 상황이다. 그럼에도 불구하고 생성형 AI 서비스를 기업에서 활용할 가능성은 무궁무진하다.

업무 생산성을 끌어올리는 생성형 AI

생성형 AI는 웬만한 전 세계 언어를 인식하므로 번역이 더할 나위 없이 편해진다. 또한 문서나 유튜브 영상, 기사 등을 요약하고 해당 내용에 대해 질의응답을 하는 성능이 뛰어나다. 그리고 복잡한 도표나 재무제표 등의 숫자를 효과적으로 분석한다. 마케팅 카피나 보도자료, 이메일, 보고서, 프레젠테이션 작성도 가능하다. 물론 이미지를 제작하고 영상과 음악 콘텐츠도 만들 수 있다. 아직 영역에 따라 결과물이 만족스럽지 못한 경우가 많지만(엉뚱한 답을 마치 진짜처럼 하는데 이를 '할루시네이션(hallucination)' 혹은 '환각 현상'이라고 한다), 추가적인 데이터를 입력하고('데이터 그라운딩'이라고 한다) 최신 정보와 뉴스를 검색해 결과물에 반영하면 품질이 좋아진다.

생성형 AI 서비스는 기업 내 다양한 부문에서 업무 생산성을 높이는 데 직접적으로 기여한다. 일례로 대부분의 사무 직장인이 사용 중인 MS오피스에 코파일럿(Copilot)이라는 기능을 추가하면 아웃룩으로 메일을 작성하고 내용을 확인할 때, 회의록을 워드로 정리할 때, 엑셀에서 그래프를 생성할 때, 파워포인트에서 내용을 줄이거나 늘리고 디자인을 변경할 때 유용하다. 사용자가 일일이 엑셀의 함수 사용법을 익히고 외우지 않아도 최종적으로 원하는 것을 요청하면 자동으로 엑셀이 작동된다. 결과적으로 직원의 업무 생산성이 높아질 수밖에 없다.

현대백화점은 AI 마케터 '루이스'를 네이버의 하이퍼클로바X를 기반으로 만들었다. 지난 3년 치 현대백화점의 광고 카피와 이에 대한 고객 반응 데이터를 기반으로 학습된 이 AI는 현대백화점에 최적화된 카피를 만들어낸다. 마케팅 목적, 홍보 상품, 타깃 고객군, 활용처를 선택하면 반응률이 높을 만한 카피를 추천한다. 챗GPT와 같은 생성형 AI 서비스를 이용하면 범용적인 내용이 생성되지만, 루이스는 현대백화점의, 현대백화점을 위한, 현대백화점에 의한 AI 마케터로 현대백화점에 최적화된 AI 서비스다.

이처럼 생성형 AI 서비스는 마치 MS오피스처럼 대부분의 구성원을 위한 업무 툴로써 활용할 수 있다. 노션, 슬랙, 에버노트, 포토샵 등 여러 업무 관련 소프트웨어와 서비스가 이미 생성형 AI 기술로 더 나은 편의성과 효율성을 제공하고 있다. 특히 생성형 AI 서비스는 기존의 업무용 서비스와 달리, 자동으로 콘텐츠를 생성하고 추천하는 편리한 기능을 제공한다. 일단 글과 말로 서비스가 작동되기 때문에 별도로 사용법을 숙지하지 않아도 된다. 그리고 자동으로 글, 그림, 영상, 소리 등 다양한 형태의 콘텐츠를 생성하므로 직접 공들여 수작업을 하지 않아도 된다.

또한 특정 기업만의 비즈니스 문제를 해결해주는 좀 더 뾰족한 생성형 AI 서비스도 있다. 현대백화점의 사례처럼 특화된 AI 서비스가 특별한 비즈니스 문제를 해결하는 솔루션 역할을 하는 것이다. 예를 들어, VIP 고객의 자산 운용을 하는 전문 투자 상담사를 위해 투자 상품 정보를 분석하고 정리하는 AI 서비스, 공사 현장의 다양한 센서를 취합한 데이터를 기반으로 시공 진척도와 상태를 분석하는 AI 서비스, 회사의 복리 후생과 각종 규정과 직무 가이드 관리에 도움을 주는 생성형 AI 서비스, 블로그나 SNS에 포스팅을 하고 홍보를 해주는 AI 서비스가 있을 수 있다.

AI로 대고객 서비스와 시장 공략

생성형 AI는 기업이 고객에게 더 나은 품질의 서비스를 제공하는 데 사용되기도 한다. 숙박과 항공권 예약을 대행하는 익스피디아(Expedia)는 자사 앱에 챗GPT 기능을 탑재했다. 기존에는 여행 정보를 탐색하려면 화면에서 메뉴를 찾거나 검색어를 입력했지만, 챗GPT 기능을 도입한 뒤로는 고객이 마치 상담사에게 말하듯 여행 조건, 여행 정보, 원하는 호텔과 항공권 내역을 입력하면 자동으로 관련 상품이 안내되어 예약까지 쉽게 이루어진다. 이처럼 고객 대상으로 운영 중인 서비스 등에 AI 기술을 적용하면 더 나은 사용자 경험(user experience)을 제공할 수 있다.

생성형 AI 서비스로 차별화를 꾀하면 사업 영역이 확장된다. 스마트폰이 보급되기 시작한 2000년대, 컴퓨터 기반의 웹에서 서비스를 제공하던 네이버, 지마켓, 다음지도, 쿠팡 등은 모바일 앱을 만들어 경쟁력을 높였다. 반면 싸이월드나 네이트온, 다음카페, 네이버블로그 등은 모바일 시장 공략에 늦거나 소극적 투자에 그치는 바람에 페이스북, 카카오톡, 밴드 등과의 경쟁에서 뒤처졌다. 생성형 AI 시대도 모바일 시대와 마찬가지다. 기존 서비스의 경쟁력을 강화하고 차별화함으로써 고객에게 더 나은 사용자 경험을 제공하면 경쟁 우위에 설 수 있다.

기업은 생성형 AI 기술 기반의 신규 시장 진출도 고려해야 한다. 모바일 시장에서 티맵, 카카오T, 배달의민족, 틱톡 등의 앱이 내비게이션, 교통, 배달, 소셜미디어 시장에서 기존 웹에는 없던 새로운 시장을 개척했듯 AI 기술에 기반해 새로운 사업 영역을 만들수 있다. 캐릭터.AI(Character.AI)나 파이(Pi), 토키(Talkie) 등은 마치 영화 〈그녀(Her)〉에 등장하는 AI 사만다처럼 지식이 아닌 감성적인 대화가 가능한 챗봇 서비스다. 역시 일상의 대화를 나누는 심심이, 이루다와 다른 점은 온전히 AI와의 상호 작용만으로 진짜 사람과 대화하는 듯한 감성을 제공한다는 점이다. 기존의 챗봇 서비스는 미리 지정해둔 규칙 내에서 대화가 전개되지만, 대형언어모델(Large Language Model, 이하 'LLM') 기술이 적용된 챗봇 서비스는 다양한 성향과 특성을 갖춘 대상자를 정의해 대화가 진행되도록 한다. 따라서 이순신 장군, 아인슈타인, 스티브 잡스 같은 역사 인물이나 현존하는 샘 알트만(Sam Altman), 일론 머스크(Elon Musk) 같은 기업인, 동화나 만화, 영화 주인공과도 대화를 나눌 수 있다. 심지어는 사용자의 평소 생각과 지식을 닮은 '디지털 트윈'을 만들어 대화할 수도 있다.

실제 이런 아이디어와 AI 기술을 기반으로 새로운 데이팅 앱을 개발한 곳이 티저AI(Teaser AI)다. 티저AI의 사용자는 직접 입력한 프로필 정보와 채팅으로 디지털 트윈을 만들 수 있다. 이 디지털 아바타는 사용자 대신 상대와 온라인 데이트를 하며 이야기 나눈다. 물리적 시간의 제약으로 사용자가 실제 대화를 나눌 수 있는 상대의 수는 적다. 하지만 디지털 아바타는 무한대로 대화하거나 여러 사람과 동시에 대화하는 것도 가능하며, 그러다 사용자의 성향과 맞는 상대를 찾으면 사용자에게 대화를 이어가도록 추천한다. 이렇게 새로운 기술이 탄생시킨 새로운 서비스는 기존의 서비스가 제공하지 못하던 새로운 경험과 고객 가치를 만들어낸다.

AI 기술은 다양한 산업 영역에서 범용적으로 활용되어 기업의 혁신을 돕거나 새로운 고객 가치를 창조한다. 이를 빠르게 발견해 적정한 LLM과 생성형 AI 서비스를 활용하면 제2의 네이버나 카카오, 배달의민족이 될 수 있고, 글로벌로 도전하면 우버, 인스타그램, 틱톡이 될 수도 있을 것이다.

AI 도입 시 고려할 것들

지난 10년간의 모든 산업 영역에서 디지털 트랜스포메이션(Digital Transformation, DX)의 중추적 역할을 했던 것이 클라우드였다면 이제는 그 중심이 AI로 이동하고 있다. 물론 AI는 클라우드 위에서 작동되고, AI를 학습하고 활용하는 데 핵심 에너지는 데이터이기에 ABC(AI, Big Data, Cloud)라고 불리는 세 가지는 기업의 혁신 과정에서 핵심적인 디지털 도구로 꼽힌다. 그중 AI의 역할이 가장 중요하게 대두되고 있는 것이 최근의 트렌드다.

그런데 챗GPT로 촉발된 초거대 AI를 기업 현장에 적용할 때는 유의할 사항이 있다. AI는 다양한 영역에서 사용될 수 있는 데다가 너무 빠르게 기술의 발전이 이루어져 인간의 능력을 어디까지 대체할지 가늠이 안 된다. 따라서 당장 효과를 볼 수는 있지만 차후에 생각지 못한 문제가 발생할지도 모른다. 예를 들어, 예상보다 과도한 비용이 지속해서 발생하거나, 인간이 AI에 길들여져 검증도 하지 않은 채 AI의 답을 무조건 추종하거나, AI에 입력한 데이터와 프롬프트를 통해 기업의 보안 정보가 유출될 우려가 있다. 또한 편향된 데이터로 학습된 AI가 특정한 인종이나 성별 등에 대한 차별을 담은 콘텐츠를 생성하고 이것이 고객에게 제공되는 서비스에 반영되면 심각한 사회 문제가 될 수 있다.

그런 만큼 AI를 도입할 때는 신중해야 한다. 우선 AI로 해결하려는 문제나 기대하는 가치가 무엇이고, AI의 사용 주체는 누구인지부터 정의할 필요가 있다. 사용자가 내부 구성원인지 외부 사용자인지, 구체적으로 그 사용자가 왜 AI 서비스를 사용하려고 하는지, 이를 통해 창출되는 가치는 무엇인지를 명확히 해야 한다. 이후에는 AI의 개발 과정에서 핵심 기술인 LLM을 어떤 것으로 사용할지, 어느 클라우드 기반에서 도입할지, 혹은 어떤 오픈소스 LLM 기반으로 독자적인 소형언어모델(small LLM, sLLM)을 자체 개발할지 등을 정한다. 그리고 LLM에 어떤 데이터를 넣어 학습시킬지도 결정한다. 마지막으로는 최종적으로 구현된 AI 서비스에 어떤 기능을 어떤 화면과 메뉴 구성, 즉 유저 인터페이스로 사용자에게 제공할지를 디자인한다. 이 과정을 거치면 생성형 AI 서비스가 만들어진다.

물론 기존의 생성형 AI 서비스를 그대로 도입하는 것도 하나의 방법이다. 코파일럿, 챗GPT 유료 버전인 챗GPT Plus, 문서를 생성하는 톰(Tome), 문장과 글을 생성해주는 뤼튼(wrtn), 프레젠테이션을 생성해주는 감마(Gamma), 이미지를 생성해주는 미드저니(Midjourney) 등 범용적인 생성형 AI가 있다. 다만 이를 도입할 때는 비용 대비 이익을 먼저 확인해야 하고, 기업 보안 이슈에 대한 사전 점검도 필수다.

이미 시장에는 기업이 활용할 수 있는 AI 서비스가 있다. 하지

만 제아무리 좋은 도구가 있어도 사용자의 준비가 부족하면 도구
는 제 역할을 하지 못한다. 따라서 AI 서비스를 도입하는 과정에서
는 반드시 현명한 전략과 사용자의 학습이 필요하다. 가장 좋은 방
법은 전사적으로 바로 도입하기보다 파일럿 테스트로 일부 영역에
서 제한된 사용자에게 AI 서비스를 제공해보는 것이다. 그런 다음
투자 이익률과 보안, 사용 과정의 이슈, 학습 등에 대해 파악하면
AI 서비스 도입에 따른 시행착오를 줄일 수 있다.

"전략은 좋았는데 실행이 안 됐다"는 말은 틀렸다

김언수 고려대학교

전략과 관련하여 실무자들이 가장 많이 하는 말 중 하나는 아마도 "전략은 좋았는데 실행이 잘 안 됐다"일 것이다. 전략 수립이 좋았다는 것은 '한정된 자원으로 높은 성과를 내기 위해 자원을 배분할 곳 혹은 싸울 곳의 매력도와 기회 등을 잘 분석하여 인간적으로 예측하기 힘든 상황적인 변화를 제외하고는 방향을 잘 잡았다'는 의미고, 실행이 좋았다는 것은 '전략 수립에서 의도한 대로 자원이 배분되고, 사람들이 움직이면서 실질적인 성과를 만들었다'는 의미다. 효과적인 실행은 상위 전략적 결정을 일관되게 받쳐줄 하위 전략과 계획이 잘 준비되고, 사람들이 전략과 일관된 액션을 취할 수 있는 환경을 만들었다는 것을 전제로 한다. 전략도 좋지 않고 실행도 좋지 않으면 당연히 성과가 낮다. 좋지 않은 전략을 잘 실행하는 경우는 현실적으로 있기 힘들지만 만약 그런 경우가 있다면 두려운 상황일 것이다. 전략은 좋았는데 실행이 안 되었다는 것은 어떤 의미일까? 우리는 실행이 안 되었다면 전략 자체에 문제가 있었을 것이라고 주장한다.

전략은 항상 의도한 대로 실행되는가?

전략은 항상 의도대로 실행되지는 않는다. 전략을 수립할 당시 기반이 되었던 외부 환경, 내부 조직에 대한 분석과 예측이 계속 변하기 때문이다. 분석 실력의 부족 탓이든, 부주의해서든, 시간이 없어서든, 수립 당시 예측하지 못했던 새로운 기회나 새로운 위협 요소가 지속해서 등장하면서 기존에 수립된 전략적 방향을 수정해야 할 갈림길에 이르는 것이 일반적인 상황이다. 혼다(Honda)는 미국 시장에 처음으로 진출하면서 할리데이비슨(Harley-Davidson)을 공략한다며 경험이 없던 대형 오토바이로 판매를 시작한 뒤 예상하지 못한 온갖 문제에 부딪혔다. 그러다 우연한 기회에 애초에는 판매 의도가 전혀 없던, 자신들의 강점인 50시시(cc)짜리 소형 바이크에 대한 소비자의 관심과 기회를 잡으며 전략의 방향을 바꾸어 성공했다. 그래서 프로이센의 몰트케(Helmuth von Moltke) 장군은 "모든 작전 계획은 적과의 교전과 동시에 무용지물이 된다"라고 말한 것 같다. 이렇듯 전략 실행은 수립과는 또 다른 측면에서 어려운 과정이어서 '수립은 좋았는데 실행에 문제가 있었다'는 말은 당연할 수도 있다.

실행에는 계획(plan)적인 면과 액션(action)적인 면이 있다. 계획적인 측면이란, 수립된 전략이 의도대로 실행되는 데 필요한 자원과 역량을 파악하고, 그 자원이 의도한 곳에 의도대로 배치되게 만들어줄 조직을 디자인하고, 사람들이 전략이 의도하는 대로 행동하게 도와줄 평가와 보상 시스템 등을 준비하는 것을 말한다. 남은 것은 사람들이 계획대로 움직이면서 성과를 내는 것인데 그 과정에서 예측하지 못한 여러 문제(사람들의 능력 문제, 모티베이션 문제, 팀워크 문제 혹은 수립 때의 가정과는 다른 내외부 환경적 변화 등)가 생긴다. 실무에서 실행이 안 좋았다는 것은 이 부분을 의미하는 듯하다.

액션이 시작된 후 발생할 수 있는 내외부 변수를 모두 예측하는 것은 불가능하다. 우리가 할 수 있는 것은 정말 예측 불가하고 통제 불가한 상황 외에는 성공할 수 있는 전략을 수립하고 실행을 준비하는 것이다. 문제는 실행의 계획조차 엄밀하게 정비되지 않고 전략이 론칭되는 경우다. 내적인 일관성(alignment)을 최대한 확인하지 않고 방향성만으로 '좋은 전략이다, 그런데 성과가 나지 않는 것을 보니 실행이 잘못된 것일 수밖에 없다'라고 하는 태도는 지적

해야 한다. 액션으로 들어가서 발생할 수 있는 모든 내외부적인 상황에도 불구하고 원래 의도 그대로 실행되고 성과를 내는 전략 수립이 가능한가는, 일종의 운(運)의 영역이므로 별개의 이슈다.

수립과 실행 사이의 거리

이것은 전략의 개념과 구조 혹은 구성 요소에 대한 이해와 합의가 필요한 문제인데, 수많은 전략에 대한 정의는 결국 '한정된 자원의 배치를 통해 높은 성과를 올리는 방법' 정도로 귀결된다.

사업 전략을 기준으로 생각해보면,

- 한정된 자원(경쟁 우위, 가치 사슬, 가치 사슬 활동, 핵심 역량 등의 개념이 관련 있다)을
- 어디를 향해서(지역, 사업, 세그먼트, 고객 유형, 제품과 서비스 등이 관련 있다)
- 어떻게 배치해서 공략(가치 제안이 관련 개념이다)할 것인가의 종합적인 스토리가 되겠다.

이렇게 자원을 배치하고 경쟁하는 것은 어떤 목표를 달성하기 위해서다. 여기서 목표는 수치화된 목표뿐만 아니라 그보다 상위의 비전 등도 모두 포괄하는 것으로 본다. 즉, 전략은 '목표-어디서

싸운다-어떻게 이긴다-활용할 역량과 자원'의 관계를 정렬시킨 것이다. 전략이 목표를 포함하는지 아닌지 역시 오래된 논쟁거리이지만, 목표는 전략의 출발점이라고 여겨진다. 목표 역시 '한정된 자원으로 높은 성과를 올리기 위해서는 선택과 집중 또는 포기를 해야 한다'는 원칙이 적용되기 때문이다. 목표 설정에서부터 '포기' 내지 '상쇄(trade-off)'의 구도가 있지 않으면 잘못된 전략 수립의 근원이 될 것이다. 그런데 이 네 가지는 어디까지나 계획이고 이 계획대로 자원이 이동하고 배치되어 사람들이 움직이면서 성과를 내는 것이 실행 시스템이다. 우리가 전략에 관심이 높은 것은 전략이 높은 성과를 가져다준다고 믿기 때문이고, 그러기 위해서는 '목표-어디서 싸운다-어떻게 이긴다-활용할 역량과 자원'이라는 다섯 가지 요소가 서로 유기적으로 연결되어야만 한다.

전략은 실행 방안까지 포함해야 완성된다고 할 수 있다. 이렇게 되면, '그럼 모든 것이 전략인가?'라는 질문이 나온다. '목표-어디서 싸운다-어떻게 이긴다'에 대한 결정은 상대적으로 전략적인 부분이고, 나머지 '필요한 역량과 자원-실행 시스템'의 결정은 상대적으로 전술적인 부분인 것은 사실이다. 그러나 그 구분은 명확하지 않을뿐더러 실질적인 도움이 되지 않는다. 전략을 만들고 성과를 내려면 전략의 모든 요소를 커버해야 하기 때문이다. 이와 관련해서는 전략을 그림으로 표현하는 활동 지도(activity map)의 개념이

【 미국 증권사 에드워드존스의 활동 지도 】

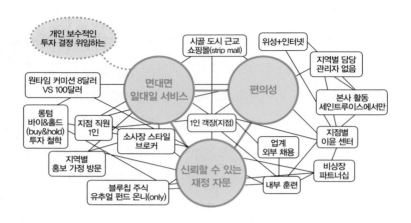

도움을 줄 수 있다. 미국 증권사 에드워드존스의 활동 지도를 예로 보자.

활동 지도의 중앙에 위치하는 큰 동그라미들은 가치 제안(value proposition)을 대표하며 '어디서 싸우고 어떻게 이긴다'를 표현하는 것이다. 주요한 투자 결정을 스스로 하지 않고 전문가에게 의뢰하는 고객(투자 결정을 위임하는 보수적인 개인 투자자)을 대상으로 신뢰할 수 있는 재정 자문을 면대면, 일대일로 편리한 위치에서 제공하는 것이 전략의 핵심이다.

나머지 작은 동그라미들은 그 가치 제안을 현실화하고 전달하는 데 필요한 역량, 자원, 가치 활동의 연결을 표현한다. 예를 들어, 편리하면서도 한 번에 한 명의 고객만 일대일로 응대하기 위해서는 사람이 많이 다니는 길가에 소규모 지점을 개설하고 브로커 한 명이 조수 한 명과 함께 독립적인 이윤 센터로 운영을 한다. 이때 소사장처럼 지점을 운영할 수 있는 사람이 필요하며, 독특한 투자 철학을 따르는 브로커를 양성하려면 증권업계에서 일한 경험이 없는 사람을 채용하고 오랜 시간과 비용을 들여서 교육과 훈련을 하는 인사 관리 시스템이 필요하다. 이런 역량과 자원의 연결을 표현하는 작은 동그라미들 없이 가치 제안만으로는 흔히들 말하는 '뜬 구름 잡는' 데 그칠 수밖에 없다. 반대로 가치 제안 없이 역량과 자원의 배열과 연결만으로는 '무엇을 위해서 가치 활동을 실행하는가?'에 대한 답과 방향성이 없다. 따라서 전략이라고 하면 전략적인 방향성을 잡는 것은 물론, 실행을 위한 역량과 자원의 배치까지 포함되어야만 한다. 즉, 전략의 실행과 수립은 분리될 수 없다.

다른 측면에서 보면, 가치 제안은 어떤 고객에게 어떤 가격으로 어떤 혜택을 줄 수 있는지를 설득하고 약속하는 수요 사이드고, 가치 활동은 그 약속을 지킬 수 있는지의 여부를 결정하는 공급 사이드의 요소다. 수요와 공급 중 한쪽만 있어서는 사업이 성립되지 않는다. 수요와 공급은 별개의 요소지만 반드시 연결되어야 한다. 전략의 수립과 실행도 마찬가지다. 따라서 "전략은 좋았는데 실행이 잘 안 됐다"는 잘못된 말이다. 실행 가능성이 없는 멋진 전략은 사실 잘못된 것이다. 그리고 전략 실행이 잘못되었다면 일차적인 책임은 직접 실행하는 사람이 아니라 전략을 수립한 사람에게 있다.

전략 수립과 실행의 주체가 다르다는 오해

물론 직접적인 전략의 실행은 조직의 아래쪽, 현장 사람들이 한다. 그러나 그들의 실행 방향과 기준, 즉 실행의 환경과 맥락은 그들 스스로 만드는 것이 아니라 전략을 수립하는 사람들이 만든다. 전략의 수립은 자원을 어디에 어떻게 배분할지를 결정하는 것이고, 전략의 실행은 의도된 대로 의도한 곳에 자원이 배분되는지의 문제며, 그러니 최고경영자야말로 자원이 제대로 배분되는지를 확인하고 집행하는 유일한 사람이라 할 수 있다.

말은 전략이 아니다. 실제 행동이 전략이다. 다른 말로, 자원이 가는 곳을 보면 그것이 전략이다. 진짜 전략은 어디에 자원을 쓸 것인가와 관련하여 매일매일 내리는 수백 가지 의사 결정이 모인 것이다. 애초에 의도한 곳에 자원을 쓰지 않는다면, 전략은 전혀 실행되지 않는 것이다. 자원이 의도한 대로 배분되도록 하는 도구가 조직이다. 전략적인 계획을 현실로 만들어줄 정보, 돈, 사람, 권한의 통로를 표현한 것이 조직 구조도다. 전략이 정해지면 필요한 역량이 정해진다. 그 역량의 실체는 사람이다. 사람들에게 역할과 책임과 권한을 배분하고, 다시 그들 사이에 의사 결정과 역할의 흐름 등 협업의 메커니즘(프로세스)을 정하고, 일의 진전 정도를 측정하고 촉진해야 할 행동의 기준(지표)을 정함으로써 실행이 이루어진다. 이처럼 조직을 디자인하는 것은 누구의 권한이며 책임인가?

그것은 조직의 아래쪽이 아닌 위쪽에 있다. 실행하는 사람들은 조직 디자인이 배분해준 일을 평가와 보상 기준을 따라 수행한다.

조직은 한 번에 공략하기에 너무 큰일을 작게 나누어 사람들이 그 부분들을 수행하게 함으로써 혼자서 하는 것보다 훨씬 크고 많은 일을 하게 하는 장치다. 그래서 조직은 인류 역사상 최고의 발명이라고 한다. 그런데 중요한 문제가 항상 수반된다. 일을 나누어 하다 보니 전체적으로 의도한 그림과 하위의 작은 요소들 사이에 괴리가 생길 수밖에 없다. 본사, 사업부, 기능 부서, 현장 조직 등으로 작게 분화하면서 실행하는 조직의 특성상 상위 조직의 실행을 위한 지표는 하위 조직 단위의 목표가 되기 때문이다.

미국 웰스파고은행은 '고객과의 장기적인 관계를 돈독히 하며 고객의 재무적인 성공을 위해 일한다'는 전략적인 목표가 현장에서 얼마나 잘 실행되는지를 측정하는 지표로 교차 판매(cross-selling)를 삼았다. 은행 업무를 보러 온 고객의 재정적인 니즈를 이해하고 증권, 보험 등 고객이 생각하지 못한, 그러나 필요한 서비스를 제안함으로써 일종이 원스톱 서비스를 제공하자는 바람직한 방향으로 가기 위한 지표였다. 그런데 지점 수준에서 개인 은행원 수준으로 내려오면서 이 지표는 목표가 되었다. 2016년 은행원들이 지표를 달성하기 위해 고객 모르게 신용카드와 은행 계좌를 수백만 개 개설했다가 발각되는 사건이 발생했고, 은행 전체가 재정적·사업적 타격을 받게 되었다. 이렇듯 조직이라는 메커니즘의 속성 때문에 수립과 실행 사이에는 거리가 생길 수밖에 없지만 단절되어서도 안 된다. '왜 이런 지표를 달성해야 하는가?'에 대한 답을 주는 것은 상위 전략이고 그 커뮤니케이션은 위쪽에 책임이 있다. 만약 단절이 발생한다면 일차적으로 전략 수립이 잘못된 것이다.

실행을 위한 조직의 정비는 모든 세부적인 사항까지 더 이상 바꿀 필요 없이 완벽하게 정비한다는 의미는 아니다. 학술적인 개념인 '최소 개입의 원칙(principle of minimum intervention)'에 따라, 조직의 큰 디자인에 문제가 없다면 문제를 일으키는 가장 하위 요소부터 고치면 되고 굳이 상위의 큰 그림을 건드릴 필요는 없다. 즉, 전략의 수립과 실행이 잘 되었다는 것은 큰 그림이 잘 정비되어 상대적으로 쉽게 빨리 변경하고 적응할 수 있는 하위 요소만 바꾸면 실행 과정에서 생기는 문제에 대응할 수 있다는 의미다. 큰 그림의 변경이 자주 일어나는 것은 조직 디자인 역량이 부족하거나, 아니면 상위 전략 자체가 자주 변해서다. 특히 후자는 문제가 크며 수립 자체가 잘못된 것이다. 전략과 일관된 조직 구조를 정비하지 않고 실행에 들어가는 것은 조직 하위의 사람들이 시행착오를 거치고 극복하면서 성과를 만들어내야 한다는 말이다.

물론 전략을 직접 실행하는 조직 구성원은 성과에 책임이 없다는 것은 분명히 아니다. 아무리 조직과 환경을 마련하고 시스템을 정비해주더라도 정작 계획을 액션으로 옮기는 사람들이 역할을 하지 못한다면 그것은 그 사람들 책임이 맞다. 다만 '큰 그림을 그리는 전략 수립은 내가, 실행은 다른 사람이, 따라서 성과가 나지 않는다면 실행하는 사람들에게 책임이 있다'라는 생각이 잘못되었음을 지적하고자 한다. "전략은 좋았는데 실행이 잘 안 됐다." 이 말의 의미를 다시 생각해보는 계기가 되었으면 한다.

싸우지 않고
이기는 법

한순구 연세대학교

20년 전 일본에 아사쇼류(朝青龍)라는 전설적인 스모 선수가 있었다. 모든 스모 선수는 대회에서 경기를 15회 치러야 하는데 보통 13승 2패면 우승한다. 그런데 아사쇼류는 힘과 기량이 너무도 압도적이라 전성기에 15승 0패의 전적으로 우승한 적이 많았다. 심지어 2005년에는 스모 역사상 최초로 '연간 전적 84승 6패', '7회 연속 우승'이라는 신기록을 세웠다.

내가 주목한 것은 아사쇼류가 은퇴하기 직전의 경기 전적이다. 스모에서는 보통 15승 0패를 하던 대단한 선수도 나이가 들면 14승

1패 혹은 13승 2패 정도로 전적이 떨어진다. 그런데 아사쇼류는 전성기가 지나자마자 전적이 바로 10승 5패 정도가 되어버렸다. 한순간에 평범한 선수로 전락한 것이다. 어째서 불과 몇 달 만에 천하무적에서 평범한 선수가 되었을까?

'천하무적이다'라는 소문이 천하무적을 만든다

그 이유는 아사쇼류가 전성기 때 스모 대회에서 경기를 15번이 아닌 절반 정도만 치른 데 있다. 무슨 소리인가? 아사쇼류 상대 선수의 입장에서 살펴보면 이렇다. 어차피 천하무적인 아사쇼류를 이길 수 없을 테니 경기에서 전력을 다할 필요가 없다. 그랬다가 혹시 부상이라도 당하면 오히려 손해다. 그래서 아사쇼류와 경기할 때는 제대로 맞서지 않고 스스로 슬쩍 넘어져 패배를 자초한 선수가 상당히 많았던 것이다.

하지만 아사쇼류가 나이 들어 예전만 못하다는 소문이 나자 상황이 달라졌다. 선수들은 아사쇼류가 은퇴하기 전에 한 번이라도 이겨보려고 전력을 다해 달려들었다. 그러자 아사쇼류는 하루아침에 15승 0패에서 10승 5패의 선수로 몰락하고 말았다. 이렇듯 '아사쇼류는 천하무적이다'라는 소문은 아사쇼류가 위대한 선수가 되는 데 실질적인 도움을 주었다. 경제학에서는 이처럼 개인이나 조직의 명성이 그들의 행동과 결과에 영향을 미치는 현상을 '레퓨테이선 게임(reputation game)'이라고 한다.

A 강사가 고등학생을 대상으로 한 지구과학 온라인 강의로 큰 돈을 벌었다고 가정하자. A 강사에 관한 소문에 다른 강사들도 '나도 한번 해볼까' 하고 들썩인다. 그러나 실제로 지구과학 강의를 새롭게 개설할 강사는 없다. 'A 강사의 강의가 워낙 대단해서 학생들이 꿈쩍도 안 할 것이다'라는 판단 때문이다. 결과적으로 지구과학 명강사 A는 싸우기도 전에 명성으로 경쟁자를 모두 제압했다. 이것이 바로 명성의 힘이다. 절대 강자로 인정받으면, 그 명성이 상대의 의욕을 잃게 하고 스스로 포기하게도 한다. 그럼으로써 절대 강자는 실제 자기 능력을 넘어서는 이득을 얻는다.

아무리 지구과학을 독보적으로 잘 가르쳐도 다른 강사가 강의를 개설하면 A 강사의 순이익은 감소할 가능성이 있다. 경쟁자에 맞서기 위해 수강료를 할인한다든지 추가 비용을 들여 강의 설비에 투자해야 할 수도 있다. 하지만 A 강사의 명성에 압도되어 다른 강사가 강의를 개설하지 않으면, A 강사는 수강료 할인이나 추가 비용 지출 없이 시장을 독점할 수 있다.

레퓨테이션 게임의 승자들

레퓨테이션 게임의 진정한 의미는 싸우지 않고 이기는 데 있다. 자신의 우수함을 사전에 과시함으로써 잠재적인 경쟁자의 기선을 제압해 이기는 전략이다.

삼성전자는 다른 경쟁 기업과 차별화되는 우수한 반도체 생산 기술을 보유했다. 모두가 알고 있는데도 삼성전자가 '초격차'라는 용어로 자사의 우수성을 과시하는 것은 레퓨테이션 게임의 전략으로 볼 수 있다. 그냥 격차도 아닌 초격차라는 신조어를 사용하면서까지 삼성전자가 잠재적인 경쟁 기업에 전하려는 메시지는 무엇일까? 아마 '삼성전자의 반도체 생산 기술은 너무나 우수하니, 경쟁해 봤자 소용없다'가 아닐까.

내가 근무하는 연세대 입장에서 서울대는 강력한 경쟁자이자 언젠가 추월하고 싶은 대상이다. 하지만 그러기가 쉽지 않은데, 여러 이유 중 하나가 바로 서울대의 명성이다. 현재 우리나라 대학 입시에서는 학생의 절반 이상을 내신 위주 학생부로 선발한다. 그런데 내신으로 전교 1등을 하는 3학년 학생은 전국에 4,000명이 넘는다. 하지만 서울대가 학생부 전형으로 뽑는 인원은 2,000명에 불과하다. 더구나 특목고 출신 학생을 함께 뽑기에 일반고 전교 1등은 불과 1,500명 정도만 서울대 입학할 수 있다. 즉, 대한민국에는 서울대 입학 정원보다 전교 1등 수가 훨씬 더 많다. 대학 입장에서는 전교 1등 중에서도 뛰어난 전교 1등과 평범한 전교 1등을 구별해야 한다는 의미다.

어떤 지역에 '가, 나, 다, 라' 등 네 개 고등학교가 있다고 가정하자. 그런데 올해 이 지역의 고3 중에서 '다' 고등학교의 전교 1등이 가장 우수하다. 하지만 대학 입장에서 보면 전교 1등은 모두 내신이 동일하므로 누구를 선발하고 탈락시킬지 알 방법이 없다. 하지만 서울대는 가장 우수한 인재인 '다' 고등학교 전교 1등을 귀신같이 뽑아낸다. 어떻게 하면 그럴까?

그 비법 역시 서울대의 명성에서 찾을 수 있다. 실제로 많은 학생이 '서울대는 누가 우수한 전교 1등인지 안다'라고 믿는다. 그래서 '다' 고등학교의 전교 1등 같은 정말 우수한 학생이 서울대에 지원한다. 그렇지 않은 학생은 지원하지 않는다. 이렇게 해서 서울대의 전설은 이어진다. 명성을 이용한 레퓨테이션 게임이 단순한 소문에 그치지 않고 영향력을 발휘하는 까닭이 여기에 있다.

최고의 명성은 만들어지는 것

'천하무적', '절대 강자'라는 명성의 영향력은 크다. 그렇다면 이런 명성은 과연 어떻게 만들어지고 유지될까?

첫째, 단순한 이윤 극대화 이상의 노력이 필요하다. 개인이나 조직이 경쟁할 때 경쟁 항목 중에는 중요한 항목과 그렇지 않은 항목이 있다. 현재의 이윤만 놓고 생각해보자. 중요한 항목에서는 반드시 경쟁에서 승리해야 한다. 하지만 중요하지 않은 항목에서는 무리하게 승리를 추구하기보다 힘과 비용을 절약하는 것이 유리하다. 마치 전성기 시절 아사쇼류와 대결하던 상대방 선수가 경기에서 제대로 맞서지 않고 패배를 자초했던 전략이 이에 해당한다. 그러나 사안이 중요하지 않다고 최선을 다하지 않으면 높은 명성은 얻을 수 없다.

과거 삼성은 삼성라이온즈 야구팀을 우승시키기 위해 엄청난 투자를 했다. 사실 삼성라이온즈가 좋은 성적을 낸다고 삼성의 이익이 올라가는 것은 아니다. 아마도 삼성은 한번 시작하면 반드시 초격차의 1등이 되는 모습을 보여주기 위해 압도적인 투자와 노력을 기울였을 것이다. 아무리 뛰어난 개인이나 조직도 천하무적이라는 명성을 유지하려면 모든 사안에 단순한 이윤 추구 이상의 투자와 노력이 필요하다.

둘째, 뛰어난 능력보다 더 중요한 것이 정신력이다. 정신력이 레퓨테이션 게임에서 얼마나 중요한지를 보여주는 좋은 사례는 소련의 마지막 지도자 미하일 고르바초프(Mikhail Gorbachev)다. 그 시절 소련은 경제력이 쇠퇴하고 있었지만 여전히 군사 강국이었고, 심지어 지구를 여러 번 멸망시킬 수 있을 만큼 많은 핵무기를 보유했었다. 그런데 그토록 강력했던 소련은 하루아침에 무너지고 말았다. 고르바초프는 당시 세계 최강이었던 소련의 무력을 이용해 경제적 어려움을 이겨낼 수도 있었다. 하지만 그는 그러지 않았다. 이렇게 된 이유가 '고르바초프가 너무도 선량한 사람이었기 때문'이라는 분석이 있다.

당신이 거리를 걸어가고 있는데 칼을 든 강도를 만났다고 하자.

만일 그 강도가 훌륭한 인격으로 유명한 대학의 총장이었다면 어떨까? 또는 한눈에도 마약을 한 것 같은 촉법소년이라면? 당신은 둘 중 누구에게 더욱 두려움을 느낄까? 당연히 촉법소년일 것이다. 범죄로 인해 잃을 것이 많고 인격적으로 고매한 대학 총장이 정말로 당신을 찌를 확률은 낮다. 반면 촉법소년은 죄를 지어도 벌을 받지 않을 뿐 아니라 마약까지 했으니, 당신을 찌를 확률이 높다.

여기서 한 걸음 더 나아가는 질문이다. 당신이 두려운 것은 강도가 든 칼인가, 아니면 강도의 정신 상태인가? 경제학 게임이론의 결론은 칼이 아니라 상대의 정신 상태다. 그리고 나는 이것을 '또라이 전략'이라고 부른다. 정신 상태가 멀쩡한 사람은 핵무기를 갖고 있어도 두려워할 필요가 없지만, 또라이 기질이 있는 사람은 칼 한 자루만 쥐고 있어도 두려워해야 한다.

소련이 경제적 어려움을 겪던 시기, 미국 로널드 레이건(Ronald Reagan) 대통령은 고르바초프 서기장의 선량함을 파악했다. 그가 핵폭탄으로 수많은 사람을 죽음에 몰아넣을 수 없다는 것을 단박에 알아챈 순간, 소련의 핵무기는 무용지물이 되었고, 미국이나 서방 국가가 경제 지원을 해줄 이유가 없어졌다. 그 결과, 소련은 붕괴했다. 만일 고르바초프가 소련을 살리고자 했다면 착한 본성을 숨기고 레이건 앞에서 또라이처럼 연기했어야 한다. 조금만 자극하면 핵폭탄의 버튼을 누를 수 있는 인물이라는 인상을 주었다면 역사는 달라졌을 것이다.

명성만으로 경쟁자를 물리치는 강자의 덕목

개인이나 기업도 마찬가지다. 다른 강사가 지구과학 강의를 개설했을 때, 지구과학을 가르치는 A 강사가 할 수 있는 가장 마음 편한 선택은 시장을 나누어 공존하는 것이다. 하지만 이렇게 하다 보면 A 강사의 명성은 무너진다. 반대의 선택도 있다. 가격 할인, 광고비 지출 증대, 강의 장비에 대한 투자 등의 노력을 기울여 시장에 새로 진입한 강사와 경쟁하는 것이다. 이 방법으로는 이윤이 단기적으로 감소할 수 있다.

천하무적의 지위를 유지하려면 단순히 뛰어난 능력만으로는 부족하다. 단순히 이윤을 넘어 최고 지위를 놓치지 않겠다는 강력한 정신력과 의지가 필요하다. 명성은 강력한 무기인 만큼 이를 유지하기 위한 엄청난 노력과 투자가 필요하다. 그리고 제대로 관리하지 못하면 하루아침에 멸망했던 소련처럼 되고 만다.

개인이나 기업이 '천하무적', '절대 강자' 등의 명성을 얻으면, 경쟁자가 의욕을 잃고 스스로 물러나게 함으로써 싸우지 않고도 이기는 전략적 이득이 생긴다. 그러니 레퓨테이션 게임의 개념을 잘 파악하여, 명성을 만들고 유지하는 것에 대해 반드시 검토해야 한다. 또한 높은 명성을 유지하기 위해서는 물질적 노력과 비용도 필요하지만, 무엇보다 단기적 손실을 감수할 수 있는 강인한 의지가 필수라는 사실도 반드시 기억하자.

2024, L자형 장기 저성장의
본격적인 시작점

조영무 LG경영연구원

2024년 세계 경제 활력이 약화함에 따라서 세계 경제성장률은 2023년 2.9퍼센트에서 2024년 2.4퍼센트로 다소 낮아질 전망이다. 1980년 이후 발생했던 경제 침체 중 세계 경제성장률이 가장 높았던 때는 1991년 걸프전 시기로 2.7퍼센트였다. 그 뒤로 잠재성장률이 하락하는 추세임을 감안하면, 세계 경제성장률이 2퍼센트 중반 이하일 경우는 강도가 강하지 않은 '마일드한 침체(mild recession)'로 볼 수 있다.

세계 경제는 '이연된 마일드 침체'

2024년 예상되는 세계 경제의 침체 양상은 2023년으로 예상되던 경기 둔화가 미루어진 '이연된 침체(delayed recession)'다. 세계 경제는 2023년 미국 등 선진국의 가계 소비 지속, 중국 등 주요국의 경기 대응 재정지출 등에 힘입어 우려했던 것보다 선전했다. 미국 경제성장률은 2022년 1.9퍼센트에서 2023년 2.5퍼센트로 높아졌고, 중국 경제성장률도 2022년 4.9퍼센트에서 2023년 5.2퍼센트로 높아졌다. 미국은 예상보다 느리게 줄어든 가계 보유 대규모 현금, 노동 시장의 구조적 공급 위축으로 인한 고용 호조세 지속이 경제 성장을 이끌었고, 중국은 기대에 못 미쳤던 리오프닝 효과, 부동산 불안에 대응한 정부의 재정지출 확대가 경제 성장을 지탱했다.

경기 침체에 진입한 시기는 늦추어졌지만 '고물가와 고금리가 경제에 미치는 악영향'이 시차를 두고 본격화됨에 따라, 세계 경제가 침체 양상을 아예 피하기는 어려워 보인다. 2022년 한때 미국과 유로존의 소비자 물가상승률이 각각 9퍼센트와 10퍼센트를 넘었다가 최근 낮아지기는 했으나, 물가는 여전히 높은 수준이다. 물가지수의 상승률인 물가상승률이 플러스인 한, 전보다 완만하게 오를 뿐 물가는 여전히 오른 것이기 때문이다. 코로나 직전인 2019년 말 대비 19퍼센트나 높아진 미국의 물가 수준은 점차 소비에 큰 부담으로 작용할 것이다.

이렇듯 급등하는 물가를 잡겠다고 이루어진 급격한 금리 인상도 소비에 점차 악영향을 미칠 전망이다. 조기에 금리 인상이 끝날 것이라던 금융 시장의 기대와 달리 미국 연방준비제도(Federal Reserve System, 이하 '미 연준')는 2023년 하반기까지도 금리를 인상했다. 높아진 금리가 소비 및 투자 위축 등의 형태로 실물 경제에 영향을 미치는 데 1년 내외의 시차가 존재하는 것을 감안하면, 높아진 고금리의 부담은 2024년 하반기 이후부터 본격적으로 나타날 가능성이 크다. 그 결과, 세계 경제는 미국, 유로존 등 주요 선진국을 중심으로 경기가 둔화하면서, 2024년 중반경 침체에 진입해 하반기 동안 침체가 지속될 것으로 예상된다.

고물가-저성장의 준스태그플레이션

2024년 세계 경제는 침체 양상을 경험하겠지만, 2009년 글로벌 금융 위기 때 세계 경제성장률이 마이너스(-0.1퍼센트)까지 떨어졌던 것과 비교하면, 2퍼센트 초중반의 세계 경제성장률은 '강도가 강하지 않고 골이 깊지 않은 침체'에 해당할 전망이다. 앞서 언급한 선진국 가계의 저축과 고용 시장 상황이 침체의 강도를 약화시키는 주된 요인이 될 것으로 보인다.

코로나19 팬데믹 이전에 1조 달러대 수준이던 미국 가계의 현금 및 요구불예금 보유액은 팬데믹 동안 미국 정부의 대규모 가계 보조금 지급으로 5조 달러 내외 수준으로 급증했다. 대부분의 전망 기관은 이렇게 급증했던 미국 가계의 대규모 초과 저축이 빠르게 소진되면서 2023년 미국 소비가 둔화할 것으로 예상했지만, 최근까지도 통계상 미국 가계의 보유 저축액의 감소 속도는 느리고 완만하다. 여기에는 지난 수년간 급등한 미국 주가와 주택 가격이 영향을 미친 것으로 분석된다.

미국을 비롯한 선진국 경제에서는 광범위하게 나타난 노동 공급 부족 현상 및 이로 인한 고용 호조세가 당초 예상보다 지속되고 있다. 코로나19 팬데믹 때 대규모 사망자 발생 및 이로 인한 고령층의 대규모 퇴직, 학교에 못 가는 아이를 돌보기 위한 여성 노동력의 이탈, 방역을 위한 국경 통제 강화에 따른 저임금 해외 노동력의 유입 감소 등 여러 요인이 쉽게 해소되지 않고 있다. 자산과 소득이 많은 베이비붐 세대를 부모로 둔 청년 세대의 노동 의욕 감소 및 노동 시장에서 눈높이 미스매칭 등의 현상도 노동력 부족의 원인으로 꼽힌다.

앞서 이야기한 바와 같이 2024년 세계 경제의 침체 강도가 강하지 않을 것이라는 예상에는 '양면성'이 있다. 경기 위축을 의미하는 침체가 혹독하지 않을 것이라는 점은 긍정적 요인이지만, 고물가 해소라는 측면에서는 긍정적 요인이 아닐 수 있기 때문이다. 물가 급등에 대응해 이루어진 금리 인상이 물가를 안정시키려면 제품과 서비스에 대한 수요가 급감해야 하나, 마일드한 침체하에서는 수요가 크게 줄지 않아, 2024년에는 침체를 겪으면서도 고물가 상황이 쉽게 해소되지 않을 전망이다. 이에 따라 미국을 비롯한 많은 주요국 중앙은행이 공통의 목표로 삼는 '2퍼센트 수준의 물가상승률로의 안정적인 회귀'는 2025년에나 가서야 가능해 보인다.

강도는 약하더라도 경기 침체 양상을 띠고 고물가 상황이 해소되지 않는 것은 '고물가-저성장' 상황이다. 이 경우 많은 이가 '스태그플레이션(stagflation=stagnation+inflation)'이라는 용어를 떠올릴 것이다. 그러나 향후 예상되는 경제 양상은 '고물가-저성장'의 강도 측면에서, 대표적인 스태그플레이션 시기인 1970~1980년대 오일쇼크 당시에 비해 그 강도는 약한, '준스태그플레이션(quasi-stagflation)' 양상일 것으로 예상된다. 오일쇼크 때 세계 물가상승률은 10퍼센트 중반 수준까지 상승했지만 이번에는 10퍼센트를 넘지 않았다가 하락하고 있다. 또한 오일쇼크 때 세계 경제성장률은 0퍼센트대까지 하락했으나 이번에는 2퍼센트 아래로 떨어지지 않을 전망이다.

L자형 장기 저성장의 시작점

2024년 세계 경제성장률이 향후 5년 동안의 세계 경제성장률 중에서도 가장 낮은 수준으로 전망된다는 점에서, 2024년은 향후 세계 경제가 겪을 'L자형 장기 저성장의 본격적인 시작'이 될 가능성이 크다. 이는 이번 경기 침체 뒤에 이어지는 경기 반등세가 미약할 것임을 의미한다. 그 결과, 코로나19 팬데믹 이전과 대비해 세계 물가상승률은 한 단계 높아지고 세계 경제성장률은 한 단계 낮아질 것으로 전망된다. 코로나19 팬데믹을 기점으로 이전 5년 (2015~2019년) 평균과 향후 5년(2024~2028년) 평균을 비교하면, 세계 물가상승률은 3.2퍼센트에서 4.9퍼센트로 높아지는 반면에, 세계 경제성장률은 3.4퍼센트에서 2.6퍼센트로 낮아질 것이다. 기업 경영 관점에서는 성장세 둔화로 시장 수요와 매출이 위축됨에도 불구하고, 고물가가 해소되지 않으면서 각종 비용과 부담이 낮아지지 않는 매우 부담스러운 상황인 셈이다.

침체 이후의 경기 반등 강도가 약할 것으로 예상되는 주된 이유는 재정 정책뿐만 아니라 통화 정책 측면에서도 적극적인 경기 대응을 기대하기 어렵기 때문이다. 미국은 이미 타결된 「부채한도법」의 제약을 받는 가운데, 2024년 대선을 앞두고 공화당과 민주당이 상·하원을 양분하여 차지한 의회가 바이든 행정부의 재정지출에 제동을 걸 가능성이 크다. 유럽은 우크라이나 전쟁 이후 우려되던 겨울 에너지 위기를 극복하는 과정에서 벌써 재정을 대거 소진했고, 코로나19 시기 일시적으로 유예했던 재정 준칙 적용을 2024년부터 재시행하고 있다. 일본은 이미 국내총생산(GDP)의 220퍼센트가 넘는 막대한 국가 부채를 진 가운데, 금리 상승 및 이로 인한 이자 부담 증가가 재정지출 여력을 위축시키고 있다. 중국은 재정지출 확대를 통한 인위적 경기 부양의 한계가 표면화되는 가운데, 부동산 및 지방 정부 관련 부실 채권 정리 과정에서 향후 재정 부담의 큰 폭 증가가 불가피하다.

미 연준의 조기 금리 인하를 기대하는 금융 시장의 분위기와 달리, 주요국 중앙은행의 금리 인하 등 통화 완화로의 전환은 늦어질 가능성이 크다. 지난 수년간 경험했던 급격한 물가 급등 속에 통화 정책 실패로 비판을 강하게 받았던 트라우마가 남아 있는 중앙은행으로서는, 물가상승률이 낮아지더라도 그 속도가 느리거나 여전히 2퍼센트 물가상승률 목표 범위를 상회하면 통화 완화로의 전환에 신중을 기할 것이다. 급격한 금리 인상에도 불구하고 경기 연착륙을 달성할 수 있고 경기 침체를 피할 수 있다는 주장을 여전히 펴고 있는 미 연준 등 중앙은행은 경기 침체 조짐이 나타나더라도 뚜렷하지 않거나 강도가 강하지 않으면 금리 인하 시기를 늦출 것이다. 이에 따라 미국의 금리 인하 개시는 2024년 중반 이후로 생각보다 늦고, 연말까지의 금리 인하 폭도 1퍼센트포인트(%p)에 못 미칠 전망이다.

이처럼 침체에도 불구하고 통화 및 재정 정책 측면에서 적극적인 지원을 기대하기 어렵다 보니 침체 이후 경기 반등의 강도가 약할 것으로 예상된다. 유사한 고물가-저성장 상황이었던 과거 오일 쇼크 당시, 세계 경제성장률은 1982년 0.7퍼센트로 낮아졌으나 그 직후 1983년 2.6퍼센트, 1984년 4.6퍼센트로 빠르고 강하게 반등했다. 반면, 향후 예상되는 고물가-저성장 상황에서는 2024년 세계 경제성장률이 2.4퍼센트로 낮아지며 침체의 골은 상대적으로 깊지 않겠지만, 반등의 강도도 약해 2퍼센트 중후반의 부진한 성장세가 L자형으로 수년간 이어질 전망이다. 중장기적 저성장에는 세계 경제가 직면한 생산가능 인구 증가세 저하 및 급격한 고령화, 생산성 향상의 한계, 지정학 요인을 중시한 비효율적 공급망 재편 등 구조적 요인도 동시에 영향을 미칠 것이다.

한국 경제성장률 전망은 갑론을박

2024년 한국 경제성장률은 1.8퍼센트로 예상한다. 이는 국내 전망 기관 및 국제 기구가 제시하는 2퍼센트 초중반의 경제성장률 전망치에 비해 낮은 수준이다. 2022년 LG경영연구원이 2023년 한국 경제성장률 전망치로 1.4퍼센트를 제시했을 때도 대부분의 경제 전망 기관은 2퍼센트 이상, 낮더라도 1퍼센트 후반 수준의 경제성장률 전망치를 제시했다. 하지만 2024년 1월에 한국은행이 발표한 '2023년 실제 한국 경제성장률'은 1.4퍼센트였다.

만약 1퍼센트 후반 경제성장률이 현실화하면 이는 전례 없는 일이다. 과거 한국 경제는 1950년대 한국전쟁 혼란기 이후, IMF 외환 위기, 글로벌 금융 위기 등 위기 상황일 때만 2퍼센트에 못 미치는 경제성장률을 기록했다. 더욱이 2023년 경제성장률이 1.4퍼센트에 그친 가운데 2024년에도 2년 연속 2퍼센트 경제성장률에 미달한다면 저성장 고착화에 대한 우려가 고조될 것이다.

주목할 부분은 기업, 자영업자, 가계 등 경제 주체가 체감하는 경기가 1.8퍼센트라는 수치보다도 더욱 나쁠 가능성이 크다는 점이다. 그나마 2024년 경제성장률을 2023년 경제성장률보다 높게 전망한 주된 이유는 기저 효과에 있다. 경제성장률이 직전 기간 대비해 이번 기간 GDP의 증가율로 계산되다 보니, 직전 기간의 경제 활동이 매우 부진하면 별다른 변화가 없더라도 직후 기간의 경제 성장률이 높게 계산되는 효과다. 실제로 2024년 경제성장률 반등의 상당 부분은 이 기저 효과에 크게 기인할 전망이다.

경제 성장의 내용도 역시 체감 경기에 불리한 양상이 될 가능성이 크다. 광범위한 경제 주체가 경기 회복을 체감하려면 국내 민간 소비와 투자가 활발해져야 한다. 그러나 2024년 한국 경제는 민간 소비 증가율이 2023년보다도 낮아질 가능성이 크고, 특히 건설 투자는 전년 대비 마이너스 증가세가 나타날 것으로 예상된다. 수출이 완만하게 회복되며 경제성장률 상승에 기여하겠지만, 광범위한 업종의 수출 증가가 아니라, 당초 예상 대비 미루어진 반도체 경기 회복에 크게 의존할 전망이다. 이 경우 지난 2010년대 중후반의 반도체 슈퍼사이클 당시와 마찬가지로 경제성장률은 높아져도 경제 전반에서 그 온기를 체감하기는 어려울 수 있다. 그때도 한국은 반도체 수출의 호조 속에 3퍼센트가 넘는 경제성장률을 기록했지만,

소비 부진으로 체감 경기가 좋지 못했다.

소비, 투자와 같은 민간 부문의 경제 활동이 기대에 못 미치면, 정부 재정지출 및 중앙은행 통화 정책 등 정책적 대응의 중요성이 더욱 높아진다. 그러나 현재 상황에서는 적극적인 재정지출 확대 혹은 조기 금리 인하와 같은 적극적 경기 대응 정책을 기대하기 어렵다. 경기 상황에 대한 인식과 전망을 둘러싸고 갑론을박이 벌어질 가능성이 커서다. 적극적 대응의 출발점은 경제 상황이 현재 어렵거나 향후 어려워질 것 같다는 상황 인식과 전망이다. 그러나 정책 당국과 국책 연구 기관의 2024년 한국 경제성장률 전망치가 대부분 2퍼센트 초반인 것에서 알 수 있듯이, 현재 경제 상황이 어려운 것인가, 향후 경제 상황이 더욱 어려워질 것인가를 두고 의견이 분분할 것으로 예상된다. 상당수 전망 기관은 이 정도면 경제가 좋아진 것이다, 적극적인 정책 대응이 불필요하다는 주장을 펼 가능성이 크다. 2퍼센트 초반의 경제성장률이면 한국 경제의 잠재성장률로 언급되는 2퍼센트보다도 높은 수준이기 때문이다.

한국은 정부가 재정 건전성 개선 및 국가 부채 관리 강화 기조하에 정부 지출 효율화를 강조하고 있다. 정부가 직접 돈을 쓰는 재정지출 확대보다는, 소득세, 법인세 등의 감세하에 소비, 투자 등 민간 경제 활동이 활성화하여 경제성장률이 제고되기를 기대하고 있다. 더욱이 2024년 중 시간이 지남에 따라 경제 회복세가 뚜렷해질 것이라는 전망하에, 한 해 동안 쓸 수 있는 재정지출을 상반기에 집중적으로 쓰는 재정 조기 집행을 실시 중이다. 이에 따라 상반기에 연간 전체 예산의 65퍼센트가 집행될 계획이다. 그러나 실제 경제성장률이 전망에 못 미칠 경우, 2023년에 경험한 바와 같이 대규모 세수 부족 상황에 처할 수 있다.

한국은행의 금리 인하는 금융 시장의 기대보다 더 늦은 2024년 4분기에나 이루어질 가능성이 크다. 대외적 요인 측면에서, 이미 2퍼센트포인트까지 확대된 한미 정책금리 역전 수준을 감안하면 한국이 미국보다 먼저 금리 인하에 나서기는 매우 부담스러운 상황이다. 2024년 중반 이후로 예상되는 미 연준의 금리 인하 이후에, 미국이 금리 인하 사이클에 진입했다는 것이 명확해지고, 한미 정책금리의 역전 폭이 다소 축소된 후에나 한국은행은 금리 인하를 개시할 것이다. 한국은행이 물가에 대한 부담을 떨치지 못한 상황에서 조기 금리 인하에 나서려면, 경기가 매우 어렵거나 향후 어려워질 것이라는 판단이 있어야 하겠지만, 한국은행의 현재 경제 전망을 감안하면 통화 당국의 생각은 다른 듯하다. 정책 금리 인하가 늦어지는 가운데, 벌써 표면화된 부동산 PF발 자금 시장 불안 등의 요인으로 시중 금리는 도리어 더욱 높아질 가능성도 있다. 경기 흐름에 관한 냉정한 판단과 향후 경제 상황에 관한 정확한 예측으로 대응할 필요성이 높아진다.

녹색과 디지털,
쌍둥이전환에 주목하라

홍종호 서울대학교

코로나19 팬데믹이 극심했던 2021년, 모든 학회와 콘퍼런스는 이른바 비대면으로 진행되었다. 온라인 접속을 위한 기술이 빠르게 개발되면서 참석자들은 논문 발표와 토론을 컴퓨터 화면 속에서 진행했다. 직접 얼굴을 맞댄 논의보다 현장감과 긴장감이 떨어졌지만 예상치 못한 소득도 있었다. 화상 회의 덕분에 지식 나눔의 시간과 공간 제약이 풀리면서 세계적인 전문가들과의 소통 기회가 많아진 것이다. 코로나19로 인해 고통스러운 상황이 지속되었으나 연구를 업으로 하는 나로서는 호재이기도 했다.

기후 변화와 관련한 온라인 국제 학술 행사도 연이어 개최되었다. 나는 발표자로, 토론자로, 혹은 대담자로 참여했다. 지금도 뇌리에 남아 있는 주요 발언이 생각난다. 잉글랜드은행 및 캐나다은행 총재를 역임한 마크 카니(Mark Carney)는 이렇게 말했다. "민간 금융 기관은 기후 변화를 투자 의사 결정의 기준으로 삼을 필요가 있다. 이는 위험 관리와 이윤 창출은 물론, 금융 기관의 사회적 책무를 다하는 길이다." 금융 기관이 의사 결정에서 기후 문제를 일차적으로 고려해야 하는 이유가 다름 아닌 수익 확보 때문이라는 것이었다.

금융 및 미시 경제 분야의 대가인 MIT 로버트 핀다이크(Robert Pindyck) 석좌 교수의 말이다. "기후 재앙을 막기 위해서는 탄소세 도입이 필수며, 톤당 세율이 200달러는 되어야 한다." 현재 국제적으로 가장 많이 인용되는 탄소세율 수치가 50달러 수준임을 감안하면 매우 강력한 주장이다.

컬럼비아대학교 제프리 삭스(Jeffrey Sachs) 석좌 교수는 설명이 필요 없는 경제학자다. 한국 경제를 잘 아는 그와의 대담에서 인상적인 언급이 있었다. "디지털 전환은 한국의 강점이다. 하지만 녹색 전환은 한국의 도전이다."

그가 '약점'이라는 직설적인 단어 대신 '도전'이라는 완곡한 표현을 쓰자, 오히려 더 찔리는 기분이 들었다. 삭스 교수의 말처럼 세계는 녹색과 디지털로 이루어진 기술 혁명과 산업 구조 전환에 본격 돌입했다. 이를 축약해 '쌍둥이 전환(twin transition)'이라고 부른다. 2022년 세계경제포럼(WEF)에 따르면, 쌍둥이 전환은 기술과 데이터, 인프라를 친환경화함으로써 산업 전반의 효율성을 끌어올리고 지속가능성을 높인다. 쌍둥이 전환 전략은 녹색과 디지털을 별개로 취급하지 않고, 이 두 가지를 결합해 생산성 측면에서 엄청난 변화를 추구한다.

우리 국민과 기업에 디지털은 익숙하다. 정보 통신 기술 분야에서 글로벌 경쟁력을 갖춘 기업도 있다. 하지만 한국 사회에서 녹색은 여전히 생소한 개념이자 지향점이다. 과거에는 녹색이라고 하면 대기나 수질 오염처럼 국내의 환경 오염을 개선하고자 하는 정부와 기업의 노력으로 인식되었다. 하지만 오늘날의 녹색은 완전히 새로운 위험이자 기회로 다가온다. 바로 지구적 차원의 기후 변화 때문이다. 21세기 인류가 직면한 가장 큰 위협으로 기후 위기를 꼽는 데 학자들 사이에 이견은 없다.

지구에 유익한 것은 비즈니스에도 유익하다

지구 온도가 19세기 산업 혁명기보다 섭씨 1.45도 상승하면서, 2023년은 지난 10만 년 중에 가장 더웠던 해로 기록되었다. 이로써 과학자들이 기후 재앙 임계점으로 제시한 섭씨 1.5도에 한층 가까워졌다. 기후 변화 문제는 환경과 경제가 얼마나 밀접히 맞물려 있는지 보여준다. 한쪽만 봐서는 결코 문제를 해결할 수 없다.

인류가 기후 변화에 대응하는 수단은 두 가지다.

첫째, 기후 변화를 일으키는 원인인 온실가스를 줄이는 '완화'다. 완화는 기후 위기의 대응 과정에서 국가와 지역, 기업의 전환 리스크와 직결된다. 탈탄소 전략의 성패에 따라 우리의 생존과 발전이 결정된다. 이제 탄소 감축에 실패하는 국가와 기업은 경쟁력을 상실한다.

둘째, 더워진 지구 환경에 맞추어 살아가는 '적응'이다. 적응은 기후 변화에 따른 물리적 리스크와 연결된다. 전 세계적으로 폭염과 홍수, 가뭄과 산불로 인한 인적·물적 피해가 천문학적으로 증가하고 있다. 우리나라도 예외가 아니다. 2022년 가을 태풍 힌남노가 포항시를 강타하면서 포스코 공장 일부가 물에 잠겼고, 2조 원 이상의 금전적 손해를 피할 수 없었다. 한국 경제도 기후 변화 완화와 적응을 위해 선제적이고 능동적인 노력을 기울이지 않는다면 지속가능한 미래를 담보할 수 없게 되었다.

글로벌 시장의 변화는 거시적 관점에서도 '기후는 곧 경제'임을 보여준다. RE100(재생 에너지로 만든 전기 100퍼센트), ESG(환경, 사회, 지배구조) 경영, 탄소국경조정제도(Carbon Border Adjustment Mechanism, CBAM)가 본격화하면서 2020년대 세계 경제는 탈탄소 무역 규범 질서로의 완전한 재편이 예상된다. 이런 급격한 전환은 한국 경제와 한국 기업에 커다란 위협임과 동시에 새로운 시장과 일자리 창출, 지역 경제 활성화라는 기회를 제공한다.

녹색이 주도하는 새로운 시장 환경에서 디지털 기업이 어떤 혁신적인 변화를 추구할 수 있는지 보여주는 좋은 사례가 있다. 주인공은 현재 시가총액 세계 1위의 글로벌 기업 마이크로소프트(이하 'MS')다. MS는 2012년 '지구에 유익한 것은 비즈니스에도 유익하다'는 모토를 내걸고 사내에 '탄소 부담금(carbon fee)' 제도를 전격 도입했다. 이름만 보면 언뜻 정부가 만든 규제 같지만 이는 엄연히 기업 단위에서 자발적으로 도입한 정책이다. MS는 데이터 센터, 사무실, 실험실 등 사내 부서에서 배출하는 탄소는 물론, 해외 출장으로 비행기를 타면서 배출한 탄소에 이르기까지 예외 없이 정해진 사내 세금을 강제적으로 부과하기로 했다.

사실상 회사가 모든 구성원에게 탄소 배출 행위를 돈으로 책임지라고 요구한 것이다. 새롭다 못해서 충격적이었다. 경제 주체가 제일 싫어하는 게 세금일 텐데, 이를 국가가 아닌 기업이 주도해서 부과하겠다는 발상이라니. 그만큼 MS 경영진은 회사 전체적으로 에너지를 효율적으로 쓰고, 재생 에너지를 더 많이 사용해야 한다는 강력한 의지를 전하고자 했다. 선언만 한 게 아니라 실천도 매우 철저했다. 전기 사용과 물품 조달, 제품 공급망과 생산 과정, 심지어 직원의 국내외 출장과 출퇴근 등 부서별 업무 영역에서 발생하는 모든 탄소 배출을 추적했다. 그리고 이 수치를 근거로 매년

부담금을 산정해 부과하는 방식으로 제도를 운용했다. 과연 이런 제도가 회사에 정착될 수 있을까? 직원의 반발은 없을까? 원가 상승으로 이어지지 않을까? MS를 지켜보는 사람들의 머릿속에는 많은 질문이 꼬리를 물었다.

우려와 달리 탄소 부담금 제도의 효과는 놀라웠다. 750만 톤에 달하는 이산화탄소를 줄였을 뿐만 아니라, MS는 이렇게 거둔 사내 부담금 수입으로 100억 킬로와트시(kWh)에 달하는 재생 에너지를 구입했다. 무엇보다 중요한 성과는 매년 1,000만 달러의 비용을 절감한 것이다.

탄소 부담금 제도는 회사 구성원에게 기후 문제의 심각성을 공유하고, 모든 의사 결정에서 탄소 배출에 대한 책임 의식을 갖게 했다. 자연스럽게 에너지 효율을 높이고, 에너지 비용을 줄이며, 업무 전반에서 환경 친화성을 실현했다. 부서 내 동료들끼리 "어떻게 하면 탄소 배출을 줄여 부담금을 적게 낼 수 있을까?" 하고 아이디어 회의를 하는 모습을 어렵지 않게 상상해볼 수 있다. MS는 디지털 시대 AI 기술을 주도하는 것은 물론, 탄소 감축에서도 다른 회사가 생각하지 못한 혁신 경영을 이룬 아이콘으로 자리매김했다. 유엔(이하 'UN')과 같은 국제기구가 MS 사례를 콕 집어 기후 위기 시대에 가장 성공적인 기업 단위의 탄소 감축 사례로 소개한 이유다.

녹색과 디지털의 융합으로 만드는 새로운 사업

산업 차원에서도 녹색과 디지털의 직접적인 결합과 융합이 급속하게 증가하고 있다. 대표적인 사례가 전력 산업의 '지능형 전력망(스마트 그리드)'이다. 과거 전력 회사의 주된 관심은 오직 안정적인 전력 공급에 있었다. 소비자는 정부가 공급하는 일방적이고 획일적인 전력 서비스를 소비할 뿐이었다. 수요와 공급이라는 양방향의 힘이 동시에 작동하는 통상적인 재화와는 근본적으로 성격이 달랐다.

하지만 첨단 전자 제어 및 통신 기술의 발전에 따라 기존 전력망에도 혁명적인 변화가 일어나고 있다. 전기 요금이 가장 싼 시간대에 세탁기를 돌리고 전기차를 충전하는 시스템 등의 등장이다. 가정용 스마트 AI가 전기의 수요와 공급이 만나는 지능형 전력망과 더불어 실시간으로 맞춤형 대화를 나누는 셈이다. 태양광과 풍력 같은 녹색 에너지가 주된 전력원으로 자리 잡은 세상에서는 스마트 그리드의 역할과 중요성이 더욱 커진다. 간헐성을 특징으로 하는 재생 에너지의 공급 변동성과 시시각각 변하는 가격에 따라 가장 효율적인 소비 패턴을 만들어준다.

EnBW는 직원 수가 2만 6,000명에 달하는 독일의 대표적인 에너지 회사다. 과거 EnBW의 주된 발전원은 석탄과 원자력이었다. 하지만 독일이 재생 에너지 중심의 전환을 추진하면서 EnBW의 발전 포트폴리오는 빠르게 바뀌고 있다. 2025년에는 태양광과 풍력이 회사 내 발전 설비의 50퍼센트를 차지할 것으로 전망한다. 최근에는 일명 '바람 농장'이라고 부르는 해상 풍력에 집중적으로 투자하고 있다. 육지로부터 멀리 떨어진 해상 풍력 시설은 작동 및 고장 점검, 수리 등 효과적인 유지 관리가 가격 경쟁력에서 중요한 요소다. 그래서 현재 EnBW가 준비하는 첨단 기술이 물류 드론이다.

무인 드론을 이용한 풍력 발전기 유지 관리 분야의 글로벌 시장 규모는 14조 원이 넘는다. EnBW는 여기에서 한 걸음 더 나아간다. 2025년 상용화를 목표로 EnBW가 개발하는 드론은 점검과 수리를 동시에 수행할 수 있다. 즉, 화물 드론과 유인(有人) 드론인 에어 택시의 결합이다. 통합적인 풍력 발전기 유지 관리를 할 때 기술자가 직접 기자재를 드론에 싣고 가는 방식이다. 급속하게 발전 중인 도시 항공 모빌리티와 물류 드론 기술을 해상 풍력 산업에 응용하는 것이다.

녹색을 대표하는 풍력 발전과 디지털을 대표하는 드론의 멋진 만남이다. 이런 야심 찬 연구 계획을 독일의 연방경제기후행동부가 재정적으로 지원한다. 민·관·학이 결합한 미래 지향적 연구 투자의 모범으로 평가받을 만하다. EnBW 사례는 재생 에너지 산업을 중심으로 관련 산업과 기술, 일자리가 전후방으로 창출되는 혁신적인 산업 생태계 구축의 가능성을 보여준다. 녹색과 디지털의 결합과 융합으로 이루어지는 쌍둥이 전환의 시대가 이미 시작되었다.

한미 동맹과 한중 협력 사이, 한국의 딜레마

강준영 한국외국어대학교

한중 양국은 40년에 걸친 반목을 청산하고 1992년 8월 24일 역사적 수교를 맺었으며, 올해로 31년을 맞았다. 당시의 관계 회복은 양국의 전통적인 유대를 복원하기보다 새로운 국제 환경에서 어울리는 새로운 관계를 만드는 데 의미가 있었다. 그런데 한중 관계에는 수많은 복합적 요소가 존재한다. 미중 갈등, 한국에 대한 중국의 주도적 인식, 시진핑 시대 중국의 대외 전략 변화, 한미 동맹과 한중 협력의 차별성, 북중 특수 관계, 북핵 문제에 대한 인식차, 남북 관계 등이 그것이다.

수교 이후 31년, 한중 관계 변천사

한중 관계는 수교 당시의 '우호 관계'를 거쳐, 1998년 '협력동반자 관계'를 맺었고, 2003년 '전면적 협력동반자 관계'로 격상했다. 그리고 2008년 '전략적 협력동반자 관계', 2013년 '성숙한 전략적 협력동반자 관계'를 거쳐, 2017년 12월 '실질적 전략적 협력동반자 관계'에 합의했다. 비록 중국의 대외 관계에서 전략적 관계라는 개념이 모호한 데다가 내용이 형식적 수사를 초월하기도 하지만, 역사적 맥락을 갖는 혈맹이나 전통적 우호 관계를 제외하고는 최상위급인 '전략적 협력동반자 관계'가 한중 사이에 구축되었다.

그럼에도 이 과정에서 한국은 중국과 북한의 특수 관계를 제어할 방법이 없었다. 결국 한중은 전체로는 우호적이지만 영역별로는 불균형적인 관계가 될 수밖에 없었다. 경제를 우선하고 민감한 정치와 안보 이슈는 뒤로 보내며 발전을 추구하는 구동존이(求同存異)를 지향한 것이다. 하지만 사드(THAAD, 고고도 미사일방어체제) 배치 문제로 양국은 극한의 갈등을 겪었고, 여전히 그 후유증에서 벗어나지 못하고 있다.

한중 관계 31년을 돌이켜보면 경제나 사회문화 분야에 비해 정치, 외교, 군사, 안보 분야의 교류는 부진하다. 경제 분야가 최대주의에 따라 유지된다면, 정치, 외교, 군사, 안보 분야는 최소주의를 따르는 셈이다. 이는 한반도의 안정과 평화 환경 구축이라는 양국 수교의 궁극적 목표를 고려할 때 가히 반쪽짜리 성적표에 불과하다.

여기에 한반도에 큰 영향을 미치는 미중 경쟁 구도가 혼합형 갈등 양상으로 전 분야에서 나타나고 있는 점도 문제다. 미중 양국은 자국의 이익을 둘러싼 전략 경쟁에서 물러날 뜻이 전혀 없어 보인다. 국제 사회가 미중 전략 경쟁 상황을 '신냉전 시대의 도래'로 보는 것도 이 때문이다.

이 상황에서 한국 현 정부는 북핵 위협을 감소시키려 한미 동맹 강화를 강조했다. 그리고 한미일 3각 협력 제고에 초점을 맞추어 미국 캠프데이비드에서 3국 정상 회의를 개최했다. 이에 중국은 아시아판 나토(NATO)의 출현이라며 반발했고, 중국과 러시아 사이에서 중간자적 이익을 노리는 북한은 2023년 9월 13일 러시아와 정상 회담을 개최했다. 이처럼 한반도 정세가 복잡해지면서 한국은 중국의 입장과 역할을 정리해야 했다. 중국 역시 한국의 대미 접근을 차단할 필요가 커졌다. 이에 따라 한중 양국은 2022년 말, 발리에서 정상 회담을 열어 상호 관계의 중요성에 공감했다. 하지만 그 뒤로도 여전히 직접 소통에는 소극적이다.

한미 동맹도 한중 협력도 중요한 한국의 딜레마

한반도 통일에 대해 중국은 남북 협상에 의한 자주적 평화 통일을 지지한다. 그러나 안보적으로 미국 영향 아래 있는 한국의 현실을 고려해, 통일보다 '분단된 한반도'라는 현상 유지를 희망한다. 그리고 중국은 한반도에서 핵 불용을 천명하면서도, 북핵은 제재와 압박으로 해결될 수 없다며 국제 사회의 대북 제재에 난색을 표한다. 이는 중국이 UN 안보리의 대북 제재에 계속 거부권을 행사하는 이유다. 또 한미 동맹을 부정적으로 보며, 한미일 3자 협력을 대중 봉쇄를 위한 안보 동맹으로 간주해, 2차세계대전 이후 형성된 전략 균형의 훼손을 우려한다. 그러면서 한국이 당면한 안보 위협의 절박성에는 아랑곳하지 않고 북핵과 북한에 대해 관용적인 태도를 취한다.

중국에 있어 북한의 존재는 미국과 일본을 견제하고, 남북에 대한 영향력을 유지하는 커다란 전략적 자산이다. 최악의 경우, 벼랑 끝으로 몰린 북한이 몰락하면 중국에 불리한 상황이 된다. 그래서 중국은 한반도의 안정과 평화가 유지되는 조건에서만 한반도의 비핵화를 추구하며, 비핵화를 위해 한반도의 안정을 희생시키는 것을 용납하지 않는다. 그러므로 북핵이 미국의 위협으로부터 정권을 수호하려는 자위적 조치라는 북한 입장에 동조한다. 중국은 북핵 동결과 한미연합 군사훈련 중단을 요구하는 쌍중단(雙中斷), 북미 평화 협정 체결과 한반도 비핵화 프로세스를 동시에 진행하는 쌍궤병행(雙軌竝行)론을 계속해서 제시한다. 결국 미국에 동조해 북한을 무장 해제했을 때, 중국이 얻을 것은 무엇인지 명확하지 않기 때문이다.

비핵화를 전제로 한 남북 간, 북미 간 대화가 결국 파국을 맞은 상황이라 중국은 더욱 북한을 잃지 않으려고 노력할 것이다. 그러나 관련국이 성과가 없는 말뿐인 비핵화를 논의하는 동안, 북한은 실질적 핵보유국이 되었다. 한국은 '핵 있는 평화'에 시달리게 되었고, 한중 양국이 추구하는 한반도의 평화와 안정도 미궁에 빠졌다.

현 정부 출범부터 지금까지의 한중 관계

2022년 5월에 출범한 윤석열 정부는 외교에서 실용 노선을 채택했다. 북한을 기준으로 보던 틀에서 벗어나 국제 관계 및 한중 관계를 재설정하고, 자강불식(自强不息)을 강조하는 외교 원칙을 세웠으며, 경제와 군사 능력을 유연하게 발휘하겠다고 한 것이다. 그러나 중국은 여전히 북핵 문제의 협조 요구에 대해 우회적 태도를 보여 구조적인 인식 차를 실감케 했다.

특히 중국은 2023년 4월에 이루어진 한미 정상 회담에서 핵협의그룹(Nuclear Consultative Group, NCG)을 창설해 북핵 문제에 공동 대응한다는 '워싱턴 선언'과 '대만 해협의 안정과 평화 수호' 발언에 강력히 반발했다. 또 8월 18일 캠프데이비드에서 개최된 한미일 정상 회의가 3국의 협력을 전례 없는 수준으로 제고하자, 중국은 우려와 함께 불만을 표출했다. 당시 정상 회의에서는 3국 협력의 방향을 명확히 하는 원칙과 구체적인 협력 방안을 담은 공동 성

【 한중 관계의 새로운 갈등 요소 】

이슈	한중 양국의 입장	비고
북핵과 미사일	🇰🇷 북핵 및 미사일 고도화 지속, 위협 증대 🇨🇳 북핵 보유는 한미의 대북 압박 때문	중국 역할에 대한 한중 직접 논의 필요
다자주의와 한국판 인태 전략	🇰🇷 중국을 '주요 협력 국가'로 명시 🇨🇳 미국 중심의 소집단주의로 비판	한국의 다자주의에 대한 입장 설명 필요
경제 안보와 공급망	🇰🇷 안정적 공급망 구축 위한 당연 조치 🇨🇳 소집단주의로 중국 배제하는 견제 전략	안정적 공급망 확보는 한국에 필수
한미일 정상 회의	🇰🇷 점증하는 안보 위협 대처 🇨🇳 아시아판 나토 구축 시도	북핵, 미사일 위협에 대한 억지력 확보
대만 요인의 대두	🇰🇷 현상 변경 반대라는 국제주의 원칙 천명 🇨🇳 핵심 이익인 '하나의 중국 원칙' 위배	일방적 현상 변경 반대는 국제주의 원칙
악화하는 국민감정	🇰🇷 중국의 일방적 압박 정책으로 초래 🇨🇳 잘못된 언론 보도로 증폭	양국, 현실 직시하는 본격적인 협의 필요

명인 '정신(spirit), 그리고 역내 공동 위협에 대한 즉각적인 대응'을 명문화하고 정치협력 의지와 실행안을 강조하는 합의 협약을 내놓았다. 여기에 대한 중국의 입장은 한중 관계에서 새로운 문제를 만들고 있다.

우선, 북한이 남한을 명백한 적으로 규정하고 핵 공격으로 위협의 강도를 높이고 있지만, 중국은 여전히 북핵 문제를 북한과 미국의 문제라고 주장한다. 물론 중국도 북한의 도발이 계속되면 역내 군사력 투사가 강화되고 한반도에 대한 영향력이 줄어들 수 있다는 점에서 고민이 크다. 다자주의 이슈와 '한국판 인태 전략'에 대한 인식 차도 커지고 있다. 한국은 '자유, 평화, 번영'을 3대 비전으로 하는 독자적 인태 전략인 '한국판 인도-태평양 전략'을 공표하면서 중국을 주요 협력국으로 명시했다. 하지만 중국은 한국이 미국의 인태 전략을 수용한 자체가 완전한 미국 경사(傾斜)라며 강력한 우려를 표했다. 한국이 미국 주도의 국제 질서에 참여한다고 여기는 것이다.

또한 경제 안보와 공급망 이슈에서도 견해차가 크다. 특히 중국은 한국, 미국, 대만, 일본의 반도체 공급망 협의체인 '칩4(CHIP4)'를 기술적으로 자국을 고립시키려는 기술 패권주의라고 일축하며 분명한 반대를 표했다. 미국, 일본, 인도, 호주 4개국의 안보 협의체인 쿼드(Quad)와 한국, 미국, 일본, 호주 등 14개국이 참여한 경제 협력체인 인도·태평양경제프레임워크(Indo-Pacific Economic Framework for Prosperity, IPEF)도 중국을 억제하기 위한 것이라며 계속해서 한국을 압박한다. 특히 한국이 국제주의 원칙에 따라 대만 해협의 안정과 평화를 강조하자, '하나의 중국'을 위반하는 내정 간섭이라며 강하게 압박했다.

그러나 더 큰 문제는 양국 국민감정의 악화다. 2016년 사드 사태 이후 전개된 중국의 압박은 한국의 대중 감정 악화를 불러왔다. 중국 정부는 부인하지만, 한국은 실질적으로 한한령(限韓令)의 존재를 경험하면서 반중(反中) 정서가 강해졌다. 특히 '전랑(戰狼, 늑대전사) 외교'로 대표되는 중국의 강압적 행태, 중국 지도부의 거듭된 사드 재처리 요구, 경제력의 무기화 등은 반중 정서 확장의 기폭제가 되었다.

균형 있는 한중 관계에 미래가 있다

중국은 시진핑 시대에 들어 자국 이익 수호에 더욱 강경한 태도를 보인다. 또한 북한을 중국의 적으로 만들어서는 안 된다는 인식 때문에 북한 정권의 붕괴를 야기하거나, 대북 제재를 추진하지 않는다는 전략을 고수한다. 따라서 한국은 한미 동맹과 한중 협력 구조의 차별성을 분명히 인식할 필요가 있다.

미중 간 경쟁과 갈등 구조나 한반도에 대한 서로 다른 이익을 고려할 때 양국이 모두 한반도 문제 해결의 중재자나 협력자가 될 것이라는 기대는 우리의 희망 사항에 불과하다. 그러니 우리가 일정한 자기 안보 역량을 갖추는 것은 대중 관계 설정이나 협상에 유리하게 작용할 것이다. 따라서 제한 억지력 혹은 적극 방어력을 확보해 한국이 스스로 안보를 책임질 수 있다는 메시지를 중국에 분명히 전해야 한다. 이는 북한의 위협을 상쇄하는 데에도 중요할뿐더러, 중장기적으로 주변 환경의 변화에 따라 안보 전력을 조정하는 차원에서도 필수다.

한국이 감내하는 안보 위협은 단순한 미중 관계의 부속물이 아닌 생존의 문제이므로 한중관계에서도 새로운 균형점을 찾도록 노력해야 한다. 거대 담론도 중요하지만, 양자 차원의 구체적 문제부터 진지한 논의를 시작하는 적극적인 시도가 필요하다.

직장 만족도는
성과에 얼마나 영향을 미치는가

김태규 고려대학교

경제학에서는 전통적으로 '인간은 합리적이다'라는 가정을 바탕으로 인간의 의사 결정을 분석하고 예측해왔다. 여기서 '합리적'이라는 말은 인간이 의사 결정을 내리는 데 있어 모든 정보에 접근이 가능하고, 이 정보를 통해 모든 대안을 섭렵할 능력이 있으며, 이 대안 중에 최선의 선택을 한다는 뜻이다. 사실 다소 현실감이 떨어지는 가정이다.

이런 경제학의 가정에 한계를 절감하던 중 미국 경제학자 허버트 사이먼(Herbert Simon)이 '제한된 합리성(bounded rationality)' 이론을 내놓았다. 그는 가정을 조금 더 현실에 가깝게 완화하면서도 경제학 모델링과 이론 구축을 가능하게 해 노벨 경제학상을 받았다.

사이먼의 이론에 따르면, 인간은 모든 정보나 대안을 분석하지 않는다. 대부분은 제한된 대안들을 순차적으로 판단하고 의사 결정을 내린다. 즉, 대안이 자신의 의사 결정 기준에 비추어 만족스럽지 않으면 다음 대안으로 넘어간다. 그렇게 대안들을 살펴보다가 기준에 충족되는 대안이 있으면 의사 결정을 한다. 때로는 조금 더 기다리면 더 좋은 대안이 올 수도 있지만 가능성을 포기해버린다. 제한된 합리성 이론은 어떤 면에서는 과거의 가정보다 좀 더 현실에 가까울지 모른다. 하지만 그렇다고 해서 모든 사람이 이와 같이 의사 결정을 내리는 것은 아니다.

최선에 집착 VS 적당히 만족

최근 행동경제학, 경영학, 심리학 분야의 학자들은 앞선 연구에서 힌트를 얻어 인간의 의사 결정 성향을 크게 두 가지로 구분했다.

첫째는 최대 조건을 필요로 하는 맥시마이저(maximizer)다. 합리성 이론에 가까운 성향을 갖춘 사람으로, 가능한 많은 정보와 대안을 마련하며 그중 최선의 의사 결정을 내리려 노력하고 고민한다.

둘째는 최소 조건을 필요로 하는 새티스파이어(satisficer)다. 제한된 합리성 가정 이론에 가까운 성향의 사람으로, 스스로 만족하는 의사 결정을 내리고 더 나은 대안을 포기하기도 한다. 이런 특성을 반영해 satisfy('만족하다'라는 뜻)와 sacrifice('희생하다'라는 뜻)의 단어를 합성해 'satisficer'라는 용어가 만들어졌다.

컬럼비아대학교 쉬나 아이엔거(Sheena Iyengar) 교수팀은 미국 11개 대학교의 졸업반 학생 548명을 대상으로 연구를 진행했다. 이들의 의사 결정 성향을 측정하여 맥시마이저와 새티스파이서로 구분하고, 1년간 추적 관찰하여 분석 결과를 발표했다. 그 결과, 졸업반 학생의 성과 지표라 할 수 있는 첫 직장 연봉에서 차이가 나났다. 맥시마이저의 평균 연봉은 4만 4,500달러, 새티스파이서의 평균 연봉은 3만 7,100달러였다. 성과도 맥시마이저가 새티스파이서에 비해 20퍼센트 더 좋았다. 그러나 구직 과정 중 자기 노력에 대한 만족도, 현재 직장의 만족도 등은 새티스파이서가 맥시마이저보다 훨씬 높았다. 이는 새티스파이서가 맥시마이저보다 자신과 조직 생활에 대한 만족감이 더 크다는 것을 시사한다. 또한 맥시마이저는 '조금만 더 노력했더라면 더 좋은 결과를 누렸을 텐데'라고 자책하거나 후회하는 행동을 많이 보인 반면, 새티스파이서는 '역시 내 결정이 당시 상황으로서는 바람직했어'라며 스스로 다독이는 등 대조적인 태도를 보였다.

직장에 만족하면 성과도 좋을까?

그렇다면 기업은 어떤 성향의 직원을 선호할까? 이 질문에 답하기 전에 '좋은 조직은 어떤 조직일까?' 하는 문제를 생각해볼 필요가 있다. 왜냐하면 기업의 입장에서는 당연히 우리 회사를 좋은 조직으로 만들어줄 인재를 선발하고 싶어 하기 때문이다.

〈포천〉은 매년 '일하고 싶은 좋은 기업들'을 선정한다. 그 기준에는 영업 활동 성과, 회사 규모 등의 외형적 조건과 더불어, 직원이 평가하는 신뢰 지수, 기업 문화 등의 내형적 조건이 포함된다. 이를 통해 일반적으로 좋은 기업을 평가하는 핵심은 재무적 성과와 직원 만족도에 있음을 알 수 있다. 그런데 직원이 직장 생활에 만족하면 조직의 성과가 더 높아질까? 많은 사람이 당연히 '그럴 것이다'라고 여기는 이 질문의 답은 성과를 어떻게 정의하느냐에 따라 다르다. 전통적 의미의 재무적 성과만을 놓고 본다면 만족과 성과는 거의 관계가 없다.

직장 생활에 만족하면 더 동기부여가 되고 성과를 긍정적으로 만들기도 한다. 하지만 만족한 나머지 오히려 동기부여가 되지 않고 성과에 부정적인 영향을 미치기도 한다. 인간 행동을 연구하는 사회 과학에서는 개개인 사례를 통합한 평균을 근거로 결론 내리는데 '재무적 성과와 만족은 무관하다'라는 것이 학계의 결론이다.

일반 사람들이 보기에도 의외의 결론이지만, 조직 내 인간 행동을 연구하는 학자들에게 이 발견은 충격적이었다. 1980년대 후반까지만 해도 조직 구성원의 만족도를 어떻게 높일 것인가에 대한 연구가 활발했고, 그와 관련해 자그마치 4,000여 건의 논문이 발표되었다. 논문에서는 개인 인센티브의 구성, 구내식당의 유무, 피트니스 센터의 유무, 리더 스타일의 영향 등 직장 생활 만족도에 미치는 매우 다양한 요소를 분석했다.

이 수많은 논문의 바탕에는 거의 모든 학자가 믿어 의심치 않았던 가정이 있었다. 직장 생활에 만족한 직원은 높은 성과를 낼 거라는 믿음이었다. 1900년 초 현대 경영학이 시작된 이래로 당연시했던 가정이 무너진 것은 1980년대 후반 인디애나대학교 데니스 오건(Dennis Organ) 교수의 연구 때문이었다. 그는 '정말로 만족한 직원이 성과도 높을까?'라는 질문에 대한 실증적 연구를 통해 '만족과 성과는 무관하다'라는 결과를 내놓았다.

학계에서는 여러 말이 무성했다. "성과 측정이 잘못되었다", "샘플 구성이 잘못되었다"…. 그러나 같은 주제로 진행된 연구 결과도 마찬가지였다. 이로써 학계는 고민에 빠지고 만다.

직장 만족도가 높으면 함께 일하고 싶은 조직이 된다

학계의 혼란은 오건이 '성과'의 범위를 재무적 부분에 국한하던 과거의 시각에서 벗어나, 조직 시민 행동(Organizational Citizenship

Behavior, OCB)이라는 새로운 개념을 포함하면서 일단락되었다. 조직 시민 행동은 세 가지 행동을 의미한다.

첫째, 조직 가치를 높이는 행동.
둘째, 남의 강요나 요청이 아닌 자발적 행동.
셋째, 직접적인 보상이 주어지지 않는 행동.

예를 들어, 내가 고용 계약으로 맡은 일의 범주에 들지는 않지만 어려움에 처한 동료를 도와주거나, 꼭 참석해야 할 행사가 아니어도 회사가 주최한 행사에 자발적으로 참여하거나, 서로 잘 알지 못해도 동료들끼리 마주쳤을 때 웃으면서 인사하는 등 궁극적으로 좀 더 좋은 조직을 만드는 데 공헌하는 행동을 말한다.

여기서 '좀 더 좋은 조직'이란 누가 봐도 함께 일하고 싶은 조직을 의미한다. 조직 시민 행동은 좋은 조직을 구성하는 중요한 요소인 '업무 성과(task performance)'와 대등하게 '맥락적 성과(contextual performance)'를 중요한 요소로 본다. 오건은 이후 연구를 지속해 조직 시민 행동을 결정적으로 높이는 요소가 바로 다름 아닌 '만족한 구성원'이라는 사실을 밝혀낸다. 그러니 '직장에 만족하면 성과도 좋을까?'라는 질문에 대한 바람직한 답은 이렇다. '직장 생활에 만족하는 직원이 재무적 성과에 미치는 영향은 없지만, 좋은 조직을 만드는 데는 기여한다.'

직원이 행복하고 성과까지 높은 조직

결국 좋은 조직이란 재무적 성과와 맥락적 성과가 균형을 이룬 조직이다. 맥락적 성과의 선행 조건은 구성원의 만족이다. 조직 구성원 대다수가 맥시마이저라면 재무적 성과를 높이는 데 도움은 되지만 메마르고 피곤한 조직이 될 것이다. 반대로 조직 구성원 대다수가 새티스파이서라면 분위기는 화기애애하고 즐거우나 성과에 대한 우려로 미래가 밝지만은 않을 것이다.

사실 리더의 성향에 따라 조직원도 같은 성향의 사람으로 구성되는 경향이 있다. 따라서 균형 잡힌 조직을 구성하려면 리더가 자기 성향에 치우치지 않는 것이 중요하다. 이와 함께 맥시마이저와 새티스파이서 각각의 장점을 인정하는 유연성이 필요하다.

경제 규모나 수준으로 볼 때 한국은 세계 상위권 국가임에 틀림없다. 그러나 '한국이 선진국인가?'라는 질문에는 많은 사람이 답변을 주저한다. '당신의 회사는 좋은 조직인가?'라는 질문도 마찬가지다. 좋은 조직이 되려면 성과에 기여하는 직원도 필요하고, 동시에 직접적인 보상이 따르지 않더라도 자발적으로 좋은 조직을 만드는 데 기여하는 직원도 필요하다. 어떤 직원으로 조직을 구성할지를 고민하는 것은 리더의 몫이다.

'구독과 좋아요'를 부르는
경험 디자인

최재붕 성균관대학교

팬덤 경제를 가장 잘 이용하는 대표적인 CEO는 일론 머스크다. 테슬라는 최근 주가가 폭락하면서 한때 1,000조 원을 넘었던 시가총액이 717조 원(2024년 4월 16일 기준)으로 줄어들었으나 글로벌 자동차 회사 중에서는 여전히 시가총액 1위다. 주가수익률(PER)도 37.6이나 되는 등 테슬라는 여전히 미래 성장에 대해 높은 기대를 받고 있다. 또 테슬라는 TV 광고를 거의 하지 않으면서도 세계적으로 가장 많은 팬덤을 확보한 자동차 회사로 꼽힌다. 과연 테슬라는 어떻게 전 세계 소비자에게 최고의 자동차 회사로 각인되었을까?

테슬라와 BTS의 공통분모, 팬덤

머스크는 2002년 스페이스X라는 로켓 개발사를 차렸다. 심지어 목표가 화성 식민지 건설이라고 했다. 이듬해에는 테슬라를 설립하고 전기차 개발에 돌입했다. 휘발유차는 화성에서 운행할 수 없으니 전기차를 선택했다. 자동차 산업이 애들 장난도 아니고 축적된 기술도 없는 스타트업이 자동차를 만들겠다고 하니 모든 사람이 금방 망할 거라고 했다. 그런데 정말 무슨 장난처럼 주물럭거리며 차를 양산하기 시작했다. 불가능해 보이던 일을 결국 성공시켰다. 테슬라의 자동차 개발 과정은 창업자인 머스크의 트위터를 통해 전 세계 네티즌에게 실시간 공유되었다. 그러면서 많은 소비자가 테슬라의 자동차 출시를 마치 자기 일처럼 기다렸다.

이런 테슬라의 성공 스토리는 BTS의 성공 스토리와 비슷하다. BTS가 데뷔했을 때 방시혁 대표는 음악 방송에 이들을 내보내기 위해 PD를 찾아다니며 엄청나게 공을 들였다. 그토록 어렵게 데뷔했건만 방송계의 반응은 시큰둥했다. 방송 출연이 힘들어지자 BTS와 방 대표는 길을 바꿔버렸다. 방송보다는 실력으로 승부하기로 하고 SNS를 기반으로 '방탄TV'를 오픈했다. 이후 연습하고, 음악적 고민을 나누고, 식사하는 등 BTS의 거의 모든 일상을 팬과 같이하기 시작했다. 방탄TV가 유튜브에서 거침없이 퍼져나가면서 작았던 팬 커뮤니티는 곧 뛰어난 음악 실력, 칼군무, 엄청나게 노력하는 모습 등에 매료된 글로벌 팬덤으로 확산했고, BTS가 세계적인 아티스트로 성장하는 계기가 되었다. 이것이 디지털 신대륙인 메타 세상에서의 광고 전략이자 팬덤을 형성하는 기본 프로세스다.

BTS는 2013년 데뷔했다. 당시까지 가수는 음악 방송으로 데뷔하고, 국내 음악 방송에서 1위를 하려 애쓰는 것이 당연했다. 그러려면 TV, 라디오 등 대중매체에 노출되어야 하니 기획사의 역량은 방송 스케줄을 얼마나 많이 잡느냐에 달려 있었다. 그리고 가수는 실력이나 재능보다 비주얼이 중요하다는 게 상식이었고 특히 인성이나 도덕성 등은 관심의 대상이 아니었다. 그런데 이 성공의 룰을 깨트리고 BTS가 글로벌 스타가 된 것이다. 그리고 같은 방식으로 디지털 신대륙에 새로운 성공 방식을 만들고 회사를 키운 CEO가 바로 머스크다.

디지털 신대륙에서 생활하는 MZ세대는 좋은 경험을 하면 댓글을 남기고 또 쉽게 링크를 전달한다. 좋은 소식이든 나쁜 소식이든 SNS에서는 확산이 빠르다. 이것이 디지털 문명의 특징이다. MZ세대는 물건을 살 때도 이왕이면 댓글이나 리뷰가 많은 것을 선택하고, 맛집을 찾을 때도 평점과 리뷰수를 중시한다. 유튜브도 '조회수' 많고 '좋아요' 많고 '댓글' 많은 채널을 선호하고, 게시판에서도 조회수 많은 글부터 이슈가 된다. 이와 관련한 부작용도 만만치 않지만 이것이 새로운 인류가 만들어낸 생태계의 메커니즘이다. 말 그대로 소비자가 만드는 '구독과 좋아요'가 지배하는 세상이다.

팬덤 디자인의 출발점은 리더의 세계관

최근 선거를 지켜보면서 불합리하고 비논리적이며 말도 안 되는 가짜 뉴스가 넘쳐나는 현상을 확인할 수 있었다. 비단 우리나라만의 일이 아니다. 디지털 문명이 발달한 거의 모든 국가의 공통된 현상이다. 팬덤을 만들 수만 있다면 가짜 뉴스든 조작이든 무조건 만들고 보자는 전략이 정치판을 흔들고 있다. 국민도 편을 갈라 상대방을 비방하는 데만 몰두하는 혐오의 전쟁에 휩쓸려 다닌다. 엄청난 부작용이지만, 실제로는 이것이 민주주의의 본질이다.

우리도 알다시피 인간은 매우 합리적이지도, 그다지 논리적이지도, 또 도덕적이지도 않은 존재다. 자신에 대한 잣대와 남을 보는 잣대가 다른 이기적 존재이기도 하다. 디지털 신대륙은 진정한 민주주의에 더욱 가까워지는 사회다. 결국 대중이 얼마나 불합리하고 비논리적이며, 얼마나 고집 세고 감정적인 존재인지를 디지털 시대의 정치 현상을 보면 확인할 수 있다.

정치는 선거로 대결해 승리를 거두어야 하니 그럴 수 있다. 그런데 기업 팬덤은 이야기가 다르다. 우선 기업에는 이렇게 근거 없는 팬덤 형성이 쉽지 않다. 또 가짜 뉴스나 거짓 정보를 통해 팬덤을 만들 수도 없다. 소비자가 눈치채는 순간, 끝장이기 때문이다. 팬덤과 안티가 공존하는 것도 바람직하지 않다. 더욱 폭넓은 사람들이 좋아할수록 기업 가치는 올라간다. 좋은 경험을 만들려면 매우 세심하고 섬세한 배려가 필요하다는 뜻이다.

누구나 SNS를 시작할 수 있다. 그러나 좋은 경험을 만들어내기 란 쉽지 않다. BTS는 자신들의 성장 과정과 일상을 모두 보여주면 서 공감을 형성했다. 무엇보다 유튜브로 놀라운 퍼포먼스 실력을 보여주었다. 여기에 댓글이 달리고 빠르게 확산하면서 팬덤을 키 웠고 '아미(ARMY)'라는 이름으로 전 세계에서 1억 명 이상이 활동 하는 팬클럽까지 탄생했다.

머스크는 트위터로 테슬라의 개발 과정을 모두 보여주면서 소 비자의 공감대를 키웠다. 그리고 자동차의 뛰어난 퍼포먼스로 실 력을 증명했다. 테슬라의 팬은 SNS로 제품을 신뢰하게 되었고, 당 연히 자동차를 구입한 뒤에는 사진과 동영상을 찍어 트윗하거나 인스타그램, 유튜브에 올려 플렉스(flex, '자랑질'이라는 뜻의 인터넷 용어) 했다. 소비자의 자발적 광고 미디어가 이런 방식으로 확산하면서 BTS와 테슬라의 브랜드 가치는 상승했다.

결국 소비자가 '구독과 좋아요'를 누르게 하려면 CEO의 세계관 과 디지털 세계관이 일치해야 한다. 디지털 플랫폼에서 고객과의 소통이 일어나도록 하는 구체적인 노력도 필요하다. CEO뿐 아니 라 모든 임직원이 디지털 문명을 기반으로 업무 수행 방식의 전이 를 일관성 있게 추진하는 것이다. 그리고 그렇게 만난 소비자에게 '좋아요'를 누르고 싶게 하는 경험을 제공하는 것이 바로 실력이다.

팬덤을 바탕으로 도약한 기업들

스타일난다를 창업한 김소희는 '미니 일론 머스크'라고 불릴 만한 인물이다. 22세 때 '동대문 패션을 기반으로 옷을 만들어 디지털 세상에 판다'라는 발상으로 사업을 시작했다. 브랜드 팬덤이 성장하면서 화장품 시장에도 진출해 '3CE'라는 브랜드를 성공적으로 론칭했다. 35세가 되던 해에 3CE를 세계 1위 화장품 회사인 로레알그룹에 무려 6,000억 원에 매각하며 세상을 깜짝 놀라게 했다. 김소희는 경영자이자 디자이너면서 동시에 브랜드 모델까지 1인 다역을 수행했다. 그의 팬덤은 디지털 플랫폼에서 성장했다. 그리고 '구독과 좋아요'를 만든 실력은 6,000억 원의 가치로 평가받았다.

요즘 크게 각광받는 무신사와 에이블리도 팬덤으로 성장한 케이스다. 원래 무신사는 조만호 대표가 고3 때 프리챌에 만든 동호회 이름으로, '무진장 신발 사진이 많은 곳'이라는 뜻이다. 그는 신발 덕후의 놀이터를 2012년 쇼핑 커머스 법인으로 전환해 큰 성공을 거두었다. 2020년 3,319억 원이던 매출은 2022년 7,083억 원까지 상승했고, 2022년 3조 4,000억 원이던 총 거래액은 2023년 4조 원을 넘어섰다.

2015년 창업한 에이블리는 여성 고객 팬덤을 기반으로 성장한 온라인 커머스 플랫폼이다. 2023년에는 앱 사용자 수에서 694만 명을 기록하며 무신사의 512만 명을 앞질러버렸으며, 드디어 영업

이익이 흑자를 기록했다.

특히 무신사는 잘파세대(Zalpha generation)의 팬덤 소비 특이성을 활용해 오프라인에서도 큰 성공을 거두는 중이다. 잘파세대는 Z세대와 알파세대를 통칭하는 용어로, 1990년대 후반부터 2020년대 중반까지 출생한 세대를 가리킨다. 무신사는 코로나가 끝나자 오프라인 경험에 목말라 있던 잘파세대의 욕구를 읽어내 오프라인 팝업 스토어를 적극적으로 확장했다. 2023년 11월 무신사는 블랙 프라이데이 행사 동안 총 3,083억 원의 매출을 올렸다. 이제 무신사는 세계관이 통합된 전 세계 메타 소비자로 판매를 확대하고 있다. 그 일환으로 2022년 9월 글로벌 스토어를 오픈해 일본, 미국, 태국, 싱가포르, 캐나다, 홍콩, 대만, 말레이시아, 베트남, 인도네시아, 필리핀, 호주, 뉴질랜드 등 총 13개국에 온라인 쇼핑몰 서비스를 시작했다. 떠그클럽, 써저리, 렉토 등 무려 1,000여 개 브랜드가 입점해 1년 만에 열 배 이상의 매출을 올렸다. 무신사는 데이터 분석을 통해 K-팬덤이 강한 시장에 더욱 집중하고 있다.

한국이 곧 프리미엄

현재 세계를 들썩이는 이 거대한 K-팬덤의 시작은 콘텐츠였다. 콘텐츠 플랫폼에는 엄청난 기록이 훨씬 즐비하다. 유튜브 채널의 모든 영상 중에서 유일하게 100억 뷰를 넘겨, 142억 뷰를 기록 중인 영상은 더핑크퐁컴퍼니에서 만든 〈아기 상어〉뿐이다. 도대체 말도 못 배운 아기들이 왜 이토록 한국인이 만든 영상을 열광하며 시청하는지 알 수 없지만 폭발적 팬덤인 것만큼은 명확하다. 그 덕분에 더핑크퐁컴퍼니의 기업 가치도 3조 원을 넘었다.

그러고 보면 전 세계 MZ세대의 한국 사랑은 어마어마하다. 네이버웹툰 플랫폼은 세계 100개국에서 사용자 수 1등을 기록하며 인기몰이하고 있다. K-팝의 인기도 여전히 폭발적이다. 2023년 열렸던 BTS 데뷔 10주년 행사에는 무려 40만 명이 여의도에 모였는데 그중 15만 명이 해외에서 방문한 팬이었다. BTS는 무려 여덟 번이나 빌보드 핫100 싱글 차트 1위에 올랐다. 아시아에서는 유일한 기록이다. 블랙핑크의 열기도 대단하고 뉴진스 등 신인 그룹의 인기도 폭발적으로 상승 중이다. 게임도 마찬가지다. 세계 최고의 프로게이머 페이커(이상혁)의 인기는 상상을 초월한다.

가장 놀라운 것은 바로 K-드라마에 대한 뜨거운 열기다. 〈오징어 게임〉이 낳은 K-드라마 열풍은 이후로도 이어져 넷플릭스, 디즈니플러스, 아마존프라임비디오 등 세계적인 미디어 플랫폼에서 인기를 계속 이어가고 있다. 물론 절대 강자 할리우드에 비하면 멀었지만 글로벌 시장에서 탄탄한 2위를 기록 중이다.

이렇게 K-팝과 K-드라마로 다져진 팬덤은 자연스럽게 K-푸드로 이어지고 있다. 2023년 라면 수출이 1조 2,000억 원을 기록하며 사상 최고액을 가볍게 경신했고 어느새 라면만 파는 스토어까지 생겼다. 그 덕분에 라면 수출은 2023년에만 24퍼센트가 증가했고, 2024년 1월 수출액은 전년 대비 무려 40퍼센트가 증가했다. 라면 수출이 크게 늘면서 김치, 가공밥 수출도 함께 증가하고 있다. 이런 현상은 올곧 냉동 김밥의 빅히트가 어느 날 갑자기 생긴 것이 아님을 보여준다. 그뿐 아니라 해외 현지의 한국 식당까지 주목받고 있다. 〈뉴욕타임스〉의 음식 칼럼니스트는 2023년 뉴욕 최고의 음식으로 한 한국 식당의 맑은 돼지국밥을 선정하기도 했다.

김도 '검은 반도체'로 불리며 수산 식품 최초로 총수출액 1조 원을 달성해 어민들을 즐겁게 했다. 김은 특히 한 장의 양식장 사진으로 유명세를 탔는데, 2023년 4월 나사(이하 'NASA')에서 완도군의 해조류 양식장 위성 사진을 상세히 촬영해서 올려놓고 세계 최고의 청정 지역으로 최고의 해조류 양식장 조건을 갖춘 곳이라고 소개했다. 탄소 저장 능력 또한 숲보다 훨씬 높다고 언급하면서 세계적인 주목을 받았다. NASA가 광고주가 된 셈이다.

이제 세계적인 대도시에서는 K자만 붙어도 가장 '힙'하고 '핫'한 것으로 여겨질 정도로 우리는 당당하게 문화 강국의 반열에 올라섰다. 이제 한국 것이라면 디스카운트가 아니라 프리미엄이 붙는 유리한 위치에 자리한다. 디지털 세상에서는 한국 것이라면 '좋아요'를 누르고 싶은 마음이 열린다. 남은 숙제는 기업이 이 기회를 어떻게 비즈니스 모델로 연결할 것인가다.

'좋아요'를 부르는 경험을 디자인하라

'좋아요'를 만들려면 '좋은 경험'을 제공해야 한다. 특히 MZ세대가 원하는 경험이 필요하다. SNS에서는 이들의 활동력이 왕성하기 때문에 디자인 프로세스에 이들이 좋아하는 경험을 반영할 필요가 있다. 그러려면 당연히 최신 트렌드를 예민하게 섭렵해야 한다.

'좋아요'를 만드는 힘은 업의 본질이다. 트렌드에도 맞아야 하지만 고객이 감동하는 본질이 있어야 한다. 더현대에서 팝업을 열었다고 모두가 열광하는 것은 아니다. 음식, 화장품, 의류 등 상품 자체가 매력적이어야 한다. 감동적인 본질과 SNS 매체를 통한 확산, 온라인 커머스 전략까지 잘 준비되어 있어야 진짜 실력이다.

무엇보다 끊임없이 변화하는 소비 트렌드를 열심히 추격해야 한다. 여러 지식이 축적되었을 때 결국 새로운 아이디어가 나올 수 있다. 창조는 지식의 편집으로 무언가를 만들어내는 작업이다. 이런 비즈니스 기획 및 추진 프로세스가 조직에 정착할 때 팬덤을 만들 수 있다. 그렇더라도 여전히 구독의 문제가 남는다. 구독은 지속가능성이다. 과연 어떤 기업이 변덕스러운 MZ 고객의 사랑을 변함없이 받으며 구독을 지속시킬 수 있을까? 힌트를 준다면 그중 하나의 트렌드는 ESG다.

일단 하나만 명심하자. '구독과 좋아요'는 디지털 팬덤 경제를 맞이한 기업의 핵심 자산이라는 사실이다.

위기는
반드시 일어난다

송동현 밍글스푼

성공한 위기관리 커뮤니케이션 사례를 이야기할 때면 많은 사람이 아직도 타이레놀 독극물 투입 사건이 있었던 존슨앤드존슨의 대응을 꺼낸다. 1982년 9월 미국 시카고에서 타이레놀을 복용한 시민 일곱 명이 사망하는 사건이 발생했다. 타이레놀 제조사인 존슨앤드존슨은 누군가 타이레놀에 독극물을 넣은 것을 알아내고 이를 적극적으로 언론에 알렸다. 그리고 유통 중이던 타이레놀을 신속하게 회수해 전량 폐기했다. 이런 대응은 엄청난 비용을 감수하고 기업의 명성을 지켜낸 사례로 잘 알려져 있다.

타이레놀 사건은 지금으로부터 40여 년 전에 발생했다. 말하자면 20세기의 사건이었다. 그러나 고도화된 AI를 이야기하는 요즘에도 위기관리를 이야기할 때는, 야간 통행금지가 해제되고 한국 프로야구가 출범했던 1982년의 사례를 꺼내 든다. 물론 기업 원칙과 고객에 대한 책임을 우선순위에 두었던 존슨앤드존슨의 대응은 여전히 의미가 크다. 하지만 당시 존슨앤드존슨은 완벽한 피해자였기에, 유죄 요소가 많은 한국 기업의 위기관리에서는 적용하기 힘든 사례다. 더군다나 40여 년 전의 시장 환경과 미디어 환경은 지금과 큰 차이가 있으므로 위기의 복잡성과 범위, 위기 확산 속도와 가시성은 차원이 다르다. 이제 존슨앤드존슨 사례는 역사 속으로 보낼 때가 되었다.

위기관리의 1순위는 위기에 대한 정의

기업 위기란 인적·금전적·정신적 손해를 입거나 신체적 상해를 초래하는 것, 기업의 이미지와 명성에 영향을 미치는 것, 개인 혹은 기업 간 다툼, 갑작스러운 화재나 사고, 자연재해를 가리킨다. 실제 기업 위기관리에서 말하는 위기의 정의와 범주에 당연히 포함되는 것들이다. 그런데 이들 중 대부분의 위기는 오프라인 현실에서 발생하는 것을 전제로 한다. 모바일 디바이스가 필수품이 되고 디지털 미디어가 발달한, 이른바 디지털 전환(digital transformation) 시대인 지금은 여태껏 예측 불가능했던 위기의 종류와 확산의 양상이 추가되었다.

가장 대표적인 것이 과거에는 개인의 호불호 영역으로 평가절하했던 사소한 불만이 거대한 위기가 되어 기업의 명성을 훼손하는 사례다. 개인이 미디어가 된 환경에서는 개인의 불만이 사적 영역에서 공적 영역으로 쉽게 옮겨 간다. 게이트키핑 시스템이 무너진 일부 미디어를 통해 확대 재생산되어 쉽게 공론화되고, 대중의 불만 또한 쉽게 폭발한다. 이러다 보니 예전에는 해프닝으로 끝났을 법한 사안도 위기로 정의하고 관리해야 하는 상황이 되거나, 사소한 일을 과도하게 위기로 인식하여 개입하면서 오히려 이슈를 키우는 상황이 늘고 있다.

기업 위기를 바라보는 입장과 위기에 대한 정의는 기업의 구성원마다 부서마다 모두 다르다. 현실적인 위기관리가 어려운 이유 중 하나가 여기서 기인한다. 예를 들어, 재무 및 회계팀은 금전적인 위기가 가장 중요하다고 생각하고, 전산 및 IT팀은 서버 다운이나 해킹이 가장 큰 위기라 생각하며, 고객만족 및 CS팀은 고객 클레임이 위기라고 생각한다. 이 때문에 팀의 성격과 구성원에 따라 위기에 대한 심각성과 민감도가 달라진다. 따라서 위기가 발생하면 각자가 생각하는 정의가 다르니 상황을 판단하는 데 실수가 발생하고, 커뮤니케이션 오류가 일어난다.

이런 이유로 기업 위기관리 컨설팅은 기업 내부의 구성원 간에 위기를 동일하게 정의하고 인식하는 것에서 시작한다. 그런 다음 기업에 어떤 위기가 있는지 조사하고, 위기 발생 가능성과 위해도를 주관 및 유관 부서에 공유하며, 상황 인식의 눈높이를 맞추는 지속적인 내부 소통이 필요하다. 이처럼 기업 구성원이 변화하는 환경에 따라 위기 요소를 인식하고 지켜보는 과정은 안정적인 위기 관리를 위한 필요충분조건이다.

결국 기업 위기관리는 CEO에게 달렸다

한 사장님의 출근길을 보자. 과거에는 출근하는 차에 비치된 신문을 살폈지만 지금은 스마트폰을 본다. 본인 이름과 회사 이름, 이어서 회사 제품명과 서비스명도 검색한다. 그러다 네이버 지식인에 사장님 이름을 언급한 고객의 불만 글 하나를 읽었다. 불매하겠다는 내용에 사장님이 놀라서 담당 임원에게 전화한다. "김 전무님, 우리 제품명으로 검색했더니 지식인에 부정적인 글이 있네요. 이분이 불매하겠다는데 우려가 됩니다."

얼마 전 쉽게 불만을 표출하는 MZ세대에게 걸리면 끝장이라는 기사와 전문가의 코멘트를 봤던 터라 사장님 마음에 위기감이 몰려온다. 이내 사장님 전화를 받았던 김 전무는 박 이사를, 박 이사는 마케팅 담당 신 부장을, 신 부장은 해당 제품의 브랜드 매니저인 이 차장을 부른다. 사장님으로부터 시작된 커뮤니케이션이 의사 결정 프로세스를 타면서 해당 이슈에 대한 수준과 감정은 눈덩이처럼 커진다.

보통 위기를 '기업의 영속성이나 명성에 손해를 입히는 요소'라고 정의한다. 하지만 막상 위기관리 현장에서는 '사장님이 위기라고 하면 위기고, 그렇지 않으면 위기가 아닌' 경우가 많다. 즉, 기업 위기관리는 구성원 영역이 아니라 최종 의사 결정권자, 주요 의사 결정권자의 영역이라는 뜻이다. 아무리 위기에 대해 구성원 간에 눈높이를 맞추더라도, 최종 의사 결정권자가 생각하는 위기의 정의가 다르거나 간극이 크면 위기관리는 상당히 어렵게 진행되고 나아가 정치적 행위로 변질되기도 한다. 또한 내부 구성원, 외부 이해관계자 사이에서도 마찬가지다. 결국 위기관리 실행은 하향식으로 이루어지기에 최종 의사 결정권자의 결정이 중요할 수밖에 없다. 최종 의사 결정권자가 이슈 상황에 예민해지는 요인은 크게 네 가지다.

- 해당 위기와 이해관계자에 대한 이해가 낮거나
- 현재 미디어 환경을 잘 모르거나
- 지인이나 비전문가의 조언에 심취해 있거나
- 본인이 정치적 결정을 해야 하는 상황이다.

오버센스를 피하고 위기가 전개되는 상황을 제대로 판단하려면 다양한 라인에서 다양한 정보를 최대한 취합해야 한다. 이와 함께 정확한 상황 보고가 최종 의사 결정권자에게 전달되고, 이를 살핀 최종 의사 결정권자는 최선의 방안을 결정해서 다시 아래로 정확하게 커뮤니케이션해야 한다. 하지만 위기 상황에서 정확한 내부 커뮤니케이션은 말처럼 쉽지 않다. 여러 가지 현실적 변수가 발목을 잡는다. 더불어 조직 커뮤니케이션에 병목이 발생해 과도한 시간이 소모되면서 적당한 타이밍을 놓치기도 한다.

이를 방지하기 위해서는 매뉴얼과 훈련이 필요하다. 위기가 발생했을 때 빠른 상황 분석과 의사 결정을 하도록 매뉴얼을 갖추고 정기 훈련을 통해 매뉴얼대로 위기관리를 하는 것이다.

중요한 것은 컨트롤 타워와 매뉴얼

"우리 회사는 위기관리 매뉴얼이 있는데 위기관리가 잘 안 됩니다", "우리 회사는 구성원의 면면은 아주 좋은데 위기관리가 잘 안 됩니다"라는 이야기를 종종 듣는다. 과연 무엇이 문제인가? 기업 위기관리를 위해서는 위기관리 '시스템'과 기업 구성원 '역량'이 필요하다. 두 가지는 기업 위기관리의 핵심 축이다. 질문을 보면 전자는 구성원 역량이 문제고, 후자는 위기관리 시스템이 문제다. 여기서 위기관리 시스템은 흔히 아는 위기관리 매뉴얼이 대표적이다. 위기가 발생하면 위기관리 시스템과 구성원의 위기관리 역량의 균형이 맞아야 성공적으로 위기관리를 할 수 있다.

갑작스러운 위기관리 현장에서 공통으로 보이는 모습이 있다. 현장에서 일사불란하게 움직일 것이라는 임원진의 희망, 그리고 임원진이 빠르고 명확한 결정을 내려줄 거라는 현장의 희망이 무너지는 것이다. 그러면서 '컨트롤 타워가 없다', '매뉴얼이 작동되지 않았다', '매뉴얼이 없다'라는 평가가 반복된다. 특히 자연재해 같은 대형 위기가 발생하면 국민은 위기 자체에 분노하지 않고 "왜 지진이 일어났나?", "왜 비가 많이 왔나?"라며 묻는다. 다시 말해, 해당 위기를 바라보는 경중과 인식의 간극, 그리고 잘못된 대응이 연쇄적으로 일어나 큰 위기가 되어버린 상황에 분노한다.

매뉴얼은 '원칙의 집합체며 다양한 변수를 제외한 초기 대응 실행 정리 및 실행의 약속'이다. 그런데 이 매뉴얼이 현장에 공유되지 않고 체득되지 않으면 그저 비싼 장식품에 불과하다. 최종 의사 결정권자에게 '우리 조직은 위기관리 매뉴얼이 있으니 기본은 하겠지' 정도의 정신적 위안을 주는 문서일 뿐이다. 매뉴얼은 기업 위기관리의 끝이 아니라 시작이다. 매뉴얼 문서는 결코 기업 위기관리를 진두지휘하지 않는다. 매뉴얼이 위기관리 현장에서 살아 움직이려면 구성원을 교육하고 훈련시켜야 한다. 그리고 지속적인 매뉴얼 업데이트도 필수다.

또한 기업 위기관리 현장에서 컨트롤 타워가 작동되지 못하는 경우도 허다하다. 제대로 준비되지 않아 최소한의 원칙과 일관성조차 없이 새로운 아이디어가 난무한다. 위기관리의 컨트롤 타워는 가장 빨리 한곳에 모여야 한다. 최종 의사 결정권자도 대형 위기에는 유고 상황을 제외하고는 한곳에 있어야 한다. 오프라인 장소에 모이기 어렵다면, '다양한 정보 취합과 확인이 용이하고 최종 의사 결정권자와 지휘 그룹이 의견을 즉각 공유할 수 있는 시스템'이 작동되는 곳에서 커뮤니케이션해야 한다.

위기관리 평가에 헛발 딛는 기업이 많다

기업들로부터 위기관리의 성공과 실패를 평가해달라는 요청을 많이 받는다. 그런데 사실 위기관리 현장에서는 성패를 명확히 가를 수 없는 경우가 태반이다. 워낙 변수가 많아 정답이 존재하지 않는다. 그러니 '이렇게 하면 성공한다'라고 보장할 수가 없다. 하지만 모든 위기관리 사례에는 성공 포인트와 실패 포인트가 함께 있다. 틀린 것도 맞는 것도, 옳고 그름도 없다. 물론 모든 기업 위기관리는 윤리적·도덕적·법적·상식적 테두리 안에 있어야 한다. 위기관리 컨설턴트는 대부분 상황과 이슈에 따른 적절성과 부적절성을 더 중요하게 다루며, 성공 포인트는 계승하고 실패 포인트는 반면교사로 삼으라고 당부한다.

실제로 내가 담당했던 한 기업은 위기관리 평가 때 언론 오보 대응 항목에서 담당자에게 가산점을 주었다. 사실과 다른 언론의 오보에 잘 대응했다면 가산점을 주는 것은 당연하다. 그러나 오보가 없다면 가산점을 받을 수 없다. 오보가 없다는 것은 담당자가 사전에 미디어와 좋은 관계를 만들어 이슈에 대해 충분한 설명을 했다는 방증이다. 그런데 오보가 발생한 뒤 대응해야 담당자가 가산점을 받을 수 있다니 아이러니한 평가 제도였다.

위기관리는 크게 '예방-준비 및 실행-회복' 영역으로 구분된다. 위기가 일어나지 않게 평소에 내재된 이슈를 감지하고 관리하는 전략과 활동은 '예방'이다. 최선을 다했지만 위기가 발생했다면 피해를 최소화하는 활동이 '준비 및 실행'이다. 그리고 피해를 빠르게 복구해 더 좋은 환경으로 만드는 활동이 '회복'이다.

언제부터인가 사과를 위기관리의 전부로 생각하는 사람이 많아졌다. 사과가 중요하지 않다는 것이 아니다. 사과를 잘하는 것보다 사과할 일을 만들지 않는 것이 가장 훌륭한 위기관리다. 위기가 발생하지 않는 것이 가장 성공한 위기관리라는 뜻이다.

과거 위기관리 시스템은 거의 예방에 맞추어져 있었다. 건설 현장에서 흔히 볼 수 있는 '무사고' 슬로건이 대표적이다. 무사고를 지킨 과정과 노고를 정당하게 평가하는 것은 위기관리의 원동력이 된다. 하지만 무사고 자체가 위기관리의 목표가 되었을 때는 상황이 달라진다. 위기관리는 단순한 기록 관리가 아니다. 반면교사를 위한 히스토리 관리는 필요하지만 마치 스포츠 기록처럼 관리되어서는 안 된다. 이제 무사고 현황판은 구성원이 마땅히 할 일을 준수하고 있는지 체크하는 상황판이 되어야 한다. 그리고 발생했던 위기가 재발하지 않도록 상기하는 기능을 해야 한다.

소 잃고 외양간을 제대로 고치자!

모든 위기는 100퍼센트 예방할 수도, 사전에 100퍼센트 감지할 수도 없다. 그래서 최근 위기관리 시스템은 '위기는 반드시 일어난다'라는 가정하에 대응 방법을 미리 모색하고 피해를 최대한 완화하는 준비의 개념이 강화되고 있다.

기업 위기관리 평가는 매시간 진행되어야 한다. 그 평가가 일상적인 위기관리의 시스템이 되고 자산이 된다. 화장실에서 흔히 볼 수 있는 청소 점검표가 위기관리 평가표의 표준 샘플이다. 약속된 시각마다 화장실을 청소하고 이상이 없다면 정상적인 상황이라 판단하는 근거가 된다. 만약 제때 청소를 하지 않고 평가도 안 한다면 화장실이 지저분해지거나 휴지가 떨어지거나 물이 막히는 등의 위기가 발생한다.

위기관리 현장에서는 성공하는 기업 위기관리를 '모든 구성원이 해야 할 일을 적시에 하는 것'이라고 정의한다. 오늘 우리 기업이 평온했다면 위기관리 담당자가 수고했고, 이와 함께 구성원 하나하나가 맡은 일을 제때 했기 때문이다. 이처럼 기업 위기관리와 평가는 사실 복잡하고 어렵지 않다.

갑작스러운 위기에 완벽한 기업은 없다. 가장 치명적 문제는 위기를 제대로 관리하지 못한 것이 아니라, 이전의 위기관리에서 교훈을 얻지 못하고 반복하는 것이다. 중국 속담 '망양보뢰(亡羊補牢)'는 우리나라에서 늦은 대응을 비난하는 의미가 되었다. 하지만 이 말은 본디 양을 잃었지만 깨닫고 수습하면 늦지 않다는 긍정적 의미가 있다. 그동안 기업 위기관리 현장에서 '소 잃지 않고 외양간 고친' 사례는 단 한 번도 보지 못했다. 위기관리에 성공한 기업, 조직과 개인은 모두 소 잃고 외양간을 제대로 고친 기업과 개인이었다.

기업의 실속 챙기는
밸류업 대응 전략

김우진 서울대학교

최근 정부가 밸류업 프로그램을 발표한 뒤 시장에는 기대와 우려가 공존하고 있다. 이번 기회에 그동안 국내 증시를 짓눌러온 코리아 디스카운트가 해소되어 주가가 부양할 것으로 기대하는 사람들이 있는 한편, 정책 내용이 밋밋하여 별 효과가 없을 것이라 예측하는 부정론도 있다. 특히 법인세 감면, 배당소득 분리과세 등 구체적인 인센티브가 부족한 탓에 언론을 중심으로 효과에 대한 의문이 제기된다.

밸류업은 기업 가치, 즉 시가총액을 올리자는 말이다. '기업의 목표는 기업 가치 극대화'라는 재무 관리의 기본을 떠올리면, 이는 기업의 목표를 다시 한번 강조한 것과 다름없으니 여기에 세제 지원이 필요하다는 주장은 어색한 측면이 있다. 이번에 정부가 추진하는 정책은 일본 도쿄증권거래소 사례를 참고한 것이라고 알려졌다. 과연 일본의 정책은 세제 지원 등 인센티브가 핵심이었을까? 이제부터 일본 사례를 살펴보고, 이에 기반해 작성된 국내 밸류업 공시 가이드라인에 대한 기업의 대응 방향을 생각해보고자 한다.

일본 주식 시장이 상승한 배경

우리 정부가 참고한 도쿄증권거래소 정책의 정식 명칭은 'Action to Implement Management that is Conscious of Cost of Capital and Stock Price'이다. 직역하자면 '자본비용과 주가를 의식한 경영행태 확립 방안'쯤 되겠다. 여기서 핵심 개념은 자본비용이다. 기업 가치가 추상적인 개념이 아니고 매우 구체적인 시가총액을 의미하듯, 자본비용도 추상적인 개념이 아니고 퍼센티지로 표현되는 매우 구체적인 개념이다. 회사 입장에서 자본비용은 자기자본을 조달하는 데 따른 비용, 즉 투자자에게 지급해야 하는 비용이다. 투자자 입장에서는 회사에 자금을 공급했을 때, 즉 신주를 인수하거나 구주를 매입했을 때 기대되는 수익률, 요구수익률이다. 요구수익률은 배당수익률과 주가상승률 등 두 가지로 구성되는데, 전통 산업 등 가치주의 경우 주로 배당으로 요구수익률을 맞추어주고, 신산업 등 성장주의 경우 주로 주가 상승으로 요구수익률에 대응한다.

이론적으로 자기자본비용은 타인자본비용인 이자율보다 높다. 왜냐하면 투자자에게 주식 투자 수익률은 채권 투자 수익률 혹은 대출 금리보다 변동성이 크고, 투자자는 위험을 회피하기 위해 변동성이 큰 투자에 더 높은 수익률을 요구하기 때문이다. 예컨대 금리가 5퍼센트라면, 자본비용은 8퍼센트, 10퍼센트, 12퍼센트 정도가 될 수 있다. 그런데 지금까지 한국, 일본의 경영진은 자본비용을 고려하지 않고 의사 결정을 많이 했다. 그만큼 주식은 공짜 돈이라는 인식이 팽배했다. 지금도 상장기업은 현금이 부족하면 주주배정 유상증자를 추진하고, 이에 따라 주가가 폭락하는 현상이 반복된다.

나는 1997년 외환 위기 당시 산업자원부 사무관으로 외자 유치 업무를 담당했었는데, 당시 정부 최고위층에서 외국인 직접 투자를 유치하자는 논리는 다음과 같았다. '차관을 도입하면 이자를 줘야 하지만, 외국인 직접 투자가 들어오면 반드시 배당할 필요가 없다. 따라서 외국인 직접 투자가 유리하다.' 바로 자본비용을 0으로 보는 논리다. 주식 투자자에게는 의무적으로 돌려줄 수익이 없다고 생각하는 것이다. 그럼 국내에 직접 투자를 하는 외국인은 자선 사업가인가? 물론 아니다. 직접 투자가 차관보다 훨씬 위험하므로 이에 따른 기대수익률이나 요구수익률도 훨씬 높다. 이게 바로 기업의 자본비용이다.

분산소유기업이 일반화된 미국에서는 요구수익률을 무시하거나 못 맞추는 전문 경영인은 자리를 보전하기 어렵다. 이사회에서 개선 대책을 강력히 요구할 테고, 부족하다고 판단되면 CEO 해임까지 간다. 그런데 한국 상장기업 대부분은 창업주 일가를 중심으로 한 지배 주주가 있고, 일본 상장기업의 상당수는 상호 출자 등 기업 간 지분 보유를 통해 지배권을 유지한다. 즉, 요구수익률을 맞추지 못하더라도 별 탈이 없다. 그러니 경영진은 대개 연도별 혹은 중장기 사업계획 수립 시 영업이익까지만 분석하고 관리한다.

부채가 많은 기업은 영업외비용(이자)이 반영된 당기순이익까지만 분석하지, 다음 단계인 자기자본수익률(Return On Equity, 이하 'ROE')과 자본비용과의 비교 분석으로 넘어가지 않는다. 따라서 일본의 정책은 지금까지 무시해왔던 자본비용을 이제부터 고려하라는 방침이었다.

자본비용과 주가를 의식한 경영

그럼, 자본비용과 주가는 어떤 관계인가. 예컨대 당기순이익이 매년 100억 원 나오는 기업이 있다고 하자. 만약 투자자의 요구수익률이 10퍼센트라면, 이 기업의 가치는 1,000억 원(100억 원/0.1)이다. 거꾸로 이야기하면, 1,000억 원을 투자해서 매년 100억 원이 수익이 날 때 연평균 수익률은 10퍼센트다. 만약 투자자가 매년 20퍼센트의 수익을 요구하면, 이 기업의 가치는 500억 원(100억 원/0.2)에 불과하다. 투자금액이 500억 원으로 줄어야 매년 100억 원의 수익이 20퍼센트가 되기 때문이다. 여기서 10퍼센트, 20퍼센트가 바로 요구수익률이고 자본비용이다. 이 사례에서 알 수 있듯 자본비용과 기업 가치는 일대일 음의 관계다. 다시 말해, 자본비용이 비싸면 기업 가치는 떨어지고, 자본비용이 싸면 기업 가치는 올라간다.

각 기업의 구체적인 자본비용 수준은 노벨 경제학상 수상자인 윌리엄 샤프(William Sharpe) 등이 제안한 자본자산 가격결정 모델(Capital Asset Pricing Model, CAPM)로 계산할 수 있는데, 대개 10퍼센트 내외라고 보면 무리가 없다. 국내에서 주가는 대부분 수급에 의해서 결정된다고 이해하는 경향이 있다. 물론 단기적으로는 수급이 매우 중요한 요소지만, 중장기적으로 주가는 그 기업의 본질 가치(앞선 사례에서 1,000억 원, 500억 원)에 의해 결정된다.

밸류업에서 핵심 지표는 바로 주가순자산 비율(Price to Book Ratio, 이하 'PBR')이다. 소위 코리아 디스카운트는 국내 상장기업의 PBR이 다른 국가에 비해 상대적으로 낮고, PBR이 1보다 낮은 기업이 수두룩하다는 것을 의미한다. 이론적으로 PBR은 ROE와 자기자본의 비용인 자본비용 간 상대적인 크기에 따라 결정된다.

ROE가 자본비용보다 높으면 PBR이 1보다 크고, ROE가 자본비용보다 낮으면 PBR이 1보다 작다. 즉, 우리 기업의 PBR이 1보다 낮다는 것은 ROE가 자본비용 혹은 투자자의 요구수익률에 못 미친다는 것을 의미한다. 직관적으로는 회사가 버는 수익이 주주의 요구 수준을 초과하면, 현재 주가가 더 비싸야 주주에 대한 과다 환원을 방지할 수 있고, 회사가 버는 수익률이 요구수익률을 하회하면 현재 주가가 더 낮아져야 그나마 (이 가격에 주식을 사는) 주주의 요구수익률을 맞출 수 있다.

실제로 국내 기업의 ROE는 계속하락해왔다. 코시스(KOSIS, 국가통계포털)에 따르면, KOSPI 기업 전체의 평균이익을 평균자본으로 나눈 수치(일종의 평균 ROE)는 2004년에 정점을 찍은 이후 지속해서 하락해, 2022년에 5퍼센트대로 떨어졌다.

ROE의 하락은 분자인 평균이익의 감소, 분모인 평균자본의 증가 혹은 두 요인 모두로 인해 발생할 수 있다. 그런데 실제로 1996년 이후 통계를 보면, 분모인 평균자본은 꾸준히 증가한 반면, 분자인 평균이익은 거의 변화가 없거나 오히려 살짝 상승하는 추세다. 따라서 국내 ROE의 하락은 국내 기업이 물건을 못 팔거나 영업비가 상승해서라기보다, 그동안 번 이익을 계속 이익잉여금으로 보유하면서 분모가 무거워진 것이 주요 이유인 셈이다.

현재 국내 기관 투자자가 주장하는 자사주 매입 소각을 통한 주주 환원은 단순히 기업이 보유한 현금을 주주에게 돌려달라는 것만이 아니다. 바로 ROE 계산식의 분모인 자기자본을 자사주 매입

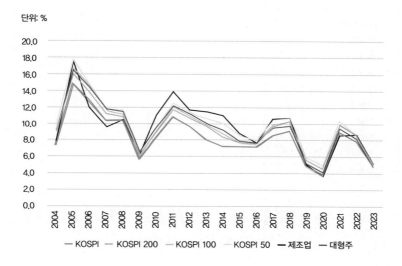

단위: %

소각을 통해 줄임으로써 ROE의 개선을 도모할 수 있다는 자본 재배치의 관점이 있다. 이는 애플의 자사주 매입 사례에서도 알 수 있다. 지난 10여 년간 꾸준히 대규모의 자사주 매입을 추진한 애플의 ROE는 2017년 37퍼센트 수준에서 2021년 112퍼센트까지 상승했다. 평균 ROE가 5퍼센트에 불과한 우리로서는 부러울 따름이다.

흔히 국내 기업의 CFO는 향후 투자금을 이유로 자사주 매입 소각에 부정적인 시각을 갖고 있다. 투자에 드는 자금을 증자로 충당할 경우 지배 주주의 지분율이 희석될 우려가 있으므로 투자금을

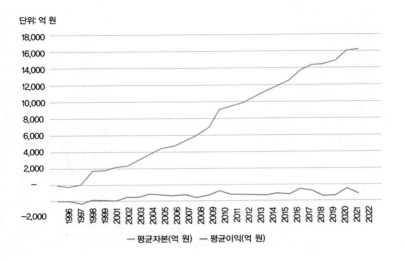

【 연도별 KOSPI 평균자본, 평균이익 추이 】

단위: 억 원

출처: KOSIS.

중자가 아닌 영업이익으로만 충당하려는 것이다. 그렇다면 애플은 투자를 하지 않는다는 뜻일까? 애플이 투자금이 필요하면 중시에서 조달하면 된다. 역설적으로 우리 기업은 모래주머니를 달고 달리는 것과 같다.

실속 챙기는 밸류업 공시 전략

밸류업 공시 준비의 첫 단계는 우리 회사의 자본비용이 몇 퍼센트 수준인지 파악하는 것이다. 물론 회사 내부적으로 투자안 평가 단계에서 순현재가치(NPV) 계산 시 사용하는 자본비용이 있을 것이다. 문제는 이 자본비용을 신규 투자 여부를 결정할 때만 활용하고, 주가 수준 등을 평가할 때는 전혀 활용하지 않는 것인데, 바로 이것이 첫 번째 개선 과제다.

다음 단계는 이 자본비용과 ROE를 비교하는 것이다. ROE가 자본비용보다 큰 기업은 PBR도 1보다 클 가능성이 있다. 이때는 오히려 특별히 개선 과제를 도출하기 어려울 수 있다. 반면 ROE가 자본비용에 못 미치는 기업은 PBR이 1보다 낮을 가능성이 있다. 내가 조사한 바로는 ROE가 자본비용에 못 미치는 기업이 전체 KOSPI 기업의 3분의 2에 달한다. 이런 기업은 ROE 개선 방향을 제시해야 한다.

영업이익과 현금이 충분한 기업은 비교적 개선이 쉽다. 자사주 매입 소각을 통해 자기자본을 줄임으로써 ROE를 높일 수 있다. 반면, 영업이익과 현금이 부족해 자사주 매입의 여력이 없는 기업은 영업이익의 향상 방안을 우선으로 제시해야 한다.

한편 국내 가이드라인에는 일본의 정책에 없던 내용이 하나 추가되었다. 거버넌스 관련 사항이다. 구체적으로는 모자 회사의 중복 상장 여부, 지배 주주 및 그 특수관계인의 비상장 개인회사 보유 여부 등을 공시하도록 권유하고 있다. 일각에서는 지배 주주의 개인회사 보유 여부는 사적 재산권 문제며, 거버넌스 이슈가 아니라고 주장한다. 일론 머스크가 개인 자금으로 트위터를 인수한 것이 대표 사례다. 그러나 트위터와 테슬라 간에는 일감 몰아주기가 없다. 하지만 국내에는 지배 주주의 개인 회사로 일감을 몰아주어 상장기업의 가치를 훼손하는 사례가 비일비재하다.

2023년 SM엔터테인먼트와 이수만 창업자의 개인 회사인 라이크기획 간 프로듀싱 계약이 크게 이슈가 되었다. 이와 같은 사익편취 행위가 근절되고, 모든 주주 간 보유 지분비율에 비례한 n분의 1 원칙이 확립되어야 비로소 코리아 디스카운트가 근원적으로 해결된다. 거버넌스 개선의 목표는 창업주 일가를 몰아내고 전문경영인 체제를 도입하자는 게 절대 아니다. 오히려 지배 주주 일가의 인센티브를 일반 주주와 동일하게 맞추는 것이 거버넌스 개선의 궁극적인 목표고, 밸류업의 기본 전제다.

일본의 주가 상승은 단시일에 이루어지지 않았다. 지난 10여 년간 모자 회사의 복수 상장 해소 등 거버넌스 관련 개혁을 꾸준히 해온 결과, 해외 투자자가 다시 돌아온 것이 주요한 계기가 되었다. 이번 밸류업 프로그램으로 국내 자본시장에도 지긋지긋한 코리아 디스카운트가 해소되고 기업의 내재가치가 시장에서 제대로 평가받을 수 있기를 기대해본다.

내우외환의 중국 경제와
2차 차이나 쇼크

조영무 LG경영연구원

2024년 3월 중국은 전국인민대표대회와 전국인민정치협상회의, 즉 양회(兩會)를 통해 2024년 중국 경제성장률 목표치 5퍼센트, 재정적자 목표치 GDP 대비 3퍼센트 내외 수준을 제시했다. 2023년 중국 경제성장률이 5.2퍼센트였던 것과 비교하면 목표치를 낮추어 잡은 것이지만, 발표 이후 이마저도 달성이 쉽지 않다는 분석이 나온다. 내수 부진, 수출 환경 악화, 부동산 경기 부진 속에 전년과 비슷한 재정적자 규모로는 경제성장률 5퍼센트 달성이 어려워 보이기 때문이다. 이제부터 '시코노믹스의 불확실성', '부동산 부채 불안', '2차 차이나 쇼크' 등의 키워드로 지금 중국 경제가 처한 내우외환의 위기를 살펴보자.

정치가 우선인 시코노믹스의 불확실성

중국에서는 덩샤오핑 이후 오랫동안 경제를 분리하여 전문 관료에게 위임하는 당정 분리를 원칙으로 삼았다. 장쩌민(江澤民) 주석 집권 시에는 주룽지(朱鎔基) 총리, 후진타오(胡錦濤) 주석 집권 시에는 원자바오(溫家寶) 총리가 경제 조타수 역할을 했다. 그런 이유로 시진핑(習近平) 주석 집권 초기, 영국 투자은행 바클리(Barclays)는 "리커창(李克強) 총리가 리코노믹스(Likonomics, 리커창 경제학)를 펼칠 것"이라며 신조어를 만들어내기도 했다. 리코노믹스는 리커창 총리 이름과 '경제학'을 뜻하는 이코노믹스의 합성어다.

그러나 시진핑은 자신을 중심으로 공산당의 기획 및 정책 결정 권한을 강화하면서 서서히 이 구도를 허물었다. 집단 지도 체제가 아니라 1인 권력 집중, 중임제가 아니라 사실상의 종신 집권, 후계자 지정이 아니라 후계 구도 부재, 분권이 아니라 집권 등 마치 시대를 거슬러 마오쩌둥 시대로 회귀하는 모습이었다. 시진핑 1기였던 2016년, 이미 〈사우스차이나모닝포스트〉는 "시코노믹스(Xiconomics)가 리코노믹스를 밀어내고 있다"라고 보도했다.

시코노믹스는 시진핑의 이름과 이코노믹스의 합성어로, 시진핑의 경제 정책을 가리킨다. 시코노믹스 초기에는 리코노믹스와 큰 차이가 없었다. 혁신, 부채 축소, 과도한 부양책 자제 등을 통해 과잉 생산을 해소하는 공급 개혁을 추진하면서, 규제를 완화해 기업 활동을 자유롭게 하고 국영기업이 지배하던 영역에 시장 원리를 도입하는 등의 정책은 이미 리커창 총리가 추진하던 것이었다. 리커창 총리 시절에도 실질적으로는 시진핑이 경제적 실권을 쥐고 있었음을 감안하면 어쩌면 당연한 현상이었다.

그러나 시코노믹스의 문제점은 다른 데 있었다. 천명한 목표와 정책의 실제 움직임이 일치하지 않는다는 것이었다. 시코노믹스의 핵심인 공급 개혁을 하려면 공급 과잉 해소와 생산성 향상이 필수지만 중국 정부는 민영화가 아니라 도리어 국가 자본주의를 강화하고 있다. 부실 민영기업을 시장에서 퇴출하는 것이 아니라 국영기업이 인수하여 초대형 국영기업을 탄생시키고, 지방 정부와 민간 부문까지 중앙 정부의 통제가 강화되고 있다. 이는 규제를 완화해 기업 활동을 자유롭게 하고, 국영기업이 지배하던 영역에 시장 원리를 도입하겠다던 시코노믹스와 정면으로 대치된다. 그렇다 보니 시코노믹스는 새로운 경제 정책이 아닌 시 주석의 권력 강화의 산물에 불과하며, 시진핑은 경제보다 정치를 우위에 두고 정책을 펼치고 있다는 해석이 제기된다.

시코노믹스를 둘러싼 대내외적인 환경도 불리하게 전개되고 있다. 시코노믹스의 포인트는 과감한 공급 개혁을 통한 금융 위기

해소, 아름다운 생활을 내세운 소비 업그레이드, 개방 정책 등이었다. 그러나 2015년 중국 증시 폭락 등으로 구조조정은 미루어졌고, 이후 민영 부동산 개발 기업의 부실로 부동산 부채 불안이 반복되었다. 부동산 경기 부진과 고령화 등으로 내수 진작은 지지부진하며, 미국의 압박과 서방 국가의 견제가 강화되면서 수출 환경은 더욱 어려워졌다.

그런데도 중국은 시코노믹스를 '시진핑 신시대 중국특색사회주의 경제 사상'이라 지칭하며 공식화했다. 게다가 '당과 국가의 귀중한 정신 자산이므로 장기간 견지해야 한다'는 주장으로 포기하거나 변경할 뜻이 없음을 분명히 하고 있다. '경제성장률 수치에 집착하는 양적 성장에서 벗어나 국민의 생활 수준을 높이는 질적 성장으로 전환하겠다'고 공표했지만, 실제로는 2023년 하반기에 리오프닝 효과가 점차 약화하자 소비 쿠폰 지급 등 정부 지출을 동원해 경제성장률을 끌어올렸다.

2024년 들어서도 투자는 부진하고 소비가 정체되었다. 그러자 중국 당국은 제조업 투자를 지원하며 과거의 성장 방식이었던 수출을 통한 성장 동력 회복을 시도 중이다. 국제 금융 시장에서 시코노믹스에 대한 회의적인 시각이 늘고 중국 경제의 구조 전환이 지연되고 있다는 평가가 확산한 이유다. 시코노믹스를 둘러싼 불확실성은 점점 커지는 추세다.

중국 경제 구조를 흔드는 부동산 리스크

부동산 시장의 부진도 지속되고 있다. 2024년 2월까지도 중국 1선, 2선, 3선 도시의 주택 가격은 모두 전월 대비 하락세가 이어졌고, 주요 70개 도시 중 전월 대비 주택 가격이 상승한 도시 수는 감소했으나 주택 가격이 하락한 도시 수는 증가했다.

중국 부동산 시장 부진의 핵심인 부동산 개발 기업의 유동성 위기는 실상 새로운 일이 아니다. 수년간 반복된 현상으로 2021년 헝다의 채무 불이행 사태 이후에 스마오, 룽창, 쉬후이 등 주요 민간 부동산 개발 기업의 디폴트가 이어지다가, 2023년 비구이위안의 유동성 위기가 발생했다.

2021년 이후 중국 부동산 개발 기업의 연쇄적인 유동성 위기가 발생한 가장 큰 이유는 중국 정책 당국의 규제 강화다. 중국의 거시경제 리스크로 항상 빠지지 않고 언급되는 것이 부채 리스크다. 그러나 중국 경제의 부채를 주체별로 나누어 살펴보면, 여타 주요국과 비교하여 중국의 정부와 가계의 부채는 많은 편이 아니다. 미국, 일본, 한국 등과 비교해도 GDP 대비 부채 비율이 낮은 수준이다.

반면 중국의 기업 부채는 주요국 대비 매우 높은 편이다. 바로 지난 20년간 중국 기업 부채의 증가세를 주도해온 부동산 개발 기업 때문이다. 중국 정책 당국은 부동산 산업이 부동산 활황 속에서 무분별한 대출로 사업을 확장한 결과, 다른 산업 대비 부채 수준이

지나치게 높고, 수익성은 낮아져 구조조정이 필요하다고 판단했다. 이에 따라 2021년부터 부동산 개발 기업에 '세 가지 재무적 레드 라인'을 제시하며 대출을 제한했다.

부동산 시장에 대한 정책 변화에는 이데올로기적인 이유도 크게 작용했다. 주택 가격이 급등한 결과 집을 장만하려 인민이 소비를 줄이고, 계층 간 불평등이 확대되었다. 이런 상황은 사회주의적 정체성을 강조하는 시진핑으로서는 받아들이기 어려운 상황이었다. 그는 문제 해결을 위해서 권력 집중이 필요하다는 논리로 '공동부유(共同富裕)', 즉 다 같이 잘살아야 함을 내세우며 '집은 투자의 대상이 아니라 사는 곳'임을 강조했다.

시진핑과 중국 공산당의 이 같은 정책 기조는 여전히 유효하다. 이는 향후에도 민영 부동산 개발 기업을 중심으로 중국의 부동산 부채 불안이 간헐적으로 반복될 수 있음을 시사한다. 계속해서 기업 대출을 중심으로 한 과잉 부채 문제를 해소해야 하고, 시진핑으로의 권력 집중을 정당화하려면 사회주의적 가치를 추구해야 한다.

향후에도 재무 상태가 취약한 민영 부동산 개발 기업의 유동성 위기가 반복될 수 있다면, 관건은 이 위기가 금융 기관으로 전이될지의 여부다. 만약 금융 기관까지 연쇄적으로 부실화한다면 부동산 부채 불안은 중국 경제 전체의 위기로 확산할 수 있다. 다행히 현재로서는 그 가능성이 적어 보인다. 중국의 금융 시스템은 미국 등 서구 국가에 비해 발달 정도가 낮아, 부동산 금융 대부분은 은행을 중심으로 한 단순 대출의 형태다. 과거 글로벌 금융 위기 당시, 경제 위기가 그토록 오랜 기간 심각하게 지속된 것은 은행 위기가 빠르게 연쇄적으로 확산했기 때문이었다. 당시는 고도로 발달한 금융 시장에서 주택 담보 대출이 위험성을 측정하기 어려운 파생 금융 상품 및 채권의 형태로 변형되어 대규모로 거래되었다. 반면, 중국에서는 부동산 금융에서 문제가 발생한다 해도 상대적으로 대응이 쉽다. 문제가 생긴 은행에 유동성을 주입하고, 부족할 경우 대형 국영 은행이 지원 혹은 인수하도록 대응할 것이다.

그러나 부동산 부채 불안의 반복 및 금융 기관으로의 확산 억제가 중국 경제에 미칠 영향은 적지 않을 것이다. 부동산 산업은 중국 GDP, 투자, 고용의 약 4분의 1을 차지하는 중추 산업이다. 우리나라와 마찬가지로 부동산은 중국 가계 자산의 약 70퍼센트를 차지한다. 부동산 경기의 본격적인 회복이 늦어지고 주택 가격 불안이 계속되면 경제 성장, 특히 가계 소비에 커다란 부담 요인이 될 것이다. 부동산 부채 불안의 금융 기관 전이를 막는 과정에서 부담이 커질 대형 국영 은행에 중국 정부가 출자나 보증 제공 등의 형태로 지원할 테니 중국 정부의 부채가 늘어날 것이다. 정부 부채 부담이 커지면 커질수록 중국 정부가 재정지출을 늘려 경제성장률을 끌어올리는 것은 점점 더 어려워진다. 결국 부동산 부채 불안은 내수 육성을 통한 중국 경제의 구조 전환을 어렵게 하고, 중국 경제성장률의 추세적인 하락에 대한 대응 능력 역시 제한할 것이다.

전 세계 산업 생태계를 위협하는 2차 차이나 쇼크

부동산 부채 불안 등에 따른 투자 및 소비 부진, 그 영향으로 위축된 경기를 수출 확대로 극복하려는 시코노믹스 정책 기조는 중국을 넘어 전 세계적으로 차이나 쇼크에 대한 우려를 키우고 있다. 2024년 중국 정부가 '고품질 발전'을 내세우며 은행 대출 및 보조금 지급 등으로 제조업 투자를 지속하겠다는 방침을 발표해서다.

당초 중국은 시진핑 집권기에 들어 기존의 수출 위주 성장에서 조화로운 내수 중심 경제로의 전환을 강조하며, 수출이라는 외부 수요와 함께 소비라는 내수 수요를 함께 육성하는 쌍순환 전략을 내세웠다. 여기에는 기존 성장 모델의 한계라는 내부적 요인과 함께 미중 갈등 고조 등 수출 환경 악화라는 외부적 요인도 동시에 작용했다.

그러나 중국 경제는 내수 육성 및 내수 위주 경제로의 이행에 어려움을 겪었으며, 이는 중국 경제성장률의 하락으로 나타나고 있다. 중국은 투자 위주의 국가 주도 성장을 이루어왔으나, 그 과정에서 노동 소득 분배율은 상대적으로 낮아 가계의 소비 여력 축적은 미약했다. 즉, 국가와 국영기업은 많은 돈을 벌었지만 인민은 아직 가난한 상태다. 그뿐만 아니라 급격한 고령화 및 노인 부양 부담 증가, 취약한 사회 안전망, 발달하지 못한 소비자 금융 등으로 인해 가계는 소비보다 저축을 늘려왔다. 더구나 코로나19 팬데믹을 거치면서 불안감이 높아지고 부동산 가격이 하락하면서 중국 가계는 소비를 늘리지 못하고 있다. 수출이 둔화한 가운데 소비마저 부진해지자, 중국 경제는 '쌍순환'이 아니라 '쌍절벽' 리스크에 직면했다는 분석마저 제기된다.

이런 구조적인 중국 내수 부진으로 중국에서 생산된 막대한 제품이 내부에서 소비되지 못하고 저부가 가치 제품이든 고부가 가치 제품이든 가리지 않고 해외로 쏟아져 나오고 있다. 미국뿐만 아니라 한국에서도 알리익스프레스(Aliexpress), 테무(Temu), 쉬인(Shein) 등 새로운 플랫폼을 통해 중국 저가 공산품 수입이 급증한 이유다. 전기차, 배터리, 태양광패널 등 하이엔드 제품까지 수출이 급증했다.

차이나 쇼크는 과거에도 있었다. 하지만 이번에는 양상이 사뭇 다르다. 1차 차이나 쇼크는 영향을 미치는 대상과 범위가 한정적이었다. 당시 중국은 낮은 인건비를 바탕으로 저부가 가치 제품을 생산하여 수출했고, 선진국은 해당 산업이 고사하는 피해는 입었으나 저렴한 중국산 공산품이 대거 수입되며 물가상승률이 낮아지는 수혜도 누렸다. 선진국이 첨단 산업 중심으로 제조업을 재편한 결과, 제조업 전반으로 중국의 영향력은 크지 않았고 선진국과 중국 사이의 갈등도 크지 않았다.

그러나 이번 2차 차이나 쇼크는 영향을 미치는 대상과 범위가 훨씬 광범위하고, 선진국과 중국은 많은 전선에서 갈등을 겪고 있다. 중국 제조업의 경쟁력 및 혁신 역량이 크게 향상되면서 중국의 수출품은 고부가 가치 산업 분야까지 망라하고 있다. 알리익스프 레스, 테무, 쉬인 등 중국 플랫폼을 거쳐 과거보다 쉽게 중국 제품 이 수입되면서 선진국의 소비, 유통, 제조 부문에 직접 영향을 미치 고 있다. 따라서 선진국은 자국 산업 생태계에 미칠 악영향, 고용 감소, 소비 위축 등을 우려하며 이를 제한하고 규제하려 한다.

산업의 생태계에서는 과잉 생산이 이루어지면 가격이 하락하 고 자동적·자율적으로 생산이 조정되는 것이 일반적이다. 문제는 중국은 정치적 이유 등으로 생산 조정이 초래할 자국의 경제성장 률 하락을 감수하려 하지 않는다는 점이다. 중국 정책 당국은 최근 제조업 투자를 촉진함으로써 과잉 생산이 지속 및 확대될 가능성 을 더욱 키우고 있다. 과잉 생산에 기반한 중국 수출품의 가격 하 락, 향후 예상되는 위안화 약세까지 맞물리면, 저가 중국 수입품의 대거 유입에 대한 교역 상대국의 우려와 불만은 높아지고, 중국과 여타 국가 사이의 갈등은 더 깊어질 것이다. 특히 해외 수출 시장 에서 중국 제품과 치열한 경쟁을 벌이는 국내 수출 기업은 그 과정 에서 큰 악영향을 받을 수 있다. 이것이 바로 우리가 2차 차이나 쇼 크의 양상에 관심을 기울여야 가장 중요한 이유다.

경영자가
숫자와 가까워져야 하는 이유

신규섭 IMM 인베스트먼트

"기업은 경영자의 놀이터가 아니다. 직원과 투자자와 많은 이해관계자의 삶과 운명이 거기에 걸려 있다."

교세라를 창업하고 성장시킨 '경영의 신' 이나모리 가즈오(稻盛和夫)가 회계의 중요성을 강조하며 한 말이다. 기업의 목적은 돈을 버는 것이다. 그런데도 경영자들과 이야기하다 보면 회계와 재무에 대한 관심이 당황스러울 정도로 부족한 경우가 많다. 오히려 개발과 투자 유치로 바쁜데 언제 숫자를 들여다보고 있느냐고 반문하는 사람까지 있다. 이런 경영자의 말에는 패턴이 있다. 나는 그

말에서 다음과 같은 의미를 찾아낸다.

- "우리 회사는 돈을 벌고는 있는데 이익이 나지 않는다."
  → 매출은 나오지만, 판관 고정비나 리스 비용, 이자 비용이 높거나, 운전 자금이 많을 것이다. 그런 비용을 경시하고 있다.

- "결산 과정에서 엄격한 감사인을 만나 재무제표가 안 좋아졌다."
  → 매출을 좀 더 많이 인식하거나 비용을 과소하게 인식하려고 했는데, 영리한 감사인이 이를 잘 잡아냈다.

- "돈은 있는데 실제로 쓸 수 있는 돈이 없다."
  → 경영자가 유동 자산과 비유동 자산의 개념을 잘 모른다. 아니면 비유동 자산의 취득 시점에 심사숙고하지 않았거나, 기대보다 자산으로부터 수익률이 잘 나오고 있지 않다.

- "투자한 돈보다 더 많은 돈을 벌 수 있으니, 이 정도면 투자 유치가 쉬울 것이다."
  → 경영자가 자본비용의 개념을 잘 모른다. 투자자에게는 자본의 성장률이 중요하므로, 투입된 비용을 모두 합한 뒤 투자된 자본의 기회비용까지 더한 만큼 벌어들여야 한다.

- "매출이 커지면 그만큼 이익률이 좋아질 것이다."
  → 틀린 말은 아니나 항상 맞는 말도 아니다. 매출 증가를 위해 비용이나 자본을 추가 투입할 필요가 없는지 살펴야 한다.

유능한 CFO를 고용해서 회계 업무를 맡기는 기업도 많다. 그러나 곳간에 쌀이 떨어지고 있는데 곳간지기에게만 모든 책임을 지라고 할 수는 없지 않을까? 이것이 바로 CEO는 물론 다른 임원도 회계와 재무를 이해해야 하는 이유다. 이제부터 투자자 관점에서 투자-관리-회수에 맞춰 회계와 재무의 이야기를 해보려고 한다. 실무에서 많이 사용하는 회계 지표와 더불어, 사모펀드 투자와 관리에서 필요한 개념도 다루어보자.

회삿돈은 어떻게 움직이는가? 전표, 계정별 원장

경영자의 가장 큰 역할은 '최적의 자원 배분'을 결정하는 것이다. 그러려면 먼저 현상을 파악해야 한다. 현상을 파악하려면 원장을 들여다보아야 한다. 경영의 크고 작은 활동은 대부분 회계적 활동으로 해석되고 전표 형태로 장부에 기록된다. 경영자는 경영의 실제와 장부가 언제나 일치하도록, 즉 분식회계를 하지 않도록 원칙을 엄격히 준수해야 한다.

잘 정리된 장부는 경영에 있어서 의사 결정을 도와주는 정보의 보고다. 현대 복식부기 시스템은 자산과 부채 자본, 비용과 수익이 계정별 원장으로 기록되어, 매출과 비용이 어디서 발생하는지, 회사에 가용한 자원이 얼마나 있는지, 어떤 자원이 효율적으로 혹은 비효율적으로 운영되는지 등을 판단할 수 있다.

주요 계정별 원장은 특히 더 많은 정보를 담고 있다. 경영자는 과거에 본인이 내린 결정이 회계적으로 어떻게 장부에 남아 있는지도 살펴야 한다. 계정별 원장은 기업 경영을 단기에 개선하고 장기적인 시사점까지 찾을 수 있는 정보의 보물 창고다. 보물찾기를 위해 관심 가져야 할 주요 계정별 원장은 다음과 같다.

보통예금, 외화예금(수출입이 많은 기업) 회사의 단기 자금인 현금이 최종적으로 어떤 경로로 이동했는지 알 수 있다. 거래의 대부분은 결국 현금이 이동하는 형태이므로 보통예금은 한 번은 거쳐 가기 마련인 계정이다. 1개월이나 분기별로 살펴보면 '회사에서 돈을 이렇게 많이 썼나' 하는 생각을 하게 된다.

외상매출금, 미수금, 외상매입금, 선수금 거래가 이루어졌다고 즉시 돈이 입출금되는 경우는 거의 없지만 거래에 대한 흔적이 남는다. 현금을 조금 더 잘 관리하고 싶다면, 줄 돈을 최대한 미루고 받을 돈은 최대한 당겨서 받으면 좋다. 외상매출금 중 악성 채권이 있다면 담당자와 상의해서 거래처에 문제를 제기하거나, 필요한 경우 대손금으로 처리한다.

차입금, 이자비용 단기차입, 장기차입금, 그리고 이를 자산과 자본의 비율로 적절히 나눈 부채비율과 차입금비율 등에 항상 신경 써야 한다. 또 이자비용 계정도 살펴본다. 적절한 기업 경영을 위해 차입은 불가피하지만, 이자비용으로 경영 성과가 상쇄되는 경우가 많다는 것을 기억하자. 언제 어디서 차입했는지, 연장은 얼마나 되는지, 금리는 어떤지를 살펴보고, 주기적으로 더 나은 방법을 상의한다.

판관비, 고정비 원장을 살펴보면 의외로 비용 절감할 요소를 많이 찾을 수 있다. 그리고 상당수는 경영진의 결정으로 발생한 비용이다. 예를 들어, CEO 지시로 사무실을 빌렸는데 회계 담당자가 임차료를 줄이자고 제안하기는 어렵다. 임원이 비즈니스석을 타고 출장을 가겠다는데 회계 담당자가 이코노미석을 타라고 이야기할 수는 없지 않은가?

법인카드 비용 법인카드는 사후에 지출 결의를 받는 경우가 많아 상대적으로 지출이 다소 편하게 이루어진다. 하지만 그 역시 회삿돈이므로 항목별로 적절 여부를 판단할 근거를 점검해야 한다.

가능하면 이와 같은 주요 계정별 원장을 전체적으로, 자주 살펴보기를 권한다. 직접 챙기지 못할 만큼 바쁘다면 담당자에게 요약본을 요청하는 것도 방법이다.

이 선택이 다른 선택보다 나은 이유: ROIC

가장 대중적이고도 중요한 재무 회계의 지표는 단연코 '매출'과 '영업이익'이다. 회사가 버는 돈을 직관적으로 파악할 수 있어서다. 하지만 여기에는 함정이 있다. 두 지표는 그 돈을 벌기 위해 얼마의 돈을 썼는지는 알려주지 않는다. 그리고 영업이익에는 이자비용 정보가 담겨 있지 않다. 그래서 사업의 주인, 즉 주주가 얼마를 가져갈 수 있는지 알 수 없다. 투자 시장에는 이를 비교하기 위한 여러 지표가 있다. 주식의 가치와 대비해서 회사가 이익을 올리는지(PER), 회사가 가진 자산을 얼마나 잘 활용하는지(ROA), 적절한 부채를 일으켜서 투자자본으로 수익을 얻고 있는지(ROE)를 보여주는 지표들이다. 그중에서도 투하자본이익률(Return on Invested Capital, 이하 'ROIC')의 개념을 잘 이해하고 의사 결정에 참고하기를 추천한다.

ROIC는 세후영업이익(Net Operating Profit Less Adjusted Tax, NOPLAT)을 투하자본(Invested Capital, IC)으로 나눈 비율로 표시한다. 우리가 일상적으로 알고 있는 영업이익(매출액에서 매출원가와 판관비를 제외한)을 계산한 뒤, 법인세액을 차감하면 된다. 쉽게 설명하면, 영업이익에서 세금을 제하고 주주와 채권자에게 남는 사업 성과를 합친 금액이다. 이자비용을 고려하기 전 수익이므로 사업을 차입으로 할지, 자기자본으로 할지 등의 의사 결정에 도움을 준다.

ROIC는 계산이 다소 복잡하지만 기업의 재무나 투자와 관련한 의사 결정을 할 때 폭넓게 활용된다. 어떤 재무적 선택을 할 때 ROIC가 대안보다 높으면 이익이다. 예를 들어, A사 ROIC가 15퍼센트, B사 ROIC가 20퍼센트면 B사에 투자하는 것이 유리하다. ROIC가 자본 조달 비용보다 크고 이를 유지하고 있다면 회사는 성장한다. ROIC가 금리보다 높다면 부채를 끌어다 쓰는 것이 유리하다. 이는 경영에도 응용할 수 있다. 예를 들어, 단일한 마케팅 활동(광고 선전비) 프로젝트로 매출이 얼마나 증가했는지 단위 프로젝트에 대한 투하자본 이익률로 계산할 수 있다. 또 투자 건에서도 투자자본에 비해 이익률이 충분한지 계산할 수 있다. 그 숫자가 회사의 평균 ROIC보다 낮다면, 회사 이익률이 낮아지는 결정을 한 것이다.

투자자의 의사 결정 기준: MOIC, IRR

투자 유치를 계획하는 기업의 재무 담당자라면 투자자가 어떻게 의사 결정을 하는지 이해할 필요가 있다. 실제로 투자 유치를 원하는 회사의 사업 계획을 보면 실무와 동떨어진 경우가 많다.

일반적으로 투자자는 자금을 투자하는 대가로 지분의 일부를 받는다. 그리고 몇 년 후 회수 시점이 되면 기업의 성장 가치가 반영된 지분을 매각한다. 투자를 유치하려는 회사라면 몇 년간의 투자로 투자자가 몇 퍼센트의 수익을 올릴 수 있다는 점을 제안하고 설득해야 한다. 이때 사용할 수 있는 가장 단순한 지표가 투자원금 대비수익률(Multiple on Invested Capital, 이하 'MOIC')이다. 투자자는 특이한 지표를 보고 의사 결정을 하지 않는다. 투자한 자금을 회수 시점에 몇 배로 가져올 수 있는지 단순한 비율로 계산한다. 분모에 회수 시점의 금액, 분자에 투자 시점의 금액을 놓고 나누면 MOIC

가 나온다.

여기서 더 나아가 투자 기간이라는 시간 가치를 추가한 개념이 내부수익률(Internal Rate of Return, 이하 'IRR')이다. 투자금으로 회수 시점까지 올린 수익률의 성과를 계산한 것이다. 예를 들어, 1억 원을 투자해 MOIC 200퍼센트, 즉 2억 원을 회수한다고 하자. 여기에 투자 기간을 대입해보자. 1년이라면 IRR은 100퍼센트, 5년이라면 IRR은 15퍼센트가 되어 큰 차이가 난다. 투자자는 돈의 시간 가치를 고려한 IRR로 펀딩 성과를 평가한다. 시장에서 통용되는 IRR의 최소 목푯값은 통상 8퍼센트 전후다. 이보다 낮은 수익률은 성공적이지 못한 투자로 보는 경향이 있다. 유능한 투자자는 이보다 훨씬 높은 IRR을 추구하고, 시장 금리가 높다면 이보다 더 높은 수익률을 추구하기도 한다.

숫자 중심의 경영: 회계와 재무 기반의 KPI

회계와 재무 지표는 기업의 관리적 측면에서도 매우 중요하다. 특히 사모펀드에서 운영하는 포트폴리오 기업은 재무적 지표를 핵심성과지표(Key Performance Indicator, 이하 'KPI')로 설정하고, 이를 경영진과 임직원이 달성하도록 독려한다. 일반 기업과 달리 사모펀드의 포트폴리오 기업이 꾸준히 큰 성과를 올리는 근간에는 기업 경영의 합리성이 있다. 숫자에 따른 경영, 회계와 재무에 연결된

KPI를 적절히 설정하는 것이 그 시작이다.

거의 모든 기업이 재무적 목표와 사업 계획을 수립하고 관리한다. 일반적으로는 매출과 영업이익, 세전이익 등을 핵심 재무 지표로 놓고 여기에 영업 부서와 관리 부서의 활동이 이루어진다. 사실이 지표는 가장 직관적이고 기본적인 관리 지표다. 다만 더 꼼꼼하게 관리하려면 한층 깊이 있는 지표를 설정해야 한다. 사업의 부가 가치가 형성되는 과정을 기반으로 각 밸류 체인의 중요한 지점을 지표로 만드는 것이다. 즉, 연구와 제품 개발부터 생산, 영업, 유지 보수, 품질, 관리까지 전반적인 경영 과정을 재무적 인자로 환산하고, 이를 각 조직에서 달성할 수 있는 형태로 세분화하며, 정기 점검으로 달성 여부를 확인한다.

경영 상태를 말해주는 숫자에 귀 기울여라

경영자는 수익과 현금에 관심이 많다. 하지만 현실을 직시하고 매일 숫자에 근거해 판단하며, 실행한다는 것은 생각보다 고통스럽다. 따라서 회계와 재무가 중요하다는 걸 알면서도 깊이 있게 살펴보는 경영자는 많지 않다.

회계와 재무의 기본으로 돌아가 원장에서부터 무슨 일이 일어나는지 정확하게 파악하기를 바란다. 그리고 사업 전략과 계획대로 실제로 조직이 돌아가는지 점검하자. 만일 계획에서 벗어난 결정을 했다면 발자국처럼 장부에 남아 있기 마련이다. 또한 회계적 지표는 경영에 대해 많은 것을 알려준다. 영업 활동이 성공적인지, 비용이 적절한 수준으로 사용되는지, 현금을 충분히 보유하고 있는지, 성급하게 성장하려는 것은 아닌지, 자본은 적절한 시점에 투입되고 있는지 등을 판단할 수 있다.

그뿐만 아니라 우리 기업만의 재무 지표를 만들어 사용하길 권한다. 플랫폼 기업이라면 신규 고객 확보에 필요한 비용이 한계이익을 만들어내는지 평가해야 한다. 제조업이라면 공헌이익이 큰 제품을 충분히 많이 판매하는지, 또한 적절한 수준의 마케팅 자원이 투입되는지 판단해야 한다. 장치와 설비가 크게 투입되는 사업이라면, 기존에 보유한 자산이 사업의 회계적 이익에 직접적인 도움이 되는지를 지표로 관리하기 바란다.

마지막으로 회사의 회계 및 재무 담당자와 깊이 있게 대화를 나누고, 회계에 대한 외부 교육에도 관심을 가져보자. 회계와 재무를 이토록 강조하는 이유는 간단하다. 바로 경영의 목적은 결국 돈을 벌기 위해서이기 때문이다.

패러다임 대전환,
한국 기업의 미래 전략

송재용 서울대학교

포스트 팬데믹 시대, 4차 산업 혁명을 시작으로 기업은 비즈니스 전략과 환경에서 패러다임의 대전환을 맞이하고 있다. 패러다임 대전환이 동시다발적이자 중첩적으로 나타나면서 산업 구도와 경쟁 판도가 흔들리고, 기업 입장에서는 불확실성이 매우 높아졌다. 빠른 추격자(fast follower) 전략으로 현재의 성장을 이룬 한국 기업은 지속가능한 미래를 위해 지금까지와는 다른 새로운 전략을 필요로 하게 되었다. 이제부터 글로벌 환경 변화의 중요한 변곡점에 선 한국 경제와 기업의 미래에 대해 이야기해보겠다.

기술, 경제, 기후 변화… 기업 환경은 대전환 중

AI 기반 4차 산업 혁명의 본격화, 글로벌 공급망의 대전환, 인플레이션을 잡으려는 고금리 기조, 국내외의 경제 저성장 고착화….
패러다임의 대전환이 동시다발적으로 나타나고 있다. 무엇보다 코로나19 팬데믹으로 재택근무, 화상 회의가 일반화되며 AI, 빅데이터, 클라우드 컴퓨팅 등 IT 기술이 놀라운 발전을 이루었다. 2022년 말부터는 오픈AI(OpenAI)의 챗GPT를 비롯해 생성형 AI가 본격적으로 등장하면서 특히 제조업에서 스마트 팩토리와 로봇이 비약적으로 발전하고 있다.

2020년대 들어 가속하는 글로벌 가치 사슬의 대전환도 대외 의존도가 높은 한국 입장에서는 중요한 변화다. 미중 패권 전쟁과 러시아의 우크라이나 침공으로 러시아와 중국이 밀착하고, 트럼프 행정부 시절 중국 쪽으로 다가갔던 유럽은 안보에 위협을 느끼자 다시 미국과 밀착했다. 그 영향으로 세계 경제와 물가 안정의 견인차 역할을 했던 중국 중심의 원가 절감형 오프쇼어링이 한계에 봉착해 탈중국 현상이 일어나고, 베트남 등 동남아와 인도가 대안 거점으로 떠올랐다.

반면 미국 정부의 강력한 인센티브, 지정학적 및 정치적 고려 증대, 스마트 팩토리 기술 발전으로 미국 등 선진국에 공장을 짓는 시장 접근형 오프쇼어링(offshoring), 우방국에 공장을 짓는 프렌

드쇼어링(friendshoring), 멕시코나 동유럽 등 선진국과 인접한 저임금 국가에 공장을 짓는 니어쇼어링(nearshoring)이 증가하면서 글로벌 가치 사슬에도 구조적 대격변이 진행되고 있다. 중국 중심의 원가 절감형 오프쇼어링은 전 세계 물가 안정에 크게 기여했다. 그러나 글로벌 공급망 대전환 과정에서 리쇼어링, 시장 접근형 오프쇼어링 등은 공장 건립과 이전 비용에 더해 중국 대비 생산비 증대로 구조적 인플레이션을 촉발했다. 이는 2024년 현재도 인플레이션이 미국 등 주요국 중앙은행이 설정한 2퍼센트 수준으로 빠르게 하락하지 못하는 주요 요인이다.

2008년 글로벌 금융 위기와 2020년 팬데믹 위기 때 초저금리로 천문학적인 돈을 푼 결과, 세계 경제의 GDP 대비 총부채는 2022년 1분기 말 기준으로 352퍼센트까지 치솟았다. 이처럼 과도한 부채를 안은 상황에서 인플레이션을 잡기 위해 미국이 기준 금리를 2022년 초 제로에서 2023년 여름 최고 5.5퍼센트까지 단기간에 올리는 등 전 세계가 금리를 빠르게 올렸고, 이로써 세계 경제의 저성장 기조가 고착될 우려를 낳고 있다. 부채가 많은 상황에서 금리가 빠르게 오르면 부채를 줄이는 디레버리징(deleveraging)이 불가피하다. 개인은 소비를 줄이고 기업은 투자를 줄이며, 정부는 재정 지출을 줄이거나 증세를 할 수밖에 없다. 세계은행은 2022~2030년 세계 경제성장률이 평균 2.2퍼센트로 하락하면서 '2020년대는 세계 경제의 잃어버린 10년이 될 가능성이 크다'라고 경고했다.

중국발 위기와 기후 변화

중국 역시 소위 '피크 차이나(peak China)'에 직면하고 있다. 중국은 2012년부터 생산가능 인구가 줄어들었고, 2022년부터는 전체 인구가 줄기 시작해 성장이 발목 잡혔다. 더욱이 미중 간 패권 전쟁으로 해외 투자의 순유출이 일어나 반도체 등 전략 산업 육성에도 차질을 빚고 있다. 또한 지방 정부와 공기업의 심각한 부채 문제가 부동산 버블과 맞물려 한때 GDP의 30퍼센트에 달했던 건설, 부동산, SOC 위주의 경제 성장이 더 이상 어려울 전망이다. 이런 내우외환의 어려움 탓에 2030년에는 중국의 경제성장률이 급속히 떨어져 3퍼센트를 밑돌아 중진국 함정을 벗어나기 어려울 것으로 예측된다. 전체 수출에서 중국의 비중이 약 4분의 1에 달했던 한국도 대안 시장을 확대해야 할 필요성이 높아졌다.

이 가운데 전 세계는 초경쟁 상황으로 치닫고 있다. 특히 미국의 집중적인 견제를 받는 반도체 등 전략 산업을 제외한, 일반 제조업은 뛰어난 가성비에 품질과 기술 경쟁력까지 좋아진 중국발 제품의 위협이 심각하다. 기술과 브랜드가 앞선 구미, 일본 기업과 중국 기업 사이에서 한국 기업은 혁신을 통한 차별화 역량이 취약한 탓에 위기에 직면했다.

팬데믹에 이어 기후 변화 위기도 대두했다. 유럽연합(이하 'EU')은 2026년부터 탄소국경조정제도를 본격적으로 시행해 탄소 배출량을 줄이려 노력 중이다. 그리고 세계적 주요 기업을 중심으로 기업 활동에 필요한 전력의 100퍼센트를 신재생에너지로 충당하는 RE100 정책을 2030년 이후 주요 벤더를 포괄한 스코프3 기준까지 확대한다는 목표가 세워졌다.

새로운 산업일수록 승자가 독식한다

1960년대 세계에서 가장 가난한 나라 중 하나였던 한국은 빠른 추격자 전략으로 고도성장을 이루었다. 한국 기업은 기술을 사 오거나 모방한 뒤 낮은 인건비, 규모의 경제 등을 기반으로 원가를 낮추었고, 기존 제품의 품질을 개선하고 차별화된 기능을 추가해 경쟁력을 확보했다. 하지만 중국발 초경쟁에 직면하며 추격자 전략은 한계에 부딪혔으며 주력 산업의 글로벌 경쟁력까지 하락하고 있다. 원가 경쟁에서 중국에 추월당한 데다가 개발 제품은 범용화되어 더 이상 차별화가 쉽지 않다. 이처럼 주요 산업과 기업 경쟁력의 위기가 본격화되자 한국 경제에 대해 OECD를 비롯한 국내외 주요 경제 기구, 석학의 경고가 잇따르고 있다.

더 심각한 문제는 신산업 발전을 가로막는 과도한 규제, 기업가정신 약화, 벤처 생태계 환경 취약 등이다. 결과적으로 4차 산업 혁명을 주도하는 핀테크, AI, 드론, 자율주행차, 바이오, 플랫폼 비즈니스 영역에서 한국은 중국보다도 훨씬 걸음이 더딘 상태다.

21세기 들어 경제의 지식 기반화가 가속하면서 브랜드, 기술력, 디자인, 고객 맞춤형 솔루션 제공 역량 등 무형 자산과 지식 자산 위주의 경쟁이 치열해졌다. 2022년 말 이후 본격화된 AI 기반의 4차 산업 혁명은 사무와 생산 분야 모두에서 생산성을 획기적으로 끌어올리고 있는데, 어쩌면 19세기 산업 혁명에 비견되는 변화가 일어날지 모른다. 휴대폰 시장의 절대 강자였던 노키아(Nokia)의 급속한 몰락과 애플의 급부상에서 보듯 4차 산업 혁명에서 패러다임 변화의 속도는 매우 빠르고 그 파괴력도 가공할 정도다. 하드웨어와 소프트웨어, 콘텐츠의 융복합, 제조와 서비스의 결합 등 컨버전스 현상도 가속해 산업의 경계가 모호해지고 있다. 그러면서 기존의 상품, 기술, 비즈니스 모델을 일거에 무너뜨리는 와해적 혁신에 직면할 확률이 급속도로 높아졌다.

지식 기반 산업에서 가치 있는 지식 재화를 먼저 창출하려면 막대한 시간과 비용이 들고 실패 확률도 높다. 하지만 일단 그 지식이 시장 표준으로 자리매김하고, 원천 기술 특허 등 지식재산권으로 확실히 보호되면, 표준을 장악한 초기의 승자가 장기간 높은 이익을 얻는다. 반면 초기 경쟁에서 실패하거나 늦게 경쟁에 뛰어든 기업은 생존조차 어려워지는 승자 독식 혹은 수확 체증 현상이 발생할 가능성이 크다. 특히 지식 기반 산업에서 경쟁은 글로벌 양상을 보이므로 전 세계적인 승자 독식이 발생할 수 있다. 21세기에 떠오른 플랫폼 비즈니스 영역에서는 승자 독식 현상이 더욱 빈번하다. 인터넷 검색 엔진, 스마트폰 OS 플랫폼 등이 대표 사례다.

최근 진행 중인 생성형 AI 혁명도 마찬가지다. 인프라 측면에서는 AI 초기 시장의 절대 강자인 엔비디아, 서비스 측면에서는 챗GPT에 대규모 투자를 단행하고 자사 서비스에 적극적으로 접목한 MS, 오래전부터 AI에 집중 투자를 해온 구글 등이 승자가 되어 시장을 독식할 것으로 보인다.

시장 선도자 전략으로 전환하라

승자 독식 현상이 심할수록 후발 주자인 한국은 불리하다. 과거와 달리 지금은 지식재산권과 기술이 전략적으로 무기화된 데다 한국 기업을 견제하는 움직임이 커져 첨단 기술을 사 오거나 모방하기가 힘들어졌다. 한마디로 빠른 추격자 전략 자체가 성립하지 않는다. 한국 기업은 혁신 기반의 '시장 선도자 전략'으로 근본적인 변화가 필요한 상황이 되었다.

세계은행과 IMF가 경고했듯 국내외 경제가 저성장이 불가피한 상황에서 한국 경제는 일본형 장기 불황으로 향하고 있다. 따라서 고도 성장기의 전략에서 저성장기에 적합한 전략으로 전환해야 한다. 환경, 기업의 사회적 책임, 지배 구조에 초점을 맞춘 ESG 경영에 대한 사회적 요구가 국내외에서 거세진 것도 패러다임 전환을 한층 촉구한다.

포스트 팬데믹 시대, 기업 환경의 패러다임이 대전환하고, 한국 기업은 중대한 변곡점에 섰다. 중요한 것은 지금까지 한국 기업의 성공 방정식이었던 빠른 추격자 전략이 더 이상 유효하지 않다는 점이다. 이제 한국 기업은 전략 기조와 사업 포트폴리오를 원점에서 재검토하고 근본적으로 변화해야 한다.

하이브 사태로 본
성과와 보상의 딜레마

김현정 aSSIST

최근 하이브와 산하 레이블인 어도어의 민희진 대표 사이에서 벌어진 갈등이 세간을 떠들썩하게 했다. 민 대표의 기자 회견은 많은 이에게 시사점을 남겼다. 개인이나 대중의 시선이 아닌, 조직 및 리더십 전문가의 시선으로 보았을 때, 이 문제는 단순히 흥밋거리로 끝날 싸움이 아니다. 그래서 이 사태를 보상 제도와 조직 학습 측면에서 다루어보려 한다.

성과에 따른 차등 보상 제도, 즉 '성과급제'는 이제 우리나라에서 경영의 기본과도 같다. 사회적으로 정당하게 받아들여지는 것을 넘어 성과의 원동력이라고 여겨진다. 실제로 인사권이 없는 리더를 교육할 때면 "후배에게 동기를 부여할 방법이 전혀 없다"라는 말을 많이 듣는다. 그들은 상과 벌을 줄 수 없으니 일하게 하거나 행동을 바로잡지 못한다며 무기력해한다. 하지만 이 말은 사실 현상적으로도, 과학적으로도 맞지 않다.

현상적 측면의 접근: 조직 학습과 전체 보상제

우선 현상적인 이야기부터 해보자. 우리나라는 미국의 성과급제를 들여왔다. 매년 KPI를 설정한 뒤 얼마나 달성했는지를 평가해 다음 해 연봉을 정하고, 실적에 따라 보너스나 인센티브를 지급한다. 그런데 정작 미국에서는 평가에 따른 보상 제도가 거의 사라졌다. 금융업, 판매업 등 결과를 뚜렷이 알 수 있는 분야에 종사하는 기업에서는 아직 시행하고 있지만, 우리가 아는 실리콘밸리의 혁신 기업에서는 거의 사라졌다.

미국에서 성과급제를 가장 정교하게 실행했던 기업은 제너럴 일렉트릭(General Electric, 이하 'GE')과 MS였다. 일단 GE는 이미 9년 전 이 제도를 완벽하게 버렸다. 그리고 MS는 평가 보상이 만든 사내 경쟁으로 폐해가 발생하자, 협업으로 나아가기로 하고 성과급제 대신 전체 보상을 시행하고 있다. 과거 MS는 직원 간에 경쟁을 부추기면 더 좋은 성과가 날 것으로 생각했지만 결과적으로 성과 개선보다 문제가 더 컸다. 이 성과급제가 사라지는 과도기에 활용된 것이 팀 보상제다. 팀 안에서 차등 보상은 하지 않으나, 팀 간 경쟁을 통해 성과가 좋은 팀의 보상을 강화했다. 하지만 이 제도 역시 '사일로 현상(silo effect)'으로 일컬어지는 팀 이기주의 등 부작용이 있었다.

임원 코칭을 진행하다 보면 '상무 대상 코칭'에서는 거론되지 않았던 문제가 '전무 이상 코칭'에서 나오곤 한다. 대표적인 것이 하위 팀 간에 협업이 잘되지 않는 문제다. 이때 나는 간단하게 말한다. "하나밖에 없는 전무 자리를 놓고, 몇 명의 상무가 경쟁하는 것이지 않습니까. 서로 협업하지 않고, 견제하거나 심지어 상대의 성장을 방해하기까지 하는 건 당연합니다."

이번 하이브와 어도어의 갈등도 같은 맥락에 있다. 하이브 산하에는 10여 개 레이블이 있는데 각각 독립된 회사처럼 운영된다. 그리고 각 대표는 레이블의 성과에 따라 보상을 받는다. 한 지붕 아래에서 경쟁이 있다 보니 협업이 일어날 수 없는 구조다. 하나의 시장, 즉 하나의 파이를 나누어 먹어야 한다. 이에 어도어의 민 대표는 BTS 입대를 K-팝 경쟁자가 사라지는 것으로 여겼고, 하이브의 자원을 확보하는 기회로 보았다. 다른 레이블이 어도어에 소속된 뉴진스의 성공 모델을 카피하는 것에도 격분했다. 남도 아니고, 어떻게 우리 회사 안에서 자신들의 성공 공식을 훔치느냐며 울분을 터트렸다.

경영 분야에는 '조직 학습'이라는 용어가 있다. 한 부서에서 성공한 사례를 같은 조직 내 다른 부서에 전파해 성공 공식을 반복함으로써 시행착오를 줄이고 조직 전체의 성장을 꾀하는 것이다. 조직 입장에서는 매우 바람직하기에 권장되는 방식이다. 뉴진스라는 새로운 시도가 성공했다면, 다른 회사에는 비밀일지라도 내부적으로는 성공 공식을 공유해 다른 그룹도 성공하게 하는 것이 맞지 않는가? 이를테면 삼성 그룹은 삼성전자의 성공 DNA를 나누기 위해 인력부터 여러 경영 방식을 그룹 내 다른 회사에 전파했다. 삼성전자 안에서도 마찬가지다. 가전에서 성공한 비스포크의 방식을 핸드폰에 적용한다고 가전 담당 임원이 격분하며 도둑맞았다고 하지 않는다. 원래 사업은 경쟁자가 서로를 모방하면서 성장한다. 아이폰과 갤럭시가 거의 비슷해졌듯 말이다.

하이브와 어도어의 갈등, 모든 불행의 단초는 민 대표의 보상이 대부분 어도어의 성과를 토대로 하는 데에 있다. (민 대표는 받았던 하이브 주식을 처분했다고 한다.) 그렇게 되면 내부의 조직 모두가 경쟁자이자, 내 파이를 빼앗아 먹는 적일 수밖에 없다. 부모의 자원을 놓고 자식끼리 싸우는 형국이다. 부모는 골치가 아프다.

가정을 해보자. 만약에 민 대표가 자기 지분을 어도어가 아닌 하이브의 주식으로 받았고, 여러 옵션이 걸려 있었다면 어땠을까? 그래도 다른 레이블이 자신을 카피했다고 격분하고, BTS가 공백기를 갖기 희망했을까? 뉴진스만 싸고돌았을까? 다른 레이블보다 지원을 안 해준다며 고위 임원을 "개저씨"라고 부르며 기자 회견에서 쌍욕을 했을까? 뉴진스가 잘되면 하이브가 잘되는 것이고, 뉴진스가 휴식기를 갖거나 노래가 큰 반응을 얻지 못하더라도 후속 그룹이나 BTS의 성공이 자신에게 든든한 지원이 된다고 여겼다면 이토록 격분하지 않았을 것이다. 물론 이 사태를 이 하나의 측면만으로 바라보기는 어렵다. 하지만 이런 가정을 해보지 않을 수 없다.

실제로 많은 미국 기업 역시 같은 방식의 팀 보상제를 도입했었다. 하지만 팀 보상제가 회사가 아닌 각 팀과 리더에 대한 충성도만 높이고, 팀 간 불화를 일으키며, 조직 학습을 저해하여 결과적으로 조직 전체의 성장을 막는다는 사실이 드러났다. 그간 수많은 실패를 딛고 성공 제품을 개발해낸 팀보다, 숫자로 성과를 보여주는 영업팀에 대한 보상이 너무 크다는 불만도 있었다. 그래서 이제 실리콘밸리의 기업 대부분은 전체 보상을 한다. 그리고 그 보상을 보통 주식으로 지급하되 올해의 성과급을 3년에 걸쳐 나누어준다. 올해의 성과급을 받으려면 3년을 다녀야 하니 인재 유출 방지도 되고, 주식 가치가 높아져야 성과급이 높아지니 조직원은 서로 잘 돕고 회사 충성도도 높아지는 효과가 나타난다. 더구나 잠시 성과를 못 내도 월급에 큰 문제가 생기지 않아 리스크를 담보한 새로운 시도까지 가능해진다.

과학적 측면의 접근: 인센티브 실험

그럼, 이번에는 과학적인 이야기를 해보자. 과연 금전적 보상이 동기를 불러일으키는 데에 효과가 있을까? 독일 심리학자 카를 둔커(Karl Duncker)가 했던 촛불 실험이 그 답을 알려준다. 그는 실험 참가자에게 초와 압정이 든 상자와 성냥을 준 다음, '초를 벽에 붙이고 초에 불을 켠 뒤 촛농이 바닥에 떨어지지 않게 하라'는 과제를 내주었다. 이때 한 그룹에는 얼마나 걸리는지 시간을 재기 위한 실험이라고 설명했고, 또 다른 그룹에는 과제를 빨리 이행하는 사람에게 성공 수당으로 5달러를, 가장 빨리하는 사람에게는 20달러를 주겠다고 했다. 과연 어떤 그룹이 더 빠르게 문제를 해결했을까?

이 과제의 정답은 상자에서 압정을 꺼내 압정으로 상자를 벽에 붙이고, 상자 위에 초를 얹어 불을 붙이는 것이었다. 놀랍게도 인센티브를 제안받은 그룹은 그렇지 않은 그룹보다 더 오랜 시간이 걸려서 과제를 해결했다. 그런데 조건을 바꾸면 결과가 달라졌다. 상자에서 압정을 꺼내놓고 과제를 제시하면, 인센티브를 제안받은 그룹이 더 빨리 해결했다. 더 간단하게 문제를 해결할 수 있어서였다. 즉, 단순한 문제를 풀 때는 인센티브가 도움이 되지만, 복잡한 문제를 풀 때는 인센티브가 역효과를 냈다. 이 실험은 1945년 이후 전 세계 각국에서 진행되면서 결과를 증명했다.

또 다른 유명한 인센티브 실험이 있다. 미국 경제학자 댄 애리얼리(Dan Ariely)와 연구자들은 MIT 학생을 대상으로 11가지 과제를 주고 인센티브의 효과를 실험했다. 인센티브를 3단계로 나누어서 제시했는데, 11개 중 8개 과제에서 인센티브는 역효과를 냈다. 인센티브를 가장 많이 받기로 한 그룹이 성과가 가장 낮았으며, 인센티브를 가장 적게 받기로 한 그룹이 가장 높은 성과를 보였다. 과제에 지적인 요소가 많을수록 이 경향이 심해졌다.

애리얼리는 또한 벌금이 오히려 양심을 사라지게 하는 현상을 한 사례로 설명했다. 유치원에서 아이를 정해진 시간보다 늦게 픽업하는 부모에게 벌금을 물리기로 했다. 그랬더니 부모들은 벌금을 물면 그만이라고 생각하고는 유치원에 미안한 기색도 없이 마음 편히 아이를 늦게 픽업하기 시작했다. 심지어 부모들은 점점 더 늦게 픽업을 왔고, 이런 부모가 점점 많아지기까지 했다. 예상치 못한 결과에 결국 유치원은 벌금을 없앴다. 이처럼 벌금, 즉 조직에서 일을 못했다고 평가받아서 보너스를 받지 못하는 것, 낮은 연봉을 받는 것은 일을 못하는 데 대한 연대 책임감이나 죄책감을 사라지게 한다. 성과를 내서 그나마 낮은 연봉이라도 받게 해주는 동료나 회사에 대한 감사의 마음도 함께 말이다. 다음에 연봉을 더 받아도 그 마음은 돌아오지 않는다.

그리고 사람은 다른 사람의 기쁨에 고통을 느낀다. 바로 시기와 질투다. 가까운 사람일수록 그렇다. 옆자리 동료가 좋은 성과를 내서 많은 성과급을 받아가면, 축하하는 마음을 갖거나 '나도 열심히 해야지'라고 생각하기는커녕 뇌가 고통을 느낀다. 그래서 같이 열심히 해야 같이 보상받는다는 생각은 중요하다. 그런 생각이 일 잘하는 사람이 못하는 사람을 끌고 가게 하고, 일을 잘 못하는 사람이 어떻게든 팀에 기여하게 만든다. 그리고 누군가가 성과를 내면 시기심이 생길 수 있으나, 그 결실을 나누기 때문에 미안함과 고마움을 느끼는 한편 안도할 수 있다.

록 그룹 퀸이 해체되지 않은 이유

역사적인 록 그룹 퀸은 프레디 머큐리(Freddie Mercury)라는 압도적 고성과자가 있었고 끝까지 해체되지 않았다. 오랜 활동의 비밀은 모든 수입을 동등하게 나눈 것이었다. 퀸의 성공 뒤, 스타가 된 머큐리는 독립해 활동했다. 하지만 다른 톱 세션과의 작업이 멤버들 만큼 편하지 않았고 결과도 마음에 들지 않았다. 그리하여 그는 다시 퀸 멤버들에게 함께하자고 제안했다. 멤버들의 조건은 모든 수입을 동등하게 나누는 것이었다. 팀 활동에서는 멤버들이 머큐리에게 더 많이 맞춰주고 양보했을 가능성이 크다. 그리고 독립활동을 할 때는 각자 자신의 성공 공식을 반복했을 것이다. 언뜻 압도적 고성과자인 머큐리가 더 많은 이득을 취하지 못한 것이 불합리해 보일 수 있다. 하지만 기여도는 다를지언정 퀸이 없었다면 머큐리는 한때의 반짝스타로 남았을 것이다.

많은 훌륭한 리더가 독립하면 조직에서만큼 성과를 내고 더 많은 파이를 가져갈 수 있으리라 생각한다. 하지만 아무리 기여를 많이 해도 자신을 받쳐주는 조직의 힘을 무시할 수 없다. 따라서 조직 내에서 고성과자와 저성과자를 단순히 단기 성과를 기준으로 평가하는 것은 무리가 있다.

그렇다면 모든 평가는 무의미한가? 구글에서도 역량 평가나 프로세스에 대한 정성 평가를 하고 승진에 반영한다. 조직 운영을 위한 것이다. 물론 이 제도도 단점이 없지 않다. 개인 성과 평가가 없다 보니 연봉이 극적으로 오르는 일이 없다. 그래서 이직하는 사람이 있다. 이직하면 지금까지의 성과나 역량을 바탕으로 급여의 앞자리 수를 높일 수 있다. 이 역시 조직 입장에서는 뼈아픈 손실이지만 막을 해법이 없다. 그리고 이는 오히려 실리콘밸리 전체에 조직 학습을 일으켜 함께 성장하는 데 기여했다. 개인의 성과보다 더 중요한 것은 조직 전체의 성과와 성장이며, 가장 중요한 것은 함께 일하고 함께 결과를 낸다는 연대 의식을 끌어내는 시스템을 세우는 것일지 모른다.

자원 위에 전략,
전략 위에 창의성이 있다

김봉선 핵사곤슬레이트

전략을 가르치고 교육하다 보면 많이 듣는 말이 있다. 아무래도 성공 사례를 바탕으로 배울 점을 찾는 것이 전형적인 접근법이다 보니, 교육할 때 소위 잘나가는 회사들 사례를 이야기하곤 한다. 그러면 특히 작은 회사 사람들은 이렇게 말한다. "그런 크고 잘나가는 회사의 전략 말고 (별로 가진 게 없는) 우리 회사에 맞는 전략을 말해주세요"라고. 그들은 보유한 자원에 비해 원대한 목표를 달성할 전략을 원하는 것일까? 아니면 보유한 만큼만 감당할 수 있는 전략을 원하는 것일까? 혹시 후자라면 조심해야 할 마인드셋이다.

대학의 학부 학생들도 비슷한 말을 한다. "저는 아직 대학생이고 경험도, 가진 것도, 능력도 별로 없습니다. 그런데 '원대한 목표를 세우고, 달성할 전략을 만들어 실행하라'는 것은 현실적이지 않습니다"라고 말이다. 주변의 젊은이가 이런 말을 한다면 어떤 조언을 해주면 좋을까? "기특하게도 아주 현실적인 생각을 하는구나. 그래, 네 수준에 맞게 살아라." 이렇게 현실적인 반응을 보여야 할까? 아니면 더 크고 도전적으로 생각하라고 해야 할까? "그렇게 소극적인 생각을 해서 어떻게 큰일을 이루겠어. 그런 생각으로는 앞으로 나아가지 못할 거다. 생각을 바꿔봐라." 이렇게 말이다.

신생 농구팀이 베테랑을 물리친 전략

한때 세계적 베스트셀러였던 말콤 글래드웰(Malcolm Gladwell)의 책 《다윗과 골리앗》에는 재미있는 사례가 나온다.

미국 실리콘밸리의 먼로파크에 위치한 여자 중학교의 신생 농구팀이 전미 주니어 여자 농구 대회에 참가하게 되었다. 실리콘밸리 지역 특성상 학생들의 부모는 과학자거나 고등교육을 받은 사람들이었고, 학생들도 책만 파는 공붓벌레여서 대부분이 농구공을 처음 잡아보았다. 이런 팀이 대회에서 한 게임이라도 이기는 것은 사실 불가능했다. 더구나 감독은 인도 출신의 한 학부모가 맡았다.

그런데 농구를 잘 몰랐던 감독은 곧 굉장히 이상한 점을 발견했다. 농구 코트의 길이는 약 28미터인데, 골을 넣은 팀은 대부분 자기 코트 쪽으로 썰물처럼 이동했고, 공격팀은 상대방 코트로 넘어가서 드리블, 패스, 롱슛 등으로 점수를 냈다. 그들이 움직이는 공간의 길이는 7미터 정도에 불과했다. 즉, 길이 21미터의 공간은 공격에서 전혀 활용되지 않았다. 이에 이 팀은 독특한 전략을 구사하게 된다. 일단 '전미 주니어 농구 대회 파이널까지 간다'라는 말도 안 되게 높은 목표를 설정했다. 만약 이 팀이 '우리는 한 게임만 이긴다'라는 목표를 세웠다면 아마 한 번의 승리조차 어려웠을 것이다. 잘하는 다른 팀과 비슷한 전략을 구사했을 것이기 때문이다.

이 팀의 전략은 특별했다. 승부가 결정되는 코트의 마지막 7미터 공간 중에서 엔드라인을 집중적으로 공략하기로 했다. 농구팀은 다섯 명의 선수로 구성되니, 한 명이 엔드라인에서 공을 들고 코트 안으로 패스하고 나머지 네 명은 받으려고 준비한다. 보통은 이때 상대방 선수 한 명은 패스하려는 선수를 막고, 나머지 네 명은 상대방 선수 뒤쪽에서 한 명씩 마크한다. 그러나 먼로파크 농구팀은 달랐다. 아무도 패스하려는 선수를 막지 않았다. 대신 제일 잘하는 에이스 선수를 두 명이 마크했다. 그리고 선수들의 뒤가 아닌 앞에서 상대방이 패스를 받지 못하게 온갖 동작으로 방해했다. 그렇게 5초 안에 패스하지 못하면 공격권이 상대 팀으로 넘어가는 룰을 활용했다. 앞에서 펄쩍펄쩍 뛰고 팔을 휘두르면서 시야를 가리니 패스하려던 선수가 당황하는 사이 5초가 넘어갔다. 혹시라도 패스가 이루어지면 다음에는 역시 10초 안에 센터라인을 넘어가야 하는데, 이때도 어떻게든 시간 안에 못 넘어가게 방해를 했다. 센터라인이 뚫리면 애쓸 것 없이 골을 넣게 내버려두었다. 어차피 실력으로 안 되는 데다가 체력만 낭비하니까. 골을 넣은 상대방은 다시 자기 진영으로 21미터를 이동하고 다시 7미터 안에서 같은 게임을 했다.

처음 보는 게임 방식에 상대 팀 감독과 관중은 반칙이라고 소리를 질렀고(보기에 아름답지 않아서 그렇지 반칙은 아니었다), 이에 어린 선수들은 당황해서 자꾸 실수를 했다. 비록 신생팀은 애초의 목표까지 가지 못했지만 상당히 많은 게임에서 이기며 승승장구했다. 이 팀의 이기는 전략은 한마디로 '풀타임 풀코트 프레싱'이었다. 보통은 체력 소모가 많아서 구사하지 않는 전략이지만, 이 팀은 기술을 배울 시간이 없었기에 체력으로 대결하는 전략을 세웠다. 즉, 기술 게임을 체력 게임으로 바꾸어버렸다. 이 경우에 어떤 역량과 자원이 필요할까? 드리블, 리바운드, 패스, 롱슛 등 기술은 어차피 필요 없으니 포기! 대신 모든 노력은 체력을 기르는 데 집중했다. 그리고 유일하게 필요한 기술인 골밑슛만 집중적으로 연습했다.

이 사례는 무엇을 말해주는가? 전통적인 농구 경기에 유용한 자원(축적된 농구 기술과 경험을 갖춘 선수)은 제로에 가깝고, 공부만 하던 완전 초보 선수를 보유한 팀이 상위 팀을 따라 하면서 승리하는 전략이란 애초에 없다. 그래서 먼로파크의 농구팀은 코트의 75퍼센트 공간을 포기하고 나머지 공간에서 승부를 걸었다. 상대방이 엔드라인에서 코트 안으로 공을 패스하지 못하게 막는 데 집중하고, 다음에는 센터라인을 넘지 못하게 하는 데 모든 노력을 집중했다. 상대방 코트 7미터 공간에서 승부를 건다는 전략에 맞추어 자원과 역량을 개발했다. 풀타임 풀코트 프레싱을 위해 체력을 키우고 이 전략에 필요한 단 하나의 기술, 레이업 숏만 집중적으로 훈련했다. 부족한 자원을 뛰어넘는 목표와 전략으로 높은 성과를 올렸다.

경쟁에서 중요한 것은 리소스보다 리소스풀니스

리소스(resource)는 기업이 보유한 자원의 절대량을 말한다. 그리고 리소스풀니스(resourcefulness)는 보유한 자원을 최대한 활용해 문제를 해결하는 능력을 말한다. 기업은 보유한 자원에 맞는 전략을 구사해야 한다. 전략적 적합성의 개념이다. 그런데 적합성만 강조하면 자원이 빈약한 기업, 산업 내의 현재 경쟁적 위치가 낮은 기업은 만년 그 위치를 벗어날 수 없다. 자원이 적은 기업은 자원이 풍부한 기업의 전략을 결코 추구할 수 없고, 항상 선두 기업을 따라가기만 해야 하니 말이다. 수많은 실제 사례를 고려할 때 현실과 맞지도 않고 바람직하지도 않다.

미국 방송국의 역사를 살펴보면, 대기업 CBS를 따라잡은 것은

ABC나 NBC 등 다른 대기업 경쟁사가 아니었다. CNN(Cable News Network)이라는 당시로서는 자원이 빈약한 기업이었다. CNN은 기존 방식으로는 업계에서 경쟁할 수 없음을 알고, '유선 방송을 통한 24시간 뉴스'라는 전혀 새로운 개념으로 시청자를 공략했다. 또한 복사기 업계의 대기업 제록스(Xerox)의 허를 찌른 것은 코닥(Kodak)과 같은 또 다른 대기업이 아니라 일본의 작은 회사 캐논(Cannon)이었다. 그리고 한때 세계에서 가장 큰 자동차 제조사였던 제너럴모터스(General Motors, 이하 'GM')로부터 많은 시장을 빼앗아간 것은 포드(Ford)나 폭스바겐(Volkswagen)이 아니라 작은 회사였던 일본의 토요타(Toyota)였다. 한편 PC 시장에서 거대 기업 IBM을 공략한 것은 다른 거대 기업이 아니라 전혀 새로운 개념의 PC인 매킨토시로 승부를 건 애플이었다.

창의적인 방법으로 자원을 활용하여 산업의 정상에 오르는 것은 경영의 중요한 핵심 전략 중 하나다. 이 논리를 조금 극단적으로 확장하면, 미래 지향적인 전략을 잘 운영하는 사람이 산업의 리더가 된다고 볼 수 있다. '자원을 얼마나 가졌는가(리소스)'를 정확하게 아는 것은 중요하다. 하지만 경쟁에서 더욱 중요한 것은 '가진 자원을 얼마나 활용하는가(리소스풀니스)'다.

현재 시점에서 건전한 기업 운영을 하려면 적합성의 개념이 중요하다. 많은 기업이 경영의 기본인 적합성의 개념을 등한시한 무리한 경영으로 어려움에 빠지는 일은 드물지 않다. 반대로 야심 차게 우리 기업의 미래상을 그려놓고 거기에 도달하려고 애쓰는 노력이 없다면 점진적인 발전만 있을 뿐 획기적인 성장은 힘들다.

이런 실험이 있다. 초등학생을 모아 지능이나 재능 등 모든 면에서 차이가 없는 두 그룹을 만들었다. 그런 다음 한 그룹에 네모, 세모, 동그라미 등 다양한 모양의 블록과 도구를 보여주고 뭔가 멋진 것들을 만들어보라고 지시했다. 그러자 아이들은 그다지 새로울 게 없는 결과물을 만들었다. 다른 그룹에는 블록과 도구를 보여주지 않고 뭔가 멋진 것을 만드는 상상을 해보라고 했다. 그러고 나서 블록과 도구를 보여주었다. 처음에 아이들은 "이걸로 어떻게 멋진 걸 만들어요?"라는 허탈한 반응을 보였지만, 이내 어떻게든 상상했던 것을 비슷하게라도 만들었다. 활용할 블록과 도구(자원)를 보여주는 순서만 바꿨는데도 똑같은 조건에서 아주 다른 결과물이 나오는 것을 확인할 수 있는 실험이다.

'전략이 먼저인가, 자원이 먼저인가?'라는 질문의 답도 이와 같을 것이다.

창의적 전략으로 기사회생한 한진중공업

지금으로부터 20년 전쯤 한진중공업(현 HJ중공업)은 8,000티이유(TEU)라는 이전에 없던 대형 컨테이너선을 수주하고 만드는 역사를 썼다. 티이유는 표준 컨테이너 크기를 나타내는 단위로, 20피트짜리 컨테이너 한 개를 1티이유라고 한다. 선박을 건조하는 과정을 보면 개념적으로는 간단하다. 설계된 배 전체를 카스텔라를 썰듯 여러 조각으로 나눈 뒤, 철판을 자르고 구부려서 한 조각을 만든 다음, 각 조각을 하나로 이어 붙이면 된다. 당연히 오차 없이 완벽한 용접 기술이 중요하다. 이 작업은 모두 땅을 파낸 공간인 독(dock) 안에서 진행된다. 배가 완성되면 독에 물을 채워서 배를 띄우고 독문을 열어 바다로 내보낸다.

그때의 한진중공업은 5,000티이유 컨테이너까지는 잘 만드는 기업이었다. 어느 날, 한 고객사가 이제까지 해본 적 없던 7,500티이유짜리 대형 선박을 만들 수 있는지 물어왔다. 5,000티이유 규모의 배를 만드는 독만 있었던 한진중공업은 처음에는 더 큰(긴) 배를 만들려면 독 공간이 모자라겠다고 판단했다. 그러다 길이가 아니라 '옆으로 좀 더 뚱뚱한 배를 만들어서 더 많은 컨테이너를 실으면 되지 않을까?' 하는 아이디어를 떠올렸다. 이후 계약 성사 단계에서 고객사와 저녁 식사를 하는데, 고객사의 선주사로부터 연락이 왔다. '8,000티이유가 아니면 안 된다'라는 내용의 전화였다.

당시 한진중공업이 보유하던 독의 길이는 300미터였다. 8,000티이유짜리 배를 만들자면 독보다 배가 커지는 셈이었다. 마른하늘에서 날벼락이 떨어진 상황이었으나, 계약을 마무리하러 갔던 부사장은 잠시 망설이다가 대뜸 "할 수 있다"며 약속을 해버렸다. 화기애애한 분위기에서 같이 저녁을 먹던 엔지니어 상무는 앞이

캄캄해졌다. '저런 되지도 않을 약속을 덜컥 해버리시면 어쩌나.'

회사가 보유한 자원과 역량을 생각하면 받아서는 안 되는 수주였지만 그때 한진중공업이 낸 아이디어는 이랬다. 독에서 300미터 길이까지 배의 뒷부분을 만들고 나머지 앞부분은 육지에서 따로 만든다. 양쪽이 다 완성되면 독에 물을 채우고 바다 쪽으로 문을 연다. 그리고 앞부분을 크레인으로 들어 올려서 뒷부분과 딱 맞게 위치시킨 후 용접으로 이어 붙이는 것이다. 말로는 쉽다. 문제는 물 아래서 이 작업을 해야 한다는 건데, 사실상 불가능했다. 그래서 나온 아이디어가 세계 최초의 '댐(Dam)공법'이다. 배의 두 조각을 이어 붙이는 용접 부분에 물이 닿지 않게, 그 부분을 감싸는 U자 모양의 그릇, 즉 댐을 만든다. 이 댐 위에 배의 큰 두 조각 이음매 부분이 오게 배를 위치시킨다. 배와 댐 사이는 물이 새지 않게 거대한 고무 튜브로 밀봉한다. 그런 다음 댐 안에 있는 물을 밖으로 빼내면 사람들이 작업할 수 있는 마른 공간이 만들어진다. 수많은 시행착오를 거치면서 한진중공업은 이 작업을 완료했고, 댐공법은 업계 특허를 받으며 세계적으로 화제가 되었다.

당시 한진중공업은 왜 이토록 큰 모험을 시도했을까? 사실 한진중공업은 8,000티이유짜리 배의 수주를 성공시키지 못하면 중국의 추격과 줄어드는 작은 배 수요로 인해 어차피 사라질 목숨이었다. 그래서 과감한 도전을 했는지 모르겠다.

"이미 원하는 사람이 된 것처럼 생각하라"

전략은 다섯 가지 요소로 이루어진다. '목표와 열망, 싸울 곳, 이기는 방법, 역량과 자원의 동원과 배치, 사람들을 움직이는 실행 시스템'이다.

보유한 자원을 고려해 겸손하고 쉬운 목표만 세우는 회사는 도태된다. 목표를 공격적으로 높게 세운 회사와 맞붙으면 이길 수 없다. 반대로 '저 회사는 실력이 그 정도니 절대 우리를 못 따라온다'라는 생각도 위험하다. 자원에 전략을 맞추더라도 결국은 그 자원을 현재 상황 이상으로 기발하게 활용할 전략을 세워야 한다. 하던대로만 해서는 답이 없다.

그 첫 출발은 자원에 너무 얽매이지 않고 원대한 목표와 이를 달성할 야심 찬 전략을 세우는 것이다. 전 세계 전문가로부터 여러 번 베스트 레스토랑으로 선정되고, 미슐랭 3스타의 명성을 유지하고 있는 일레븐매디슨파크라는 식당이 뉴욕에 있다. 이 식당을 운영하는 유명 쉐프 대니얼 흄(Daniel Humm)은 이렇게 말했다. "2스타 레스토랑일 때 3스타 레스토랑처럼 투자하고 운영해야 3스타가될 수 있다." 이 말은 아리스토텔레스가 "어떤 사람이 되고 싶으면이미 그렇게 된 것처럼 생각하고 행동하라"고 한 말과 같은 맥락으로 들린다. 현재 상황과 보유한 자원에 너무 얽매인 전략은 그래서 위험할 수 있다.

결국 원하는 것을 얻는
협상의 기술

김의성 스캇워크코리아

유명 협상가 허브 코헨(Herb Cohen)은 《협상의 기술》이라는 책에서 "세계는 거대한 협상 테이블"이라고 했다. 비즈니스도 마찬가지다. 비즈니스의 8할은 협상이다. 협상 능력이 기업의 성공과 실패를 좌우한다 해도 과언이 아니다. 그렇다면 협상에 임할 때 어떻게 상대의 니즈를 파악하고 주도권을 가져가야 할까.

러시아 대문호 톨스토이의 소설 《안나 카레니나》의 첫 문장은 이렇게 시작한다. "행복한 가정은 다 비슷하다. 그러나 불행한 가정은 모두 제각각의 이유로 불행하다." 이 문장에서 '가정'을 '브랜드'로 바꾸어보면 이렇다. '성공하는 브랜드의 요인은 다 비슷하지만 브랜드가 실패하는 이유는 매우 다양하다.' 브랜드가 성공하려면 품질이 뛰어나고, 가격 경쟁력이 있으며, 제품의 홍보와 마케팅이 소비자의 마음을 사로잡아야 한다. 그리고 소비자 니즈에 따라 제품의 생산과 물류가 유연해야 하고, 제품이 최종 사용자에게 전달되는 고투마켓(go-to-market), 즉 비즈니스 모델도 좋아야 할 뿐만 아니라 제품을 만드는 회사의 평판에도 이슈가 없어야 한다. 거꾸로 말해, 여러 요인 가운데 단 하나의 긍정적인 요인으로 성공하기는 어렵지만, 단 하나의 부정적인 요인만으로 실패할 수 있다.

협상 또한 마찬가지다. 협상을 잘하는 방법은 너무나 많다. 성공적인 협상을 위해서는 협상의 구조와 다양한 기술을 익혀야 한다. 그리고 협상 준비 단계에서는 목표와 우선순위를 설정하고, 발언 내용을 준비하며, 주고받을 정보를 마련한다. 협상이 시작되면 상대의 우선순위를 파악하고 정보를 교환하며 상대의 기대치를 구조화한다. 내게는 중요도가 낮지만 상대에게는 가치 있는 항목을 양보하되 내게 더 중요한 항목을 가져오는 교환을 시도해야 한다. 이 중 한 가지라도 큰 실수를 한다면 협상은 실패로 돌아갈 확률이 높다. 구조적인 준비의 부재, 비현실적인 목표 설정, 상대의 기대치 구조화의 실패, 힘의 균형을 활용하지 못하는 것 등 실패 요인은 다양하다.

협상은 이벤트가 아니라 여정이다. 긴 협상의 여정에서 모든 게 완벽할 수는 없지만 협상의 실패는 대부분 '해야 할 일을 하지 않아서'가 아니라, '하지 말아야 할 것을 하는' 데서 비롯된다. 불필요한 도발로 상대를 자극하거나 정확한 메시지를 주고받지 못해 오해를 만들거나 새로운 정보나 제안에 당황해서 감정을 관리하지 못하는 등의 행동은 피해야 한다. 무엇보다 감정 관리는 협상의 가장 큰 요건이다. 억울하거나, 당황하거나, 불쾌한 감정이 들면 정교한 메시지와 조건을 전달하기 어렵다. 양측 모두 목표를 잊고 불필요한 논쟁에 빠지기 때문이다. 특히 감정에 흔들리면 협상의 주도권을 빼앗길 수 있다.

협상의 필수 요소, 감정 관리

인간은 감정의 동물이다. 감정의 지배를 받아 행동으로 옮긴다. 자신의 감정을 제대로 인지하고 관리해야 건강한 삶을 일구어갈 수 있다. 한 조직의 리더 역시 자신의 감정을 잘 관리해야 기업을 성공적으로 이끌 수 있다. 하지만 직급의 높고 낮음에 상관없이 감정을 관리하기란 쉽지 않다. 기업의 리더도 오랜 기간 쌓은 평판을 한순간의 말실수로 무너뜨리는 경우가 비일비재하다. 외부 협상보다 내부 협상의 기회가 더 많은 조직의 리더라도 감정 관리는 필수다. 그럼, 협상 테이블에서 정교한 커뮤니케이션에 도움을 주는 세 가지 감정 관리법을 살펴보자.

관리법1. 상대의 말을 끝까지 경청하는 액티브 리스닝을 한다

일단 상대가 말하면 끊지 않고, 단어 하나도 귀 기울여 듣는다. 이때 왜 상대가 그런 표현을 썼는지, 왜 그 단어를 사용했는지 이유를 생각해본다. 액티브 리스닝(active listening)이란 상대의 메시지를 정확히 이해할 뿐만 아니라 상대의 말에 주의를 기울이고 있다는 인상까지 전하는 것이다. 5도 정도 상대 쪽으로 몸을 기울이고, 눈을 마주 보며 끄덕이기도 하고, 가끔 추임새를 넣는다. 또한 상대의 말이 끝난 뒤에 정확히 이해하지 못한 부분은 질문을 통해 완전히 이해하도록 한다.

"이사님, 제가 좀 더 정확히 이해하고 싶어서 여쭤봅니다. 결제 방법보다 계약 기간이 중요한 것으로 이해하면 되는 거죠?"

관리법2. 질문을 잘 활용한다

좋은 질문은 득이 된다. 정보를 얻을 수도 있고, 상대가 답변하는 동안 감정을 추스를 수도 있다. 이런 취지에 걸맞은 질문 몇 가지를 소개한다.

"근거가 무엇인지 설명해주시겠습니까?"
"우선순위가 무엇인가요?"
"왜 그런지 알려주시면 이해가 잘될 것 같아요."

"어떤 부분이 마음에 안 드시는지 좀 더 구체적으로 알려주세요."

관리법3. 즉시 피드백하지 않는다

즉각적인 피드백은 정교하지 않으며, 자칫 상대에게 주도권을 넘길 수 있다. 빠른 것과 생각 없이 즉각 피드백을 전하는 것은 다르다. 감정을 추스르지 못해 바로 반응했다가 또 다른 논쟁을 일으킨다면 협상은 교착 상태에 빠질 가능성이 크다. 그러므로 우선순위를 고려해 차분하게 고민한 뒤 답변한다.

협상은 전략대로 흘러가지 않는다. 어떤 상황에서도 차분함을 유지해야 큰 실수를 피할 수 있다. 다양한 협상 기술을 체득하는 게 제일 이상적이며 그 과정에서 이 세 가지 방법이 감정의 동요를 눌러주는 유용한 팁이 된다. 단 하나의 요인으로 협상을 성공으로 이끌 수는 없지만, 단 하나의 요인으로 실패하게 만들어서도 안 된다. 감정 관리는 성공적인 협상의 중요한 키가 된다.

몸으로 체득하는 지식, 암묵지

미국 폴게티박물관에서 기원전 6세기에 만들어졌다고 알려진 쿠로스(kuros, 고대 그리스의 남성 청년 상)의 진품 여부를 조사한 일이 있었다. 거의 훼손되지 않은 이 대리석 상을 박물관에 1,000만 달러에 팔겠다는 제의가 들어왔기 때문이었다. 장장 14개월 동안 전문가 수십 명이 최첨단 기법을 동원해 진품 여부를 조사했다. 그결과 진품이라는 판정이 났는데, 최종 구매가 얼마 남지 않은 시점에서 문제가 생겼다.

폴게티박물관의 운영 위원인 이탈리아 미술학자 페데리코 제리(Federico Zeri)는 "조각상을 처음 보는 순간, 손톱이 이상했다"라고 말했고, 그리스 조각의 권위자인 이블린 해리슨은 조각상을 처음 보았을 때 뭔가 설명할 수는 없었지만 "낯설었다"라고 이야기했다. 불안해진 박물관은 그리스 조각 전문가들을 모아 심포지엄을 열었다. 여러 전문가의 의견 또한 비슷했다. 대부분이 "설명할 수 없지만 무언가 어색하고 이상하다"라고 했다. 결국 박물관은 구매 결정을 보류하고 다시 조사한 끝에 쿠로스가 가품임을 최종적으로 확인했다. 세계적인 베스트셀러 작가 말콤 글래드웰의 저서 《블링크》에 소개된 이야기다. 과연 전문가들은 어떻게 '무언가 어색하고 이상하다'며 작품의 진위를 알아챘을까?

지식에는 두 가지 종류가 있다.

첫 번째는 형식지(explicit knowledge)로, 문서와 언어, 그림 등으로 명확히 전달하고 학습할 수 있는 지식, 즉 '문서화가 가능한 지식'이다. 형식지는 구조화가 가능하므로 전파할 수 있다. 책을 읽으면 저자의 지식이 구조화되어 독자에게 전파되는 것과 같다.

두 번째는 암묵지(tacit knowledge)로, 이는 개인적이며 주관적이다. 또한 인지와 경험에 의존한다. 자전거 타는 법을 배웠다고 해도 이를 문서로 구조화할 수 없다. '몸이 15도 이상 오른쪽으로 기울어지면 핸들은 반대로 15도 꺾어야 한다'라는 식으로 이론화하기도 어려울뿐더러 그런 이론이 있다 해도 막상 현실에서 적용하기란 거의 불가능하다. 이처럼 문서로 만들 수도, 구조화할 수도 없으니 전파할 수 없는 지식이 암묵지다.

《지식 창조 기업》이라는 책에서는 암묵지를 '내재화되는 지식'이라고 표현한다. 내재화, 즉 체득하려면 수많은 경험이 필요하다. 자전거와 함께 수십 번 넘어지면서 스스로 중심 잡는 법을 체득하는 것과 같다. 그리스 조각 전문가처럼 수많은 경험을 통해 '무엇인지 정확히 알 수는 없지만 어딘가 어색함을 느끼는 것'이 암묵지의 힘이다.

그렇다면 협상의 역량은 형식지와 암묵지 중 어느 것에 더 가까울까? 강의 중 이 질문을 던지면 참가자 대부분은 "형식지"라고 대답한다. 사실 협상의 능력과 지식은 암묵지에 훨씬 더 가깝다. 협상의 구조와 이론은 머리로 익힐 수 있는 형식지다. 이 글을 포함해 협상 전문가가 소개하는 협상에 대한 글과 기술도 형식지다. 다시 말해, 머리로 이해는 할 수 있지만 내재화하지 않으면 아무 의미가 없다. 암묵지로 만들어 체득하지 않으면 아무리 좋은 이론을 접해도, 당장 협상 테이블에서 활용할 수 없다는 이야기다.

협상 이론의 대가지만 막상 협상 경험이 거의 없는 경영학 교수와 협상을 이론적으로 배운 적은 없으나 베테랑 자동차 영업 사원이 협상할 경우, 누가 주도권을 가져갈 확률이 높을까? 수많은 협상을 경험하면서 본인도 모르게 협상 기술을 체득한 영업 사원 쪽이 다양한 상황에 대처하는 암묵지가 더 많이 쌓여 유리할 것이다.

그렇다면 협상 능력을 암묵지에 가깝다고 했음에도 불구하고 협상의 이론과 기술을 배워야 하는 이유는 무엇일까? 바로 '좋은 암묵지'를 쌓아야 하기 때문이다. 단순히 경험 시간이 길면 좋고 나쁜 암묵지가 함께 쌓인다. 하지만 협상 구조와 기술을 배우고, 배운 대로 경험하는 시간이 쌓이면 좋은 암묵지가 축적된다. 예를 들어 골프를 오래 치면 어느 정도 다양한 상황에 대처할 수는 있지만, 레슨이나 교정 없이 잘못된 스윙이 몸에 남으면 교정하기 더 어려워지는 것과 같다. 새로운 기술을 배워 사용했더니 다른 결과를 도출하는 경험과 같은 암묵지는 매우 중요하다. 그래서 협상 기술을 이론으로 배운 뒤 활용하면서 본인만의 지식으로 만들어야 한다.

암묵지는 축적하는 데 시간이 걸리나 몸이 기억하므로 오래간다. 자전거를 10년 만에 다시 타도 금방 적응하는 것처럼 말이다. 잠시 어색하더라도 핸들을 잡고 페달을 밟다 보면 몸이 기억하는 암묵지 덕분에 중심을 잡고 나아간다. 이처럼 암묵지는 형식지보다 오래 지속된다.

협상의 강력한 무기, 침묵

> 바이어: 견적서를 받았는데 우리 예산과 차이가 크네요. 공급가를 20퍼센트 낮춰주시길 요청합니다.
>
> 공급처: 아, 이미 최저가로 드린 견적이라서 낮추기는 어렵습니다.
>
> 바이어: …. (10초간 침묵)

이럴 때 당신이 공급처라고 가정해보자. 상대가 협상 중 10초간 침묵했다면 무슨 생각이 떠오를까? '화난 건가?', '협상 자체가 결렬되면 어떡하지?', '지금이라도 할인을 검토해볼까?' 짧은 순간이지만 여러 생각이 스친다. 침묵의 힘은 강력하다. 말하지 않는 것만으로 상대의 감정을 흔들 수 있다. 커뮤니케이션 전문가 코르넬리아 토프(Cornelia Topf)는 저서 《침묵이라는 무기》에서 "의도적으로 침묵할 수 있는 사람만이 원하는 것을 가질 수 있다"라고 했다.

상대의 요구를 거절해야 할 때 우리는 논거를 들어 이야기한다. 첫 번째 논거를 제시했는데 상대가 침묵하면 당황해서 추가 논거를 대기도 한다. 가장 강력한 첫 논거를 제시한 뒤에 내놓는 추가 논거는 대부분 첫 논거에 비해 빈약하기 마련이다.

또 하나의 예를 들어보자. 어느 날 한 아이의 아빠가 퇴근해서 집에 갔는데, 아이가 맛집에 가고 싶다고 한다. 그 식당은 한 시간 정도 차를 타고 가야 하고, 아빠는 굉장히 피곤한 상태다.

아빠: 지금은 차도 막히는 시간이고 그 식당은 너무 멀어. 오늘은 좀 피곤하니까 주말에 가면 안 될까?

아이: 힝, 가고 싶은데…. (이후 침묵)

아빠: 지금은 돈도 없고 엄마도 피곤할 거야.

아이: 내 용돈으로 사면 되잖아요. 엄마도 그 식당에 가는 거 좋다고 했어요.

아빠는 할 말이 없어진다. 이미 '피곤하다'라는 논거를 충분히 이야기했음에도 상대의 침묵을 견디지 못하고 추가 논거를 댔다가 오히려 강력한 논거가 희석되는 결과를 초래했다. '약한 논거가 앞서 말한 강한 논거를 희석한다'라는 말이 있다. 이미 충분히 강한 논거를 던져놓고, 상대의 침묵에 당황해 논거를 추가할 필요는 없다. 상대의 침묵을 견뎌야 한다. 상대의 피드백을 듣고 난 뒤 대응해도 절대 늦지 않는다.

그리고 스스로 침묵을 활용할 수 있어야 한다. 우선 상대의 제안을 바로 수락하지 말자. '상대의 손을 채가서 바로 악수하지 말라'는 말을 기억해야 한다. 즉각적인 수락은 상대를 패자로 인식하게 하며 찜찜함을 남긴다. 협상 당사자인 본인도 '더 좋은 조건을 요구할 기회를 놓친 건 아닐까' 싶어 개운하지 않다. 양측 모두 찜찜한 마음이 들었다면 협상에 합의했더라도 실행 과정에 부정적인 영향을 끼칠 수 있다.

상대의 제안이 내 기대치와 차이가 있다면 바로 거절해야 할까? 즉각 거절하는 것도 바람직하지 않다. "어렵습니다"라고 말하며 당장 거절하면 상대가 바로 역제안을 던지면서 주도권을 가져갈 수 있다. 그러니 일단 잠시 침묵해본다. 그동안 상대가 감정적으로 흔들릴 때 "어떤 근거로 그런 제안을 하셨는지 여쭤봐도 될까요?"라고 질문을 던진다. 상대에게 근거를 묻는 것은 내 입장에서 손해가 아니다. 상대의 근거가 견고하다면 역제안의 항목을 피벗팅(pivoting)하며 재구성할 수 있고, 내부 이해관계자와 논의할 때도 보탬이 된다. 그뿐만 아니라 상대가 답변하는 동안 생각을 정리해 역제안을 할 수 있다.

중요한 협상을 앞두고 있는가? 무엇보다 협상의 가장 큰 장애물인 감정을 관리하자. 그리고 형식지를 좋은 암묵지로 바꾸고, 침묵을 버텨내는 동시에 활용한다. 협상을 해결하는 마법의 솔루션은 존재하지 않는다. 실수를 줄이며 나와 상대 사이에서 벌어지는 다양한 상황에 차분하게 대응해야 협상 목표를 달성할 수 있다.

휴리스틱의 두 얼굴,
좋은 결정을 위한 탈편향 전략

안재현 KAIST

우리는 일상에서 크고 작은 의사 결정을 수없이 내리며 살아간다. 출근할 때는 무슨 옷을 입을지, 누구와 점심을 먹을지부터 상품판매 전략이나 연구개발 프로젝트 같은 결정까지, 인간은 하루에 의식적·무의식적으로 약 3만 5,000번의 결정을 내린다.

이토록 많은 판단과 결정을 내리려면 제한된 인간의 두뇌 자원을 효율적으로 활용해야 한다. 이때 사용되는 방법이 휴리스틱 (heuristic)이다. 예를 들어, 옷 가게 사장이 매장에 들어온 손님 두 사람 중 한 사람만 응대할 수 있다고 하자. 어떤 사람을 응대해야 판매에 도움이 될까? 요즘은 AI 알고리즘으로 고객의 구매 이력과 관련 자료를 검토해 구매 확률이 높은 고객을 실시간으로 찾을 수 있다. 최신 디지털 기술이 도입된 매장에서는 얼굴이나 홍채를 인식해 고객 경험을 높이고 프로모션을 제공할 수도 있다. 이 방법으로 미국 월마트(Walmart)는 매장에서 물건을 훔치는 도둑을 사전에 발견해 범죄를 방지하기도 한다.

그러나 이 같은 시스템이 없다면 어떻게 판단해야 할까? 옷 가게 사장은 고객 시선을 중요한 판단 기준으로 삼는다. 고객이 들어올 때 가게 전체를 둘러보는지, 특정 매대에 집중하는지를 살펴본 뒤 후자에 우선 응대한다. 이는 매장 전체를 둘러보는 고객은 눈요기 쇼핑객일 경우가 많고, 특정 매대에 관심을 보이는 고객이 구매 확률이 높았던 경험에 기반한 행동이다. 이처럼 많은 경험을 바탕으로 고객 시선을 기준 삼아 구매 가능성을 예측하고, 복잡할 수 있는 문제를 단순하게 처리한 것이 옷 가게 사장만이 가진 유용한 휴리스틱이다.

휴리스틱의 편향과 오류

휴리스틱에 관한 연구는 세계적 심리학자인 에이머스 트버스키(Amos Tversky)와 대니얼 카너먼(Daniel Kahneman)에게서 시작되었다. 그들의 연구에 따르면, 인간은 제한적인 정보를 가진 상황에서 불확실한 사건의 확률을 평가할 때 휴리스틱을 종종 사용한다. 휴리스틱은 대체로 잘 작동하고 단순하다는 장점이 있으나 인지적 편향에 빠질 위험도 있다. 휴리스틱과 인지적 편향에 대한 관심은 이후 행동경제학이라는 분야로 발전한다.

옷 가게 예로 돌아가자. 사장은 매장에 들어온 고객을 응대할 때 고도의 디지털 시스템을 사용할 수도 있지만 고객 시선을 확인하는 간단한 방법을 활용한다. 고객의 전형적 특성을 파악하고 있는 사장은 가게에 들어오는 고객이 그 특성에 적합할수록 구매 확률이 높다고 판단하는, 즉 대표성 휴리스틱(representative heuristic)을 사용한다.

휴리스틱은 일상적인 상황에서는 최소한의 에너지로 빠른 결정을 할 수 있어 유용하다. 하지만 인지적 편향(cognitive bias)을 일으켜 의사 결정의 오류를 발생시키는 원인이 되기도 한다. 옷 가게 사장이 사용한 휴리스틱은 편리하고 즉각적이나, 때로는 잘못된 연관성, 제한된 사례에 근거한 판단, 사전 확률의 무시, 결합 사건의 오류 등 다양한 문제를 일으킨다.

편향의 다른 예도 있다. 경영자는 종종 가장 쉽게 떠오르는 정보를 사용해 초기에 판단하는 가용성 휴리스틱(availability heuristic)을 사용한다. 이는 유용하기는 해도, 본인의 믿음을 지지하는 정보를 선택적으로 찾아 수용하게 만든다. 반대되는 정보는 무시하거나 배제함으로써 잘못된 판단과 결정을 내릴 수 있다. 바로 가용성 휴리스틱이 확중편향(confirmation bias)을 일으키는 지점이다. 따라서 휴리스틱을 적절히 활용하되, 이에 따른 인지적 편향과 오류를 줄이려는 노력이 필요하다. 이를 탈편향(debiasing)이라고 한다.

우리 사고 시스템은 이렇게 의사 결정을 내린다

휴리스틱을 사용할 때 발생하는 인지적 편향과 오류를 감소시키거나 없애려면 인간의 사고 시스템을 이해해야 한다. 인간의 사고는 '듀얼 사고 시스템'으로 간단하게 이해할 수 있다. 아래의 그림을 보자.

시스템1은 휴리스틱을 통해 자동적이고 즉각적인 판단과 결정을 내림으로써 제한된 인지적 자원을 효율적으로 사용한다. 이 과정에서 직관적인 시스템1은 인지적 편향을 만들기도 한다. 인지적

【 인간의 듀얼 사고 시스템 】

시스템1
· 자동적 · 즉각적 특성
· 휴리스틱 활용
· 인지적 자원이 거의 필요
  없으며 편향에 노출

시스템2
· 논리적 · 분석적 특성
· 의식적 · 이성적 판단 활용
· 인지적 자원이 필요함

편향은 올바른 규범적 판단과 실제적 판단 사이에서 발생하는 체계적 오류다. 이에 비해 시스템2는 시스템1을 모니터링해 초기 판단을 바꾸거나 의사 결정을 중단시킨다. 그러나 다양한 이유로 시스템2가 작동하지 않을 때는 시스템1이 사고를 주도하고, 이때 인지적 편향과 오류가 생긴다. 그러므로 시스템1을 모니터링하고 제어하는 시스템2가 항상 적절히 작동되어야 한다.

시스템2의 작동을 위해서는 결정준비도(decision readiness)를 높이는 것이 중요하다. 결정준비도는 크게 다음 세 가지 요소에 영향을 받는다.

첫째, 인지적 자원의 과다한 소비로 정신적으로 피로할 때, 시간적 제약이 있을 때, 주위에 방해 요소가 많을 때 감소한다.

둘째, 두려움, 배고픔, 분노, 흥분 등과 같은 본능이 지배하는 상태에서 감소한다.

셋째, 지능, 의사 결정 훈련 정도, 의사 결정 스타일에 영향받는다.

인지적 편향의 영향을 크게 받는 사람도 있고, 문제의 경중을 잘 판단하지 못하는 사람도 있다. 만약 문제의 경중을 잘 판단하지 못해서 중요하지 않은 일에 인지적 자원을 과도하게 소비하면, 정작 중요한 문제의 해결책을 찾을 때 시스템2가 작동하지 않는다. 그러면 즉각 시스템1이 직관적 판단을 내리거나 인지적 편향을 일으킬 수 있다. 결국 탈편향은 의사 결정자의 결정준비도를 높여 필요한 시점에 시스템2가 정상적으로 작동하도록 하는 것이다.

편향과 오류를 낮추기 위한 다섯 가지 전략

결정준비도를 높이는 것은 결국 시스템1이 모든 판단과 결정을 주도해 시스템2가 마비되는 상황을 줄이려는 노력이다. 그렇다면 탈편향을 위한 효과적 전략은 무엇인가?

전략1. 편향이 있을 수 있음을 인식한다

일단 판단하거나 의사 결정을 하는 과정에서 인지적 편향이 있을 수 있음을 인식한다. 예를 들어, 맨 처음 받아들인 정보나 느낌이 이후의 의사 결정에 계속 영향을 미치는 앵커링 오류(anchoring bias)가 있었다면, 이를 인식한 뒤에는 같은 상황이 발생했을 때 시스템2를 의식적으로 작동해 신중하게 판단하고 결정한다.

전략2. 편향 가능성에 대해 교육과 훈련을 받는다

성공한 경영자가 자신이 편향과 오류를 범할 가능성이 있다는 것을 인정하기란 쉽지 않다. 균형이론(balance theory)에 따르면, 사람은 인식의 일관성을 유지하려고 한다. 성공한 경영자가 자신을 '근본적으로 잘못된 판단을 내릴 수 있는 존재'라고 생각하는 것은 자신이 '성공한 사람'이라는 인식과 충돌한다. 오히려 '나는 탁월한 판단과 결정을 하는 사람이다'라고 생각하는 것이 인식과 더 조화를 이룬다. 따라서 편향의 가능성을 인정하기보다 오히려 저항하는 경향이 있다. 이 문제를 해결하려면 편향의 가능성을 보여주는 교육과 훈련이 필요하다.

나는 경영자를 대상으로 다음과 같은 실험을 했었다. 사전 정보가 없는 상태에서 초깃값 설정, 즉 앵커링의 영향을 경험해보는 실험이었다. 경영자를 A, B 그룹으로 나누고 공통된 질문을 던지되, 초기 설정값을 다르게 제시했다.

A 그룹: 1980년대 우리나라에서 사육된 돼지 두수는 얼마일까요? 100만 두 이상이었을까요?

B 그룹: 1980년대 우리나라에서 사육된 돼지 두수는 얼마일까요? 1,000만 두 이상이었을까요?

이후 각 그룹이 했던 답의 평균치를 비교했는데, 초깃값이 높았던 B 그룹이 A 그룹보다 2~3배 더 높았다. 실험을 반복해도 예외가 없었다. 이 실험에 참여한 경영자는 자신의 판단에 잠시 놀랐다가 성찰의 시간을 가졌다. 이 경험은 경영자에게 편향과 오류를 줄이는 방법을 진지하게 논의하게 했다.

전략3. 믿을 만한 외부인의 객관적 조언을 얻는다

카너먼에 따르면, 시스템1의 편향은 무의식적으로 일어나므로 발생 자체를 인지하기 어렵다. 그래서 시스템1의 편향은 자신의 시스템2가 아닌 타인의 시스템2로 확인하고 해결해야 한다. 한창 경기에 몰입 중인 선수보다 경기장 밖의 코치가 좋은 조언을 해줄 수 있는 것과 같다. 인간에게는 스스로 보지 못하는 판단의 사각지대가 존재한다. 그러므로 객관적 시각을 바탕으로 하는 믿을 만한 멘토와 컨설턴트의 조언이 큰 도움을 준다.

전략4. 직관적 판단력을 향상하는 좋은 경험을 축적한다

경험은 시스템1의 직관적 판단을 향상한다. 대출 업무를 예로 들어보자. 중소기업을 대상으로 대출 업무를 담당하는 은행 직원은 일반적으로 객관적 자료를 바탕으로 한 재무적 요소를 평가하는 데 노력을 기울인다. 이에 비해 경험 많은 은행 임원은 기업의 재무제표뿐만 아니라 기업 현장에서 관찰되는 요소까지 주목한다. 열띤 토론의 흔적이 남아 있는 회의실 칠판이나 화장실 상태 등 일상의 단면으로 기업의 상태를 파악하기도 한다. 오랜 경험에서 나오는 예리한 관찰, 혹은 단서로 하는 현상 파악이 효과적인 휴리스틱으로 작동하는 것이다. 이처럼 경험은 직관적 의사 결정에 도움을 주지만, 그 직관적 판단의 근거를 의미 있게 설명하지 못하는 한계가 있다. 따라서 경험에서 나오는 직관이 효과적인 휴리스틱이 되려면 적절한 피드백으로 축적된 '좋은 경험'이 필요하다.

전략5. 정형화된 의사 결정 프로세스를 활용한다

중요한 의사 결정은 정형화된 프로세스로 하는 것도 방법이다. 불분명한 의사 결정 문제를 작은 부분들로 분해하고 다시 통합하는 과정은 의사 결정자의 판단과 결정에 도움을 준다. 이 분해와 통합의 과정에서 객관성을 확보하고 편향의 가능성을 줄일 수 있다. 이때 AI 머신러닝 등 통계적 모델과 분석 도구를 활용해 사고 시스템의 한계를 보완해도 좋다.

많은 경영자가 불확실성이 높은 상황에서 복잡한 판단과 결정을 빠르고 효율적으로 처리하는 휴리스틱을 활용한다. 휴리스틱은 모든 정보를 철저히 분석하기에 시간이 부족하거나 일상적인 일이어서 정보 분석이 필요하지 않을 때는 유용하다. 그러나 언제나 인지적 편향과 오류의 가능성이 존재한다. 즉, 중요한 결정을 내리는 경영자라면 인지적 편향의 가능성을 알고 있어야 한다. 그리고 다양한 탈편향 전략을 이해하고 이를 적절히 사용함으로써 결정준비도를 높이는 노력이 필요하다. 이렇게 하면 의사 결정의 완성도를 높일 수 있다.

2

리더십

"백성에게 가서 물어보거라"
함께 걷는 세종의 리더십

박현모 세종국가경영연구소

요즘 《태종실록》을 다시 읽으면서 새로 발견한 사실이 있다. 왕의 입에서 백성이 언급되는 경우가 매우 드물다는 점이다. 태종이 재위 18년 동안 '백성[民]'을 거론한 횟수를 세어보니 10여 차례에 불과했다.

물론 그도 유교 국가의 군주인 만큼, 흉년이 들거나 재변이 생길 때면 "백성의 어려움을 모두 말하라" 하고 신하에게 당부하곤 했다. 버려진 아이들을 서울의 제생원이라는 국립의료원에 모아서 기르라고 조치하기도 했다. 그가 제일 싫어하는 것은 일을 어설프

게 하는 관리 탓에 백성이 왕을 욕하는 상황이었다.[1]

태종의 이런 백성관은 바로 직전의 재상이자 정적이었던 정도전의 백성관과 비교된다. 알려져 있듯이, 정도전은 임금이나 관리들의 자리[位]를 백성 보살피라고 하늘이 만들어준 것으로 보았다. "대저 남들이 만들어놓은 음식을 먹는 자는 남에게 책임을 져야 하고, 남들이 지어놓은 옷을 입는 자는 그들의 근심을 알아야 한다"라고 정도전은 말했다.[2] 여기의 비유에서 보듯이 군주와 관리는 백성에게서 음식과 얻어먹고 옷을 빌려 입는 자들이다. 따라서 정치의 모든 것이 민의 입장에서 출발해야 하고, 궁극적으로 민을 위해 운영되어야 한다는 게 정도전의 민본 철학이었다.

하지만 정도전의 민본 철학은 곧바로 국가 정책으로 실천되지 못했다. 도읍지를 새로 정하고 한양으로 천도하는 일(1394년)이나 명나라와의 외교적 갈등(1394년, 1397년), 제1차 왕자의 난(1398년)과 같은 정변이 계속되었기 때문이다. 1400년 11월 왕위에 오른 태종이 백성을 자주 언급하지 않은 것은 민의 정치적 존재감을 몰라서가 아니었다. 그는 이미 진덕수의 《대학연의》나 정도전의 《조선경국전》 등을 통해서 '왕을 세우기도 하고 뒤엎기도 하는 두려운 존재가 백성'이라는 것을 충분히 인식하고 있었다. 하지만 《태종실록》에 기록된 여진 부족 및 왜구와의 40여 차례 전투에서 보듯이

---

1 《태종실록》 4년 2월 10일.
2 정도전, 《경제문감》 하.

국내외적 혼란이 여전히 계속되고 있었다.

백성을 나라의 근본으로 여기는 정치는 세종 시대에 이르러서야 비로소 구현되었다. 세종은 부왕 태종과 달리 백성을 자기 이익을 위해 정확히 판단하고 행동할 수 있는 합리적 존재로 보았다. 세종이 백성을 합리적 존재로 보았던 예로 1421년(세종3년) 8월 '저울 조작 사건' 때를 들 수 있다. 서울과 지방의 곡물 상인들이 저울 근량을 부정확하게 해서[斤兩不正] 백성을 속인다는 보고가 올라왔다. 해당 부처인 공조의 관리는 그 자리에서 "법에 의해 교정시키는[依法校正]" 방안을 제시했다. 법을 제정해 엄하게 처벌하는 것, 즉 규제 강화를 주장한 것이다.

세종의 생각은 달랐다. 국가에서 규제를 만들고 정부 관리가 단속을 시작하면 일시적인 효과는 있을지 모른다. 하지만 그럴 경우 관리의 힘이 너무 세지고 백성의 학습 기회가 줄어든다. 세종은 법이나 규제가 "억지로 (백성을) 얽어매는 데" 사용되기에 "나는 비록 의심할 만한 일이 없어도 조금씩 의심한다"라고 말했다.[3]

세종의 결론은 "저울을 많이 더 만들어서 경시서(京市署, 물가 조절 기관)에 두어 백성으로 하여금 자유롭게 사 가도록 하라[買之]"였다. 백성에게 각자 필요한 만큼 구입해 사용하게 해서 도량형 왜곡 곡물상을 시장에서 도태시키라는 지시였다. 관리의 갑질 기회를

---

3 《세종실록》 19년 11월 12일.

최소화하면서 백성의 학습 기회를 극대화하는 게 좋겠다는 세종의 판단에 따라, 8개월 후 1,500개의 매우 정확한[頗精] 표준 저울이 제작되어 전국에 반포되었다.

세종 역시 백성의 목소리가 늘 바르지 않다는 점을 모르지 않았다. "서민의 마음이 일정치가 않아서 흡사 바람을 타고 흘러가는 것처럼 왔다 갔다[乘風趨向]"라는 말이나, "실로 신명한 존재이나 동시에 지극히 어리석은[至愚而神] 자가 백성"이라는 그의 말이 그 점을 보여준다.[4] 일반 백성이 우왕좌왕하며, 마음속 이야기를 잘 표현하지 못할 때도 있다는 점을 인지한 상태에서 그들의 속마음을 진실되게 듣는 것이 중요하다는 게 세종의 생각이었다. 그가 백성을 찾아가 묻고 생각을 경청한 것은 바로 그 때문이다.

세종이 백성을 찾아가 만난 기록은 많다. 재위 10년과 17년에는 서울 서대문 밖에 나가 농사 현황을 두루 돌아보고 밭일하는 농부들에게 음식을 내렸다. 재위 15년에는 온양 부근에서 밭 가는 농민들에게 술과 음식을 하사했다. 같은 해 아산현에 사는 94세의 할머니가 마떡[薯] 한 동이를 올리자 그 할머니를 불러서 친히 음식을 대접하고 면포 두 필, 술 등을 하사했다. 이처럼 왕이 백성의 말을 경청하고 보살폈기에 세종의 행차는 늘 인기 있는 "관광(觀光)"거리였다. 홍인문부터 경복궁까지 "구경하는 자가 천과 만을 헤아렸다"

---

4 《태종실록》 25년 7월 19일, 19년 8월 6일.

라는 기록이 있다.[5]

세종은 왜 백성을 만나 말을 경청했을까? 그 첫째 이유는 최고 권력자가 갇히기 쉬운 '인(人)의 장막'을 벗어나기 위해서였다. 세종은 재위 기간 32년 동안 61회나 거처하는 궁궐 이동을 포함해 도성 안을 옮겨 다녔다(월평균 0.16회). 강무(講武)라고 하여 왕이 직접 주관해서 사냥과 군사 훈련을 겸하는 수렵 대회도 총 27회 개최했다(월평균 0.7회). 그뿐 아니라 그는 왕실 능 참배나(27회), 온천 목적으로도 행차를 했다(6회). 이 정도로 동선이 넓고 활발한 군주는 그의 아버지 태종과 조선 후기의 정조 등 극소수에 불과했다.

"내가 깊은 궁궐에 거처한다고 신하가 내 눈과 귀를 가리고 막으려[壅蔽] 하는구나." 1448년 8월 세종이 승지들을 꾸짖으면서 한 말이다. 그보다 4년 전인 1444년에도 그는 "내가 일찍이 들으니 나라에서 사람을 보내 백성에게 이롭고 해로운 것을 살피려 할 때 수령들이 감추려 한다[隱諱]"고 들었는데, "이제 그 실상을 알겠다"면서 개탄했다. 세종 역시 중간 관리가 최고 권력자의 눈과 귀를 가리고 숨기는 옹폐와 은휘의 현실을 목격했고, 그 인의 장막을 벗어나기 위해 백성을 직접 찾아가 만났다.

세종이 펼친 직접 정치의 두 번째 이유는 그의 민본 철학에서 찾을 수 있다. 그는 이렇게 말했다.

---

5 《세종실록》 23년 5월 5일.

"백성은 나라의 근본이다[民惟邦本]. 정치의 목적은 백성을 기르는 데 있으니, 백성의 생활을 풍족하게 하여 나라의 근본을 튼튼히 하는 게 나라 다스리는 선무(先務)다."[6]

군주는 마땅히 나라의 근본인 백성을 기르고[養民] 풍족하게 하는[厚民] 일을 해야 하는데, 그러기 위해서는 먼저 백성을 찾아가 진정으로 바라는 게 무엇인지를 묻고 들어야 한다고 생각했다. 나라에서 법령과 제도를 만든 다음 따라오라고 하는 게 아니라, 백성이 진정으로 필요로 하는 바를 먼저 듣고 그에 맞추어 정치의 방향을 정하고 법과 제도를 세우는, 이른바 '시인발정(施仁發政)'은 세종이 재위 기간 내내 강조한 국정 운영 기조였다. 세종은 또한 비록 못 배우고 어리석어 보일지라도 백성에게 "배울 점이 분명 있다[能勝予]"고 믿었다. 그래서 조정 관리가 잡인의 소란[粉擾]을 막는다며 백성의 행행[7] 구경을 차단해야 한다고 할 때, 백성에게 법을 알려주어서는 안 된다고 할 때 "나라의 근본인 백성의 목소리를 직접 듣고 그들의 억울한 사정을 풀어주는 게 정치하는 도리"라며 반대했다.

인상적인 점은 백성을 나라의 근본으로 대하는 세종의 방법이다. 정도전은 민본 철학을 말했지만 구체적인 방법을 제시하지 않았다. 태종도 애민을 실천하려 했지만 그 한계를 인식하지 못했다. 세종의 정치하는 방법은 '여민가의(與民可矣)', 즉 '백성과 함께하면

---

6 《세종실록》 12년 윤12월 9일.
7 임금이 대궐 밖으로 거동하는 것.

할 수 있다'는 말로 집약된다.

세종 12년(1430년)의 일이다. 그해 경상도 관찰사가 "개간한 밭을 면세해주려 해도 새로 일군 땅을 구분해내기 쉽지 않다"면서, "그냥 일괄해서 기존의 경작지와 같은 세금을 매기자"라는 내용의 보고를 올렸다. 이에 세종은 "어찌 구분해낼 수 없다는 말인가? 일이 의심스럽다면, 백성과 더불어 하면 될 것[與民可矣]"이라고 하며, 개간지 면세 원칙을 고수했다. 현장에 가서 백성에게 물어보면 새로 개간한 땅인지, 기존의 경작지인지 금방 알 수 있을 텐데, 그렇게 안이하게 탁상공론하지 말라고 꾸짖었다.

세종이 이처럼 여민을 중시한 것은 위민론의 한계 때문이었다. 처음에 백성을 위해 시작한 일이 오히려 백성을 해치는 일로 변질하는 경우가 많았다. 재위 말년의 사창(社倉) 제도 논란이 그 예다. 사창 제도는 춘궁기에 곡식을 빌려주고 가을에 이자와 함께 받아들이는 빈민 구호 제도로 송나라의 주희가 처음 주장했고, 세종 18년에 충청 감사 정인지가 도입을 제안했다. 그러나 신숙주가 지적한 것처럼, "본래 백성을 위한 것이었지만[本欲爲民], 이자를 거두는 과정에서 관리들의 횡포가 날로 늘어 민폐가 심각해지는" 문제점이 발생했다.

위민(爲民)이 해민(害民)으로 변질되는 것을 막을 방법은 없을까? 세종은 백성에게 중요한 정보와 지식을 주어서 스스로 판단하는 능력을 높여야 한다고 여겼다. 그런 관점에서 해시계를 만들어

종로 네거리에 내놓고, 물시계를 제작해 전국의 표준 시간을 반포했으며, 신하의 반대에도 훈민정음을 창제해 문자라는 권력을 백성에게 쥐여주었다.

여민은 맹자가 자주 쓴 용어이기도 하다. 맹자에 따르면 대장부(大丈夫)란 곧 '백성과 더불어 걷는 자'였다. "천하의 넓은 집(仁)에 살고, 천하의 바른 자리[禮]에 서며, 천하의 큰길[義]을 걷는다. 뜻을 얻으면 백성과 더불어 큰길[大道]을 걷고[與民由之] 얻지 못하면 홀로 그 도를 행하는 자, 그를 일컬어 대장부라 부른다"라고 했다. [8] 대장부, 즉 멋진 리더는 기본적으로 홀로 고고한 곳에 처하거나 어두운 동굴에 숨는 존재가 아니다. 맹자에 따르면, 공동체 속으로 걸어나와 구성원과 더불어 걷는 자가 곧 훌륭한 리더다.

새로 일을 시작하려는 국가나 기업의 리더가 가장 경계해야 할 점이라면, 의욕에 불타 홀로 계획을 세우고 밀어붙이려는 마음이다. 그보다는 세종이 했던 것처럼, 비록 자신을 반대했던 맞수라 할지라도 그들의 말을 경청하고, 무엇보다 사회 혹은 조직 구성원과 더불어 비전을 세우고 공감하려는 자세를 보여야 한다. 그럴 때 비로소 일하는 재미도 따르고 성과도 좋아질 것이다.

---

8 《맹자》 등문공 하.

리더는
질문하는 사람이다

한근태 한스컨설팅

質問은 '바탕을 묻는다'라는 의미다. 본질을 묻는 것이 질문이다. 영어로 '질문'이라는 뜻의 단어 question의 어원은 quest다. '추구한다'라는 뜻을 담고 있다. 그래서 '답을 찾으려면 질문을 해야 한다' 정도로 나는 해석한다.

삼성의 이병철 회장은 업의 본질에 관한 질문을 많이 했다. 도대체 우리가 하는 일의 본질이 뭐냐는 것이다. 반도체와 디스플레이의 본질은 타이밍이다. 오늘날 한국이 반도체와 디스플레이에서 강자가 된 이유는 업의 본질을 제대로 보았기 때문이다. 두 산업 모두 엄청난 투자를 제때 할 수 있어야 한다. 타이밍을 놓치면 투자해도 회수할 수 없다.

질문 없는 사람에게는 미래도 없다

질문이 답이다. 질문 안에 이미 답이 있다. 질문이 곧 해결책이다. 질문은 GPS와 같다. 질문을 던지는 것은 목적지 설정을 위한 중요한 과정이다.

최고의 직원이 되고 싶은가? 그렇다면 최고의 직원이 누구인지, 어떻게 하면 되는지 끊임없이 질문하면 된다. 일단 자신에게 질문을 던져야 한다. 내가 생각하는 최고의 직원은 누구인지, 주변 사람 중 최고의 직원이라고 생각하는 사람이 누구인지, 왜 그렇게 생각하는지, 회사에서 가장 인정받는 최고의 직원은 누구인지, 그의 행동 중 어떤 것을 따라 하고 싶은지를 생각하라. 상사나 동료에게도 질문을 던져야 한다. 그들이 생각하는 최고의 직원은 누구인지, 왜 그렇게 생각하는지를 물어보라. 그런 다음 한 달 동안 최고의 직원이 누구인지를 생각하며 생활한다면 어떤 일이 일어날까? 이미 그는 최고의 직원이 되어 있을지 모른다. 무의식적으로 매일 조금씩 최고의 직원이 갖춘 장점을 따라 하고 있을 가능성이 크기 때문이다.

당신은 요즘 어떤 질문을 주로 던지는가? 아무 질문도 던지지 않는다고? 질문이 없다는 건 목적지 설정을 하지 않고 운전하는 것과 같다. 공회전을 하는 셈이다. 단기적으로는 별문제가 없어 보이지만 장기적으로 큰 문제가 될 수 있다. 질문이 곧 답이다. 질문은 이미 그 안에 답을 포함하고 있다.

당신이 진정으로 원하는 것은 무엇인가? 왜 사업을 하는가? 왜 돈을 버는가? 현재의 생활이나 습관으로 원하는 삶을 살 수 있다고 생각하는가? 진정으로 원하는 게 있으면 질문이 생긴다. 간절히 원하는 걸 질문하라. 계속 질문하라. 질문할 수 있으면 답을 얻을 수 있고, 답을 얻을 수 있으면 그런 삶을 살 수 있다. 원하는 게 없고 질문이 없다면 계속 지금처럼 살아야 할지도 모른다. 질문이 중요한 이유다.

돈을 벌고 싶다면 부자에게 질문하라

질문해야 얻을 수 있다. 부자가 되는 최선의 방법은 부자를 만나 질문하는 것이다. 돈이 뭔지, 어떻게 해야 돈을 벌 수 있는지를 물어보는 것이다. 그런데 대부분 사람은 돈에 대해 질문하지 않는다. 그저 부자가 되기를 바랄 뿐이다. 답보다 필요한 것은 올바른 질문이다.

난 요즘 꽤 만족스러운 중년의 삶을 살고 있다. 하지만 젊은 시절에는 그렇지 않았다. 불평과 불만으로 가득 차 '불평불만 단지'란 별명까지 갖고 있었다. 내게 어떻게 이런 일이 일어났을까? 최근에 예전 일기를 정리하다 실마리를 찾았다. 20년 전 일기를 보니 내가 직장생활을 매우 힘들어했다는 사실이 떠올랐다. 당시 젊은 나이에 남들이 부러워하는 대기업 임원이 되었지만 내가 원하던 삶이 아님을 깨달았다. 그래서 수년간 계속 나 자신에게 질문을 던졌다. '내가 원하는 삶이 무엇일까?', '어떻게 해야 내가 원하는 삶을 살 수 있을까?'라는 질문을 했는데 결과는 명확했다. 난 다른 무엇보다 자유를 갈망했다. 이후 20년 이상 자유를 위해 노력했고, 지금 그 자유를 얻었다. 시간적으로, 직업적으로, 경제적으로 자유를 찾았다. 오랜 세월 질문을 던진 덕분에 원하는 삶을 찾을 수 있었다.

무엇을 원하는가? 어떻게 하면 원하는 것을 얻을 수 있는가? 원하는 것을 얻기 위해서는 질문할 수 있어야 한다. 질문은 성공으로 들어가는 열쇠와 같다. 제대로 된 질문을 던져야 그 문을 열 수 있다. 대부분 사람이 질문하지 않는 이유는 그만큼 인생에 대해 진지하게 생각하지 않기 때문이다. 아무 생각 없이 하루하루 사는 사람이 질문하는 건 상상할 수 없다. 질문은 아무나 할 수 있는 게 아니다. 그렇기에 질문하는 걸 보면 그 사람이 어떤 사람인지 알 수 있다. 질문하지 않는 사람은 미래도 없다. 질문하는 사람만이 원하는 것을 얻을 수 있다. 그런 면에서 리더는 남들보다 앞서 질문하는 사람이다. 자신에게 질문하고 다른 사람에게 질문하는 사람이다.

질문은 최고의 사교 도구다. 마음 문을 여는 가장 쉬운 방법은 그들에게 질문하는 것이다. 하지만 아무 질문이나 하면 안 된다. 높은 사람, 돈이 많은 사람일수록 미리 그 사람에 관해 공부를 해야 질문할 수 있다. 난 여러 이유로 경영자, 저자, 기업의 오너 등을 자주 만나는데 만나기 전 질문거리를 공들여 준비한다. 예전부터 알고 지내던 사람이라면 근황, 바뀐 점, 예전에 고민했던 것, 자녀 등과 관련한 질문을 한다. 모르는 사람의 경우에는 검색해 그 사람이 어떤 사람인지 알아본다. 나이와 학력도 보고, 그 사람 책이나 칼럼도 읽어본다. 그러면 자연스럽게 물어볼 게 생긴다. 물론 실례가 될 만한 것, 그 사람이 싫어할 질문은 가능하면 피한다.

캐딜락의 경쟁자는 밍크코트와 다이아몬드

1930년대 GM의 캐딜락 자동차가 위기에 직면했다. 대공황으로 차가 팔리지 않았기 때문이다. 새로 사업부장을 맡은 이는 임원들에게 여러 가지 질문을 던졌다. 그중 하나는 경쟁자에 관한 질문이었다. 우리 경쟁자가 누구냐는 질문이었다. 직원들은 벤츠나 BMW 같은 경쟁 차종을 말했다. 그의 생각은 달랐다. "우리의 경쟁자는 다른 자동차 회사가 아닙니다. 우리 경쟁자는 밍크코트와 다이아몬드입니다." 캐딜락의 본질을 사치품으로 정의한 것이다. 상품에서 가장 중요한 걸 '품위'로 재정의한 것이다. 누구도 생각하지 못했던 새로운 시각이었다. 그러면서 전략이 바뀌었다. 예전에 중시했던 가속 성능과 연비 대신 어떻게 하면 고급스럽고 우아한 차를 만들 수 있을지를 고민했다. 이후 캐딜락 부문이 살아났다. 리더의 질문 하나가 사업부를 살린 것이다.

리더는 질문하는 사람이다. 좋은 리더는 좋은 질문을 많이 한다. 1984년 델컴퓨터(Dell Computer)를 만든 마이클 델(Michael Dell)은 질문의 중요성을 알고 이를 실천한 사람이다. 그는 이렇게 얘기한다. "질문을 많이 하면 새로운 아이디어가 생기고 경쟁 우위를 확보하게 된다. 우리는 같은 질문을 여러 팀에게 묻고 결과를 비교한다. 그 과정에서 배울 점이 한둘이 아니다. 한 팀이 중소기업을 대상으로 성공을 크게 거두면 우리는 그 아이디어를 사내에 퍼뜨린다." 그러던 델컴퓨터는 경영의 어려움을 겪었고 한때 부도설까지 나돌았다. 2014년 그는 상장을 폐지하고 법인을 개인 회사로 전환했다. 주주의 심한 간섭 탓에 하고 싶지 않은 일도 해야 했고, 해야 할 일을 하지 못했다고 판단했다. 이후 경영 상태가 빠른 속도로 좋아지고 있다. 이런 중요한 결정을 한 것도 자신에게 던진 질문 때문이다. "왜 내가 이렇게까지 주주들 눈치를 봐야 하는가? 그래서 얻는 게 무언가? 내가 하고 싶은 일을 주주 때문에 하지 못한다면 그게 무슨 의미가 있겠는가?" 하고 말이다.

미 해군으로 전함 벤폴드를 혁신한 마이클 에브라소프(Michael Abrashoff)도 질문으로 혁신을 이룬 사람이다. 그 배는 군인들이 타기를 꺼려 했었다. 너무 많은 불만으로 사건 사고가 끊이지 않아서다. 그는 함장으로 부임하자마자 승무원 300명 전원과 15~20분간 개인 면담을 가지며 세 가지 질문을 던졌다. "어떤 점이 만족스럽죠? 불만 사항은 무언가요? 권한이 주어지면 무엇을 어떻게 고치고 싶습니까?" 그는 설교하지 않았다. 대신 질문을 통해 사람들의 생각과 아이디어를 얻었다. 얼마 후 이 배는 모든 군인이 타고 싶어하는 배로 변신했다. 리더가 되기 위해서는 효과적으로 질문하는 법부터 배워야 한다.

최고의 성과를 이끄는 네 가지 질문 기술

세계적인 리더십 교육기관 CCL에서 119명의 성공한 글로벌 기업 사장을 대상으로 설문 조사를 했다. '성공하는 리더의 필수 덕목이 뭐라고 생각하십니까?'라는 질문에 어떤 응답이 1등을 했을까? 방향 설정, 비전 전파, 전략적 사고방식, 변화하는 시대에 맞는 변화…. 그게 아니다. '질문하는 능력'이 1등으로 꼽혔다. '질문하는 분위기를 만드는 리더'가 4등, '질문할 기회를 놓치지 않는 리더'는 6등에 올랐다.

리더십은 바로 질문이라고 할 수 있다. 리더는 질문하는 사람이다. 멋진 질문을 통해 다른 생각을 하게 하고, 새롭게 사물을 보는 눈을 키워야 한다. 일방적인 지시를 받고 일하면 책임감이 희박하다. 질문을 받고 생각하고 일하면 책임까지 공유하게 된다. 질문은 부하 육성을 위한 최고의 무기다.

그렇다면 어떤 질문을 해야 할까? 성과를 높이기 위한 질문부터 생각해보자. 성과가 나지 않는다는 건 어떤 의미일까? 목표가 뚜렷하지 않은 경우일 수 있다. 처지를 생각하지 않고 과한 목표를 잡았거나, 방법론이 잘못되었을 수도 있다. 그럴 때 다음 네 가지만 질문해도 성과는 한결 나아질 것이다.

첫째, 목표에 관한 질문이다

목표(to be)가 가장 중요하다. 목표가 명확한지, 그 목표가 회사 전체 목표와 한 방향으로 정렬되어 있는지, 목표에 대해 헌신하겠다는 마음을 가졌는지를 보아야 한다. 의외로 목표가 뚜렷하지 않은 사람이 많다. 무엇을 하겠다는 것인지 어슴푸레하다. 이런 때는 추가 질문을 던져 목표를 명확하게 하도록 해야 한다. 일종의 영점 조정이다. 화면 조정 시간이다. 확실한 부분은 무엇인지, 좀 더 확실하게 하고 싶은 부분은 어디인지, 목표를 정량적으로 표현할 수 있는지를 물어야 한다.

둘째, 현재에 관한 질문이다

목표는 알겠는데 현재(as is) 모습이 어떤지에 관한 질문이다. 목표는 100인데 현재의 나는 10 정도밖에 되지 않는다면 어떨까? 실현 가능성이 별로 없으니 당연히 힘이 나지 않는다. 목표가 나를 움직이는 게 아니라 목표와 내가 따로 움직일 가능성이 크다. 이래서는 안 된다. 목표보다 더 중요한 게 현재의 나를 객관적으로 보는 것이다. 그렇지 않으면 평생 글 한 번 안 쓴 사람이 올해 말에 소설가로 데뷔하겠다는 것만큼이나 허무한 소리를 하게 된다. 리더십의 출발점이 주제 파악인 만큼 현재 내 위치에 대해 철저하게 묻고 검증해야 한다.

'스스로 어떤 사람이라고 생각하는가?' '성과가 미흡하다면 그럴 만한 이유가 있는가?' '어떤 조건이 충족되면 좋은 성과를 낼 수 있는가?' 이런 질문을 여러 각도에서 던져보자. 본인이 생각하는 본인의 모습, 다른 사람들이 생각하는 본인 모습, 어릴 때의 별명, 자신의 특성, 장단점 등에 대해서도 질문할 수 있어야 한다. 무엇보다 이 과정에서 가장 중요한 질문은 그 사람의 가치관이다. 그 사람의 기질과 특성이다.

셋째, 목표와 현실 사이의 갭을 어떻게 줄일지 질문해야 한다

이게 핵심이다. 그 목표를 달성하기 위해 어떤 전략을 가졌는지를 물어야 한다. 핵심 중 하나는 균형 감각이다. 추상적이라면 구체적인 그 무엇이 없는지를 물어야 한다. 매크로 한 이야기만 할 때는 마이크로 한 부분도 질문해야 하고, 마이크로 한 이야기만 할 때는 거꾸로 매크로 한 부분도 물어야 한다. 장기적인 이야기만 하면 단기적인 부분도 물어야 한다. 개인적인 액션만 말하면 조직적으로 어떻게 움직일지도 물어야 한다. 큰 목표를 작게 나누는 것도 방법이고, 우선순위를 새롭게 매겨야 하는 예도 있다. 이것저것 따지기보다 간단한 것부터 일단 실행하는 것이 방법일 수 있다. 이를 질문으로 바꾸어야 한다. 무엇보다 애로 사항은 없는지, 도와줄 건 무언지를 물어야 한다. 정답은 없다. 전략에 대해 여러 의견을 나누다 보면 멋진 아이디어가 떠오를 수 있다.

넷째, 목표 달성이 본인에게 어떤 의미가 있는지 질문해야 한다

직장인의 주요 불평 중 하나가 "회사에 비전이 없다"라는 것이다. 난 이 말을 들을 때마다 '비전을 어떻게 회사가 줄 수 있을까'라는 의구심을 갖는다. 비전은 누가 주는 게 아니라 자신이 일 안에서 찾는 것이다. 이 비전을 줄 수 있는 가장 좋은 방법이 현재 자신이 목표로 하는 일이 자신에게 어떤 의미가 있는지를 물어보는 것이다. 지금의 이 일이 이력서에 한 줄 보탤 수 있는지, 5년 후 이 일을 어떻게 평가할 것 같은지, 미래에 이 일을 긍정적으로 평가하기 위해서는 어떻게 일해야 하는지를 물어보는 것이다. 처음에는 묻는 사람도 답하는 사람도 애매모호하다. 뜬구름 잡는 소리만 할 수도 있다. 하지만 반복하다 보면 추상적인 것에서 조금씩 구체적인 모습을 찾을 수 있다.

이것만 알면 누구나 1등 질문을 할 수 있다

알아야 질문을 한다. 알아야 제대로 질문을 할 수 있다. 과연 안다는 것이 뭘까? 안다는 것과 익숙한 것을 구분해야 한다. 사람들은 익숙한 것, 오래 일한 것, 많이 주워들은 걸 안다고 착각한다. 그 동네에 오래 산다고 동네 전문가가 되는 건 아니다. 내가 생각하는 아는 것이란 전문성을 넘어 통찰력의 단계까지 진화한 것을 뜻한다. 업의 본질은 물론 자신이 속한 사회 전반에 대한 폭넓은 이해가 있어야 한다. 자기 분야만 잘 아는 것이 아니라 세상을 보는 관점, 역사적 지식, 인간에 대한 깊은 이해를 갖춘 것을 뜻한다. 물론 업의 본질을 아는 것이 핵심이다.

본질을 안다는 건 핵심을 이해하는 것이다. 가장 중요한 일과 그렇지 않은 일을 구분하는 것이다. 지금 해야 할 일과 나중에 해야 할 일, 안에서 할 일과 밖에서 해도 좋은 일, 내가 해야 할 일과 남이 해도 좋은 일을 식별하는 것이다. 익숙한 걸 낯선 시각으로 볼 수 있고 남들이 당연하게 생각하는 일에 이슈를 제기할 수 있는 것이다. 무엇보다 미래의 자기 모습과 현재의 자기 모습을 객관적으로 볼 수 있어야 한다. 그래야 능동적으로 변화에 대처할 수 있다. 그 과정에서 핵심은 생각하고 의문을 품고 질문하는 능력이다.

질문에는 세 가지 전제 조건이 있다.

첫째, 겸손이다

내게 부족한 점이 있다는 사실을 인지해야 한다. 조직에서 위로 올라가는 사람은 대부분 똑똑하다. 그런데 위로 더 올라가면 똑똑한 사람과 더 똑똑한 사람으로 구분할 수 있다. 정말 똑똑한 사람과 헛똑똑이로 나뉜다. 헛똑똑이는 말 그대로 본인은 똑똑하다고 생각하지만, 남들은 동의하지 않는 사람이다. 그런 사람들은 모른다는 말을 절대 하지 않는다. 모르는 것이 없다고 생각할 수도 있고, 모르는 것이 있어도 티를 내지 않으려 할 수도 있다. 그 자체가 자존심을 상하는 행위라고 생각한다. 그런 상사 밑에서 일하는 직원은 힘들다. 실제로 너무 많이 알고, 모르는 게 없으니 직원은 할 일이 없다. 결정한 일을 실행하거나 시키는 일만 하면 된다. 굳이 나까지 나서서 고민할 필요가 없다. 정말 똑똑이는 다르다. 자신이 아는 것과 모르는 것을 확실히 안다. 아는 것은 안다고 하고 모르는 것은 모른다고 솔직하게 말한다. 자신감이 있으니 모르는 분야에 대해서 진심으로 질문을 던진다. 당연히 직원들은 신이 난다. 자신이 고민해 아이디어를 내고 상사는 들은 후에 품질 좋은 의사결정을 한다.

당신은 어떤 리더인가? 괜찮은 리더인지를 구분하는 최고의 방법 중 하나는 "전 잘 모르겠는데요"라는 말을 자주 사용하는지를 보는 것이다. 물론 사태를 정확히 파악할 때까지 "모르겠다"라고 말하기를 주저하지 않는 사람이 괜찮은 리더다.

둘째, 사람에 대한 존중이다

질문은 질문 내용 못지않게 의도가 중요하다. 순수한 의도로 질문해야 제대로 된 답을 들을 수 있는데 핵심은 상대에 대한 존중심이다. 다른 사람을 우습게 보는 사람은 절대 질문하지 않는다. 질문해도 상대가 대번에 알아차린다. 다른 사람을 존중하는 마음이 있어야 질문할 수 있다. '저 사람이 나보다 많이 알 수 있다', '저 사람이 그 분야에서는 나보다 더 전문가다', '저 사람이 현장을 잘 알기 때문에 저 사람을 통해야만 상황 파악을 할 수 있다'라고 생각해야 질문할 수 있다. 존중의 마음은 상대에게 그대로 전달된다. 그럼 상대도 진심으로 질문에 답하게 된다.

셋째, 경청이다

존중은 경청의 형태로 나타난다. 존중하면 경청하고, 존중하지 않으면 경청하지 않는다. 열심히 질문만 하고 정작 상대의 이야기를 제대로 듣지 않으면 어떻게 될까? 상대는 더 이상 말하려 하지 않을 것이다. 경청은 능력이다. 능력 있는 자만이 경청할 수 있다.

당신은 지시를 많이 하는가, 아니면 질문을 많이 하는가? 혼자 북 치고 장구를 치는가, 아니면 주로 듣는 편인가? 당신이 사람들 사이에 끼면 분위기가 밝아지는가, 아니면 어두워지는가? 리더십은 소통이고, 소통의 출발점은 질문이다. 리더는 질문하는 사람이다.

AI 시대,
리더가 배울 것은 AI가 아니다

구본권 한겨레신문 사람과디지털연구소

2016년 3월 선보인 구글 알파고가 AI 시대를 예고한 신호탄이었다면, 6년 뒤인 2022년 11월 등장한 오픈AI의 챗GPT는 이제 누구도 AI를 외면하고 살아갈 수 없는 시대가 되었음을 선포했다. 알파고 충격 이후 미래학, 교육, 산업 등 각 분야 전문가는 사람들의 불안감을 잠재우며 AI 미래에 대한 적극적인 대비책을 주문했다. "정형적이고 반복적인 업무는 기계가 사람보다 뛰어나니 사람은 기계가 모방할 수 없는 창의성에 주력해야 한다"라는 한결같은 내용이었다. 이에 학교에서는 코딩 교육이 확대되었다.

그런데 대화형 AI 챗GPT, AI 번역 도구 딥엘(DeepL), AI 이미지 창작 도구 미드저니 및 달리2(DALL-E2), AI 작곡 프로그램 앰퍼뮤직 (AmperMusic), 이봄(Evom) 등이 등장하면서, 기계가 순식간에 창의적 결과물을 만드는 세상이 되었다. AI 코딩 보조프로그램 코파일럿은 코딩도 무풍지대가 아니라는 걸 알려준다. AI는 갈수록 강력해지고 편리해져 인간 능력을 뛰어넘을 것이다. LLM을 학습해 웬만한 사람보다 뛰어난 언어 구사력을 지닌 생성 AI가 무엇이든 척척 만드는 세상. 리더는 어떤 방식으로 조직을 이끌고 구성원에게 목표를 제시해야 할까?

낯선 기술을 투자 기회로 만든 빌 게이츠

일단 챗GPT와 같은 생성 AI 기술의 핵심적 특징을 이해해야 한다. 대화형 AI의 등장은 LLM 기반의 AI를 이용해 데이터를 출력하거나 작업을 지시하는 문턱이 낮아졌다는 것을 뜻한다. 지금까지 해당 분야 종사자와 전문가의 전유물이던 영역이 앞으로는 모두에게 개방되는 것이다.

컴퓨터의 역사를 한번 살펴보자. 오늘날 디지털 정보화 시대를 가져온 계기는 그래픽사용자환경(이하 'GUI')이라는 컴퓨터 조작법의 개발이다. 그림과 아이콘을 마우스로 누르는 윈도 운영 체제 덕분에 개인용 컴퓨터 시대가 열렸고 모바일 시대로 이어졌다. GUI

이전에는 도스(DOS)와 프로그래밍 언어를 아는 사람만 명령어를 익혀서 컴퓨터를 조작했다. 사람처럼 언어를 자유롭게 구사할 줄 아는 챗GPT도 비슷하다. 지금까지는 소수의 전문가만 AI를 이용했지만, 앞으로는 스마트폰처럼 모든 사람이 AI를 활용하는 세상이 되는 것이다. MS 공동 창업자 빌 게이츠는 이렇게 말했다. "살아오는 동안 두 번의 혁명적 기술을 마주쳤는데, 그중 하나가 2022년에 만난 챗GPT다. 다른 하나는 1980년 제록스 팰로앨토연구소에서 경험한 GUI다." 그리고 그때마다 MS의 공격적인 투자와 성과가 이어졌다.

1980년대 초 GUI를 보고 스마트폰과 소셜미디어를 상상하기 어려웠듯 지금 시점에서 미래 AI 환경을 구체적으로 예측하고 대응할 수는 없다. 따라서 어떤 거대한 변화가 닥칠지 그 방향과 파장을 생각해보아야 할 것이다. 누구나 AI를 활용하는 세상이 되면 어떤 일이 벌어질까? 인터넷 대중화 이후에 나타난 변화를 참고하자. 무엇보다 과거에는 전문가에 묻거나 도서관을 찾아야 했던 정보와 노하우를 누구나 손안에서 이용하게 되었다. 무엇이든 검색어를 입력하고 찾아낸 정보를 분석할 줄 알면 전문가 수준의 지식에 도달할 수 있다. 하지만 모든 사람이 특정 분야의 전문가나 달인이 되지 않았다. 정보 접근의 확대가 활용 능력에 따른 격차를 불러일으켰다.

챗GPT가 어려운 리더가 알아야 것

생성 AI처럼 강력하고 편리한 도구가 주어지면 사용법 못지않게 어떤 영역에서 어떤 목적에 활용할 것인지가 중요해진다. AI로 어떤 변화가 닥칠지는 알 수 없지만, 지금과 차원이 다른 변화가 계속되는 '충격의 연속'이 일상이 될 것임은 분명하다.

먼저 변화의 시작점에서 만난 챗GPT의 두 가지 특성을 살펴보도록 한다.

하나는 챗GPT는 강력한 생산성 향상 도구지만 기본적으로 기존 지식을 요약하고 정리해서 답변해준다는 점이다. 새로운 사실과 관점을 밝혀내는 게 아니라, 보편적으로 수용된 사실과 관점을 문장의 형태로 출력하는 도구라는 것이다. 또 다른 특성은 챗GPT는 부정확한 사실이나 잘못된 내용도 그럴싸한 표현으로 만들어낸다는 점이다. AI는 기존의 데이터를 통해 학습하기 때문이다. 챗GPT의 이런 특성은 오히려 AI 기술의 한계를 드러내며, 미래 사회에 무엇이 진짜 중요한 과제인지를 알려준다.

생성 AI는 단지 효율성을 높이는 도구를 뛰어넘는다. 상상하는 대로 구현해주는 도구라는 점에서 생성 AI는 창의성이 폭발하는 AI의 신세기를 열었다고 평가받는다. 오픈AI 최고경영자 샘 알트만이 "AI가 사회를 재구성할 텐데 이는 약간 두려운 일"이라고 말했듯, 창의성 폭발은 축복인 동시에 재앙이 될 수 있다. 포토샵, 동영상 편집툴과 차원이 다른 생성 AI는 생산성 향상과 함께 인류가 일찍이 경험하지 못한 가상과 허위, 조작의 시대를 불러올 수 있다. 챗GPT는 거짓 정보를 만드는 비용을 0에 가깝게 만들었다. 미국의 컨설팅사 가트너(Gartner)는 2017년 〈미래 전망 보고서〉에서 "2022년이 되면 선진국 대부분의 시민은 진짜 정보보다 거짓 정보를 더 많이 이용하게 될 것"이라고 예측했는데, 챗GPT로 인해 예측은 현실이 되었다.

따라서 챗GPT 이용자는 검증자의 역할과 그에 대해 책임지는 역할을 해야 한다. 사실과 신뢰성을 검증할 수 있을 때 비로소 그 도구와 결과물을 활용할 수 있기 때문이다. 비판적 사고와 검증 능력이 챗GPT 환경에서 필수 역량이 되는 이유다. 하지만 인간의 인지 능력은 24시간 무한 학습을 하는 AI과 달리 거의 진화하지 않는다. 사람은 성장기 때 교육과 학습을 통해 형성한 인지 방식과 사고 구조를 환경 변화에 따라 업그레이드하기를 꺼린다. 즉 '인지적 구두쇠' 속성을 가졌다. 심리학자 애덤 그랜트(Adam Grant)는 저서 《싱크 어게인》에서 "대상이 물건일 때 사람들은 열정을 다해 업데이트하지만 대상이 지식이나 견해일 때는 기존의 것을 고집하는 경향이 있다"라고 한다. 인간이 만든 도구는 인간의 지능 수준을 넘어설 정도로 강력해졌지만 인간은 도구 개발 이전과 크게 달라지지 않았다.

AI는 도구일 뿐, 인간은 인간의 일을 하면 된다

챗GPT로 인한 충격은 언어라는 인간 고유의 지적 도구를 조작법으로 삼은 데 기인한다. 《사피엔스》의 저자 유발 하라리(Yuval Harari)는 2023년 3월 〈뉴욕타임스〉의 기고문에서 "태초에 말씀이 있었듯, 언어는 인간 문화의 운영 체제"라며 언어에서 신화와 법, 신과 국가, 예술과 과학, 돈, 컴퓨터 코드가 나온다고 했다. AI가 LLM 학습을 통해 기계어가 아닌 인간 언어의 달인이 된 것은 기기 조작 차원을 뛰어넘는다. AI가 문명의 운영 체제를 해킹하고 조작할 수 있게 되었다는 경고다.

정보 기술 전문지 〈와이어드〉의 창간인 케빈 켈리는 AI를 "범용 인턴(universal personal interns)으로 활용해야 한다"라고 말한다. 인턴은 작업자를 대체하는 게 아니라 작업자가 완성도 높은 결과물을 만들도록 돕는 조수 역할을 한다. 나는 생성 AI가 특정 작업이나 역량에 국한되지 않는다는 점에서 '진화하는 만능 비서'라고 본다.

그래서 AI 시대에 가장 중요한 능력은 '갈수록 똑똑해지는 만능 비서'와 함께 일하고 살아가는 방법을 배우는 것이다. 챗GPT가 충격을 안겨주는가 했더니 어느새 AI는 인간처럼 다양한 감각 기능을 활용할 수 있는 멀티모달(multimodal) 지능, 사람 지능을 능가하는 범용 AI 등으로 발달하고 있다. AI 시대는 누구나 가장 똑똑한 비서를 곁에 두고 제한 없이 쓸 수 있는 세상이다. 그렇다면 최신의

AI 서비스를 탑재한 스마트폰만 품에 지니면 걱정이 없어질까?

　AI 시대에는 누구나 똑똑한 비서진을 거느린 최고경영자 역할을 할 수 있다. 이제 리더에게도 전통적 조직에서와는 구별되는 역량이 요구된다. 무엇보다 똑똑한 비서를 다루려면 리더가 더 현명해야 한다. 리더의 능력은 비서의 유능함과는 구별된다. 리더는 판단하고 최종적 책임을 지는 사람이다. 무엇보다 리더는 비서에게 무엇을 지시할지를 알아야 제대로 과업을 맡길 수 있다. 또한 리더는 비서가 가져온 결과를 검토하고 평가해 최종적으로 어떻게 사용할지에 대한 판단을 내려야 한다.

　2018년 경북 안동의 지방노동청에서 한 사회복무요원이 6개월 치 업무를 하루 만에 해치웠다는 사례가 뉴스로 보도된 바 있다. 자동화 프로그램을 짜서 '등기우편 명세 1년 치를 찾아 인쇄하기'라는 과업을 수행한 것이다. 이렇게 최고경영자가 과업 수행에 사용되는 핵심 기술과 도구의 특성을 알면 제대로 된 업무 지시를 할 수 있다. 리더가 생성 AI의 속성을 알고 있어야 조직을 제대로 이끌 수 있는 세상이다.

코파일럿을 쓰는 사무실에서 필요한 능력

　생성 AI를 제대로 쓰려면 그 결과물을 평가할 줄 아는 능력이 필요하다. 파파고, 딥엘과 같은 도구를 제대로 쓸 수 있는 사람은 자동번역 결과물의 품질을 평가할 줄 아는 사람이다. 코딩 보조프로그램인 코파일럿도 기계가 추천한 코드를 읽어낼 줄 아는 개발자라야 제대로 사용할 수 있다. AI가 산출한 결과물을 검증하지 않고 사용했다가는 커다란 낭패를 피할 수 없다.

리더는 과업이라는 목표를 제시하고 그 결과에 최종적 책임을 진다. AI로 인해 리더에게는 새로운 역할과 미션이 부여되었다. 앞으로는 과업을 제시할 때 AI를 어떻게 활용할지, 그리고 AI가 산출한 결과를 어떻게 사용하고 책임질지 명확히 해야 한다. 즉, AI 기술의 특징과 흐름을 알고 조직과 업무에 활용할 수 있어야 한다.

그런 점에서 AI는 인간 대체의 도구가 아니라 강화의 도구다. 전자계산기, 개인용 컴퓨터, 엑셀, 워드프로세서와 같은 사무자동화 도구가 등장했어도 사무직 일자리가 사라지지 않았다. 대부분의 회사가 오피스 프로그램을 다룰 줄 모르는 사람을 뽑지 않을 따름이다. AI도 유사하다. 기술 발달 역사를 보면, 신기술이 등장했다고 일자리가 줄어들지 않았다. 그저 과거와 다른 새로운 직무와 과업이 생겨났다. 이는 특정한 직군이나 분야에 한정되지 않는다. 조직의 리더부터 말단 직원까지 모든 직무 담당자가 AI로 인해 달라지는 과업과 목표에 필수적으로 적용해야 한다.

개인이 AI를 이용해 이전보다 훨씬 많은 업무를 단기간에 처리할 수 있는, 효율성의 시대가 왔다. 리더의 역할도 AI 시대를 맞아 달라졌지만, 알고 보면 과거부터 리더에게 주어진 핵심 기능은 그대로였다. 리더는 구성원이 과도한 불안에 사로잡히지 않고 새로운 환경에 적응할 수 있도록 비전과 목표를 제시하고 적절한 과업과 동기를 부여하면서 최종적으로 결과에 대해 책임지는 사람이다. 리더는 AI를 전공한 엔지니어가 아니더라도, AI가 조직과 사업 모델, 구성원들에 끼칠 영향을 깊이 고민해야 한다. 그리고 AI가 사업과 조직에 끼칠 영향을 파악하기 위해서 적극적으로 학습과 성찰에 나서야 한다.

'무어의 법칙'이 알려주는 판타 레이와 언러닝

리더가 AI 시대에 걸맞은 역할을 수행하려면 구체적으로 어떤 노력이 필요할까? 디지털 세상은 '약 24개월마다 정보 처리 속도가 두 배로 증가한다'는 '무어의 법칙'이 지배하는 공간이다. 컴퓨터 메인칩의 성능이 갑절로 늘어나는 속도와 마찬가지로, 기존에 각자가 보유한 지식은 2년이 지나면 절반의 가치로 하락한다고 생각해야 한다. 빠르게 변화하는 세상에서 새롭게 배우지 않으면 아무리 최고경영자라 해도 이내 무지해지고 무능해진다. 그렇다고 숨 가쁘게 발달하는 첨단 지식과 기술을 매번 따라잡는 것은 불가능하다. 그러니 각자에게 중요한 포인트를 세우고 그에 맞춰 분석하고 학습해야 한다. 그를 위해 명심할 두 가지가 있다.

첫째, 모든 것이 점점 더 빠르게 변화한다는 것을 알고 '판타 레이(panta rhei, 만물 유전)' 현상을 받아들이는 것이다. 둘째, 변화하는 세상에서 기존의 지식을 끊임없이 업데이트해야 하는데, 그러려면 지금까지 알고 있던 효용을 다한 지식을 버리는 '비움 학습(unlearning)'이 먼저 필요하다.

먼저 '모든 게 변했고, 나는 모른다'는 사실을 깨닫는 것이 판타 레이다. 그리고 구체적으로 새로운 배움을 위한 공간을 마련하는 비움 학습이 필요하다. 미국 작가 마크 트웨인(Mark Twain)은 "우리가 곤경에 빠지는 것은 뭔가를 모르기 때문이 아니다. 뭔가를 확실히 안다는 착각 때문이다"라고 말했다. 오늘날 정보화 세상을 누구보다 정확하게 예측한 미래학자 앨빈 토플러(Alvin Toffler)는 일찍이 1970년 펴낸 저서 《미래 쇼크》에서 "21세기의 문맹은 읽고 쓸 줄 모르는 사람이 아니라 학습하고(learn), 버리고(unlearn) 재학습(relearn)하는 능력이 없는 사람이다"라고 했다.

AI 시대를 맞아 리더가 무엇을 배워야 하는지는 각자의 영역과 위치에 따라 천차만별이다. 공통된 것은 이전과 달라졌으니 새롭게 배워야 한다는 점이다. 그러려면 지금까지 효율적이던 지식과 기술에 지나치게 의존하지 않고 새로운 배움을 위한 태도와 자리를 마련하는 것이 필수다. 이는 때로 자기부정에 가까운, 고통스럽고 어려운 과정일 수 있다. 그러므로 적절히 통제되고 안전성이 보장되는 상태에서 작은 규모로 시도해보기를 바란다.

베이조스의 분신,
앤디 재시가 그리는 아마존의 미래

더밀크리서치센터

"주주 서한 전체를 LLM과 생성형 AI에 관해 쓸 수도 있습니다.
그만큼 변혁적이라고 생각하기 때문입니다.
하지만 미래에 쓸 주주 서한을 위해 남겨두려 합니다."

"LLM과 생성형 AI는 고객과 주주, 아마존에 큰 사건이 될 겁니다."

2023년 4월 13일
아마존 CEO 앤디 재시

세계 최대 전자상거래 기업이자, 아마존웹서비스(Amazon Web

Services, 이하 'AWS')를 개척해 세계 클라우드 시장 33퍼센트를 점유하며 1위에 오른 아마존. 이 기업에 다음이 있다면 무엇일까?

AI 분야에서는 비교적 조용했던 아마존의 추격이 2023년 4월을 기점으로 눈에 띄기 시작했다. AWS가 생성형 AI '베드록(Bedrock)'을 통해 추구하는 건 클라우드 컴퓨팅 플랫폼에 AI 전문 기업 서비스를 얹어 기업 고객이 관련 앱을 만들도록 하는 것이다. 이는 AWS에서 뼈가 굵은 CEO 앤디 재시(Andy Jassy)에게 절호의 기회가 될 사업이다. AWS는 클라우드 시장에서 2위인 MS를 점유율 11퍼센트의 차이로 따돌린 압도적 1위이기 때문이다.

그렇다면 궁금증이 생긴다. 생성 AI 시대에 거대 기업 아마존을 이끄는 재시가 생각하는 다음은 무엇일까?

'제프 베이조스의 비서'라는 기회

재시는 1968년 뉴욕에서 나고 자랐다. 하버드대학교에서 행정학을 전공했고, 졸업 직후에는 프로젝트 매니저로 일했다. 후에 하버드 비즈니스스쿨에서 MBA 학위를 받았으며, 졸업 전 아마존 입사가 결정되었다. 1997년 5월 훗날 리더가 될 재시가 아마존에 처음 입성했다.

입사 5년 만인 2002년, 재시는 베이조스를 따라다니며 일을 배우게 된다. 베이조스는 평소 아마존 직원 중 재능 있는 이들에게 자신과 함께 일할 기회를 제공했는데, 그 기회가 제시에게 돌아갔던 것이다. 재시는 베이조스가 참석하는 모든 회의에 함께했고, 그의 일정을 조율했으며, 어떤 사안에 대해 의도적으로 반대 의견을 내는 '데블스 애드버킷(devil's advocate)' 역할까지 맡았다. 쉽게 말해 베이조스의 토론 연습 상대가 되었다. 재시는 베이조스에게 많은 것을 배웠다. 베이조스의 사고방식뿐 아니라 성격까지 닮아간다는 이야기가 내부에서 나올 정도였다. 하지만 그가 결정적으로 베이조스의 마음을 사고, 또 결과적으로 아마존을 이끌게 된 것은 AWS의 성공 덕분이었다.

우연히 발견한 노다지, 클라우드 컴퓨팅

2003년 아마존은 매출 40억 달러를 넘어서며 처음으로 이윤을 냈다. 책 판매로 시작한 사업이 비로소 전자상거래 기업으로 자리 잡은 것이다. 그해 가을, 창업자 베이조스의 집에서 진행된 회의에서 새로운 사업 아이디어가 나왔다. 아마존의 서버, 스토리지, CPU와 같은 IT 인프라를 다른 기업이 사용하게 하고, 시간당 사용료를 받자는 내용이었다. 아마존은 남는 IT 인프라를 활용하고, 기업은 IT 인프라에 대한 투자를 줄일 수 있는 윈윈 전략이었다.

비전을 본 아마존은 곧장 행동에 나섰다. 사내 벤처팀이 꾸려졌고, 3년 동안의 준비를 거쳐 2006년 '심플 스토리지 서비스'가 처음 출시되었다. 제대로 된 홍보도 없었지만 수많은 개발자가 몰려들었고, 트위터와 블로그에 사용 후기가 올라왔다. 이후 삼성, 애플, 넷플릭스, 에어비앤비, 핀터레스트, 줌 등 세계적 기업은 물론 미식축구리그 NFL과 NASA 등이 AWS를 사용하기 시작했다. AWS는 이렇게 시작되었다. 흥미로운 건 그 누구도 아마존의 이 엄청난 비즈니스를 따라 하지 않았다는 것이다. 베이조스는 이에 대해 이런 말을 남겼다.

"비즈니스의 세계에선 운이 좋으면 2년 정도 우위를 선점할 수 있다. 아마존을 창업하고, 오프라인 서점 반스앤드노블(Barnes & Noble)이 2년 뒤에 온라인으로 책을 팔며 뒤따라왔고, 전자책 디바이스 킨들(Kindle)을 내놓자, 이번엔 반스앤드노블이 누크(Nook)를 내놓았다. 우리가 에코(Echo, AI 스피커)를 내놓은 지 2년이 지나자 구글이 구글홈(Google Home)을 론칭했다. 그런데 AWS는 7년 동안 경쟁자가 없었다. 이는 엄청난 행운이었다."

이렇게 아마존은 세상에 존재하지 않았던 클라우드 컴퓨팅이라는 사업 영역을 만들어냈고, 이 분야에서 최고가 되었다. 이 대단한 사업을 진두지휘한 사람이 바로 재시다.

온라인으로 온갖 제품을 파는 전자상거래 기업 아마존에 AWS는 비주력 사업이었다. 우연히 발견한 사업이었지만 AWS는 아마존에서 엄청난 효자 노릇을 하고 있다. AWS는 전자상거래에 비해 매출 규모는 작지만 훨씬 높은 이윤을 가져다주었다. AWS가 없었다면 아마존은 유통 사업은 물론, 온라인 비디오 스트리밍, 알렉사(Alexa)와 같은 AI 비서 등 다양한 분야에 마음 놓고 투자하기 어려웠을 것이다. 어떻게 보면 아마존의 심장은 전자상거래 사업이 아니라 AWS였다.

경험을 압축하는 알고리즘은 없다

AWS는 '경험을 압축하는 알고리즘은 없다'고 자주 이야기 한다. 이 말은 뭔가를 해보기 전에는 알 수 없다는 의미다. 고객에 죽고, 고객에 사는 아마존의 고객 중심 경영 방식을 AWS도 그대로 따랐다. 재시의 AWS는 늘 고객의 목소리에 귀를 기울였고, 축적된 고객의 소리는 경험이 되었다. 제공하는 서비스의 90퍼센트는 고객이 직접 요구한 것이었다. AWS에는 고객이 서비스를 최적화해 사용할 수 있도록 다양한 요소를 자동으로 체크해주는 프로그램이 있다. 고객이 돈을 내고 사용하는 서비스 중 사용 빈도가 높지 않은 것이 있다면 이를 알려 고객의 비용을 줄여주는 식이다. 이를 통해 고객이 절감한 비용이 연 5억 달러에 이른다. 바꾸어 말하면 AWS가 연 5억 달러의 매출을 포기했다는 소리다. 어떤 고객이 이를 고마워하지 않을 수 있을까?

이런 방식으로 재시는 스타트업부터 대기업에 이르는 수많은 기업을 AWS의 고객으로 만들었다. 여기에는 재시의 독특한 능력이 큰 영향을 미쳤다. 그는 행정학과 경영학을 전공한 문과생이지만, 기술적인 부분을 잘 이해하는 데다가 설명하는 능력도 있다. AWS는 매년 클라우드 콘퍼런스 「리인벤트(re:invent)」를 개최하는데, 재시는 때때로 세 시간 동안 무대 위에서 프리젠테이션한다. 그의 이 같은 능력은 비IT 기업 간부를 대상으로 한 영업에 큰 도움이 되었다.

AI 전쟁에서의 무기, 베드록

아마존은 지난해부터 본격적으로 생성 AI 경쟁에 뛰어들었으며, 클라우드 컴퓨팅 서비스 1위 기업답게 자체 인프라를 최대한 활용해 아마존 중심의 생성 AI 애플리케이션 생태계를 조성하는 전략을 펴고 있다. 기업은 베드록에서 제공하는 다양한 LLM를 활용해 맞춤형 생성 AI 앱을 만들 수 있다. 예를 들어, AWS가 개발한 LLM인 '타이탄 임베딩스(Titan Embeddings)'와 '타이탄 텍스트(Titan Text)'를 활용해 생성 AI 앱을 만들 수 있다. 이들 LLM은 챗GPT처럼 텍스트 생성 및 검색을 통한 이용자 맞춤형 설정을 지원한다. 그리고 베드록은 이미지 생성으로 유명한 스태빌리티AI, 생성 AI 스타트업 AI21이 개발한 LLM도 지원한다.

사실 아마존은 이미 머신러닝 모델 구축 플랫폼 '아마존 세이지 메이커(Amazon SageMaker)'를 통해 생성 AI 분야에 발을 들여놓았었다. 또한 생성 AI 기업 허깅페이스와 파트너십을 체결하여 세이지메이커에서 기업이 오픈소스 AI 도구를 사용할 수 있게 했다.

제시는 "오랫동안 생성 AI 모델을 연구해왔다"라고 밝힌 바 있다. MS, 구글 등 다른 클라우드 컴퓨팅 사업자는 생성 AI 기능을 클라우드에 탑재하는 전략을 취하고 있다. 아마존은 AWS가 확보한 시장 점유율을 유지하기 위해서라도 생성 AI와 클라우드 서비스를 결합하는 방향으로 나갈 가능성이 크다. 아마존은 전 세계 클라우드 시장의 약 33퍼센트를 점유하고 있는데, 이 점유율은 MS 애저(22퍼센트), 구글 클라우드(9퍼센트)를 합친 것보다 높다. 그러니 아마존 AWS를 사용하는 기업은 베드록을 활용해 생성 AI 앱을 개발하는 것이 유리하다. 시간과 비용 측면에서 경제적이기 때문이다. 향후 아마존 진영, 오픈AI와 제휴한 MS, 구글 이렇게 세 사업자의 인프라 제공 경쟁이 더 치열해질 것으로 보인다.

리서치 업체 그랜드뷰리서치(GrandView Research)는 2030년에는 AI 시장이 1,100억 달러 규모에 이를 것이라 전망했다. 이제 아마존이 이 거대한 시장에 참전을 선언함으로써 B2B AI 클라우드 컴퓨팅 대전이 시작되었다.

재시는 주주 서한을 통해 "AWS는 항상 그래왔듯이 생성 AI를 크고 작은 기업에 제공함으로써 이 기술을 민주화하고 있다"라고 말했다. 실제로 아마존은 최근 열린 「CES 2024」에서 BMW와의 파트너십을 통해 소프트웨어 정의 차량(Software Defined Vehicle, SDV) 시장 참전을 선포했다. 아마존은 AI 음성 인식 비서 서비스인 알렉사를 내세워 기존 하드웨어 차량의 지능화와 사용자 대화형 인터페이스를 만드는 데 앞장설 것이라고 밝혔다. 자동차 시장에서 상대적으로 인지도가 낮았던 아마존이 모빌리티 분야에도 공격적으로 진출하겠다는 의지를 드러낸 것이다.

AWS의 AI 책임자 바시 필로민(Vasi Philomin)은 "AWS는 생성 AI를 위한 가장 효율적인 클라우드 인프라를 제공한다"라고 말했다. 물론 MS와 구글도 마찬가지다. 하지만 클라우드 컴퓨팅 1위의 시장 점유율, CEO 재시의 재능과 경험, 그리고 아마존의 고객 제일주의가 합쳐진다면, AI 분야 후발 주자인 아마존이 어떤 놀라운 결과를 낼지 누구도 예측할 수 없을 것이다.

불확실성을 극복하는
급진적 거북이 전략

윤정구 이화여자대학교

농부가 좋은 열매를 얻기 위해서는 토양을 이해하고 건강한 씨앗을 심어야 한다. 리더십 역시 마찬가지다. 리더십이라는 토양을 이해하고, 리더십의 씨앗을 종묘해내고, 이것을 발아시켜 나무로 키우는 과정이 바로 효과적 리더십이다. 리더십 이론의 시작에는 '행동 이론'과 '특성 이론'이 있었다. 행동이든, 특성이든, '씨앗'에 중점을 둔다는 점은 같았다. 반대로 씨앗보다 토양의 중요성을 제기한 것이 '상황 이론'이다. 그런데 이 이론들의 문제는 토양과 씨앗, 둘 중 하나에만 집중했다는 것이다. 현대의 리더십 이론은 씨앗과 토양, 두 가지의 상호 작용을 통해 결과를 산출하는 '변화'에 초점을 맞추게 되었다.

현대적 리더십은 방식이 어떻든 약속한 변화를 산출하지 못하면 실패한 리더십으로 규정한다. 예를 들어 어떤 사람이 다양한 상황에 대응하는 리더십 스타일을 모두 습득하여 모든 상황에 적용할 수 있다고 해도, 결국 약속한 성과나 변화를 만들지 못했다면 그것은 결국 실패한 리더십이 된다.

현대적 리더십은 리더십의 중요성을 인정하면서도 동시에 그저 약속한 변화를 만드는 수단에 불과하다는 점을 강조한다. 뛰어난 리더라면 결국 성과를 만들어야 한다. 그리고 자신과 동급의 성과를 내는 리더를 육성해야 하며, 또 육성한 리더들이 공동의 가치를 추구하는 기업 문화를 만들어야 한다. 성과, 리더 육성, 문화 정착의 세 요소는 모두 변화라는 하나의 목표로 향한다. 리더십을 통한 변화의 최종 목적은 구성원 모두가 리더로 변신해 굳이 '리더십'이라는 단어가 필요 없어지는 단계다. 그리고 이 단계를 '리더십의 민주화'라고 부른다. 결론적으로 리더십의 효과는 변화를 통해서만 측정할 수 있다.

그렇다면 그 변화란 무엇이며 어떻게 측정할 수 있을까?

진성리더십으로 만드는 변화의 과정

진성리더십(authentic leadership)이란, 공유된 목적에 대한 진실성을 기반으로 구성원을 임파워먼트시키고, 사명이라는 울타리 안에서 협업하여 약속한 변화를 실현하는 리더십이다. 그리고 진정성(authenticity)은 리더 자신이 생각하는 내면의 이야기와 구성원에게 하는 이야기가 같은 상태를 뜻한다. 다만 진성리더십에서 말하는 진정성은 리더가 믿고 따르는 가정이 타당한지 구성원에게 질문했을 때 누구도 부정할 수 없는 일종의 진실성을 뜻한다. 진성리더가 목적에 대한 약속을 실현하고 변화를 완성하는 과정은 통시적 시각에서 5단계로 설명할 수 있다.

1단계 목적에 대한 진정성을 선언하는 단계다. 진정성이란 공유된 목적을 실현하겠다는 스스로의 다짐과 구성원에 대한 다짐이 같은 상태, 즉 같은 목표를 바라보는 단계를 의미한다. 초심이란 이때 선언했던 목적에 대한 진실성이라고 할 수 있다.

【 진성리더십의 과정 】

2장 리더십 **215**

2단계 목적에 대한 진정성이 검증받는 단계다. 어려운 상황이 닥쳤을 때 이를 해결하기 위한 노력이 처절하고 측은하면 구성원은 리더의 목적에 대한 진실성을 확인하고 받아들인다.

3단계 목적에 대한 진정성을 확인한 구성원이 전문성을 모아 협업해 최초의 성과를 만들어내는 단계다. 목적을 부분적으로 이룬 상태라고 할 수 있다.

4단계 새로운 진실을 표준으로 하여 모든 구성원이 배우고 전파하는 단계다. 조직 전체가 이런 뉴노멀 상태를 받아들이면 진실은 보편적 진리이자 곧 문화가 된다.

5단계 함께 진화하는 공진화 단계다. 구성원은 미래의 변화를 위한 공의의 운동장(playground of shared purpose)을 만들어내고, 서로가 서로에게 영향을 주며 발전하게 된다.

진성리더십을 완성하는 네 가지 요소

진성리더가 근원적 변화를 만들어내기 위해서는 '자기 인식, 자기 규제, 관계적 투명성, 균형된 정보 처리'라는 네 가지 요소가 필요하다.

하나, 자기 인식이란 조직이 공유하는 존재 목적이라는 거울에 비추었을 때 조직 정체성을 분명하게 인지하고, 현재 상태를 성찰하고 반성하는 것을 뜻한다. 진성리더십에서는 이 정체성의 거울

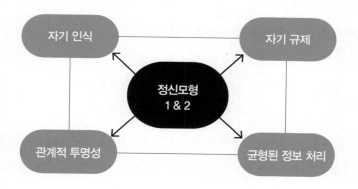

을 '정신모형(mental model)'이라고 부른다. 정신모형1은 과거부터 현재까지 도달한 정체성 지도고, 정신모형2는 현재에서 약속한 미래까지 도달하는 정체성 지도다.

둘, 자기 규제는 존재 목적 실현을 위해 계획한 과제를 실천하며 목표와 현재의 차이를 줄이는 과정이다. 이를 통해 리더와 구성원은 목적에 도달할 수 있다는 확신을 갖고, 진성리더는 어려움을 극복할 힘을 얻는다.

셋, 관계적 투명성이란 구성원 간의 신뢰로 관계 유지에 별도의 거래 비용이 없는 상태다. 서로를 여정의 파트너, 운명의 동반자로 여기며 상처와 아픔을 공유하며 신뢰를 구축하게 된다.

넷, 균형된 정보 처리는 정신모형1과 정신모형2를 업데이트하는 문제다. 진성리더에게 정신모형1은 내비게이션의 역할을, 정신모형2는 나침반의 역할을 한다. 진성리더가 업데이트된 내비게이션과 나침반을 기반으로 균형된 의사 결정을 내릴 때 확증 편향에 빠지지 않고 올바른 길을 선택할 수 있다.

급진적 거북이 전략

초뷰카(Hyper VUCA)[1] 시대, L자 불경기가 이어지는 가운데 진성리더는 모든 이해 당사자와의 협업과 지속 가능한 유기적 성장이라는 과제를 부여받는다. 여기서 유기적 성장이란, 기업 경영자와 구성원이 가진 에너지와 생산을 통해 끊임없이 발전하는 것을 뜻한다. 유기적 성장의 성과는 결국 질적 성장으로, 특정 시점이 아니라 전체 기간에 걸쳐 꾸준한 우상향의 지표를 보여야 한다. 유기적 성장의 특징은 기하급수적 성장 분포로, 쉽게 말하면 복리 성장의 방식이다.

진성리더는 유기적 성장을 위해 급진적 거북이(tempered radical) 전략을 사용한다. 급진적 거북이 전략을 펴는 이들은 목적으로 향하는 약속에 대해서는 어떤 일이 있더라도 지키는 급진주의자 성향을 보인다. 다만 목적을 실현하는 과정에서는 '거북이처럼 할 수 있는 것', '지금 당장 해야 하는 것', '지금 할 수 있는 것' 등 범위를

---

1 기존의 뷰카(VUCA) 개념을 확장한 말로, 변동성, 불확실성, 복잡성, 모호성이 심화하는 것을 뜻한다.

정해놓고 온건주의 전략을 취한다.

그렇다면 급진적 거북이의 반대 전략은 무엇일까? 바로 십자군 전략(crusades strategy)이다. 십자군 전략은 자신이 옳다고 믿는 바를 상대에게 강요하는 것이다. 이 전략을 펴는 이들은 변화에 시간과 때가 있다고 생각하기에 정해진 시간 내 급진성을 발휘해 일사불란하게 움직이려고 한다. 이들의 변화는 목적에 대한 믿음도, 방식도 모두 급진적이다. 그러나 L자 불경기의 초뷰카 시대에 십자군 전략은 바위에 계란 치기다. 변화는커녕 계란이 산산조각 나는 수모를 겪게 된다.

진성리더의 급진적 거북이 전략은 세부적으로 다섯 가지로 나누어진다.

1. 조용한 반역

조용한 반역은 남이 관심 없는 작은 목적을 끼워 넣어 조금씩 강도를 높이는 방식이다. 예를 들어, 남성 중심의 엔지니어 부서에 여성 엔지니어가 발령받았다고 하자. 여성 엔지니어는 여성으로서 성 정체성을 표현하고 싶지만, 남성 지배적 분위기에서는 불가능하다. 여성 엔지니어는 작은 것에서부터 변화를 시작한다. 처음에는 레이스가 달린 양말을 신고 왔다. 남성들도 워낙 작은 변화라 이의를 제기하지 않았다. 그러자 다음에는 재킷에 브로치를 달고 왔다. 이런 식으로 단계를 높이자 1년이 지난 후 그녀는 자신의 여성성을 충분히 표현하는 옷을 입을 수 있게 되었다. 이처럼 단계적으로 진행되는 조용한 반역은 결과적으로 큰 변화를 만들어낸다.

2. 지렛대 전략

조직은 일반적으로 기여도가 높은 구성원에게 규범에 대한 자유를 허용한다. 평균보다 조직에 많이 이바지한 긍정적 기여분에 대해 허락된 일탈을 '특이 신용점수'라고 부른다. 조직은 저성과자가 어떤 제안을 하면 불만으로 보거나 무시한다. 하지만 고성과자가 문제를 제기하면 진지하게 경청하고, 합리적이라고 생각한다. 불공평하다고 말할 수 있지만, 주위에서 쉽게 볼 수 있는 현상이다. 결국 특이 신용점수가 높은 이가 변화를 주도해야 한다는 뜻이다. 만약 앞서 설명한 조용한 반역 전략으로 변화에 성공한 여성 엔지니어에게 특이 신용점수가 전혀 없었다면 그 결과는 바뀌었을 가능성이 크다.

3. 연장전 전략

1973년 뉴욕 메츠는 내셔널리그 동부 지역에서 꼴찌를 하고 있었다. 뉴욕 메츠는 선두 시카고 컵스와 9.5 게임 차가 나고 있었기에 우승과 거리가 멀어 보였다. 이때 한 기자가 당시 뉴욕 메츠의 요기 베라(Yogi Berra) 감독에게 "이번 시즌은 끝난 건가요?"라고 물었다. 이때 베라 감독은 "끝날 때까지 끝난 게 아닙니다"라는 야구 역사상 최고의 명언을 뱉었다. 그의 말대로 메츠는 기적적으로 후반부에 분발해 동부 지역 1위를 차지했고, 월드시리즈까지 진출하는 기염을 토했다. 참여자가 합의하지 않는 반복적 게임에서는 결국 긴 시간 개념으로 접근하는 사람을 이길 수 없다. 뛰어난 축구 감독은 전반에 졌더라도 전략을 수정해 후반에는 역전에 성공한다. 다급하게 초반 승기를 잡으려는 사람은 결국 연장전까지 생각하고 계획하는 사람을 이길 수 없다.

4. 제휴 전략

전략적 제휴는 당장의 변화를 반대하는 사람에게 지속적이고 반복적으로 연대를 제안하여 같은 팀으로 만드는 것을 의미한다. 예를 들어, HR 부서에서 주도하는 변화에는 회계 부서나 재무 부서의 반대가 있을 가능성이 크다. 회계나 재무 부서는 숫자로 나타나는 단기 성과를 중시하기에 결과가 수치로 보이지 않는, 심지어 비용과 시간을 소모하는 변화를 싫어한다. 해당 부서의 반대 의견을 들으면 담당자는 위축되어 변화를 찬성하는, 즉 자신과 같은 의견을 가진 이들만 한 팀으로 받아들이게 된다. 이런 분위기는 결국 변화를 찬성하는 집단과 그렇지 않은 집단 간에 분열을 일으키고, 변화는 지지부진해진다. 만약 상대가 당장의 변화에 부정적이라도 결과적으로 해당 문화를 조직에 적용해줄 사람이라면 전략적으로 꾸준히 함께할 수 있도록 노력해야 한다.

5. 파레토 전략

20세기 초 이탈리아 경제학자 빌프레도 파레토(Vilfredo Pareto)는 20퍼센트의 사람이 80퍼센트의 부를 차지한다는 양극화 곡선을 만들었다. 언뜻 보면 잘못을 지적하는 곡선으로 이해할 수 있지만, 다르게 해석하면 변화의 역사는 목표와 목적이라는 의도를 가진 20퍼센트의 사람이 80퍼센트의 결과를 만들어냈다는 뜻이기도 하다. 다른 곡선도 있다. 미국 사회학자 에버렛 로저스(Everett Rogers)의 혁신 곡선은 초기 2.5퍼센트의 혁신자가 13.5퍼센트의 초기 사용자를 끌어들이고, 34퍼센트의 혁신자까지 끌어들여 이전으로 돌아가는 것이 불가능한 임계치에 도달한다고 보았다. 이 임계점을 넘어서면 자기 조직적 발현(emergence)이 일어난다. 상호 작용의 반복이 집단 전체의 변화를 이끈다는 뜻이다. 조직 구성원이 100명이라면, 100명 모두를 진성리더로 만들 필요는 없다. 핵심 인재 15명을 진성리더로 만들어 임계점을 넘기는 것이 중요하다. 1963년 워싱턴에서 마틴 루터 킹(Martin Luther King)의 연설은 임계점을 넘겨 군중을 일으켜 세웠고, 시간이 흘러 버락 오바마(Barack Obama) 대통령을 탄생시켰다. 촛불혁명도 같은 프로세스로 진행되었다. 진성리더의 성공은 핵심 인재 15퍼센트를 만들어낼 근력을 가졌는지의 여부에 달렸다.

이처럼 급진적 거북이 전략의 공통점은 틈나는 대로, 상황이 허락하는 대로 목적의 씨앗을 반복적으로 끼워 넣는 작업이다. 급진

적 거북이 전략을 사용하는 진성리더는 삶을 반복적 게임으로 생
각한다. 삶의 각 사안을 독립적 게임으로 생각하는 경제학자와 달
리, 진성리더는 앞 게임의 결과가 뒤 게임에 반영되는 반복적 게임
으로 가정한다. 반복되는 게임마다 일관되게 목적의 씨앗을 끼워
넣어가며 나무로 키워낼 수 있는지가 성공의 관건이라고 여긴다.

한국인의 약점을 극복하는 진성리더십

외국인이 한국 사람을 떠올릴 때 가장 먼저 떠올리는 말은 '빨
리빨리'다. '빨리빨리'는 불확실성을 극도로 싫어하는 특유의 정서
가 만든 한국인 고유의 행동 성향이다. 줄을 서서 버스를 기다리다
가도 막상 버스가 보이면 마구 달려가는 것 역시 타지 못할 것에 대
한 불확실성이나 자리 확보에 대한 불확실성을 피하기 위한 일종
의 전략이다.

진성리더가 불확실성을 극복하는 방식은 이와 반대다. 진성리
더는 호시우보(虎視牛步), 우보천리(牛步千里)라는 급진적 거북이 방
식을 사용한다. 목적지에는 호랑이처럼 집중하지만 목적지에 도달
하는 방식은 소처럼 여유롭다. 장거리 경주에서 거북이가 토끼를
이긴 이유는 목적지에 대한 급진성을 가지고 있어서였다. 거북이
가 쉬지 않고 틈날 때마다 달리는 이유 역시 목적지에 대한 생생한
믿음 때문이었다. 이런 믿음은 미래에 대한 불확실성을 말끔히 제

거한다.

살다 보면 시간에 쫓겨 빨리 처리해야 하는 일이 많다. 하지만 시간에 쫓기면 쫓길수록 걸음을 멈추고 자신을 돌아보는 우보천리의 전략이 필요하다. 옳다는 믿음 하나로 전력으로 달려온 수천리 길의 마지막 지점에서 잘못된 길이었다는 걸 안다면 얼마나 비극적인가. 이런 비극의 원인은 목적을 잃고 빨리 남을 이기는 것만 집중한 데 있다. 잘못된 길이라는 것도 모른 채 그저 열심히만 산 것이다. 정확한 목적지를 알면 불확실성은 사라진다. 이제 우리도 변화해야 한다. 그저 빨리, 열심히 달리는 게 아니라, 눈을 크게 뜨고 정확한 목적을 향해 달리는 진성리더가 되기 바란다.

[참고 자료]
· Richard Koch, 《The 80/20 Principle: The Secret to Achieving More with Less》, Crown Currency.
· Everett M. Rogers, 《Diffusion of Innovations》, New York: Free Press.

정해진 미래,
리더에게 AI 세계관이 필요하다

최재붕 성균관대학교

「CES 2024」의 슬로건은 'All Togeter, All In, All On'이었다. 이는 '모두 한데 묶어 인류를 위한 솔루션을 만들자'라는 뜻인데, 간단히 줄이면 'ALL AI'다. 이번 행사는 말 그대로 'AI 시대의 개막'을 보여주었다. 전 세계 최첨단 전자 제품을 선보이는 전통이 무색할 정도로, 전자 제품은 물론 자동차, 중공업, 화장품, 의료 등 여러 분야 기업이 총출동해 AI로 어떤 혁신을 만들지 자랑했다. 이처럼 챗GPT가 등장한 이래로 AI가 몰고 올 혁신에 대한 기대가 커지며 자본과 인재의 쏠림 현상이 빠르게 일어나고 있다. 기업의 생존 가능성을 높이는 데는 자본 투자와 인재 영입이 핵심인데 그것을 AI가 좌우하는 것이다.

이제 어떤 조직이든 AI의 파도를 피할 수 없다. 그렇다면 리더의 역할도 달라져야 한다. AI가 가져올 충격을 제대로 이해한 다음, AI 기반의 업무 혁신과 조직 개편을 단행하고, AI 학습 문화를 확산시켜야 한다. 그리고 무엇보다 AI가 조직 전반에 미칠 영향에 대한 비전과 세계관을 확립해야 한다.

자본과 인재의 쏠림 현상 가속화

2024년 2월 26일을 기준으로, 세계 시가총액 1위 기업인 MS의 주가는 4,061조 원, 2위 기업인 애플의 주가는 3,754조 원이다. 무려 10년 만에 MS가 재계의 난공불락이던 애플을 상당한 격차로 누르고 1위에 등극했다. 그 힘은 바로 챗GPT라 해도 과언이 아니다. MS의 CEO 사티아 나델라(Satya Nadella)는 지난해 내내 "MS의 솔루션에 챗GPT를 탑재했고 신규 서비스 코파일럿이 나왔다"라며 광고하고 다녔다. 그리고 검색 서비스 빙(Bing)을 비롯한 MS의 서비스 사용자가 폭발적으로 증가해 주가가 올라갔다. 7년 전부터 오픈AI의 CEO 샘 알트만에게 살뜰히 공들여왔던 나델라의 리더십이 결실을 본 것이다. 이뿐만이 아니다. 엔비디아는 작년 초만 해도 시가총액 10위권에도 못 들었지만, 시가총액 2,623조 원을 기록하며 3위인 아람코(Aramco)의 뒤를 이어 4위에 올랐다. 알파벳도, 아마존도 가볍게 제쳐버렸다.

엔비디아의 성장 비결은 바로 AI 서버 구축에 필수인 반도체 GPU에 있다. 지금까지 반도체 산업에서 이토록 폭발력이 큰 기업은 없었다. 우리나라 1위 기업인 삼성전자의 시가총액이 487조 원인데, 엔비디아의 GPU를 제조하는 TSMC의 시가총액이 894조 원인 것을 보면 GPU의 위용을 실감할 수 있다.

시가총액은 기업 미래의 기대치라고 할 수 있다. 거대 기업뿐만 아니다. 스타트업이든 전통 있는 제조사든 너도나도 AI를 활용하겠다고 난리다. 그런데 당연히 자본이 많은 기업이 유리하다. 최근 알트만이 7조 달러 규모의 펀드를 조성하겠다고 하자, 말도 안 되는 금액임에도 불구하고 아랍 대부호들이 참여 의사를 보였다. 자본은 제로섬이다. 이처럼 자본이 쏠리면서, 이제 기업 생존을 결정하는 키워드는 AI가 되었다고 해도 지나치지 않다.

2016년 알파고가 이세돌을 이겼을 때 사회적 충격은 엄청났다. 곧 AI 시대가 온다고 매체가 떠들었지만, 아직 자본의 쏠림이 별로 없었고 산업계에 미친 영향력도 미미했다. 그러나 지금의 변화는 과거와 격이 다르다. 변화의 요인을 살피고, 총력을 다해 AI의 도입을 추진해야 하는 기업의 리더십이 어느 때보다 중요해졌다.

챗GPT는 인간의 삶을 어떻게 바꾸고 있나

2022년 11월 30일 혜성처럼 등장한 챗GPT는 출시 2개월 만에 사용자 1억 명을 돌파하며 게임 체인저가 되었다. 세계가 챗GPT에 열광한 이유는 뭘까? 첫 출발은 학생들이었다.

챗GPT는 숙제할 때 도움 된다고 소문나면서 이용자가 급증했다는 것이 정설이다. 전 세계 학생 수는 어림잡아 20억 명이다. 챗GPT가 출시된 2022년 11월은 코로나19로 재택 수업이 이루어진 지 거의 3년이 되어가던 때라 학생들의 디지털 의존도가 무척 높았다. 그래서 챗GPT 이용이 엄청나게 빠르게 확산할 수 있있다.

오픈AI는 GPT3를 기반으로 챗GPT를 출시한 지 4개월여 만인 2023년 3월 15일 GPT4로 AI 엔진을 업그레이드했다. 얼마 전에는 동영상 제작 서비스 소라(Sora)를 내놓았는데, 너무나 뛰어난 현실감으로 "영화 특수효과 업계의 사신(死神)이 될 것"이라는 평가가 나온다. 오픈AI만 뛰고 있는 것이 아니다. 오픈AI에 투자한 MS는 거의 모든 소프트웨어에 챗GPT를 장착하고 코파일럿이라는 이름으로 발 빠르게 서비스를 시작했다. MS 소프트웨어 사용자 수를 감안할 때 엄청난 파급력이 예상된다. 줌처럼 원격 화상 회의에 사용하는 MS 팀즈는 26개 언어를 실시간 통역해주는 서비스를 제공하는데 활용 범위가 놀랍다. 그 가능성이 MS를 세계 시가총액 1위로 끌어올렸다.

원래 오픈AI는 비영리 법인으로 출발했다. 그래서 GPT3까지는 오픈소스로 코드를 공개했고, 많은 기업이 이를 기반으로 다양한 서비스를 만들었다. 대표적인 서비스가 아티스틱한 이미지를 생성하는 미드저니다. 디자인 소프트웨어 업계의 최강자인 어도비도 포토샵에 파이어플라이(Firefly)라는 AI 기능을 추가했다. 역시 이미지 생성에 놀라운 결과를 내고 있다. 스테이블디퓨전(Stable Diffusion) 또한 오픈소스 기반의 이미지 생성 서비스로 주목받는다. 특히 광고용 이미지 제작에 탁월하다.

광고 마케팅 업계에서는 재스퍼(Jasper)라는 서비스가 각광받고 있다. 지난 30년간의 마케팅 용어를 학습한 이 서비스에 제품 특징을 알려주고 "1줄짜리 광고 카피 만들어줘"라고 요청하면 1분 만에 200개의 카피를 제공한다. 세계 100대 기업 중 50개 이상의 기업이 사용하고 있다.

요즘은 동영상 광고도 AI로 제작하는 것이 유행이다. 1분짜리 쇼츠 제작법은 유튜브에 넘쳐난다. 챗GPT로 1분 쇼츠용 대본을 작성하고 이 대본을 브루(Vrew)라는 서비스에 입력하면 여덟 가지 옵션으로 음성을 녹음해 영상에 뿌려준다. 제작하는 데 걸리는 시간은 단 10분. 심지어 오픈AI 소라로 동영상을 만들고 음성에 BGM까지 AI가 스스로 판단해 삽입하는 서비스까지 등장했다. 이미 유튜브에 제작법이 아주 자세하게 올라와 있다.

영화 〈아바타〉를 만들 때 특수효과 때문에 1초당 2억 원의 제작비가 들었다고 한다. 이제 그 비용을 10분의 1, 아니 100분의 1로도 줄일 수 있다. 그러니 AI 서비스를 쓸 줄 아는 기업과 아닌 기업은 역량 차이가 두드러진다. 최근 구글은 제미나이(Gemini)를 기반으로 한 AI 광고 서비스를 도입했다. 이 서비스는 그동안 고객사를 관리한 인력 3만 명을 대체하고 있다. 세계 최고의 광고 플랫폼이 구글과 유튜브이므로, 이제 AI 기반 광고가 글로벌 표준이 되는 셈이다. 더구나 AI로 만든 광고는 광고주에게 좋은 반응을 얻으며 새로운 트렌드로 부상 중이다.

꼬리에 꼬리를 무는 변화

마케팅과 광고는 기업 경영의 중요한 축이다. 업무 한 축에 생긴 변화는 꼬리에 꼬리를 물며 조직 전체에 영향을 미친다. 소비자가 AI 위력에 반응하고, 이에 기업이 업무 수행 방식을 바꾸면 인력 구조에 변화가 뒤따른다. 구글은 3만 명의 광고 인력을 해고하고 남은 인건비를 생성형 AI 전문가를 채용하는 데 활용할 예정이다. 잔인하지만 이게 현실이다. 또한 빅테크의 미래에 생성형 AI가 얼마나 중요한 키워드인지를 보여준다. 구글만이 아니다. 거의 모든 빅테크가 인력 구조를 바꾸고 있다. 그 탓에 실리콘밸리 개발자가 비명을 지른다. 생성형 AI 분야 엔지니어 외에는 엄청난 해고의 태풍이 몰아치고 있다.

반대로 훈풍이 부는 인력 시장도 있다. 바로 반도체 산업 관련 개발자와 엔지니어의 인력 시장이다. 향후 10년간 엄청난 자본이 미국의 반도체 제조 생태계 구축에 투입된다. 지금도 삼성전자, TSMC 등 내로라하는 기업이 미국 정부의 압박에 못 이겨 미국에 제조 공장을 짓고 있다. 이런 상황이기에 이미 엔비디아를 필두로 인텔, AMD 등 대기업은 물론 AI 전용 칩을 개발하는 많은 반도체 스타트업까지 전문 인력을 빨아들이고 있다.

이 같은 인력 수요의 변화는 업계 전체에 영향을 미칠 수밖에 없다. 디지털 전환을 준비하던 기업에는 좋은 개발자를 확보할 기회다. 동시에 생성형 AI의 중요성을 인지하고 기업 내 활용을 위한 다양한 파일럿 프로젝트를 수행해야 한다. 조직의 리더는 반드시 이 급격한 변화를 정확히 인지하고 경영 전반에 반영하는 전략을 수립해야 한다.

생성형 AI를 이끄는 두 엔진, 데이터와 반도체

데이터는 생성형 AI 개발에 필수 자원이다. 그만큼 기업은 데이터의 중요성을 깨닫고 좋은 데이터를 충분히 확보해야 한다. 실제로 생성형 AI는 미국과 중국이 주도하며 우리도 제법 탄탄한 산업 생태계를 보유하고 있다. 디지털 플랫폼 기반의 사회가 형성되어야 AGI의 개발이 가능하다. 그런 면에서 영어를 사용하는 미국이 가장 유리하고, 그다음이 중국이다. 중국은 축적된 데이터도 많고 플랫폼의 지배력이 엄청나다. 한국도 네이버와 카카오를 중심으로 독자적 데이터 플랫폼을 보유한 데다가 소비자의 높은 디지털 서비스 활용도 덕분에 경쟁력을 갖추었다. 그래서 생성형 AI 개발의 3대장 국가로까지 분류된다.

실제로 알트만은 2023년 6월 한국을 방문해 생성형 AI 스타트업에 투자하고 싶다는 의사를 밝혔다. 오픈AI에 현재 가장 필요한 것은 전문 인력이다. 알트만은 생성형 AI 생태계가 훌륭하게 구축된 한국에서 더욱 저렴한 비용으로 우수한 개발 인력을 확보하려는 생각이다. 2024년 1월 알트만이 한국을 다시 방문했다. 이번에는 삼성전자와 SK하이닉스에 갔다. 반도체는 소프트웨어 개발과 더불어 생성형 AI의 발전을 견인하는 엔진이다. 엔비디아의 GPU를 능가하는 차세대 AI 반도체를 생산하려면 뛰어난 반도체 제조 능력이 필요하다. 그런데 7나노 이하의 반도체 설계 및 제조 능력을 갖춘 나라는 미국을 제외하면 우리나라와 대만뿐이다. 미래 반도체 생태계를 직접 만들려는 알트만 입장에서 우리나라는 더없이 좋은 파트너다.

생성형 AI 소프트웨어도, 반도체 제조 기술도 세계 3대장인 미국의 유일한 파트너가 대한민국이다. 알트만이 반도체 생태계 자체를 미국에 다시 세우겠다며 조성하는 9,300조 원짜리 펀드가 우리와 무관할 수 없는 이유다. 최근에는 마크 저커버그(Mark

Zuckerberg)까지 10년 만에 한국을 방문해 삼성전자와 면담했다. 그만큼 우리 반도체 산업은 세계 빅테크의 주목을 받고 있다. 문제는 이 어마어마한 자본이 만들 미래에 탑승하려면 어떤 준비가 필요한지를 알아내야 한다는 것이다.

리더의 AI 세계관이 중요한 이유

AI 시대는 정해진 미래다. 그리고 이미 우리 일상에 빠르게 도입되고 있다. 리더라면 반드시 이 변화를 앞장서 학습하고 조직 전반에 미칠 영향에 대한 명확한 비전과 세계관을 확립해야 한다.

AI를 발전시키는 두 개의 엔진은 데이터와 반도체다. 그래서 이 분야에는 엄청난 자본이 투입될 예정이다. 리더는 조직의 비즈니스 모델이 두 분야와 연관 있는지를 검토해볼 필요가 있다. 관련 있다면 적극적인 협력이 필요한데, 양쪽 세계관이 일치해야 대화와 협업이 가능하다. 리더가 AI 확산의 생태계를 정확히 학습하고, 기업의 미래로 연결하는 전략을 가져야 하는 이유가 여기에 있다.

만일 두 분야와 직접적인 연관이 없다 해도 AI의 도입은 필연적이다. 기업의 생산성과 직결되기 때문이다. 모든 업무 분야에서 새로운 AI 서비스의 활용 가능성을 적극 검토하고 가능한 많은 파일럿 프로젝트에 도전하도록 한다.

이때 AI에 관한 리더의 세계관이 매우 중요하다. 리더의 비전이 곧 조직 전체의 미래를 좌우하기 때문이다. 업무 간 상호 연계성을 잘 검토하고, 조직 개편이나 업무 프로세스 개선 등에 AI 도입을 계속 시도한다. 동시에 조직의 개별 변화가 전체적으로는 어떤 시너지를 낼 수 있는지를 전망해본다. 이와 함께 새로운 비즈니스 모델의 기획도 중요하다. GPT 스토어 서비스의 등장으로 AI의 활용성과 다양성은 크게 확장될 것이 분명하다. 레이더를 세우고 배울 수 있는 것은 신속하게, 또한 적극적으로 학습하고 수용하라. 미래를 바꾸는 특이점이 AI를 통해 이미 시작되었음을 명심하자.

가장 부진했던 그 팀이
폭발적으로 성장한 이유

김현정 aSSIST

언젠가 IT 회사에서 그룹 코칭을 진행했다. 팀장 레벨의 다섯 명이 두 시간씩 2주 간격으로 7회의 그룹 코칭을 받았다. 리더십에서 중요한 토픽, 즉 팀장이 반드시 챙겨야 할 사항을 알려주고 나서 그룹 코칭을 진행하는 방식이었다. 다들 적극적으로 참여한 덕분에 많은 변화를 볼 수 있었다. 그리고 코칭을 마칠 무렵, 어느 팀장이 자기 부서와 워크숍을 해달라고 따로 요청했다.

그렇게 또 다른 워크숍을 하게 되었다. 이때 내가 한 것이 '부서의 비전을 세우는 것'이었다. 앞서 그룹 코칭에 참여했던 팀장은 자신이 배운 내용을 과장급 리더들에게 전달했지만, 아직 비전은 마련되지 않은 상황이었다. 워크숍에서는 과장급 리더들이 파악한 조직의 현실, 미래의 희망에 관해 다루었다. 이런 워크숍에서는 초점이 조직의 문제점으로 옮겨가서는 절대 안 된다. 일단 비관적 시각이 시작되면 상상이 끝까지 도달하는 동력을 잃기 때문이다. 따라서 설계된 질문에 따라 참여자에게 조직에 관해 이야기하도록 했다. 그러던 중 한 사람이 말했다. "일을 좀 골라 받고 싶어요."

요즘 인기 있는 직업 중 하나가 IT 개발자다. 그런데 이들 이야기를 통해 들은 회사 내부의 현실은 달랐다. 개발자가 기획자에게 오더를 받아 개발하는 구조였는데, 업무 적합성과는 상관없이 업무가 전달되면 어떻게든 생산해내야 했다. 그러다 보니 부서원은 본인이 속한 부서를 시키는 대로 일하는 지원 부서라고 여겼으며 사기도 매우 낮았다. 경쟁사에서 연봉을 조금만 올려준다고 해도 바로 이직할 정도였다. 당연히 팀장과 과장급 리더들은 어려운 상황이 아닐 수 없었다.

나는 참여자에게 물었다. "이 상황을 벗어나려면 어떻게 해야 할까요?" 이에 누군가 "일을 골라 받을 수 있는 부서가 되는 것"을 꼽은 것이었다. 그러자 모두가 동의하며 흥분하기 시작했다. "맞아! 일을 좀 골라 받고 싶어!" 또 누군가 "공작새 같은 조직이 됐으면 좋겠어요"라고 했다. 비둘기나 닭이 아니라 공작새처럼 우아한 조직 말이다. 곧이어 아이디어가 마구 쏟아졌다. 기술적인 이야기도 나왔고, 일하면서 자꾸 부딪히는 다른 팀 디자이너나 기획자와 원활하게 소통하는 방법이 다양하게 제시되었다. 급기야 인재상을 새로 만들어야 한다는 이야기까지 전개되었다. 이때 내가 나서서 말했다. "네, 네. 지금까지 나온 아이디어는 다 차례대로 실현할 수 있습니다. 그럼 비전이 확실해졌네요. 3년 후에는 일을 골라 받는 팀이 되는 거예요."

팀원들과 워크숍을 끝낸 지 얼마 후 팀장에게 연락이 왔다.

"저희 부서원 전체가 30명 정도 되는데, 개인 비전을 세울 수 있게 워크숍을 진행해주세요. 이제 개인도 자기 비전과 커리어 목표를 뚜렷하게 세우고 이룰 수 있도록 할 필요가 있어 보여요."

그래서 또 한 번 그 회사를 방문했다. 작은 회의실에 의자를 다닥다닥 붙여도 자리가 모자라 바닥에도 사람들이 앉았다. 이번 워크숍 주제는 '개인의 비전과 커리어 목표 세우기'였다. 그리고 1년 반 뒤 다시 팀장에게서 이런 연락을 받았다. "저희가 드디어 일을 골라 받는 부서가 됐습니다."

워크숍을 요청했던 팀장은 임원으로 승진했고, 과장급 리더 네 명 가운데 두 명은 고성과자에게만 주어지는 교육 혜택을 받았다. 이 부서의 약진은 다른 부서에 자극을 주었고 사내에서 벤치마킹의 대상으로 떠올랐다. 혹시 원래 잘하는 부서였던 게 아닌가 생각할 수도 있겠지만, 절대 아니다. 코칭을 시작하며 매달 조직 문화

진단을 한 결과가 바로 그 증거다. 첫 진단에서 이 부서는 회사 전체 평균에도 한참 못 미치는 수준이었다. 워크숍을 했던 다음 달에는 평균에 도달했다. 그리고 그다음 달에는 거의 만점에 가까웠다.

비전이 뚜렷해지자, 패배주의 가득하던 조직은 희망에 달뜬 조직이 되었다. 그리고 비전을 이루는 데 모든 에너지를 집중하고, 새로운 아이디어를 모으며, 더 좋은 결과를 만들기 위해 노력했다. 조직의 비전은 개인 비전의 달성과도 직접 관련이 있기에 이토록 애쓴 것이다. 또한 비전은 인간관계에도 긍정적인 영향을 끼친다. 월드컵이나 올림픽에서 응원할 때는 아무것도 따지지 않고 모두가 무조건 한편이 되는 것과 같다.

조직의 미래는 개인의 비전에서 시작된다

우리는 오랫동안 이런 말을 들어왔다. "리더의 가장 중요한 역할은 비전을 제시하고 전파하는 것이다. 그리고 이것은 최고 경영진의 몫이다." 맞다. 조직의 사다리를 타고 올라가고 올라가면 유일하게 남는 역할이 바로 '비전 제시'다. 그래서 새로운 리더가 탄생하면 우선 새로운 비전부터 제시하고, 조직은 이에 맞추어 일사불란하게 움직인다. 이것은 미국이 제조업 강국이던 시기에 흔히 보던 광경이기도 하다. 당시 최고 경영진이 비전을 선포하면, 중간 관리자는 이를 전파하고 독려했으며, 블루칼라 워커는 이에 맞추어 최선을 다했다. 하지만 2000년대 들어 미국을 포함한 선진국의 공장은 거의 중국이나 중남미, 동남아로 빠져나갔다. 우리나라도 마찬가지였다.

그러면서 조직은 이제 소수의 최상층 엘리트와 다수의 블루칼라 워커가 아닌 다른 형태로 변모했다. 대학에서 전문 교육을 받았거나 한 분야에서 아주 뛰어난 역량을 가진 엘리트가 조직 대부분을 채웠다. 특히 실리콘밸리는 전 세계의 천재와 엘리트 청년을 불러 모았다. 그만큼 조직에는 최고 경영진만큼 똑똑한 구성원이 많아졌다. 이들 젊은 세대는 회사가 가자는 대로 무조건 따르지 않으며, 자기 의견이 존중받기를 원하고, 일과 삶의 균형을 더욱 중시한다. 학령 인구의 70~80퍼센트가 대학에 진학하는 우리나라에서도 이런 현상은 똑같이 일어나고 있다. 이렇게 되면서 최고위 리더는 강력한 비전을 전파할 뿐만 아니라 매일 얼굴을 맞대고 일하는 단위 조직의 비전 전달자와 독려자 이상의 역할을 해야만 한다.

구글 등 실리콘밸리의 회사는 OKR(Objective and Key Results, 목표 및 핵심 결과 지표) 시스템을 많이 사용한다. 개인과 부서가 원대한 비전을 세우고 이를 이루려 최선을 다해 매진하는 경영 방식이다. 개인도 단순한 KPI가 아닌 원대한 비전을 세우고, 리더의 승인과 피드백, 지지를 받으며 달성률을 높여가는 것이다. 개인의 비전은 상위 조직의 비전과 성과에도 영향을 미친다. 단위 조직의 리더는 조직원의 목소리에 귀 기울이고, 조직원의 커리어 계획을 회사 안에서 어떻게 구현하고 조직과 윈윈할지를 제시해야 한다. 일반적으로 조직의 비전과 개인의 비전은 중간 정도 선에서 만나도록 규정한다. 그렇게 하면 똑똑한 개인이 자신의 비전을 이루었을 때 바로 조직의 미래가 된다.

예를 들어, 구글의 한 엔지니어가 검색 엔진에서 고도화된 검색이 가능해지는 것을 자신의 기술적 비전으로 삼았다고 하자. 이 비전을 개인이 실현한 순간, 회사 이익도 기하급수적으로 성장한다. 따라서 이제 조직은 구성원 개인의 비전에 깊숙이 관여하고, 조직 전체의 비전을 고려해 10~100명으로 구성된 중간 단위 조직의 리더 역할을 강화해야 한다. 여기서 역할이란 조직 전체와 구성원을 동시에 만족시킬 부서의 비전을 제시하는 것이다.

비전을 타겟팅하고, 동기를 불어넣고

구성원이 원대하고 구체적인 비전을 갖도록 독려하는 것도 리더의 몫이다. 원대한 비전, 구체적인 비전은 쉬운 비전, 애매한 비전보다 달성률이 높다. 이는 1968년 메릴랜드대학교 에드윈 로크 (Edwin Locke) 교수가 목표 설정 이론을 세운 이후에 1,000편이 넘는 논문이 검증한 내용이다. 왜일까? 보통 원대하고 구체적인 비전은 더 큰 동기를 불러일으키기 때문이다.

2022년 카타르 월드컵에서 한국 국가 대표들은 한참 피파 랭킹이 낮은 가나와 맞선 경기에서 패배했다. 본선 진출이 요원해진 상황에서 유일한 희망은 포르투갈을 이기는 것이었다. 축구 강대국이자, 최고 스타 호날두가 출전하는 포르투갈이었다. 그런데 한국은 그것을 이루었다. 포르투갈전에서 이긴다는 것은 어떤 의미일까? 국민은 크게 환호하고, 가나전 패배는 잊히고, 축구는 더욱 사랑받으며, 각 선수는 세계 무대에 진출할 가능성이 커진다. 이를 비전으로 삼은 선수는 더욱 열심히 뛰고, 더욱 영리하게 움직였을 것이다.

몸을 사리지 않고 모든 것을 걸고 싸우는 사람을 이기기는 쉽지 않다. 이것은 우연이 아니다. 삶의 진리다. 물론 결과를 못 낼 수도 있다. 하지만 과정 자체가 주는 기쁨이 크고 이런 도전을 통해 엄청나게 성장한다. 이는 도파민이라는 신경 전달 물질로 설명이 된다. 도파민은 노력을 기울여 긍정적인 결과를 내는 동기를 유발한다. 도파민이 '쾌락 호르몬'으로 알려진 까닭이다. 먼 옛날 오랫동안 노력한 뒤 짧은 만족을 느끼고 다시 곧바로 사냥을 떠나는 사람의 생존율이 더 높았을 것은 자명하다.

그런데 도파민은 좋은 결과을 냈을 때보다 기대하는 순간에 더욱 많이 분비된다. 즉, 우리는 무언가를 이루었을 때보다 이루기 위해 노력하는 과정에서 더 많은 쾌락을 느낀다. 그리고 도파민은 내성이 있어 사람은 점점 더 큰 것을 원하게 된다. 결과는 부수적이다. 따라서 큰 비전을 세우면 거의 이루어지고, 이루어지지 않더라도 그 과정에서 우리는 큰 기쁨을 경험한다.

크고, 솜털이 삐쭉 돋는 담대한 비전

그럼 조직의 최고위 리더는 무엇을 해야 할까? 가장 먼저 BHAG
(Big, Hairy, Audacious Goals, 크고, 솜털이 삐쭉 돋는 담대한 목표)를 제시
해야 한다. 그런 다음에는 조직 구성원의 비전을 이루게 할 사람을
단위 조직 리더 자리에 앉혀야 한다. 리더를 코칭할 때 자주 듣는
이야기가 있다. "임원이 되기 위해서 노력할 때가 더 행복했습니
다"라는 말이다. 도파민 분비 측면에서 보면 맞는 말이다. 그러면
나는 말한다. "이제 새로운 비전과 목표가 필요할 때입니다."

삼성의 '초일류', CJ의 '한류의 세계화', 현대자동차의 '세계 5대
자동차 제조사'. 지금은 모두 이루어진 거대한 비전이지만, 처음 이
비전을 들었을 때 사람들 대부분은 이게 무슨 뜻인지조차 몰랐다.
안다 해도 비현실적으로 느꼈다. 심지어 많은 사람이 비웃었다. 하
지만 이 기업들의 단위 조직 리더는 조직 전체 비전에 이바지할 방
법을 조금씩 구체적으로 그렸다. 초일류가 되려면 당장 제품을 어
떻게든 업계 꼭대기에 올려놓아야 했다. 한류를 세계화하려면 세
계 영화제 문을 두드릴 작품을 만드는 데 투자하고 꾸준하게 지원
해야 했다. 세계적 자동차 제조사가 되려면 고객에게 품질의 약진
을 보여야 하니 '10년 품질 보장' 같은 전략을 내놓았다. 그리고 많

은 부서가 제 자리에서 전력을 다했을 것이다. 그 안에서 개인도 이 상승세에 함께해 커리어 비전을 이루고 다음 단계로 나아가는 발판을 마련하며, 성장의 기쁨을 맛보고 더 큰 도전을 했을 것이다.

이처럼 최고위 리더는 BHAG를 제시하고, 단위 조직 리더의 코칭 리더십을 교육하고, 그리고 조직원이 각자의 원대한 비전을 세운 뒤 조직 안에서 이루는 것을 제도적으로 도와주어야 한다. 이와 관련한 방법론은 세상에 수없이 많다. 외부 자원도 현명하게 활용하면 좋다. 그러면 작은 묘목들이 자라 어느 순간 큰 숲을 이룬 풍경을 회사에서 볼 수 있을 것이다.

자기 의심,
본능을 이기는 리더의 결정법

한순구 연세대학교

지구상의 다른 동물들과 비교했을 때 인간이 가장 뛰어난 점은 무엇일까? 인간은 사슴처럼 빨리 달리지도 못하고, 사자처럼 날카로운 이빨로 물 수도 없으며, 원숭이처럼 나무를 잘 타지도 못한다. 또 개처럼 냄새를 잘 맡는 능력도 없다. 내가 어렸을 때 들었던 건 인간은 대부분의 능력이 다른 동물에 뒤지지만, 두뇌가 뛰어나 이를 극복할 수 있다는 이야기였다.

그런데 최근 읽은 과학책에서 인간이 다른 동물보다 대체로 잘하는 것이 있다는 사실을 알게 되었다. 바로 달리기다. 그럴 리 없다고 생각할지도 모른다. 아프리카 초원에 가보면 많은 동물이 인간보다 빠르게 달리고 있으니까. 맞다. 하지만 인간은 빨리 달리기가 아닌 '오래달리기'에서 동물 중 으뜸이다. 정확히는 말 다음이 인간이다.

'더 이상 오래 달리지 않아도 된다'는 걸 모른다

사자나 사슴은 인간보다 빠르지만, 불과 몇 분만 달려도 지쳐서 더 이상 달리지 못한다. 그런데 마라톤 선수를 보면 42킬로미터가 넘는 거리를 거뜬히 달린다. 이 정도의 장거리를 달릴 수 있는 동물은 말 이외에 인간이 거의 유일하다.

대부분의 동물은 몇 분 정도 달리면 반드시 쉬어야 한다. 전신의 근육을 사용해서 달리고 나면 몸이 과열되고, 이 열이 계속되면 열사병으로 죽을 수 있기 때문이다. 마치 냉각수 없이 차를 몰다가 엔진이 과열되어 망가지는 것과 같은 이치다. 하지만 인간과 말은 다르다. 인간은 온몸으로 땀을 흘린다. 날씨가 더우면 개는 혀를 내밀고 헥헥거린다. 개는 몸으로는 땀을 내지 못해서 침이 묻어 있는 혀를 통해 몸의 열기를 발산한다. 이에 비해 인간은 머리부터 발바닥까지 땀을 내어 몸을 식힐 수 있다. 비유하자면 인간은 생물학적인 에어컨을 몸에 장착하고 있어서 다른 동물보다 더 오래 달릴 수 있는 것이다.

원시 시대의 인간이 사슴을 사냥할 때, 사자처럼 빨리 쫓아갈 수는 없었다. 하지만 하루 종일 사슴을 따라가다가 사슴이 더위에 지쳐 쓰러지면 잡을 수 있었다. 상당히 효과적인 전략이었을 것이다. 다만 전신에서 땀을 흘리기 위해서는 다른 동물보다 훨씬 많은 물과 소금을 섭취해야 한다는 불리한 조건이 있었다.

그러나 현대인은 더 이상 오래달리기를 할 필요가 없다. 교통수단이 발달하여 얼마 걷지 않고 하루를 보내는 경우도 많다. 덕분에 인간이 오랜 기간 진화를 통해서 얻은, 땀을 통한 신체 냉각의 기능은 현대인에게는 필요성이 작아졌다. 하지만 우리 몸은 오래달리기를 할 필요가 없다는 사실을 아직 인지하지 못하고 있다. 그래서 아직도 우리는 식사할 때 소금을 잔뜩 넣어 먹고, 그 탓에 고혈압 등의 질병에 시달리기도 한다.

10만 년 전에 멈춰 있는 우리 몸의 진화

경제학은 인간이 영리하고 합리적이기에 자신에게 가장 이득이 되는 행동을 선택한다는 기본 가정에서 시작한다. 하지만 근래에 들어 행동경제학 분야에서는 인간이 생각만큼 영리하지 않고, 오히려 자신에게 손해를 끼치는 행동을 한다는 연구 결과들이 나왔다. 그 이유는 진화를 통한 변화가 수만 년에 걸쳐 오랜 기간 일어나는 데 있다. 산업 혁명을 경험하면서 우리 환경에는 많은 변화가 일어났지만, 우리의 생물학적 신체와 사고 기능은 아직도 10만 년 전 아프리카 초원에서 사냥하던 그때에 머물러 있다.

나는 재산을 주로 정기 예금과 연금의 형태로 가지고 있다. 부동산 투자는 전혀 생각하지 않으며, 주식 투자는 현금 자산의 10퍼센트 내외에서만 한다. 지나치게 안전을 추구하는 투자라는 것을 나도 잘 알고 있다. 하지만 만일 30퍼센트 정도의 현금 자산을 주식에 투자했는데 주식이 5퍼센트 하락한다면 아마 나는 며칠 동안 잠을 이루지 못할 것이다. 그 정도로 나는 위험을 극도로 싫어하는 겁쟁이 마인드를 가졌다. 머리로는 조금 더 과감한 투자가 장기적으로 이익이라는 점을 알고 있지만, 새보다 작은 내 마음이 그것을 허락하지 않는다.

현대인 중에는 우울증을 앓는 사람이 상당히 많다. 평생 먹고사는 데 부족함이 없을 정도로 여유 있는 사람이 우울증으로 극단적인 선택을 하기도 한다. 그 이유 또한 10만 년 전 아프리카 초원에 적응한 이후, 아직 진화하지 못한 우리 몸에서 찾을 수 있다. 현대인이 사자나 늑대에게 물려 죽을 가능성은 극히 드물다. 하지만 10만 년 전 우리 조상은 아침에 건강하게 집을 나섰다가 맹수에 잡아먹히는 경우도 많았을 것이다. 그래서 매사에 조심하고 특별한 일이 없으면 조용히 웅크리고 있어야 생존 확률이 높았다. 즉, 너무 활동적인 인간보다는 차분하고, 가라앉은, 약간의 우울감을 느끼는 인간이 더 오래 생존할 수 있었다. 그래서 만물을 지배하게 된 현대인 중에도 10만 년 전에는 유용했지만 더 이상 소용이 없어진 우울감을 느끼는 사람이 많다는 의학 전문가의 이야기를 읽은 적이 있다. 진화가 덜 되어서일까. 나 역시 남이 보기에는 지나치게 안전 추구적인 자산 배분을 하고 있다.

의사 결정을 위한 첫 번째 조건, 나에 대한 이해

골드만삭스에서 10년간 최고의 수익률을 거두어 공동 회장이 되고, 미국 클린턴 정부에서 4년간 재무부 장관을 했던 로버트 에드워드 루빈(Robert Edward Rubin)은 올바른 의사 결정을 하기 위해 필수적인 것 중의 하나가 바로 "자기 자신을 이해하는 것"이라고 말했다.

모든 투자 선택이나 정책 결정은 100퍼센트 옳지도 않고 100퍼센트 틀릴 리도 없다. 다만 옳을 확률이 더 높은 선택과 틀릴 확률이 더 높은 선택이 있을 뿐이다. 그래서 조직의 의사 결정자는 현재 자신의 선택이 미래에 옳을 확률과 틀릴 확률을 모두 고려해서 최선의 결정을 해야 한다. 그를 위해 열심히 공부해서 지식을 축적하고, 보다 객관적이고 정확한 확률을 알기 위한 노력하는 것은 당연하다. 그런데 루빈은 여기에 한 가지를 더 추가했다. 바로 자기 마음을 파악하는 것이다.

어떤 선택이 옳을 확률과 틀릴 확률을 아무리 객관적으로 정확히 계산한다고 하더라도, 주관적인 마음과 성향이 지나치게 낙관적이거나 지나치게 비관적이라면 객관적 확률을 무시하고 자신의 주관적인 마음을 따르는 것이 인간의 본성이다. 그래서 루빈은 먼저 자기 성향이 낙관적인지 비관적인지를 파악하라고 한다. 스스로가 너무 낙관적인 사람이라면 의사 결정 직전에 자신에게 조금 더 주의하라고 명령을 내리고, 스스로가 너무 비관적인 사람이라면 조금 더 긍정적으로 검토하도록 명령을 내려야 최고의 의사 결정을 할 수 있다고 했다.

2008년 금융 위기를 정확히 예측하고, 이 시기를 이용해 커다란 부를 축적한 것으로 유명한 브리지워터어소시에이츠(Bridgewater Associates)의 레이 달리오(Ray Dalio) 회장은 "인간은 자기 잘못을 인정하지 않고 정당화하는 본능을 가지고 있는데, 이를 극복하지 않으면 성공하기 힘들다"라고 말했다. 인간이 바깥세상과 환경을 있는 그대로 평가하지 않고 자기중심적으로, 혹은 자기만족을 위해 왜곡하여 인식하는 성향이 있음을 지적하는 말이다.

달리오는 그래서 직원에게 극단적인 방법을 강요하는 것으로 잘 알려져 있다. 예를 들어, A 부장의 상무 승진에 대해 최고위 경영진이 논의하는 회의의 모든 내용을 녹화해 A 부장은 물론이고 전 사원에게 공개한다. 이렇게 하면 A 부장이 승진에 성공한 경우에 그 이유를 모든 직원이 알 수 있고, 반대로 A 부장이 승진에 실패하는 경우에도 최고 경영진이 A 부장에게 어떤 능력이 부족하다고 판단했는지 모두 알 수 있다. 결과적으로 모든 직원이 자신을 과대평가하지도, 과소평가하지도 않음으로써 의사 결정에 객관적 자세로 임하도록 한다는 것이 달리오의 철학이다.

인간은 왜 오늘 할 일을 내일로 미루는가?

행동경제학에는 '하이퍼볼릭 디스카운트(hyperbolic discount) 이론'이라는 유명한 연구가 있다. 이 이론을 통해 경제학자는 '인간이 왜 오늘 할 일을 내일로 미루는가?'라는 질문에 답한다.

이번 금요일에 시험이 있다. 월요일부터 열심히 공부하면 금요일 시험에서 좋은 성적을 거둘 수 있다는 걸 모두가 알고 있다. 하지만 미루고 미루다가 시험 하루 전날 밤을 새우며 벼락치기를 하고, 결국 시험을 망치고 만다. 모두가 한번쯤 경험했을 사건이다. 분명히 중요한 시험이라는 것을 알면서도, 그리고 월요일부터 공부하면 충분한 학습 시간을 확보하여 좋은 성적을 거둘 수 있음을 알면서도 그렇게 된다. 공부를 미루다가 중요한 시험을 망치는 것은 영리하고 합리적인 행동이 절대 아니지만, 어째서 이를 알면서도 인간은 손해 되는 행동을 반복하는 것일까?

하이퍼볼릭 디스카운트 이론은 그 이유를 이렇게 설명한다. 나는 지금 유일하게 존재하는 것이 아니라 요일별로 존재하기 때문이라고. 월요일의 나는 오늘부터 목요일까지 4일간 매일 여섯 시간씩 열심히 공부하면 금요일 시험을 잘 본다는 것을 안다. 하지만 일단 월요일까지 놀고 화요일부터 3일간 매일 여덟 시간씩 공부해도 공부량은 똑같다는 것도 안다.

그러면 '월요일의 나'는 여섯 시간을 지루하게 공부하기보다 하루 종일 놀다가 '화요일의 나', '수요일의 나', '목요일의 나'에게 공부를 떠넘기는 것이 최선이라고 생각한다. 그래서 공부를 화요일부터 하기로 한다. 그런데 화요일이 되면 이제 선택은 '화요일의 나'에게 넘어간다. '화요일의 나' 입장에서는 당장 오늘부터 3일간 매일 여덟 시간씩 공부할 수도 있지만, 일단 '화요일의 나'는 놀기로 선택한다. '수요일의 나'와 '목요일의 나'에게 12시간씩 공부하게 하면 금요일 시험에서 괜찮은 성적이 나올 거라고 생각하면서 말이다. 그런데 '수요일의 나'도 놀면서, '목요일의 나'에게 24시간 공부해서 금요일 시험을 보도록 한다. 그리고 결국 나는 중요한 시험을 망치고 만다.

옛말에 성공하려면 극기(克己), 즉 자기 자신을 이겨야 한다고 했다. 하이퍼볼릭 디스카운트 이론이 의미하는 바와 일맥상통한다. '월요일의 나'는 자신이 일을 미루면 '다른 요일의 나'들이 고생할 뿐 아니라 시험을 망친다는 것을 안다. 그걸 알고 또 다른 나에게 미루고 싶은 욕망을 이겨내는 것이 성공 비결인 셈이다.

자기 의심, 객관적인 의사 결정의 첫걸음

조직을 위해 매일 중요한 결정을 내리는 최고 결정권자와 경영진은 정확한 정보를 수집하고 논리적인 승패의 확률을 계산하는 능력이 필요하다. 하지만 아무리 정확하고 방대한 정보를 가지고 있더라도 이를 해석하고 결단하는 것은 인간인 바로 내 두뇌와 마음이다. 그런데 생물학적·심리학적인 이유로 이 결정을 내리는 내 두뇌와 마음이 편향되어 있거나, 현실을 왜곡하는 성향이 있다면 최고 결정권자는 잘못된 의사 결정을 한다. 경제학에서 수학이나 통계학을 이용하는 이유도 편향적이고 주관적인 인간이 의사 결정을 더욱 객관적으로 하기 위해서다.

2008년 미국의 금융 위기는 서브프라임 모기지에 너무 큰 투자를 한 월스트리트의 잘못된 의사 결정에서 시작되었다. 서브프라임 모기지에서 문제가 생길 확률은 아주 낮았다. 그래서 월스트리트의 엘리트 금융인은 서브프라임 모기지는 절대적으로 안전하다고 생각하고 투자했다. 하지만 문제 발생의 가능성이 0은 아니었다. 이렇듯 아주 작은 가능성을 가진 위험을 '테일 리스크(tail risk)'라고 부른다. 월스트리트가 간과한 것은 서브프라임 모기지의 테일 리스크가 미국 경제 전체를 위기에 빠뜨릴 수 있다는 사실이었다. 테일 리스크에 주목해 혹시라도 서브프라임 모기지에 문제가 생기면 어느 정도의 피해가 발생할지를 누군가 한번쯤 계산해보았다면 금융 위기는 피할 수 있었을지 모른다. 최근 한국에서 큰 문제가 된 홍콩 ELS 투자도 마찬가지다. 홍콩의 주가가 40퍼센트 폭락할 확률이 0은 아니었을 것이다. 그러나 투자자들은 마치 정기예금처럼 안전하다고 생각했다.

우리는 누구나 성공과 실패의 확률을 계산할 수 있고, 전 세계의 모든 정보를 확인할 수 있는 세상에 산다. 하지만 아직 아프리카 초원의 삶에 맞추어진 신체와 사고 기능을 가진 인간은 한계가 있다. 그래서 여러 계산과 정보를 잘못 해석하고 틀린 의사 결정을 할 가능성이 크다. 그런 이유로 우리는 가끔 자신을 의심하고, 자신에 관해 공부해야 한다. 그것이 조직과 개인의 성공에 지름길이될 수도 있다.

강물은 막아서
다스릴 수 있는 것이 아니다

김성곤 한국방송통신대학교

대학에서 중국 고전을 가르치고 있다. 이태백, 두보 같은 시인의 시라든지, 공맹, 노장의 철학을 담은 경서나 제자서라든지, 사마천의 《사기》와 같은 역사서 등을 주로 연구하고 가르친다. 이른바 문학, 사학, 철학의 문사철(文史哲)이다.

박달나무 자라는 즐거운 동산이여

그 아래 닥나무도 자란다네

다른 산의 돌이 이곳의 옥을 가는 숫돌이 된다네.

《시경》의 〈소아(小雅)〉편 학명(鶴鳴)에 나오는 구절이다. '다른 산의 돌이 옥을 가는 돌이 된다(他山之石, 可以攻玉)'라는 마지막 구절에서 '타산지석(他山之石)'이란 성어가 나왔다. 다른 산에 있는 사소한 돌멩이라도 가져다가 숫돌로 쓰면 우리 산에 있는 옥석을 갈아서 영롱한 옥 그릇을 만들 수 있다는 말이다. 이제부터 중국의 역사 인물 이야기를 통해 우리 사회에서 가장 긴급하게 요청되는 소통의 덕목을 이야기하고자 한다. 흥미진진한 역사 이야기를 따라가다 보면 어느덧 '소통'이라는 종착점에 다다를 것이다.

제방을 만든 중국판 프로메테우스, 곤

맨 처음은 치수 영웅 '우'의 이야기다. 거대한 중국에는 종횡으로 흘러가는 긴 강들이 수도 없이 많다. 그런데 그 거대한 강들이 처음부터 순순히 제 길을 흘렀던 것이 아니다. 걸핏하면 흐름을 바꾸고 범람해서 백성에게 재앙을 안겨주었다. 이토록 흉포한 강들을 잘 길들여 백성의 삶을 평안하게 만들어준 인물이 우다.

우의 이야기를 하려면 역사를 거슬러 올라가 선사 시대까지 이르러야 한다. 당시 중국에는 훌륭한 두 임금이 차례로 나와 세상을 잘 다스렸고 마침내 전설적인 태평성세를 이루었다. 바로 요 임금과 순 임금의 시절, 요순시절(堯舜時節)이다. 지금으로부터 약 4,000년 전 황하 문명이 시작된 시기다. 황하가 흘러가는 중국 산시성

남부 지역에 요와 순이 다스린 부족 연맹 국가가 있었다. 훌륭한 임금 덕에 백성은 행복했고 만물은 조화로웠는데, 심각한 문제가 하나 있었으니 그것은 황하의 잦은 범람이었다. 제대로 정비되지 않아서 자주 범람을 일으키는 황하 탓에 백성의 터전이 크게 위협받곤 했다. 이에 요 임금은 황하를 정비하고자 치수 전문가 곤(鯀)을 발탁한다.

곤이 요 임금의 명령을 받아 처음 설계하고 축조한 것이 강물을 막는 제방이다. 중국 문명사에서 곤은 제방의 최초 설계자, 축조자로 알려져 있다. 그러나 제방 축조가 처음부터 성공적이었던 것은 아니다. 치수 사업 초기에는 강물의 충격과 침식으로 제방이 거듭 무너졌다. 이 시행착오의 과정에서 재밌는 신화가 탄생했다.

어느 날 거듭된 실패에 좌절하던 곤에게 중요한 정보가 날아들었다. 옥황상제의 하늘나라 창고에 강물의 침식이나 충격에도 끄떡없는 특별한 흙이 있다는 것이다. 이름하여 '식양(息壤)', '살아 숨쉬는 흙'이다. 곤은 부리나케 옥황상제를 찾아가 하소연했다. "지금 백성이 물난리로 큰 고통을 겪고 있습니다. 부디 식양을 빌려주시기를 청하옵니다." 하지만 옥황상제는 냉정하게 거절하며 말했다. "하늘의 신령한 물건을 어찌 미천한 인간들에게 준단 말이냐! 어림없다, 물러가라!" 곤의 거듭된 호소에도 옥황상제의 마음은 변하지 않았다. 결국 곤은 몰래 하늘 창고에 잠입해 식양을 훔쳤다.

희랍 신화에서 프로메테우스가 신에게서 불을 훔쳐 인간에게 주어 세상을 이롭게 했듯, 곤도 물에 빠진 백성을 구하려 도둑질마저 마다하지 않았다. 곤은 식양으로 마침내 무너지지 않는 튼실한 제방을 완성했고 강물의 범람을 막았다. 하지만 나중에 이 사실을 안 옥황상제가 대로하여 천군을 보내 곤을 잡아 죽인다. 여기까지가 곤의 치수를 둘러싼 신화다.

우 임금, 물을 다스려 왕이 된 남자

다시 황하의 치수 현장으로 가보자. 수많은 시행착오를 거쳐 마침내 튼튼한 제방이 세워지고 치수는 성공에 이른 듯했다. 요 임금은 70년의 치세를 마치고 천하를 순 임금에게 물려주었다. 하지만 순 임금의 치세 동안 이전에는 상상할 수 없었던 엄청난 규모의 홍수가 발생한다. 요 임금 시절 홍수의 규모를 예측해 쌓았던 제방이 미증유의 거대한 물결에 무용지물이 되어버린 것이다. 거대한 물결이 둑을 넘어와 백성의 터전을 휩쓸어 갔다. 엄청난 수해의 현장을 찾은 순 임금은 참담한 장면에 망연자실, 불같이 노하고는 치수 실패의 책임을 물어 곤을 우산(羽山)으로 귀양 보내 죽게 했다. 신화에서 옥황상제에게 죽임을 당했던 곤의 이야기는 순 임금에게 죽임을 당한 역사 이야기를 바탕으로 하고 있음을 알 수 있다.

순 임금은 새로운 치수 전문가를 찾아 곤의 자리에 앉혔다. 그 사람이 바로 '치수 영웅'으로 유명한 우였다. 우는 곤의 아들이니, 아버지를 죽이고 아들을 책임자로 아버지를 대신하게 한 것이 비정해 보이지만, 사실 우는 치수 실패를 바로잡기에는 최고 적임자였다. 아버지 곤의 치수 사업 현장에서 늘 함께했으니까 말이다. 우는 실패의 원인에 대해 깊이 숙고했다. 왜 아버지의 치수가 실패로 끝났던 것일까? 아버지께서 그토록 수많은 시행착오를 거쳐 축조한 제방이 왜 물을 다스리는 데 실패했을까? 우는 마침내 다음과 같이 결론을 내렸다.

"강물은 막아서 다스릴 수 있는 것이 아니다, 오히려 물길을 막는 장애물을 치우고, 좁은 계곡을 크게 열어 큰 강으로, 더 큰 바다로 흘러가게 만드는 것, 이것이 치수의 가장 근본적인 방책이다."

지금으로 보자면 상식이지만 문명의 초기 단계였던 그 시절에는 이런 결론까지 다다르기에는 시간이 필요했다. 그리고 우가 결론 내린 방식을 '소통'의 '소(疏)' 자를 써서 '소법'이라고 한다. ('소'는 원래 막혔던 물줄기를 터준다는 뜻이다.) 이 소법과 대비되는 아버지 곤의 치수 방식은 담을 뜻하는 '도(堵)' 자를 써서 '도법'이라고 한다. 우는 소법의 방식으로 중국 전역의 대하천을 정비하기 시작한다. 중국 중원 지역을 흘러가는 5,400킬로미터의 황하, 남방을 흘러가는 6,300킬로미터의 장강 등은 소법의 치수 방식으로 정비되었다.

지금도 황하나 장강을 따라 여행하다 보면 곳곳에 우를 기리는 사당과 동상이 있다. 우의 치수는 13년간 이어졌다. 13년 동안 우는 오로지 치수에 전념하느라 한 번도 집으로 돌아간 적이 없었다. 세 번이나 집 앞을 지나면서도 끝내 집으로 들어서지 않았던 우의 멸사봉공의 자세는 '과문불입(過門不入)', 문을 지나면서도 들어가지 않다는 뜻의 성어로 남아 있다. 마침내 소법을 통한 치수는 성공을 거두었고, 우는 순 임금으로부터 천하를 물려받는다.

그렇게 우로부터 시작된 나라가 '여름 하(夏)' 자를 쓰는 하나라다. 곤과 우의 치수 이야기는 여러 분야에서 소통의 중요성을 강조하는 비유적인 의미로 활용된다. 리더의 우수한 능력, 풍부한 경험이 오히려 걸림돌이 되어 구성원과의 소통에 문제가 생긴다면 결국 도법으로 실패한 곤의 치수나 다름이 없다는 것이다. 특히 자신에게 비판적인 언론을 통제하려는 권력에 대한 경고로써 활용되는 경우가 많다.

백성의 입을 막는 것은 강물을 막는 것보다 위험하다

이번에는 주나라 제10대 임금 여왕(厲王) 때의 일이다. 당시 주나라는 이민족의 침입과 제후들의 반란 등 내우외환이 겹쳐 국가의 재정이 무척 어려운 상태였다. 이런 상황에서도 여왕은 여전히 사치와 일락을 일삼으니 나라 창고는 텅 비다시피 했다. 재정을 맡은 관리가 어려움을 호소하자, 여왕은 백성을 착취하기 위한 '전리세(專利稅)'라는 새로운 세금을 부과했다. 전리세는 그야말로 경제 활동의 모든 항목마다 세금을 부여하는 악랄한 제도였다. 백성은 약초를 캐도, 나무를 해도, 물고기를 잡아도, 사냥을 해도 모두 세금을 내야 했다. 사회 곳곳에서 불만이 터져 나오고 일부 관리가 나서서 제도 시행을 철회할 것을 요청했음에도 여왕은 꿋꿋이 세금 제도를 유지했다. 백성의 불만이 고조되면서 여왕을 풍자하는 노래가 불리기 시작했다.

큰 쥐야 큰 쥐야 우리 기장 먹지 마라.
삼 년 너를 섬겼건만 우릴 돌보지 않는구나.
이제 너를 떠나 저 즐거운 땅으로 가련다.
즐거운 땅 즐거운 땅, 거기 가서 내 편히 살리라.

백성의 삶이 피폐하도록 갉아먹는 큰 쥐, 여왕을 풍자한 내용이었다. 실제로 이 노래는 《시경》에 〈석서(碩鼠)〉, 즉 '큰 쥐'라는 제목으로 실려 있다. 이 노래가 골목마다 울려 퍼지자 대신 소호(召虎)가 크게 염려해 여왕에게 간언했다.

"대왕이시여, 전리세 시행으로 백성의 불만이 극에 달해 있습니다. 그대로 두었다가는 폭동이 일어날 수도 있사오니 전리세 정책을 재고해주시기 바랍니다."

하지만 여왕은 전혀 간언에 귀 기울이지 않았고 오히려 백성에 대한 감시 체제를 강화했다. 전리세를 비난하거나 왕을 욕하는 자가 있으면 즉시 체포해 사형에 처하겠다고 엄포를 놓았다. 결국 백성은 불만을 감히 말로 드러내지 못하고 그저 눈짓으로 표시할 뿐이었다. '길에서 눈짓으로 말하다'라는 뜻의 '도로이목(道路以目)'이라는 성어는 바로 이런 배경에서 나왔다. 주나라의 수도 호경(鎬京)은 일순 생기라고는 찾아보기 힘든 암울한 도시가 되어버렸다. 여왕은 자신의 통치 방식이 효과가 있다고 생각하고는 대신 소호에게 의기양양 말했다. "보시오. 지금 백성 중에서 나를 비난하거나 나의 정책에 대해 불만을 표하는 사람이 있는가 말이요." 이에 소호가 말했다.

"백성의 입을 강제로 막아버리면 그들의 불만이 아주 위험한 원한으로 바뀌게 됩니다. 이는 흘러가는 강물을 둑을 쌓아 막아버리는 것과 같습니다. 둑이 한번 터지면 수많은 사람이 죽게 될 것입니다. 그러므로 강물은 흘러갈 수 있도록 물길을 내주는 방법을 위주로 치수해야 합니다. 백성을 다스리는 것도 같은 이치이니 마땅히 널리 언로를 열어야 합니다. 지금처럼 엄한 형벌과 가혹한 법을 써서 언로를 막는 것은 아주 위험한 일입니다."

소호의 간곡한 간언에도 여왕은 요지부동으로 잔혹한 통치를 이어갔다. 마침내 백성은 더는 참을 수 없다며 왕의 궁으로 몰려들었다. 왕궁을 보위하던 호위 군사 중에서도 시위 가담자가 많아지면서 여왕은 결국 몰래 궁을 빠져나가 도망칠 수밖에 없었다. 주나라가 극도로 혼란에 빠지자, 이웃한 위나라 무공이 군대를 이끌고 와서 대리 섭정을 했다. 무공은 소호의 건의를 받아들여 여왕이 시행했던 전리세를 폐지해 민심을 수습하고 나라를 안정시켰다. 그로부터 14년 뒤 여왕은 타지에서 객사하고 그의 아들 태자가 새로 천자로 즉위하니, 주나라를 다시 부흥시킨 주선왕(周宣王)이다.

《국어(國語)》에 기록된 이 이야기에서 비롯된 성어가 '백성의 입을 막는 것은 강물을 막는 것보다 더 위험하다'라는 뜻의 '방민지구, 심어방천(防民之口, 甚於防川)'이다. 범람을 염려해 단지 높은 둑을 쌓아 강물을 막는 데에서 그치면, 결국 흘러갈 곳을 얻지 못한 강물이 더욱 강력한 기세로 둑을 무너뜨리고 훨씬 큰 피해를 입힐 것이다. 그러니 강물이 잘 흘러갈 수 있도록 막혔던 돌을 치우고, 좁은 골짜기를 크게 여는 일이 훨씬 중요하고 시급하다.

언론 통제 역시 마찬가지다. 권력에 비판적인 언론이 나라를 혼란에 이르게 하니 통제해야 한다며 언론에 재갈을 물리면, 강물의 범람 정도가 아니라 권력 자체를 쓸어갈 수 있는 위험천만한 결과가 초래된다. 그러므로 백성이 자신의 불만과 의견을 표시할 수 있도록 언로(言路)를 넓게 열어야 한다.

당신은 조직 내에서 어떤 방식의 리더십으로 평가받는가? 리더가 자기 경험이나 능력에만 의지하고 구성원과의 소통에 게으르다면 그 귀중한 경험이나 능력은 오히려 소통을 막는 담이 될 것이다. 그리고 그 결과는 도법이 그랬던 것처럼 실패로 귀결될 가능성이 크다. 당신의 조직은 언로가 열려 있는가? 구성원이 불만 사항을 자유롭게 제기하는가? 만일 리더의 강압적인 말투나 자세 탓에 다양한 의견 제시의 언로가 막힌다면 조직에는 위험천만한 결과가 발생할 것이다. 치수 전문가 곤과 우 부자의 도법과 소법 이야기로 당신의 리더십과 조직 문화를 성찰해보기 바란다.

북방 개척의 성공,
세종의 리더십에는 특별한 게 있었다

박현모 세종국가경영연구소

"윤관이 실패한 북방 영토 개척을 세종은 어떻게 성공시켰을까요?"

얼마 전 한 지인이 내게 던진 질문이다. 이 질문에 답하기 위해 《고려사》와 《고려사절요》, 그리고 《세종실록》을 비롯한 조선왕조실록을 살펴보았다. 흥미롭게도 북방 개척을 논의할 때면 늘 고려 중기의 문신 '윤관(尹瓘)'이 언급된다는 사실을 발견했다. 태조 이성계는 1398년 3월 함경도 일대를 순찰하고 온 정도전 등에게 "경의 공이 윤관보다 낫다"라고 칭찬했다.[1] 태종 이방원 역시 윤관의

---

1 《태종실록》, 7년 3월 20일.

이름을 기억하고 있었다. 1404년 4월 명나라 영락제가 만주 지역에 건주위(建州衛)라는 행정 기지를 설치하려 하자 태종은 하륜 등에게 "윤관이 여진을 공격하고 변경에 비석을 세운 사실을《예종실록》에서 조사해 오라"고 지시했다.[2]

《세종실록》에서 윤관은 열 번이나 등장한다. "고려 때는 함흥 북쪽이 우리 소유가 아니었는데, 윤관이 승리의 기세를 타고 깊숙이 들어가 비석을 세워 강역(疆域)의 경계를 정했다"라는 세종의 말이 그 예다.[3] 박초와 김종서 등 신하들도 북방 정책을 주장할 때면 윤관을 언급하곤 했다. 한마디로 윤관은 북방 개척의 아이콘이었다.

이 중 1436년 11월 김종서가 쓴 상서(上書)가 특별히 관심을 끈다. 함경도 최고 군사 책임자였던 김종서는 여진 부족장 범찰(凡察)을 포용해야 한다면서 윤관의 실수를 지적했다. 그는 "고려 신하 윤관은 여진족을 유인해 죽이고 9성을 쌓았지만 (그들을 융화시키지 못해) 금방 다시 잃고 말았다"라면서, 안으로 북방을 튼튼히 하고 밖으로는 회유의 은혜를 베풀어야 한다고 강조했다. 이에 세종은 귀화하려는 여진족을 적극적으로 받아들여 우리 백성으로 만들라고 지시했다.[4]

다음 해인 1437년 8월에 올린 김종서의 글에는 윤관에 대한 또

---

2 《태종실록》, 4년 4월 27일.
3 《세종실록》, 14년 2월 2일.
4 《세종실록》, 18년 11월 26일.

다른 이야기가 담겼다. 김종서는 세종에게 밀봉해 올린 편지에서 "예로부터 변방에서 일을 건의하는 신하들은 반드시 참소와 비방을 만나, 화를 벗어나지 못하는 경우가 많다"라면서 윤관을 언급했다. 권문세족이며 큰 공을 세운 윤관도 거의 죽을 뻔했는데, 공을 세운 바도 없는 자신이야 오죽하겠느냐는 내용이었다.[5] 윤관에게는 어떤 위기가 닥쳤던 것일까.

예종의 우유부단함이 북진 정책 가로막아

1109년 7월 전장에서 돌아오는 윤관은 몹시도 당혹스러웠을 것이다. 불과 1년 전 여진족을 정벌하고 9성을 쌓았을 때, 예종은 돌아오는 그를 위해 병사들을 도열시키고 북을 치며 나팔을 불게 했다. 임금이 학사와 경서를 강론하던 장소인 문덕전에 이르렀을 때는 왕이 친히 나와 개선장군들을 어탑(御榻) 가까이 오르게 하고 전투의 노고를 위로했다. 그랬던 국왕이 "도중에 장군의 부월(斧鉞)을 거두라"는 명을 내렸다. 부월은 지휘권의 상징이었다. 물론 포위된 길주성을 구하러 가던 오연총의 군대가 적의 기습을 받아 크게 패한 건 사실이다. '병목'이라 불리는 지역을 빼앗고 보니, 이름과 달리 그곳은 수로와 육로가 모두 열린 허술한 장소였음도 드러났다.

5 《세종실록》, 19년 8월 6일.

근거지를 잃은 여진족은 줄기차게 공격했고, 아군의 희생이 커지면서 민심도 부정적으로 바뀌었다. 여진족은 함주(함흥)까지 와서 지금부터 고려에 조공을 바칠 테니 9성을 돌려달라고 애원했다.

가장 큰 문제는 예종의 우유부단함이었다. 예종은 책을 좋아해 학문에 관한 대화를 즐겼지만, 즉흥적이며 결단력이 부족한 임금이었다. 선왕 숙종의 장례가 끝날 무렵, 여진족의 동태가 심상치 않다는 변방의 보고를 들은 그는 신하를 모아 부왕의 글을 보여주었다. "적지를 소탕하게 한다면 그곳에 절을 지어 보답하겠다"라며 천지신명께 맹세한 숙종의 한 맺힌 글을 읽은 대신들은 눈물을 보이며 그 자리에서 여진 정벌을 건의했다. 왕은 망설이다가 태묘에 점을 쳐보게 한 뒤 길한 점괘가 나오자 출병을 결정했다.

하지만 전쟁이 장기화 조짐을 보이고 신민의 반대가 커지자, 왕은 신하를 불러 9성 반환 여부를 토론하게 했다. 당연히 반환을 찬성한다는 의견이 대다수였다. 미래를 위해 지금의 어려움을 감수하려는 사람은 예나 지금이나 흔치 않다. 간의대부 김연은 "땅을 취하는 것은 본래 백성을 기르기 위함인데, 지금 9성을 놓고 여진족과 다투어서 백성을 죽음으로 몰아가고 있지 않으냐"라고 주장했다. 결국 예종은 김연의 손을 들어주었고, 윤관의 손에서 부월이라는 도끼를 박탈하고 말았다. 무모한 전쟁으로 국력을 탕진했다는 불명예를 쓴 윤관은 왕에게 결과 보고조차 하지 못한 채 쓸쓸히 집으로 돌아가야만 했다.

이때의 9성 반환을 두고 함석헌 선생은 저서《뜻으로 본 한국역사》에 "모처럼 일어나던 북진 운동이 된서리를 맞은 사건"이라고 적었다. 윤관이 함경도 지방을 평정한 뒤 9성을 쌓고 남쪽 지방의 6만 호를 옮기고, 두만강을 건너 지금의 간도 지방까지 진출하면서 "역사의 바늘이 또다시 대조선 부흥으로 놓인 듯"했다. 그런데 동북 9성이라는 북진 정책의 교두보를 스스로 포기하여 몇백 년 만에 찾아온 국가 융성의 기회를 잃고 말았다는 것이다. 한마디로 힘써 이룬 대외적 성과가 국내 정쟁과 리더십의 부재로 수포가 된 뼈아픈 사건이었다.

치밀함과 인정을 품은 세종의 리더십

400여 년이 지난 뒤 세종은 어떻게 그 땅을 되찾을 수 있었을까? 세종 때라고 여진족의 침입이 없었을 리 없고, 대신들도 북방 개척에 모두 찬성한 건 아닐 텐데 말이다. 세종 시대의 사군육진(四郡六鎭)은 흔히 서북 지역에 4군을 새로 설치하고 동북 지역의 6진을 개척한 것으로만 알려졌으나,《세종실록》을 살펴보면 그 일은 세 가지 프로젝트와 함께 추진되었음을 알 수 있다. 두 번에 걸친 여진족 토벌과 아홉 번의 대규모 사민입거(徙民入居), 그리고 140여 킬로미터의 행성 구축이 그것이다. 말하자면 사군육진 개척은 다른 민족과의 전투, 백성의 터전 이주, 그리고 방어를 위한 성벽 쌓기 등 대내외 정책을 아우르는 포괄적인 국가 사업이었다.

'위민(爲民)'을 내세웠지만 '노민(勞民)'의 고통을 수반할 수밖에 없었던 사군육진을 개척하면서 세종이 겪은 어려움과 그 극복 방식을 살펴보면 다음과 같다.

첫째, 현상 유지를 선호하는 조정 대신들은 개척을 반대했다. 당시 조정의 많은 신료가 '민폐'와 '관리의 어려움'을 이유로 북방 개척은 불가능하다고 여겼다. 그들은 북쪽으로 올라갈수록 병사의 근무 여건이 나빠지고, 여진족과 잦은 마찰로 백성의 고초도 심해진다고 주장했다. 이에 세종은 두만강과 압록강을 나라의 경계로 설정하는 것의 합리성과 효과성을 이야기했다. 함경도 경원은 조선 왕조의 발흥지로서 태종 때부터 나라의 울타리로 삼기 위해 노력했던 지역이었다. 그는 "조상께서 설치한 나라의 울타리를 회복하는 일보다 더 중요한 책무가 무엇인가"라고 반문했다.[6] 두만강과 압록강은 "하늘이 만들고 땅이 이루어놓은 험구한 땅이자 큰 울타리(雄藩)"였다.[7] 천혜의 국경인 압록강과 두만강을 국경으로 만들기 위한 세종의 노력은 대단했다. 그는 명 태조 주원장이 고려에 예속시킨 땅이 백두산 앞에 놓여 있다며, 이를 찾아내 우리나라의 경계로 삼으라고 지시하는가 하면,[8] 신하를 여러 차례 파견해 압록강과

6 《세종실록》, 15년 11월 19일.
7 《세종실록》, 15년 11월 19일, 18년 윤6월 19일.
8 《세종실록》, 14년 4월 12일.

두만강 인근의 지도를 그려 오게 했다. '병목'이나 '궁한리' 등의 현지 지리에 대한 잘못된 정보를 들어 9성 반환을 주장하는 신하들을 설득하지 못했던 고려 예종과 대조되는 모습이다.

둘째, 명나라와 여진족의 동향 역시 풀어야 할 숙제였다. 명나라로부터 건주위 관리 책임을 부여받은 여진족 추장 이만주는 조선을 고립시키기 위해 갖은 노력을 기울였다. 명나라 역시 이이제이(以夷制夷) 방책으로 급부상하는 조선을 견제하려 했다. 이에 대해 세종이 취한 조치는 명나라 조정과의 신속하고 정확한 소통, 그리고 명 황제의 신뢰 획득이었다. 세종은 명 황제의 소 1만 마리 매매 요구와 사신의 과도한 요구를 들어주며 명나라 조정의 신뢰를 얻는 데 주력했다. 그 결과 명 황제는 사신의 무리한 요구를 들어주지 말라는 칙서를 내렸고, 두 차례에 걸친 여진족 토벌 때 조선의 편을 들어주었다. 세종은 이만주 휘하의 고위 인사를 회유하는 한편, 여진족 추장의 귀화를 적극적으로 포용하고 안착시키려 했다.[9] 특히 그는 1차 여진족 토벌 때 포로로 잡혀 온 여진족 처자에게 의식을 넉넉히 주어 간곡하게 보살폈을 뿐만 아니라, "부녀자들이 남자들과 섞이지 않게 하여 예로써 대우"하고, 나중에 자기의 고향으로 돌려보내기까지 하는[10] 등 어진 정치를 베풀었다. 이에 따라 조선에서 살고 싶다며 일본과 여진, 그리고 중국과 남만 지역의 사람

9   《세종실록》, 19년 9월 8일, 20년 7월 11일.
10 《세종실록》, 19년 11월 3일.

들이 떼 지어 들어오는 집단 귀화 현상이 일어나기도 했다.

마지막으로 세종이 고려 예종과 결정적으로 달랐던 점은 일을 맡은 인재에 대한 전폭적인 신뢰와 굳은 의지였다. 세종은 최측근인 김종서를 함경도에 파견해 백성의 고통을 보살피고 조정에 신속히 보고하게 했다. 휘하의 장수가 상관인 김종서를 모함하자 세종은 "김종서의 공은 크다. 그를 흔들지 말라"며 보호했다.[11] 김종서에게 충분한 재량권을 주고, 그가 요청한 민생 관련 제안을 대부분 받아들였다. 그는 북방 개척에 어려움이 생길 때마다 "조종의 땅은 단 한 뼘이라도 버릴 수 없다"라며, 당시의 떠도는 뜬소문을 물리치고 8년간의 프로젝트를 완수했다.

조직을 살리는 것은 결국 비전과 공감

첫째, 비전을 제시하고 구성원의 공감을 끌어내는 것, 둘째, 유리한 주변 환경을 만드는 것, 그리고 셋째, 인재를 믿고 위임하는 것. 리더의 덕목 세 가지 중 가장 중요한 것을 꼽으라면 나는 비전과 공감을 들고 싶다. 카이사르가 기원전 58년부터 51년까지 진행된 갈리아 원정에서 30여 차례 연전연승할 수 있었던 비결도 명확한 비전과 제시와 공감대 형성이었다.

11 《세종실록》, 22년 1월 17일.

카이사르 머릿속에는 갈리아 전체의 지도가 정확하게 새겨져 있었다. 그것을 바탕으로 카이사르는 명쾌한 전략을 세웠고 충분한 병력을 확보했다.　　　　　　　　　― 《로마인 이야기 4: 율리우스 카이사르 상》

그렇게 준비한 그였지만 도버해협을 건넌 다음에는 큰 어려움에 부닥쳤다. 로마인에게 신비로운 이야기를 들려주겠다는 다소 추상적인 목적과 부족한 현지 정보를 갖고 시작한 그의 "첫 번째 브리타니아 원정은 실패"였다. 카이사르는 브리타니아 부족과 몇 차례 전투에서 온 힘을 다해 싸웠지만 "가까스로 재앙을 모면하는데" 그쳤다. 로마 병사는 지도자의 즉흥적인 결정 탓에 준비와 병력이 부족한 채로 싸워야 했다.[12]

카이사르와 고려 예종의 시행착오, 그리고 세종의 성공적인 사군육진 개척은 기업에 무엇을 말해주는가? 해외 시장 개척과 같이 불확실하고 복합적이며 위험이 큰 사업일수록 리더의 역할은 분명해진다. 가장 중요한 것은 명확한 목표 설정, 그리고 구성원의 공감을 끌어내는 일이다.

12　에이드리언 골즈워디, 《가이우스 율리우스 카이사르: 관용과 카리스마의 지도자》(백석윤 옮김), 루비박스.

《군주론》으로 보는
균형적 리더십

김경준 CEO스코어

만물은 변하고 시간이 흐를수록 변화는 더욱 빨라진다. 그러나 석기 시대의 돌멩이에서 디지털 AI 디바이스로 도구가 바뀌었을 뿐, 삶의 본질은 변하지 않는다. 2,000여 년 전 플라톤, 아리스토텔레스, 공자, 맹자 등의 철학이 지금도 공감을 얻는 이유다.

인간의 삶과 마찬가지로 리더십의 본질도 변하지 않는다. '공동체의 생존력 확대'라는 목표를 향하여 구성원을 이끌어가는 능력이라는 리더십의 본질은 불변이지만 표면적인 스타일은 변화한다. 본질을 유지하면서 시대적 외양인 스타일을 바꾸면 '리더'가 되지만, 반대로 본질을 놓치고 시대착오적인 과거 스타일만 고수하면 소위 '꼰대'가 된다.

리더십은 개인적 품성, 조직적 사명, 시대적 요구가 결합한 일종의 종합 예술로, 대략 도덕적 당위론과 현실적 존재론의 두 가지로 대별된다. 도덕적 당위론은 고차원의 덕성과 윤리로 구성원을 이끌면 조직은 발전하고 성과도 나아진다는 입장이고, 현실적 존재론은 분명한 원칙을 적용하는 신상필벌로 조직을 이끌면 성공한다는 입장이다. 현실에서는 양쪽 이론이 상호 보완적이다.

도덕론적 리더십의 함정은 리더십을 자기 수양의 과정으로 착각하는 데 있다. 현실에서 리더십은 목적을 달성하는 수단이다. 예를 들어, 군대 지휘관의 인품이 훌륭하고 신망도 높다 해도 정작 전투에서 연이어 패배한다면 리더십은 무의미하다. 기업의 리더는 매일 결과로 평가받는 승부의 세계에 산다. 아무리 인격적으로 훌륭해도 시장에서 패하면 의미가 없다. 시대 트렌드를 읽어 사업을 일으키고, 그 사업이 한 시대를 대변하게 만들어야 한다. 리더가 이 책무를 수행하는 과정에서 도덕론적 명분과 현실론적 힘은 양자택일(兩者擇一)이 아닌 양자겸용(兩者兼用)의 관점에서 활용해야 한다. 말을 움직이려면 당근과 채찍이 모두 필요하듯이 인간을 움직이려면 명분과 힘이 모두 필요하다.

현실적 리더십의 표본, 마키아벨리의 《군주론》

이제부터 서양의 현실적 리더십을 대표하는 마키아벨리의 《군주론》으로 리더십의 본질을 성찰해보고자 한다. 니콜로 마키아벨리(Niccolo Machiavelli, 1469~1527)는 르네상스 시대 이탈리아 도시 국가 피렌체 공화국에서 출생했다. 그는 29세였던 1498년부터 1512년까지 15년 동안 외교관으로 근무했다. 당시는 아메리카 신대륙 발견으로 대항해 시대가 개막되고 유럽의 주도권이 피렌체, 베네치아, 제노바 등 지중해 도시 국가에서 스페인, 포르투갈, 영국 등 대양 영토 국가로 이동하는 격동기였다. 퇴직 후 그는 격동기의 외교 일선에서 경험한 국가 간 쟁투와 성패의 교훈을 《군주론》으로 압축했다.

흔히 마키아벨리즘이나 마키아벨리스트 하면 '목적 달성을 위해 수단과 방법을 가리지 않는 교활하고 무자비한 권모술수'라는 부정적 이미지를 떠올린다. 하지만 《군주론》이 생존만을 목표로 하는 저급한 처세술이었다면 500년이란 시간을 넘어 고전이 되지 못했을 것이다. 마키아벨리는 《군주론》에서 리더의 '배덕(背德, immoral)'이 아니라 '초도덕(超道德, amoral)'을 주장했다. 이는 공동체를 책임지는 현실의 리더는 선과 악의 평면적 이분법을 벗어나 인간의 복합성을 통찰해야 하며 또한 도덕의 잣대가 일반인과 달라야 한다는 관점이었다.

관대한 악, 엄격한 선의 역설

악덕처럼 보이더라도 번영을 위해서라면 행해야 한다. 미덕처럼
보이는 것도 실행했을 때는 파멸로 이어질 수 있고, 반면 악덕처럼
보이더라도 행하면 안전과 번영을 가져올 수 있기 때문이다.

— 《군주론》 15장

도덕론적 리더십의 관점에서 보면 관대하고 온유한 리더는 선
이며, 엄격하고 냉정한 리더는 악이다. 교세라의 창업주 이나모리
가즈오는 이 단선적 이분법을 초월한 리더였다. 그는 일본에서 태
어나 28세에 교세라를 창업해 세계 100대 기업으로 키운 존경받는
기업인이다. 2010년 2월 정부의 요청으로 그는 79세라는 고령의
나이에 파산한 거대 부실 공기업 일본항공(JAL) 회장으로 취임했
다. 그로부터 6개월 뒤 그는 법원에 회생 계획을 제출하고, 1년 만
에 4만 8,000명의 직원 중 1만 6,000명을 감축하는 무시무시한 구
조조정을 단행했다. 이후 일본항공은 2011년부터 영업 흑자로 전
환하면서 기사회생했고, 소임을 마친 그는 2013년 3월 퇴임했다.

당시 이나모리는 경영진에게 "소선(小善)은 대악(大惡)과 닮아
있고, 대선(大善)은 비정(非情)과 닮아 있다"라는 소신을 피력했다.
과거 일본항공의 경영진은 실적이 부진한데도 직원에게 보너스와
각종 혜택을 주며 합심해서 노력하면 나아질 거라 위로하는 작은

선행을 지속했지만, 결국 회사가 파산하는 커다란 악행으로 귀결되었다. 이와 달리 이나모리는 많은 피를 흘리지 않으면 회사가 살아남지 못한다는 현실을 비정하게 이야기하고, 대수술을 통해 살아남는 것이 대선이라는 지론을 펼쳤다.

어설픈 인정을 베푼 리더의 최후

나라의 힘을 키우는 일보다 자신의 욕구를 좇는 왕이 결국에는 나라를 잃어버리는 예도 심심찮게 있다. 따라서 전술을 소홀히 하는 것은 나라를 잃는 주된 원인이 되는 반면, 효율적인 전술은 종종 나라를 차지할 수 있게 한다.　　　　　－《군주론》 14장

송(宋)나라의 양공(襄公)은 춘추 시대(BC 771~BC 476) 5패(五霸)에 속하는 강력한 군주였다. 그는 주변의 약소국 정(鄭)나라가 남방의 강대국 초(楚)나라와 관계를 돈독히 하자, 이를 빌미로 정나라를 공격했다.

정나라를 도우러 온 초나라 원군과의 결전을 앞두고 양공은 강변에 먼저 도착해 진용을 갖추었다. 초나라 군사가 강을 건너기 시작하는 모습을 본 참모들은 "적군이 강을 건널 때가 기회이니 공격해야 합니다"라고 건의했다. 그러나 양공은 "군자는 상대편의 약점을 노리지 않는다"라며 거부했다. 초나라 군사가 강을 다 건너자

참모들은 "적군이 대형을 갖추기 전에 신속히 공격해야 합니다"라며 다시 간곡히 진언했다. 그러나 양공은 한참 동안 기다려 적군이 전투태세를 갖추고서야 싸움을 시작했다. 결국 승리할 기회를 놓친 송나라는 대패했고 양공도 목숨을 잃는다.

후세 사람들은 어설픈 도덕률에 빠져 목숨까지 잃은 양공의 필요 없는 덕, 어리석은 관용을 '송양지인(宋襄之仁)'이라 일컫고 교훈으로 삼았다. 사람을 죽이기 위해 상대의 약점을 노리는 것은 개인 차원에서는 분명한 악덕이지만, 공동체의 운명을 걸고 전쟁에 임하는 리더에게는 전략적 선택지에 불과하다. 리더의 책무를 피상적 선악 개념으로 재단할 수 없다는 교훈을 주는 이야기다.

죄수의 생명을 구한 것은 자비가 아닌 욕심

인간은 아버지의 죽음은 쉽게 잊어도 재산의 상실은 좀처럼 잊지 못한다. 인간이란 자기 재산의 상실은 좀처럼 잊지 못하는 존재이기 때문이다.

— 《군주론》 17장

1770년 4월 영국 탐험가 제임스 쿡(James Cook)이 호주 대륙을 발견했다. 이후 영국 정부는 호주를 죄수의 유형지로 삼았고, 1788년 1월 호주 초대 총독으로 임명된 아서 필립(Arthur Phillip)이 이끄는 11척의 선단이 죄수 732명과 함께 시드니에 상륙했다. 죄수들은 형기를 마치면 자유인이 되는 조건으로 호주행을 선택했지만 그중 다수가 오랜 항해를 견디지 못하고 사망했다. 구체적으로 1790년부터 3년간 죄수 4,082명 중 498명이 항해 중에 죽었고, 심지어 죄수 424명 중 158명이 죽은 배도 있었다.

이에 영국 정부는 대책 마련에 고심했다. 죄수의 처우를 개선하고, 자비롭고 신앙심 깊은 선장을 선발하는 등의 다양한 아이디어 중에서 효과를 거둔 것은 의외의 대책이었다. 바로 '인센티브 원리'에 착안한 방법으로, 선장에게 주는 죄수 호송비 지급 기준을 기존의 '죄수 1인당'에서 '살아서 도착한 죄수 1인당'으로 바꾼 것이다. 그러자 호송선의 선장들은 죄수의 건강에 신경을 쓰기 시작했고, 1793년 422명의 죄수를 이송한 배에서 나온 사망자는 겨우 한 명에 불과했다. 이후 약 16만 명의 죄수가 안전하게 호주로 보내졌다. 결과적으로 죄수의 생명을 구한 것은 선장의 자비심이 아닌 이기심이었다. 당위적 이타심보다 본능적 이기심이 문제를 해결하고 정부-선장-죄수 간의 상호 이익을 확보하는 강력한 동력으로 작용했다.

《군주론》이 현재의 리더에게 주는 시사점

기술의 변화는 경제와 산업뿐 아니라 문화, 의식에까지 영향을 미친다. 아날로그 시대에는 위계, 규율, 명령과 지시에 기반한 폐쇄된 질서가 통했다면, AI 시대에는 수평, 창의, 자발적 협력 등의 개방된 질서가 통한다. 《군주론》을 비롯한 고전이 MZ세대를 이끌어야 하는 이 시대 리더에게 전하는 시사점은 다음과 같다.

첫째, 공자의 모자를 쓰고 한비자의 채찍을 들어라

싸움에서 이기는 두 가지 방법이 있다. 법에 의한 방법과 힘에 의한 것이다. 전자는 인간의 수단이고 후자는 동물의 수단이다. 그러나 대개의 경우 전자의 방법으로는 부족하기 때문에 후자의 도움을 받아야 한다. 즉, 군주는 동물과 인간의 수단을 적절히 구사할 줄 알아야 한다.　　　　　　　　　　　　　　　　　　　　—《군주론》 18장

인간의 속성은 양면적이다. 구체적 이익을 추구하면서도 숭고한 이상을 추종한다. 눈앞의 이익에 적극적이지만, 동시에 드높은 이상과 숭고한 가치관이 있어야 장기적으로 헌신한다. 따라서 인간을 움직이는 기제로서 이익과 이상, 돈과 가치관은 상호 대립적이면서도 상호 보완적이다. 조직의 가치관은 비전, 경영 전략에서 나타나고, 기업 문화에 스며들어 있다. 조직의 가치관에 공감할 때 개인은 열정이 생겨나고 헌신적이 된다. 따라서 올바른 가치관과 기업 문화를 구축하는 것은 기업 발전을 위해 대단히 중요하다. 그러나 기업은 기본적으로 경제 집단이다. 조직의 가치관에 헌신만 강조하는 조직은 정치적 결사 단체는 될 수 있어도 정상적인 기업

으로는 발전할 수 없다. 즉, 기업이 존립하려면 직원에게 돈이라는 인센티브가 합리적으로 주어져야 한다. 리더는 명분과 이익, 상벌과 강제력을 시의적절하게 구사해야 한다.

둘째, 자유와 책임 사이에서 균형을 찾아라

인간이란 어떤 악이든지 예사로 범하지도 않지만, 그렇다고 완전 무결한 성인이지도 않다. ─《로마사 논고》

AI 시대를 맞아 우리나라 기업도 개방적이고 자유로운 조직 문화를 추구하고 있다. 하지만 여기에 상응하는 책임이 수반되지 못하면 한계는 분명하다. 조직에 자유만 넘치면 무질서한 무리로 전락하고, 책임만 강조하면 경직된 화석이 될 것이다. 흔히 구글, 애플, 메타, 넷플릭스 등 아이콘 기업의 자유로운 분위기를 높이 평가한다. 특히 이들 기업은 출퇴근 시간, 연장 근무, 휴가 일수, 경비 사용 등에 세세한 간섭이 없는 개방적 문화를 추구한다. 그리고 동시에 비용 대비 효과가 작은 잡다한 프로세스를 간소화하면서 개인에게 엄격한 원칙과 책임을 요구한다. 무엇보다 목표는 책임지고 달성해야 하며, 그러지 못했을 경우 구조 조정은 당연하다. 그러므로 리더는 자유와 책임의 균형을 고려한 조직 문화를 만들어야 한다.

셋째, 디지털 역동성과 아날로그 안정성, 두 마리 토끼를 잡아라

현명한 군주란 눈앞에 보이는 일만이 아니고 먼 장래의 문제도 내다보고 대처해야 한다. 위험이란 미리 알면 쉽게 대비할 수 있지만 코앞에 닥쳐올 때까지 보고만 있으면 그 병은 악화되어 불치병이 된다.　　　　　　　　　　　　　　　　　　　　　　　　　—《군주론》3장

디지털 시대의 기업 환경은 뷰카(VUCA: Volatility, Uncertainty, Complexity, Ambiguity), 즉 변동성, 불확실성, 복잡성, 모호성의 동시적 증폭이라는 특징을 보인다. 변화에 대응하기 위해서는 역동성을 높여야 하지만 기존 부문의 안정성도 중요하다. 역동성만 높아지면 조직이 불안정해지고, 안정성이 지나치면 시대 변화에 뒤처진다.

따라서 디지털 전환기의 리더는 두 가지 상반되는 역할을 부여받는다. 기존 사업과 조직의 디지털 전환과 동시에, 아날로그 방식의 안정성도 일정 기간 유지해야 한다. 시대적 사명인 디지털 전환에는 모두 공감하지만 시간이 걸리기 마련이다. 그리고 수십 년 동안 지속해온 아날로그 영역을 순식간에 디지털로 전할 수도 없다. 사업 구조의 관점에서 신규 사업은 외견상 화려하지만 아직 수익성이 낮고 미래도 불투명하다. 반면 기존 사업은 진부해 보이나 안정적으로 현금이 창출된다. 조직의 현재를 위해서는 안정성이 필요하고 미래를 위해서는 역동성이 필요하다. 이들 두 마리 토끼를

모두 잡으려면 리더는 균형 잡힌 시야를 갖추어야 한다.

숭고한 이상을 추구하려면 냉혹한 현실을 다뤄야 한다

인간이라면 누구에게나 모든 게 다 보이는 것이 아니다. 많은 사람
은 자기가 보고 싶어 하는 것밖에는 보지 않는다.

— 율리우스 카이사르, 로마 정치가

도덕론은 믿고 싶은 편안한 환상이지만, 현실론은 부정하고 싶
은 불편한 진실이다. 도덕론을 앞세운 종교가 지배적이던 르네상
스 시대에 마키아벨리는 인간 본능과 복합성, 약육강식과 적자생
존의 냉혹함, 힘과 책략을 구사하고 선악을 초월하는, 리더 역할의
다면성이라는 불편한 진실을 이야기했기에 비난받고 배척당했다.
하지만 그의 주장은 지금까지도 생명력을 가진다.

마키아벨리의 관점에서 리더십의 본질은 현실 문제를 해결하
고 공동체를 생존, 발전시키는 것이다. 《군주론》은 '숭고한 이상을
실현하기 위해서는 냉혹한 현실을 다룰 줄 알아야 한다'라는 차원
높은 현실론이자 진정한 이상론이다. 역량 있는 리더라면 추상적
도덕론이나 극단적 현실론에 함몰되지 않고 책무 수행의 전체적
맥락에서 선과 악, 관대함과 엄격함, 용기와 책략 등의 상반적 덕목
을 적절히 구사해야 할 것이다.

명군의 길,
당 태종과 신하 위징

김성곤 한국방송통신대학교

당 태종 이세민(李世民)과 그를 명군의 길로 이끈 현신 위징(魏徵)의 이야기는 세월의 심연을 건너 여전히 우리에게 감동을 전한다. 명군의 길을 묻는 황제에게 위징은 말했다.

"듣기 싫은 얘기를 들을 줄 알면 명군이 됩니다."

당 태종 이세민은 고구려를 침입했다가 안시성에서 호되게 당하고 돌아간 인물로, 우리에게는 달가운 존재가 아니지만 중국에서의 평가는 매우 후하다. 그는 역대 수많은 봉건 황제 가운데 명군 중의 명군으로 칭송받는다. 장군 출신의 그가 어떻게 보통의 황제도 아닌, 명군이 되었을까? 황제가 되기 위해 친형과 친동생마저 죽인 비정한 그는 1,000년이 넘는 긴 세월 동안 최고 명군이라는 부동의 지위를 누리고 있다. 그 비결을 알기 위해서는 그의 주변에 있던 한 사람에게 주목해야 한다. 바로 신하 위징이다. 위징이 없었다면 명군 당 태종은 없었을 것이다.

황제에게 목숨 건 돌직구를 날리는 신하

위징은 어떤 사람이었을까? 아마도 이름자 그대로 징~한 사람이었을 것이다. 황제에게 가장 징~한 사람은 어떤 사람일까? 바로 직언하는 신하다. 황제에게 들이대고 잘못을 따지는 신하다. 황제가 잘못을 범했을 때 신하는 의당 지적해야 한다. 침묵한다면 그는 신하가 아니라 황제를 안에서부터 무너뜨리는 적이다.

신하가 황제를 바로잡는 간언의 방식은 여러 가지다. 황제와 독대해서 조용히 잘못을 지적하여 바로잡을 수도 있고, 많은 신하가 함께하는 공개적인 자리라면 에둘러서 지적할 수도 있다. 시를 읊는다거나 옛날이야기를 들려준다거나 하면서 말이다. 그러면 황제는 체면을 구기지 않고 자기 잘못을 깨달아 바로잡을 수 있다. 그런데 위징은 간접적인 간언 방식을 전혀 고려치 않았다. 그는 무조건 돌직구를 날렸다.

"폐하께선 도대체 무슨 생각으로 이런 다듬어지지 않은 정책을 서둘러 결정하셨습니까? 이런 엉터리 정책이 쓰였다가는 백성을 크게 혼란에 빠뜨릴 것이 분명합니다. 백성의 삶을 돌봐야 할 어버이로서 이것이 할 짓입니까?"

그것도 꼭 백관이 황제만 바라보는 조회 시간만 골라서 돌직구를 던졌다. 돌직구는 위징이 병을 얻어 죽기 전까지 200여 차례나 이어졌다. 황제로서는 정말 곤욕스럽기 그지없는 상황이었다. 위징의 간언이 끝날 때까지 황제는 극도의 수치심과 분노로 시종 치를 떨었다고 역사서에 실릴 정도였다. 그런데 당 태종은 위징의 간언이 끝나면 극한의 분노를 꿀꺽 삼키고 이렇게 말했다.

"나를 비난하는 위징의 신랄한 언사를 듣고 있자니 속에서 천불이 오른다. 하지만 지금 위징은 이 정책을 결정함에 있어 내가 미처 살피지 못한 점을 말하고 있다. 이것은 명백히 나의 잘못이다. 처음부터 다시 논의해보자."

지존의 자리에서 막강한 권력을 누리고 있던 황제가 자신의 잘못을 인정하기 쉬웠을까? 이미 명군의 길로 들어선 황제의 모습이 보이는 장면이다.

위징에 대한 당 태종의 신뢰는 대단했다. 어느 해 중병을 얻은 위징이 병을 이기지 못하고 그만 세상을 떴다. 위징이 죽었다는 비보를 들은 당 태종은 급히 빈소를 찾아 대성통곡하고는 그곳에 모여든 군신을 향해 다음과 같은 의미심장한 말을 남겼다.

"내게는 나를 살피는 세 개의 거울이 있었다. 첫 번째 거울은 의관을 바로잡도록 하는 청동으로 만든 동경(銅鏡), 두 번째 거울은 나라의 흥망성쇠의 원인을 알게 해주는 역사서라는 서경(書鏡), 세 번째 거울은 황제라는 지존의 자리에서 얻은 막강한 권력을 나라와 백성을 위해 바르게 쓰도록 내 사심을 밝혀 보여주는 사람 거울 인경(人鏡), 바로 위징이라는 거울이었다. 위징 앞에만 서면 사직과 백성을 위한다는, 그럴듯한 명분의 정책일지라도 실제로는 내 권력을 더욱 강화하고 나와 가까운 신하들을 편애하려는 그릇된 사심에서 비롯된 것임이 낱낱이 드러났다. 그러니 내가 고치지 않을 수 없었다. 그런데 이제 위징이 죽었으니 나를 비추던 거울 하나가 깨진 게 아니냐! 앞으로 누가 내 거울이 되어 이 막강한 권력을 바르게 쓸 수 있도록 바로잡아줄 것이냐!"

인상 깊은 세 개의 거울 이야기는 위징에 대한 당 태종의 무한한 신뢰를 보여준다.

"양쪽 말을 들으면 명군, 한쪽 이야기만 믿으면 혼군"

위징이 살아 있을 때 이런 일도 있었다. 당 태종과 위징이 역대 황제들을 품평하는 시간을 가졌다. 어떤 왕조의 어떤 임금은 밝고 지혜로운 명군, 어떤 왕조의 어떤 임금은 어리석은 혼군, 이렇게 한창 품평하는 중에 당 태종이 위징에게 물었다. "우리가 지금 명군과 혼군을 나누고 있는데, 그렇다면 명과 혼을 가르는 분명한 기준이 있는가?" 이 질문에 위징은 마치 준비라도 했다는 듯 명쾌한 대답을 내놓았다. "겸청즉명(兼聽則明), 편신즉혼(偏信則昏)." 양쪽 말을 다 들으면 명군이요, 한쪽 이야기만을 믿으면 혼군이라는 뜻이었다.

나라를 부강하게 하고 백성을 평안하게 만들었던 명군에게는 한결같이 '겸청'이라는 공통점이 있었다. 누구나 자신에게 아부하고 코드를 맞추는 이야기는 듣지 말라 해도 저절로 듣는다. 그런데 명군은 듣기 싫은 쪽 이야기, 자신과 의견을 달리하고 자신에게 맞서며, 자신을 불편하게 만드는 쪽 이야기까지도 잘 들었다. 위징은 겸청의 미덕을 가장 잘 발휘한 임금으로 요임금, 순임금을 꼽았다. 유가에서 성군으로 떠받드는, 역대 모든 군왕이 본받으려 했던 요순의 정치적 성과는 겸청에서 비롯되었다. 군신의 다양한 의견을 두루 들었으므로 특정한 세력이 임금의 눈과 귀를 가릴 수 없었다. 그래서 백성의 사정이 임금의 눈과 귀에 다 포착되었고 훌륭한 정치가 가능했다.

겸청의 대척점에 있는 것이 바로 '편신'이다. 한 사람 말만 믿고 정책을 결정하는 것이다. 그 사람 말과 다른 의견은 모두 무시해버린다. 나라를 혼란에 이르게 하고 백성을 도탄에 빠트린 어리석은 임금의 한결같은 공통점이 편신이다.

위징은 편신의 혼군을 대표하는 사람으로 통일 제국 진나라의

2대 황제 호해(胡亥)를 꼽았다. 호해는 진시황이 이룩한 찬란한 통일 제국을 일거에 말아먹은 인물이다. 진나라 군대가 약해서 망했을까? 아니다. 강력한 제국의 군대는 여전히 건재했다. 조정에 인물이 없어서 망했을까? 아니다. 천하 열국으로부터 모여든 인재가 조정에 차고 넘쳤다. 진나라가 망한 것은 호해가 조정의 수많은 신하의 의견을 두루 듣지 않고 오직 한 사람 말만 듣고 믿은 탓이다. 호해의 편신 대상은 환관 출신의 조고(趙高)였다. 어린 호해를 돌봐주고 가르쳤던 조고는 호해가 갑자기 황제가 되면서 커다란 권력을 틀어쥐었는데, 호해는 오직 조고의 말만 전폭적으로 신뢰했다. 결국 호해는 조고에게 철저하게 농락당한다.

그 유명한 '지록위마(指鹿爲馬)' 이야기는 이 과정에서 만들어졌다. 어느 날 자신이 잡은 권력을 시험해보려고 조고가 황제와 군신 앞으로 사슴 한 마리를 끌고 와서는 물었다. "폐하, 이 동물이 무엇인지 아십니까?" 호해가 어처구니없는 표정으로 답했다. "아니, 이것이 사슴인 것을 누가 모른단 말입니까? 별걸 다 물으십니다." 그러자 조고가 능청스럽게 말했다. "아닙니다. 틀렸습니다. 사슴이 아니라 말입니다." 기가 막힌 황제가 군신을 향해 도움을 청했다. "경들이 보기에도 이것이 말입니까?" 둘러선 군신 가운데 반은 침묵했고 반은 조고의 말대로 말이라고 답했다. 조고의 권력이 이미 황제의 권력을 능가한 것이었다. 이렇게 조고의 손에 농락당한 호해는 마침내 그의 손에 죽임을 당하고, 나라의 운도 급전직하 기울어 다음 대에 항우와 유방에게 나라를 내주고 망한다.

당 태종을 향한 위징의 말이 계속되었다. "폐하께서도 명군이 되고 싶습니까? 그렇다면 듣기 싫은 이야기를 들어야 합니다. 폐하께서 듣고 싶은 얘기만 들으려 한다면 편신으로 가는 첩경에 들 것이요, 역사 속에 어리석은 혼군으로 남을 것입니다! 폐하와 의견을 달리하는 신하를 더욱 존중해야 합니다." 당 태종이 탄복에 탄복을 거듭하며 말했다. "내가 그토록 듣고 싶었던 치세의 방략이 바로 겸청에 있음을 비로소 알았노라. 내가 반드시 겸청의 군주가 되겠노라!" 하지만 이런 결심과는 달리 겸청으로 가는 길은 여전히 멀고 험했다.

직언의 두 가지 기술, 직간과 휼간

겸청의 어려움을 전하는 일화 하나를 소개한다. 당 태종에게는 지혜로운 황후 장손(長孫)씨가 있었다. 어느 날 이른 시간에 황제가 내전으로 돌아왔다. 한창 조정에서 국사를 논의해야 할 황제가 조기 퇴근을 한 것이다. 어쩐 일인가 싶어 황후는 급히 나가 황제를 맞이했다. "폐하, 어쩐 일이십니까? 이렇게 이른 시각에 퇴청하시다니요."

황제는 극한 분노로 얼굴이 벌겋게 달아올라 있었다. 황제가 거칠게 숨을 몰아쉬면서 격한 언사로 외쳤다. "위징, 이 촌뜨기 같은 놈, 이번엔 반드시 죽여버릴 것이다! 그동안 그토록 나를 비난해도 참았던 것은 그래도 그의 말이 나라를 다스림에 유익하다고 여겨서였지만, 이렇게까지 군신 앞에서 내게 모욕을 안겨준다면 내 영이 어찌 선단 말이냐. 어찌 군신을 이끌고 나라를 다스린단 말이냐? 이제 더는 참을 수가 없다. 내 반드시 그를 죽일 것이다!"

위징의 직언 때문에 괴로워하던 황제의 모습을 종종 봤지만 이번에는 그 정도가 달랐다. 황후는 황제의 분노가 극점에 이르렀으니 이대로라면 위징이 죽을 수도 있겠다 싶었다.

생각에 잠겨 있던 황후는 아무런 말도 없이 밖으로 나갔다. 잠시 뒤에 돌아왔는데 복장이 달라져 있었다. 아까 입었던 평상복을 벗어버리고 국가에 대사가 있을 때 입는 예복을 거창하게 차려입고 나타났다. 그러고는 어리둥절 바라보는 황제를 향해서 넙죽 큰절을 올리며 말했다. "폐하, 감축드리옵니다." 갑작스러운 황후의 축하 인사에 당 태종이 무슨 뜬금없는 짓이냐며 언성을 높였다. 그러자 황후가 조용하고 분명한 목소리로 정색하며 말했다.

"소첩은 어려서부터 임금이라면 반드시 알고 실천해야 할 군왕의 도가 '군명신직(君明臣直)'이라고 배웠습니다. 임금이 밝으면 신하는 직언한다, 임금이 명군이면 반드시 그 밑에는 직언하는 신하가 있다, 이것이 군왕의 도라고 배웠습니다. 지금 위징은 폐하의 수많은 신료 중에서 직언하는 직신(直臣)입니다. 그런 신하를 두셨으니 폐하는 이미 명군이신 것이 분명합니다. 명군 되신 것을 감축드립니다."

갑자기 당 태종은 언제 화를 냈냐는 듯 파안대소하며 말했다.
"하하하, 맞소! 위징이야말로 나를 명군으로 만들 나의 훌륭한 직
신이오. 내가 잠깐 화가 나서 그랬지 뭐 진짜 죽이려고야 했겠소,
하하." 이런 방식의 간언을 휼간(譎諫)이라고 한다. '휼'은 속인다는
뜻이다. 수를 써서 간언이 아닌 것처럼 속인다는 말이다. 간언을
듣는 제왕이 수치심을 느끼지 않도록 수를 써서 완곡하게 에둘러
서 간언하는 것이다.

위징처럼 돌직구를 날리는 직간(直諫)은 효과를 즉각적으로 볼
수 있지만 제왕의 분노를 사서 간언하는 신하가 위태로워지기도
한다. 그래서 때로는 휼간의 기술이 필요했다. 《한비자》에는 휼간
과 관련해 다음과 같은 비유가 있다.

"사람들이 다들 두려워하는 날카로운 이빨과 발톱을 가진 용도
사실 무서운 것이 아니다. 얼마든지 타고 조종할 수 있다. 등에 올
라타고 용의 목덜미 비늘을 쓰다듬어 주면 용이 말을 잘 듣는다.
그런데 조심할 것이 있다. 목덜미에는 역방향으로 박혀 있는 역린
이 몇 개 흩어져 있다. 목덜미를 쓰다듬다가 잘못해서 이 역린을
건드리면 용이 그 고통을 견디지 못하고 그 사람을 물어 죽인다."

휼간은 역린을 건드리지 않고 제왕을 바로잡는 방식의 간언이
었다. 황제의 잘못 앞에서 신하가 취할 수 있는 길은 직간 아니면 휼

간이다. 목숨 걸고 직간할 것인가, 아니면 지혜롭게 휼간할 것인가.

조직의 전성시대를 이끄는 겸청 리더십

장손 황후가 설파한 군명신직이라는 군왕의 도는 지금 우리 세상에도 적용이 가능한 내용이다. '군'을 어떤 조직의 수장이라고 본다면, 그가 밝은 리더인가 아니면 어리석은 리더인가를 결정하는 요소는 자신이 아닌 직신에 있다. 그 수장을 둘러싼 임원 중에 직언하는 사람이 있는지를 살펴야 한다. 직언하는 사람이 하나도 없다면 리더가 아무리 뛰어난 능력과 풍부한 경험이 있다 하더라도 결국에 가서는 어리석은 리더가 될 가능성이 크다.

당 태종은 직언을 들으면 더욱 위징의 말에 귀를 기울였고, 조정의 신료에게도 위징을 본받을 것을 당부했다. 황제와 의견이 다를 때 침묵하지 말고 본인의 의견을 제시해줄 것을 신신당부했다. 그러면 몇몇 신하가 용기 내어 황제와 다른 의견을 제시하면서 조정은 아주 건설적인 논의의 장으로 바뀌었다. 이 논의의 장에서 창의적인 정책이 제안되고 활발한 토론을 통해 잘 다듬어진 연후에 백성에게 쓰이니, 전쟁으로 혼란스러웠던 사회가 빠르게 안정이 되면서 곳곳에 치세의 조짐이 보이기 시작했다.

역사가들은 이 시기의 정치적 성과를 당 태종의 연호를 따서 '정관지치(貞觀之治)', 정관의 치세라고 부른다. 당나라의 황금기로

가는 문을 활짝 연 정관의 치세는 당 태종의 겸청 리더십이 끌어낸 결과다.

겸청, 양쪽 이야기를 듣는다는 말이지만, 겸청의 핵심은 내 생각과 다른 쪽 이야기를 듣는 데 있다. 절대 쉽지 않은 일이다. 하지만 그렇게 하면 밝아진다. 리더로서 결론을 내려야 하는 수많은 상황에서 자기 의견과 다른 쪽 이야기에 더욱 주의를 기울이는 것, 어렵지만 실천해야 할 밝은 리더의 필수 덕목이다.

빌 게이츠의 통찰력은
어디에서 오는가?

구본권 한겨레신문 사람과디지털연구소

2022년 11월 오픈AI가 챗GPT를 발표한 이후, 생성 AI 기술이 세상을 주도하고 있다. 구글, 페이스북, 아마존, 애플, 엔비디아, AMD 등 거대 기술 기업도 기술 개발과 투자 경쟁에 본격적으로 뛰어들었지만 오픈AI만큼 집중적 관심과 조명을 받는 곳은 없다. 오픈AI가 혁신적 성능으로 생성 AI 기술을 선도하는 까닭이다.

주식 시장에서 오픈AI의 최대 수혜 기업은 MS로 평가받는다. MS는 일찌감치 오픈AI와 협력해오며 오픈AI의 지분 49퍼센트를 확보했고, 챗GPT 기능을 MS오피스 등에 통합해 AI 서비스를 구현했다. 그 결과, MS는 2023년 상반기부터 사상 최고치 주가를 꾸준히 경신하며 애플을 제치고 시가총액 1위 자리에 올랐다.

어떻게 MS는 기술 개발과 투자 경쟁이 치열한 빅테크 세계에서 일찌감치 다크호스 오픈AI의 가치를 앞서 발견하고 투자 기회를 잡았을까? 공식적인 판단과 제품 개발 결정 등은 MS의 탁월한 CEO 사티아 나델라를 통해 이루어졌지만, 그 배경에는 빌 게이츠가 있다.

빌 게이츠가 평생 목격한 '최고의 혁신 기술'

빌 게이츠는 1975년 친구인 폴 앨런(Paul Allen)과 함께 MS를 창립한 이래, 2000년까지 오랜 기간 최고경영자로 일했다. 그 뒤 이사회 의장을 지내다가 2014년 물러났고, 2020년 3월 재단 활동에 전념한다며 평이사직도 사임했다. 하지만 〈비즈니스인사이더〉 등 미국 언론 보도에 따르면, 게이츠는 공식 직함이 없어도 MS에 큰 영향력을 행사하고 있다. MS의 고위 임원 영입과 전략 계획 등 주요한 결정에는 게이츠의 의견이 반영된다는 게 중론이다.

게이츠는 2024년 3월 자신의 블로그 '게이츠 노트(Gates notes)'에 'AI 시대가 열렸다'는 내용의 글을 올리고 챗GPT가 자신이 만난 두 가지 혁명적 기술 중 하나라고 했다. 그는 "나를 놀라게 한 혁명적 기술을 두 가지 꼽을 수 있는데, 첫 번째는 1980년 (제록스 팰로앨토연구소에서) 소개받은 GUI고, 두 번째는 지난해 오픈AI 개발진이 보여준 AI 실험 결과"라며 챗GPT 기술을 극찬했다. 또한 "1980년대 GUI가 윈도우와 맥 OS(Operating System, 운영 체제)의 등장으로 이어졌듯, AI 기술이 비슷한 수준의 혁명을 이끌 것이라고 믿는다"라면서 "AI가 사람들이 일하고, 배우고, 여행하고, 건강을 관리하고, 서로 소통하는 방식을 모두 바꿔놓을 것"이라고 예측했다.

GUI와 챗GPT의 두 가지 공통점

게이츠가 최고의 혁명적 기술로 꼽은 GUI와 챗GPT는 각기 다른 기술이지만, 두 가지 측면에서 공통점을 지닌다.

첫째, 두 기술 모두 MS의 적극적인 투자로 상품화되었다. 제록스 팰로앨토연구소에서 게이츠가 만난 GUI는 문자 명령어로 이루어지던 컴퓨터 조작을 아이콘과 마우스 이용으로 바꾸면서 실질적으로 개인용 컴퓨터 대중화 시대를 열었다. 그리고 MS는 기존의 도스 운영 체제를 윈도우 운영 체제로 대체하면서 엄청난 성공을 거두었다. AI 시대를 예견한 MS는 오픈AI와 장기적 파트너십을 구축하고 100억 달러를 투자하며 지분의 49퍼센트를 확보했고, 그 성과는 AI 오피스 출시와 시장 가치 폭등으로 나타났다.

둘째, 두 기술 모두 혁신적인 사용자 경험을 제공한다. GUI는 이전까지 전문가와 프로그래머의 도구였던 컴퓨터를 누구나 다룰 수 있는 상품으로 만들었다. GUI는 '컴맹'이라는 말을 사라지게 했고, 결과적으로 오늘날을 가져왔다.

챗GPT로 대표되는 생성 AI 역시 손쉽고 편리한 조작이라는 점에서 40여 년 전의 GUI와 비슷하다. 생성 AI가 등장하기 전까지 AI를 활용하던 사람들은 AI 개발자, 프로그래머, 데이터과학자 등 일부 전문가들에 불과했다. 그런데 챗GPT는 일상 언어를 입력하거나 말하는 것만으로 누구나 AI를 이용할 수 있게 했다. 이로써 복잡한 명령어나 머신러닝 용어를 알지 못해도 생성 AI를 이용하면 얼마든지 그림을 그리고 소설을 완성하고 작곡을 할 수 있다. 생성 AI는 GUI처럼 아이부터 노인까지 손쉽게 사용하는 도구가 될 전망이다.

GUI가 등장했던 1980년 초에는 오늘날과 같은 정보화 혁명, 스마트폰 혁명, 모바일 혁명의 모습을 구체적으로 예상하기 어려웠듯, 생성 AI 시대의 초기인 지금 시점에서 미래 AI의 모습을 구체적으로 전망하기는 어렵다. 하지만 AI는 지금까지 상상하지 못했던 방식으로 다양하게 활용될 것이고, 일상과 사회 구석구석까지 거대한 변화를 맞이할 것은 분명해 보인다.

MS가 혁명적 기술을 선점하고 투자한 배경

MS가 GUI와 챗GPT라는 기술이 갖는 미래 가치와 영향력을 일찌감치 알아보고, 공격적인 투자를 집행해 성공적 결실을 거두었다는 사실은 게이츠의 뛰어난 경영 능력을 확인시켜준다. 컴퓨터 OS 개발, 오피스 도구와 인터넷 브라우저 경쟁, 엑스박스(Xbox)와 클라우드 전략 선회 등 MS가 시장을 주도하고 좌우한 기술이 적지 않지만, 그중에서도 게이츠가 언급한 GUI와 챗GPT는 특별하다.

그렇다면 게이츠는 어떻게 특별한 가치를 지닌 혁명적 기술을 일찌감치 알아보았을까? 게이츠의 남다른 통찰력은 혁신적 기술의 등장과 경쟁이 치열한 정보 기술 분야에서 그와 MS가 오랜 기간 선도적 지위와 경쟁력을 유지해온 배경이다. 게이츠는 소프트웨어 전문가인 동시에, 광범위한 기술의 영향력과 가치를 알아보는 능력을 갖춘 경영자다. 특히 그는 궁극적으로 기술의 성능보다 사용자 경험의 변화를 무엇보다 중요하게 여긴다.

오늘날 '사용자 경험'이라는 말을 실질적으로 만들어내고, 그 가치를 일깨운 세계적 디자이너 도널드 노먼(Donald Norman)은 디자인 분야의 고전이 된 저서 《디자인과 인간 심리》에서 "사람을 이해하는 것이 기계와 기계를 설계하는 사람들의 의무"라고 말하며 엔지니어가 지나치게 기능 구현과 논리 위주로 접근하려는 태도를 경고했다. 강력하고 다양한 기능보다 설명이 없이도 쉽게 사용할 수 있는 직관적인 사용법을 고안하는 게 노먼의 사용자 경험 중시 디자인이다.

그는 기기 설계와 디자인에서 인간의 마음과 행동에 대한 깊은 이해를 강조한다. 휴먼-컴퓨터 인터페이스(HCI)로 인간 중심 디자인을 개척한 그는 애플에서 부회장을 역임하며, 제품 디자인에 많은 영향을 끼쳤다. 게이츠 역시 정보 기술과 제품에서 사용자 경험이 갖는 가치와 의미를 중요하게 받아들여 성공을 이루어냈다.

"오늘의 나를 있게 한 건 마을 도서관이다"

게이츠가 미래를 예견한 사례는 GUI와 챗GPT에 국한되지 않는다. 그는 1999년 펴낸 저서 《빌게이츠@생각의속도》에서 미래 기술 15가지를 예측했는데, 결과적으로 그의 예측은 놀라울 정도로 정확했다. 책에서 그는 실시간 가격 비교 사이트, 모바일 기기, 인터넷 결제, AI 비서, 온라인 홈모니터링, 소셜미디어, 스포츠 경기 실시간 토론 사이트, 스마트 광고, 인터넷 토론 게시판, 사물인터넷 등을 미래에 널리 쓰일 기술로 예측했다. 스마트폰과 모바일 인터넷이 없던 1990년대 말 게이츠가 미래의 핵심 기술로 제시한 목록은 어떤 미래학자보다 정확했다.

게이츠는 세계에서 가장 바쁜 사람일 테지만, 평생에 걸친 열정적인 독서를 통해 자기 전문 분야를 뛰어넘는 폭넓은 식견과 통찰력을 유지하고 있다. 그는 "오늘의 나를 있게 한 것은 우리 마을 도서관이었다. 하버드 졸업장보다 소중한 것은 독서하는 습관이다"라고 말하며 지금도 한 해에 50권 정도의 종이책을 읽는다. 그는 2010년부터 블로그에 1년 동안 읽은 책 중에서 좋은 책을 추천하고

서평을 올린다. 매년 게이츠가 이 목록을 발표할 때마다 주요 뉴스로 보도되고 해당 도서들은 베스트셀러가 된다. 목록을 살피면 신간부터 고전까지 출간 시기도 다양하고, 문학, 과학, 역사 등 장르도 광범위하다. 실제로 게이츠는 가장 큰 영향을 받은 책으로 경제 경영서가 아닌, 과학 소설과 인물 평전을 꼽았다.

게이츠가 GUI와 챗GPT를 혁명적 기술로 꼽은 점과 독서에 대한 열정적 태도에는 공통된 측면이 있다. 바로 인간에 대한 종합적이고 깊은 이해와 추구다. 제품과 기술 개발에서 중요한 것은 뛰어난 기능의 구현보다 인간이 어떻게 그 기술을 사용할 것인가를 이해하는 인간 중심적 디자인과 설계다. 게이츠는 그런 사용자 경험을 획기적으로 개선하는 기술이 큰 변화를 불러온다는 걸 알고 있다. 그리고 그가 평생에 걸쳐 남다른 전문성과 통찰력을 유지해온 배경에는 세상과 사람에 대한 깊은 이해를 완성한 열정적 독서 습관이 있다.

게이츠가 보여주는 진리는 단순하다. 가장 중요한 것은 사람에 대한 이해고, 그래서 독서와 성찰은 리더에게 무엇보다 우선해야 할 습관이라는 사실이다.

리더에게 묻는다,
공감과 동의의 차이

김태규 고려대학교

미국에서 10년 넘게 학생과 교수로 지내는 동안, 미국에서 태어나 성장한 사람들을 많이 만날 수 있었다. 그러면서 개인적으로 미국인은 겉과 속이 다르다고 느낀 적이 여러 번 있다. 친구 사이든 일로 만난 사이든 앞에서는 모두 내 이야기를 들어주면서 나를 이해해주는 듯하다가도, 막상 최종적으로 의사 결정을 할 때는 입장을 확 뒤집어버려 깜짝깜짝 놀라곤 했다.

언젠가 학교에서 열린 교수채용위원회에 참석했다. 다섯 명의 교수가 신규로 채용할 교수 후보자 세 명에 대해 의견을 나누었는데, 나만 의견이 달랐다. 나는 왜 특정 후보자가 더 적합한지 설명하며 다른 교수들을 설득하려 애썼다. 미국에서 나고 자란 다른 교수들은 내 이야기를 경청하더니 공감한다고 했다. 그래서 나는 잘 설득이 되었다고 믿었는데, 나중에 결정 단계에 이르러서는 교수들이 전혀 다른 이야기를 하는 게 아닌가. 나는 '역시 미국인은 겉과 속이 다르구먼' 하고 치부하고 말았다.

그러던 중 소통 관련 연구를 진행하면서 미국의 초등학교 5학년 수학 수업을 참관할 기회가 있었다. 참관하러 들어간 학급의 교사는 5학년이 도저히 이해할 수 없는 문제를 학생들에게 보여주더니 풀어볼 사람이 있는지 물었다. 그러자 학생 하나가 자신 있게 앞으로 나와 자신이 생각하는 방법으로 문제를 풀어나갔다. 물론 정답하고는 거리가 먼, 그 학생 나름의 생각일 뿐이었다. 그런데 신기하게도 다른 학생들은 고개를 끄덕이기도 하고, 미소도 지으며 그 친구의 설명을 주의 깊게 경청했다. 다들 그 친구의 생각에 공감하려는 모습이었다. 그리고 곧 수업이 끝났다. 나는 마지막에는 교사가 문제 풀이 과정을 보여주겠지 기대했는데, 해답 풀이는 없었다.

수업을 마친 후에 교사와 인터뷰를 진행했다. 내가 "정답은 다음 시간에 알려주나요?"라고 묻자, 교사의 대답은 이랬다. "그럴 계획이 없어요. 어차피 학생들이 이해하지 못하는 문제거든요. 초등학교 5학년 수학 과정의 커리큘럼은 정답을 찾는 게 중요한 것이 아니고, '수'라는 매개체로 타인과 공감하는 소통을 배우는 것이 목적입니다." 교사의 대답에 머리를 한 방 세게 맞은 듯했다. 미국의 학교에서는 이렇게 다양한 방식으로 공감하는 소통을 강조하며, 학창 시절부터 아이들은 상대방을 설득하기 전에 공감하는 게 중요하다는 것을 배우고 있었다.

수년 전 어느 경찰대학교 교수가 내 수업에서 특강을 해주었다. 국가 프로젝트 일환으로 세계의 여러 협상 전문 기관에서 특별 훈련을 받은 협상 전문가인 그의 말은 인상적이었다. "한국인은 소통할 때 공감과 동의를 구분하지 않고 동일시하기 때문에, 공감하는 것조차 두려워하는 모습이 나타납니다."

무슨 뜻일까? 내가 공감한다고 표현하는 순간, 상대의 말에 동의했다고 착각할까 두려운 나머지 공감하는 모습을 드러내지 못한다는 말이었다. 듣고 보니, 바로 내 모습이었다. 앞서 언급한 교수채용위원회의 사례에서도 내 말에 공감하는 모습을 보이면서도 '그렇다고 네 의견에 동의하지는 않아'라는 시그널을 보내는 교수들을 보고 겉과 속이 다르다고 여긴 이유가 바로 이것이었다.

인간만이 입장을 바꿔서 공감할 수 있다

공감은 인류가 유인원과 차별되게 진화하면서 갖춘 독특하고

도 탁월한 능력이다. 이제 걸음마를 시작한 아기와 눈을 마주친 뒤, 팔을 들어 손가락으로 먼 곳을 가리키면 대부분의 아기는 손가락이 가리키는 방향을 응시한다. 상대와 공감하며 마음을 읽는 것이다. 반면에 장기간의 훈련으로 세 자릿수 곱하기 세 자릿수의 연산을 막힘없이 척척 해낼 만큼 지능이 높다는 침팬지는 이런 상황에서 상대의 손가락 끝을 응시한다. 공감이 이루어졌다고 볼 수 없는 모습이다.

영장류학자인 에모리대학교 프란스 드 발(Frans de Waal) 교수는 인간은 공감 능력이 3단계에 걸쳐 진화했으며, 출생 이후 3단계의 과정을 거친다고 했다.

1단계 '상황 파악(state matching)'으로, 주변을 살펴보고 웃어도 되는지 안 되는지를 파악한다.

2단계 '감정적 동조(sympathetic concern)'로, 상대가 느끼는 감정 상태에 공감한다.

3단계 '관점 채용(perspective taking)'으로, 상대의 생각, 세상을 바라보는 시각, 관점 등을 이해하고 공감한다.

앞서 말했듯 공감은 반드시 동의를 전제로 하지 않는다. 동의는 의견 조율과 토론으로 도달하는 것이다. 이에 비해 공감은 입장을 바꾸어 상대가 처한 상황, 감정, 관점에 대해 생각하는 인간 고유의 능력이다.

당신의 공감 능력은 어느 단계까지 성장하고 진화했는가? 다양성이 매우 큰 화두인 21세기를 지혜롭게 살아가기 위해서는 상황 파악과 감정적 동조 단계를 넘어 관점 채용 단계까지 이르러야 한다. 그러려면 자신의 공감 단계를 진단하고 이를 키우는 일상의 훈련이 필요하다. 특히 리더에게 공감 능력은 매우 중요한 조건이자, 다양한 사람으로 이루어진 조직에서 창의적 성과물을 도출할 때 필수 요소다.

공감의 시작은 다양성에 대한 인정과 존중

높은 공감 능력은 개인의 다양성을 인정하고 존중하는 조직을 만드는 데 기여한다. 이는 창의성이 높다고 잘 알려진 유대인의 하브루타 교육과는 대비되는 한국의 교육 방식을 비교하면 잘 알 수 있다.

하브루타 교육은 유대인의 전통적 학습 방법이다. 학습자 각자가 분석하고 자기 생각을 조직화해 상대방에게 설명하며, 상대방의 이야기를 듣고 질문하면서 때로는 전혀 새로운 관점을 발견해가는 하브루타 교육은 유대인 토론 문화의 근간이 되었다.

그러면 한국 교육은 어떨까? 홍익대학교 건축학과 유현준 교수가 한국의 학교 건물을 분석한 적이 있다. 그는 우리나라의 학교

건물을 보면 어떤 특정 의도와 목적을 갖고 지어진 건물을 연상시
킨다고 언급한 적이 있다. 이 특정 목적과 의도를 가진 건물이 바
로 감옥이다. 감옥의 목적은 통제에 있다. 우리나라의 학교도 마찬
가지라는 것이다.

학창 시절 당신의 학교는 어땠었나? 교실만 나가면 어디로든지
밖으로 나갈 수 있도록 통로가 바로 있었나? 아닐 것이다. 아마도
긴 복도를 지나면 문이 한두 개 있고, 이를 통과해야 바깥으로 출입
이 가능했을 것이다. 또한 복도가 굽어진 학교는 거의 없다. 보통
은 복도의 한쪽 끝에서 다른 쪽 끝까지 한눈에 들어와 통제가 가능
하도록 설계되어 있다. 이런 환경은 조직에서 튀면 죽는다는 시그
널을 지속해서 전하며, 결국 우리는 통제와 획일성에 길들여진다.

우리나라에는 '모난 돌이 정 맞는다'는 속담이 있다. 이토록 통
제의 힘이 강하고 획일성이 강조되는 분위기에서는 자유로운 토론
이나 창의적인 결과물을 기대하기가 힘들다. 토론은 다른 사람이
나와 다른 의견을 가지고 있다는 것을 인정하고 존중할 때 가능하
다. 획일적인 교육을 통해 '너와 나는 같은 생각을 하고 있다'라는
사실에 너무도 익숙한 우리는 토론하라고 멍석을 깔아주면 대부분
이 매우 불편함을 느낀다. 당연히 토론이 잘 이루어질 리 없다.

토론은 우리를 새로운 생각으로 데려다준다. 그리고 그 출발점
은 다양성에 대한 인정과 존중이다. 만일 다양성에 대한 인정과 존
중이 부족한 상태에서 토론이 이루어지면 감정적인 충돌로 귀결

되기 쉽다. 이런 충돌을 방지하고, 다양한 생각과 의견이 창의적인 가치를 가진 결과물로 이어지게 하려면 공감이 필요하다.

당신은 조직 생활을 하면서 얼마나 공감하는 소통을 하고 있는가? 스스로 살펴보자. 공감과 소통이 어려운 사람에게 팁을 하나 전한다. 상대를 '아이를 돌보는 마음'으로 바라보길 바란다. 아직 말을 배우기 전의 아이를 돌보다 보면 저절로 '저 아이가 무슨 생각을 하고 있을까' 하고 바라보게 된다. 그와 같은 관심의 눈빛을 조직원들에게 보여줄 때, 공감을 위해 부단히 노력하는 당신의 모습을 상대도 느낄 것이다.

영감을 주는 CEO,
세일즈포스 마크 베니오프

더밀크리서치센터

글로벌 고객관계관리(Customer Relationship Management, 이하 'CRM') 시장에서 세일즈포스(Salesforce)는 점유율 22퍼센트를 차지하는 세계 1위 기업으로, 1999년 마크 베니오프(Marc Benioff)가 창업했다. 전 세계 18만 개 이상의 기업이 세일즈포스의 CRM 플랫폼을 사용한다. 2023년 기준 세일즈포스의 매출은 317억 달러로, 이는 전년 대비 26퍼센트 증가한 수치다. 세계 최초로 클라우드 기반의 서비스형 소프트웨어(Software as a Service, 이하 'SaaS')로 사업을 시작한 세일즈포스는 현재 시가총액 2,617억 달러로 글로벌 기업

시가총액 순위 30위권에 진입했다.

세일즈포스는 증권가에서 주식 종목을 가리키는 코드인 티커도 CRM이다. 세일즈포스는 CRM 서비스만으로 어떻게 세계 최고가 되었을까? 세일즈포스의 핵심 비즈니스 모델은 '기업의 고객 관리를 돕는 것'이다. 세일즈포스의 CRM 서비스는 웹사이트, 이메일, 콜센터, 온·오프라인 매장 등에서 발생한 고객 데이터를 자동으로 취합하고, 이를 토대로 기업이 초개인화 영업 및 마케팅 전략을 세우도록 지원한다. 주요 제품으로는 고객 정보와 상호 작용, 판매 기회 추적 및 관리 등을 한곳에서 관리하는 '세일즈 클라우드', 고객 문의를 효율적으로 처리하는 '서비스 클라우드', 마케팅 캠페인을 계획하고 실행하는 '마케팅 클라우드', 온라인 상거래 통합 플랫폼인 '커머스 클라우드'가 있다.

기업에는 자재 및 재고 관리, HR 등에 들어가는 비용은 물론 이용자의 반응을 실시간으로 한눈에 볼 수 있는 시스템이 절실하다. 그래서 세일즈포스는 민감한 고객과 기업 간의 거래 정보를 암호화하고, 구독으로 해결해주는 서비스를 제공했는데, 기업의 선호도가 역시 높았다. 2023년에는 AI를 접목한 CRM 플랫폼 '아인슈타인'을 공개했다. 아인슈타인은 AI 기반의 기능들을 통합해 CRM 시스템을 더욱 스마트하고 효율적으로 만드는 것을 목표로 한다. 해당 플랫폼은 머신러닝, 자연어 처리, 예측 분석 등을 활용해 기업이 고객 데이터를 더 잘 이해하고 활용하게 돕는다.

이처럼 세일즈포스는 클라우드라는 개념이 미처 정착되기도 전에 소비자를 위한 클라우드 서비스를 선보였고, 세계 최초로 생성형 AI를 고객 관리에 접목했다. 이는 글로벌 IT 공룡인 아마존, 구글, MS 등보다 앞선 행보였다. 덕분에 구글, 코카콜라, 월마트, 토요타, 아마존, LG 등 〈포천〉 선정 500대 기업에 포함된 굵직한 글로벌 기업 대부분이 세일즈포스의 고객사가 되었다.

잡스를 멘토로 둔 천재 개발자의 창업기

세일즈포스의 중심에는 공동 창업자이자 CEO인 마크 베니오프가 있다. 베니오프는 신뢰, 고객 성공, 혁신, 평등, 지속가능성이라는 다섯 가지 핵심 가치를 바탕으로 1999년 세일즈포스를 설립했다. 유대계인 베니오프는 샌프란시스코 베이 지역에서 나고 자랐다. 〈블룸버그〉에 따르면 그는 1982년 벌링게임고등학교를 졸업했고, 아버지인 러셀 베니오프는 샌프란시스코에서 지역 백화점을 운영했다. 베니오프는 한 인터뷰에서 "아버지로부터 직업 윤리를 배웠다"라고 했다.

그는 어렸을 때부터 천재 프로그래머로 불렸다. 15세 때 아타리 800 컴퓨터용 게임을 만드는 1인 게임사인 리버티소프트웨어를 설립했다. 그는 여기서 〈크립트 오브 언데드〉, 〈킹 아서의 후계자〉, 〈더 나이트메어〉, 〈벌컨섬 탈출〉 등의 9비트 게임을 만들어 판매했다. 게임을 판매한 수익금으로 학비를 마련했고, 서던캘리포니아대학교에 다니면서 애플 매킨토시 사업부에서 프로그래머 인턴으로 일했다. 그리고 이때 만난 스티브 잡스를 인생 멘토로 여기며 평생 우정을 쌓았다.

〈테크크런치〉에 따르면, 베니오프는 2013년 한 콘퍼런스에서 "스티브 잡스가 없었다면 세일즈포스도 없었을 것"이라고 말했다. 그는 세일즈포스 창업 당시 초기 의사 결정을 할 때 잡스의 조언을 많이 받았다. 베니오프는 훗날 저서《최고 혁신기업은 어떻게 만들어지는가》에 "애플에서 일하던 여름, 기업가들도 혁신적인 아이디어를 키우는 것이 가능하다는 것을 알게 됐다"라고 썼다.

그리고 베니오프는 한 교수로부터 비즈니스에 흥미가 생길 수도 있으니 프로그래밍 이외의 분야에서 일해보라는 조언을 들었다. 그리고 졸업 후 오라클에 입사한다. 고객 서비스 담당으로 입사한 베니오프는 23세에 오라클에서 '올해의 신인'에 선정되었으며, 그로부터 3년 뒤 회사 역사상 최연소로 부사장이 되었다. 이때 그는 이미 백만장자의 반열에 올랐다. 이후 13년 동안 오라클에서 영업, 마케팅, 제품 개발 등 다양한 업무를 맡으며 성장을 주도했다. 그리고 마침내 1999년 샌프란시스코에서 창업 전선에 뛰어드는데, 그때 세일즈포스가 탄생했다.

세일즈포스의 키워드: 혁신적 사고, 실행력, 인수합병

베니오프는 클라우드 컴퓨팅이라는 새로운 패러다임을 도입하고 이를 성공적으로 상용화한 인물로 평가받는다. 그는 전통적인 소프트웨어 배포 방식에서 벗어나 클라우드 기반의 서비스형 소프트웨어를 도입해 업계를 선도했다.

세일즈포스의 성공 비결 중 하나는 혁신적인 사고와 실행력이다. 베니오프의 창업 아이디어는 '인터넷으로 기업에 소프트웨어를 빌려준다'는 것이었다. 이전까지만 해도 오라클, MS, SAP 등의 기업용 소프트웨어는 3.5인치 플로피 디스켓이나 CD 등에 담겨 라이선스로 판매되는 게 일반적이었다. 관리가 어렵고, 가격이 비싸니 일부 대기업에서만 사용되었다. 베니오프는 인터넷의 보급으로 기업의 전산화가 이루어질 것을 예측하고, 기존의 영업 방식을 바꾸어 업데이트와 데이터 관리를 훨씬 더 효율적으로 할 수 있는 월 65달러의 구독형 서비스를 선보인다. '소프트웨어는 끝났다(No Software)'라는 슬로건을 내세운 세일즈포스의 비즈니스 모델은 1990년대 후반이었던 당시로서는 혁명적이었다.

베니오프의 예상은 적중했다. 세일즈포스는 빠르게 시장을 점령했고 2004년 뉴욕증권거래소에 성공적으로 상장한다. 세일즈포스의 또 다른 성공 열쇠는 인수합병(이하 'M&A')을 통한 전략적 기술 및 시장 확장이었다. 2006년부터 세일즈포스는 크고 작은 기업

60여 개를 M&A했다. 서비스 영역을 다각화하고 잠재 고객을 확대하기 위함이었다. 세일즈포스는 2018년 애플리케이션 네트워크 플랫폼 회사인 뮬소프트(MuleSoft)를 약 65억 달러에 인수하며 다양한 시스템과 데이터를 통합하는 역량을 높였다. 2019년에는 데이터 시각화 및 분석 전문 회사 태블로(Tableau)를 약 157억 달러에 인수해 데이터 분석 역량을 강화했다. 2021년에는 역대 최고의 투자금으로 기록된 협업 플랫폼 슬랙(Slack)을 약 277억 달러에 인수했다. 이로써 협업 도구를 강화하고 자사의 플랫폼을 확장했다.

세일즈포스는 MS와의 경쟁에서 우위를 선점하기 위해 성장 가능성이 큰 기업용 협업 툴을 선택했다. 또한 이미 시장에서 검증된 슬랙을 인수하여 단일 플랫폼 형태로 전 세계 기업의 직원, 고객, 파트너사를 연결하는 시장에 바로 진출할 수 있었다.

사회적 가치와 공공성 실천으로 존경받는 리더십

베니오프는 세계에서 가장 존경받는 리더 중 한 명이다. 〈포브스〉에서는 '10년의 혁신가'로, 〈포천〉에서는 '세계 최고 리더 25인' 중 1인으로, 〈하버드비즈니스리뷰〉에서는 '최고의 성과를 내는 CEO 10인' 중 1인으로, CNN에서는 '2020년 비즈니스 CEO'로 선정되었다. 그는 세일즈포스를 굴지의 글로벌 기업으로 성장시켰다. 그리고 이런 성과 외에도 주목할 점은 창업 초기부터 사회적 가치와 공공성을 중시하는 조직 문화를 일군 것이다. 이는 베니오프가 오랜 시간 CEO 자리를 지키며 존경받는 이유이기도 하다.

세일즈포스의 공식 홈페이지에는 "되돌려주는 것이 우리가 하는 모든 일의 핵심이다. 이것이 우리 사명이다"라는 문구가 있다. 세일즈포스의 조직 문화를 한 문장으로 표현한 것이다. 베니오프는 회사를 설립한 첫날, 1-1-1 자선 모델을 만들었다. 자본의 1퍼센트, 제품의 1퍼센트, 직원 시간의 1퍼센트를 비영리 단체와 지역 사회를 위해 사용한다는 것이 핵심 내용이다. 현재 100개국 1만 개 이상의 기업이 그의 1-1-1 자선 모델에 동참하고 있다. 샌프란시스코 시장이었던 에드 리(Ed Lee)는 2014년 세일즈포스의 15번째 창립기념일을 기념해 3월 7일을 '글로벌 1-1-1의 날'로 선포했다.

베니오프는 소속감, 평등, 포용에 중점을 둔 리더십 스타일로도 유명하다. 그는 종종 "세일즈포스 오하나(Salesforce ohana)"라는 말을 언급한다. 오하나는 하와이어로 '가족'을 의미하는데, 세일즈포스 오하나란 세일즈포스에서 직원, 고객, 파트너, 지역 사회 등을 하나로 묶는 기업 문화를 설명하는 용어다. 이 개념은 포용성, 협력, 공동체 정신을 강조하며, 모든 구성원이 서로를 지원하고 존중하는 문화를 구축하는 데 중점을 둔다. 베니오프는 세일즈포스를 창업하기 전 하와이, 인도 등을 여행하며 명상을 공부했고, 많은 영향을 받았다. 그는 멘토인 잡스와 마찬가지로 영감을 얻기 위해 시간을 투자하며, 자선 활동과 교육 사업에 관심이 많다.

2020년 코로나19 팬데믹 당시 세일즈포스는 〈데일리메일〉, 영국 자산관리사 마살웨이스(Marshall Wace)와 함께 자선 단체인 메일포스체리티(Mail Force Charity)를 설립했다. 이 단체는 영국에서 코로나19에 맞서 싸우는 NHS(영국 국영 의료 서비스 시스템) 직원, 자원봉사자, 의료진을 지원하기 위해 출범했다. 당시 베니오프는 전 세계 병원에 개인 보호 장비를 조달하고 공급하는 데 약 300억 원을 지출하는 등 지원을 아끼지 않았다.

베니오프는 저서 《트레일블레이저》에서 "성공은 당신이 인생에서 성취한 것에만 있지 않고, 다른 사람에게 영감을 주는 데 있다"라고 했다. 그가 말하는 성공은 '되돌려주는 것'이며 다른 사람에게 영감을 주는 것이다. 베니오프는 진정한 성공이란 자신의 성취를 넘어, 다른 이들의 삶을 풍요롭게 하는 데 있음을 몸소 보여주고 있다.

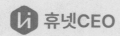

프리미엄 인사이트 콘텐츠를 제공하는 CEO전용 멤버십

3

혁신

넥스트 레벨을 위한
제2성장엔진 구축 전략

이동현 가톨릭대학교

기업 간 경쟁이 치열해지면서, 경영자들은 신성장 동력을 찾는데 어려움을 겪고 있다. 그렇다고 고성장이 기대되는 사업에 무작정 진출한다고 해서 100퍼센트 성공을 보장받지 못한다. 월트디즈니컴퍼니(The Walt Disney Company)가 바로 그렇다. 넷플릭스의 눈부신 성장을 지켜본 월트디즈니컴퍼니는 2019년 11월 디즈니플러스(Disney+)를 출시하며 OTT 사업에 전격적으로 뛰어들었다. 하지만 4년이 넘은 지금까지도 적자를 면치 못하고 있다.

이처럼 급변하는 사업 환경 속에서 경영자가 실패 확률을 줄이기 위해 가장 많이 사용하는 전략은 무엇일까? 바로 핵심 사업과 관련성이 높은 인접 분야에 진출하는 것이다. 인접 분야로 진출하면 핵심 사업에서 축적한 역량을 공유할 수 있으므로 신사업의 성공 가능성이 커진다. 애플이 아이폰을 기반으로 애플워치나 에어팟 등 웨어러블 기기 사업에 진출하거나, 질레트(Gillette)가 면도기를 기반으로 여성 고객을 추가 공략한 경우가 좋은 예다. 애플과 질레트는 스마트폰과 면도기 분야에서 시장과 역량을 선점해 연관된 신사업을 성공시키는 데 유리했다.

하지만 아무리 잘나가는 사업이라도 유효 기간이 있다. 급변하는 경쟁 시장에서 '영원한 성장 사업'이란 존재하기 힘들다. 만약 핵심 사업이 정체되거나 쇠락한다면 어떻게 해야 할까? 수요가 감소하거나 신기술의 출현으로 시장이 파괴되는 상황에서 제1성장엔진이나 그 인접 사업에 의존해서는 더 이상 성장하기 어렵다. 필름 사업의 선두 주자였던 코닥은 디지털카메라로 위기를 극복하려 했지만, 스마트폰이 등장하면서 새로운 돌파구를 찾지 못하고 결국 파산했다. 따라서 차세대 성장 동력, 즉 제2성장엔진을 육성하는 작업은 기업의 지속가능한 발전을 위한 필수 불가결한 노력이다.

의료 기업으로 탈바꿈한 올림푸스

일본의 올림푸스(Olympus)는 쇠퇴하는 제1성장엔진에 안주하지 않고 제2성장엔진에 과감히 투자해 기업을 성장시킨 모범 사례다. 1919년 설립된 올림푸스의 초기 주력 사업은 현미경 사업이었다. 과학용 현미경으로 사업을 시작한 올림푸스는 단안 현미경에서 두 눈으로 관찰 가능한 쌍안 현미경으로 제품을 다양화하고, 의학이나 산업 분야 등 현미경 판매 시장을 확대했지만 성장 정체를 피할 수 없었다.

1936년 올림푸스 경영진은 신성장 동력을 카메라 사업에서 찾았고, 바로 그 사업에 진출했다. 경영진은 현미경 사업에서 축적한 렌즈와 광학 기술을 활용하면 카메라 사업에서도 충분히 승산이 있다고 믿었다. 카메라 사업에 진출한 올림푸스는 경영진의 바람대로 성장 정체를 해결할 수 있었다.

시간이 지나면서 다른 시련이 찾아왔다. 카메라 시장 경쟁이 너무 치열해진 것이다. 일본만 해도 니콘(Nikon), 캐논(Canon), 소니(Sony), 후지(Fuji) 등의 경쟁자가 있었고, 독일의 라이카(Leica), 미국의 코닥도 힘겨운 경쟁자였다. 게다가 디지털카메라와 스마트폰이 등장하면서 아날로그카메라 사업은 직격탄을 맞았다.

또다시 성장 정체를 고민하던 올림푸스는 주력 사업은 아니었지만, 핵심 기술 측면에서 연결고리가 분명한 신성장 동력을 발견했다. 바로 현재 올림푸스의 핵심 사업인 내시경 사업이었다. 제품이 사람의 몸 안에 들어가기에 올림푸스가 보유하지 못한 의학이나 바이오 기술이 필요한 까다로운 사업이었다. 하지만 내시경 사업에도 렌즈와 광학 기술이 중요한 역할을 하므로 경쟁 우위를 가질 수 있었다. 마침내 올림푸스는 2021년 카메라 사업, 2023년 현미경 사업에서 전격 철수하면서 전문 의료 기기 기업으로 재탄생하기에 이르렀다. 2022년 10월 기준으로 올림푸스는 글로벌 소화기 내시경 시장의 70퍼센트를 장악했다. 올림푸스처럼 주력 사업이었던 제1성장엔진이 극단적으로 쇠퇴하는 경우라도 제2성장엔진을 제대로 발굴할 수만 있다면 얼마든지 성장이 가능하다.

선제적 투자로 미래를 연 슈나이더

성공적인 제2성장엔진 육성을 위해서는 세 가지 사항들을 반드시 고려해야 한다.

첫째, 제1성장엔진이 부진해지기 전에 제2성장엔진에 대한 투자가 선제적으로 이루어져야 한다. 준비가 안 된 상태에서 주력 사업이 부진해지면 제2성장엔진에 대한 투자가 제대로 이루어질 수 없고, 그만큼 성공 가능성도 작아지기 때문이다.

1836년 프랑스에서 설립된 글로벌 다국적 기업 슈나이더일렉트릭(Schneider Electric)은 선제적으로 미래 사업을 준비했다. 19세기까지 철강, 중장비, 조선 사업으로 성장했던 슈나이더는 20세기 들어 변압기와 발전기 같은 전기 설비 제조업까지 사업을 확장했다. 1980년대에는 성장이 정체된 철강, 중장비, 조선 사업을 처분하고 전력 사업에 주력하면서 사명도 아예 슈나이더일렉트릭으로 변경했다.

21세기가 되자 성장 정체를 고려한 슈나이더일렉트릭은 소프트웨어와 사물인터넷 기술을 접목해 에너지 관리 분야에 진출하는 승부수를 던졌다. 슈나이더일렉트릭은 에너지가 많이 사용되는 데이터 센터, 전력 인프라, 반도체와 디스플레이 산업, 병원, 상업용 빌딩 등을 공략해 단순히 제품만 판매하는 것이 아니라, 고객사의 에너지 효율을 관리해주는 시스템을 제공했다. 또한 고객사에 제공한 설비나 시스템에 각종 센서를 부착한 뒤, 이들로부터 수집한 데이터를 분석해 사고나 고장을 예방해주는 유지 보수 서비스도 제공했다. 안주하지 않고 또 다른 성장엔진을 준비한 덕분에 슈나이더일렉트릭은 전체 이익 중 40퍼센트 이상에 달하는 신규 이익을 시스템과 서비스 사업 분야에서 창출하게 되었다.

다양한 실험으로 거듭난 넷플릭스

둘째, 제2성장엔진은 유망해 보이지만 여전히 불확실성이 높은 사업을 발굴하는 작업이므로 다양한 실험과 시도가 필요하다. 우편으로 DVD를 고객에게 배송했던 넷플릭스는 2005년 인터넷 네트워크의 발전에서 새로운 기회를 감지했다. 고객이 인터넷으로 콘텐츠를 직접 시청할 수 있는 방법을 찾았던 것이다. 이때 넷플릭스가 처음 시도했던 방법은 밤새 영화를 다운로드 받아 다음 날 시청하는 '넷플릭스 박스(Netflix Box)'라는 사업 모델이었다.

그러나 2006년 구글이 인수한 유튜브를 본 뒤 애초의 사업 모델을 접고 방향을 수정했다. 당장은 인터넷망이 부실해 스트리밍에 어려움이 있겠지만, 네트워크 속도가 개선되면 충분히 승산이 있다고 판단했기 때문이다. 결국 넷플릭스는 2007년부터 스트리밍 방식으로 콘텐츠를 제공하는 제2성장엔진을 가동하기 시작했고, 미디어 산업의 판도를 바꾸는 글로벌 1위 기업으로 성장할 수 있었다.

미국 장난감 업체 해즈브로(Hasbro)도 넷플릭스와 마찬가지로 실험과 시행착오를 통해 제2성장엔진을 마련했다. 변신 로봇 트랜스포머로 유명한 해즈브로는 1990년대 PC와 인터넷이 확산하면서, 아이들이 장난감보다 비디오 게임을 좋아한다는 시그널을 감지했다. 이에 1995년 해즈브로는 비디오 게임 사업을 담당할 해즈브로인터렉티브(Hasbro Interactive)라는 자회사를 설립해 신사업을 준비했다. 하지만 미지의 영역에서 성급하게 게임 사업을 확장했다가 닷컴 버블이 터지면서 2001년 자회사를 매각하는 아픔을 겪었다. 이런 실패에도 불구하고 해즈브로는 게임 사업을 포기하지 않았고, 사업에서 철수한 지 10년 만인 2011년 게임 시장에 다시 진출해 성공을 거두었다. 이제 해즈브로는 제1성장엔진인 완구 사업과 제2성장엔진인 게임 사업을 축으로 매출액과 시가총액에서 라이벌인 마텔(Mattel)을 압도하고 있다.

관성이 혁신을 가로막은 토요타

셋째, 제2성장엔진을 성공시키기 위해서는 제1성장엔진의 지원이 필요하다. 다만 제1성장엔진의 성공 요인에 얽매여 제2성장엔진의 발목을 잡아서는 안 된다. 2021년 12월 14일 토요타 자동차는 2030년까지 30종의 전기차를 선보여 판매량 350만 대를 달성하겠다는 야심 찬 전기차 미래 전략을 발표했다. 토요타가 전기차 사업에 소극적이라는 우려를 해소하려는 듯, 당시 사장 토요타 아키오(豊田章男)는 전기차 전용 플랫폼인 bZ(beyond Zero)를 내놓으면서 "2030년까지 전기차와 배터리 분야에 4조 엔을 투자하겠다"라고 밝혔다.

그러나 이런 공언에도 불구하고 토요타는 여전히 전기차보다 하이브리드차와 수소전기차에 미련이 많다는 평가를 받고 있다. 2023년 개발자 출신의 신임 사장 사토 코지(佐藤恒治)가 취임한 이후에도 평가는 크게 달라지지 않았다. 토요타는 왜 테슬라와 현대자동차 등이 선전하는 전기차 사업에서 고전하고 있을까? 문제는 토요타가 전기차에 새로운 혁신을 도입하는 것이 아니라, 내연 기관 자동차에서 축적한 기존 역량을 전기차에 무리하게 접목하려 한다는 점이다. 이와 정반대로 전기차 혁신을 주도하는 테슬라는 고성능 배터리와 전기 모터, 무선으로 차량 소프트웨어를 업데이트하는 OTA(Over The Air) 기능, 위험으로부터 운전자를 보호하는 자율 주행 등 다양한 혁신을 시장에 선보이고 있다.

하지만 토요타는 자동차에 관한 모든 가치가 뒤바뀌고 재정립되는 이 중요한 시기에 안전과 내구성이라는 전통 가치에 매몰되어 있다. 당장 전기차 플랫폼만 살펴도, 경쟁사의 전기차 플랫폼이 후륜 구동인 데 비해, 토요타는 내연 기관 자동차 방식인 전륜 구동을 고집하고 있다. 전기차 업체가 후륜 구동을 선호하는 이유는 뒷바퀴 회전력을 최대한 올려 차의 가속 능력을 향상할 수 있어서다. 하지만 토요타는 내연 기관 자동차의 최고 기술을 보유하며, 운전자도 익숙하다는 이유로 전륜 구동을 고집한다. 또한 배터리와 전기 모터 용량도 경쟁사보다 작게 만들어, 고출력 성능보다는 1킬로와트당 주행 거리를 뜻하는 전비(電比)를 효율화하는 데 초점을 두고 있다. 전문가는 토요타가 내연 기관 자동차에서 축적한 기존 역량을 활용하는 데 집착한 나머지, 제2성장엔진인 전기차 사업을 이끌어갈 새로운 역량에 대한 투자가 미진하다고 지적한다.

기원전 4세기, 그리스에서 인도에 이르는 대제국을 건설했던 알렉산더 대왕은 수많은 전쟁에서 늘 두 가지 문제를 고민했다. 바로 '한 전쟁에서 승리하면 군대를 쉬게 할 것인가', 아니면 '새로운 전쟁을 시작해 더 멀리 나아갈 것인가'였다. 알렉산더 대왕은 매번 '새로운 전쟁을 시작하는 것'을 선택한 결과, 대제국을 건설할 수 있었다.

경영자도 알렉산더 대왕과 비슷하다. 원래의 주력 사업이었던 제1성장엔진에 머물지, 아니면 제2성장엔진으로 사업 영역을 확장할지를 고민해야 한다. 제1성장엔진에 머물면 사업이 익숙하고 역량도 충분하니 별다른 리스크가 없다. 하지만 언젠가 성장 정체에 빠질 가능성이 크다. 반면 무작정 사업 영역을 확장하면 성장에 유리하나, 높은 불확실성과 역량 부족으로 실패할 가능성이 커진다. 그러므로 기업이 알렉산더 딜레마에 빠지지 않고 계속 성장하려면 제대로 된 제2성장엔진을 발굴해 건강한 두 개의 엔진을 가동하는 전략이 필요하다. 앞서 설명한 세 가지 조건을 고려해 제2성장엔진을 발굴하는 것이야말로 저성장 시대를 극복할 수 있는 최선의 전략임을 기억하자.

AX의 시대 ①
AI 비즈니스의 신대륙

신규섭 IMM 인베스트먼트

AI가 이끄는 변화 바람이 무서울 정도로 거세다. 2022년 말 오픈AI가 등장한 이후, 하루가 다르게 혁신적인 AI 기술이 발표되고 있다. 관련 뉴스를 따라잡기조차 힘들 정도로 AI 분야의 발전은 빠르게 이루어지는 중이다.

이런 상황에서 빌 게이츠의 발언을 주목해보자. "AI의 발명은 반도체, PC, 인터넷, 휴대 전화의 발명과 함께 인류 문명에 광범위하고 심대한 영향을 끼칠 중요한 발명이며, 이에 따라 사람이 일하고, 배우고, 여행하고, 치료하고, 소통하는 방식을 바꾸게 될 것이다." 어쩌면 우리 세대의 가장 크고 중요한 변화의 물결이 시작되고 있는지도 모른다.

이처럼 AI 기술을 활용한 디지털 전환인 AI 트랜스포메이션(AI Transformation, 이하 'AX')이 강력하게 예고된 가운데, 아직은 그 영향이 어떤 방식으로 다가올지 정확히 파악하기 힘들다. 그저 현재까지 보이는 AI 현상의 조각들로 거대한 변화의 실체를 유추할 수밖에 없다. 일례로 AI가 산업 전방위적으로 도입되면 당연히 사람이 일하는 방식도 달라질 것이다. 어떤 일자리는 아예 사라질 것으로 예상된다. 따라서 기업 역시 AX 시대를 대비해 혁신 전략을 고민하고, 인재 확보와 투자 방식에 미칠 영향을 전망할 필요가 있다.

미래 경영을 준비하는 AI 프레임워크

많은 것이 불확실하지만 한 가지만큼은 확실하다. 성큼 다가온 AX 시대가 기업에 새로운 비즈니스 기회를 제공한다는 점이다. 이제부터 미래의 경영 현장에 대해 고민하는 경영진과 임원진을 위한 AI 프레임워크를 소개한다. 이를 통해 구체적으로 고객/마케팅, 개발/제조, 지원 부문에서 기회 영역을 찾아보자. 다음에 업데이트될 가능성이 있기 때문에 이 논의에 담긴 생각을 '버전 1.0'이라고 이름 붙이겠다.

【 AI 프레임워크 1.0 】

고객/마케팅	개발/제조	지원
고객 서비스 및 지원	**디자인 및 창작**	**정보 수집, 문서 관리**
· 24/7 고객 지원 · 챗봇과 AI Teller에 의한 자동 응답 시스템 지원 · 고객 문의 분류 및 라우팅 자동화	· 이미지, 그래픽 디자인 자동 생성 · 비디오 및 미디어 콘텐츠 편집 자동화	· 데이터 중심의 의사 결정을 위한 정보 추출 · 스태프 기능의 자동화 대체 · 법률 문서, 계약서 검토 및 준수 확인 자동화
마케팅 콘텐츠 생성	**제품 개발 아이디어**	**보안 위험 관리**
· 개인화 마케팅 메시지와 광고의 머신 기반 운영 · 소셜 미디어 콘텐츠와 블로그 포스트 자동화	· 초기 증상 분석 및 진단 지원 · 의료 기록 분석 및 치료 옵션 제안	· 비정상적인 활동 감지 및 실시간 위협 대응 · 데이터 보호 및 사이버 보안 · IoT와 AI를 결합한 스마트 홈 혹은 오피스 관리
언어 번역 및 다국어 지원	**제조 공급망 관리**	**교육 인재 관리**
· 실시간 문서 번역 및 다국어 커뮤니케이션 · 글로벌 시장 접근성 향상	· 물류, 생산의 자동화 · 재고 수준 모니터링 및 수요 예측, 공급망 최적화 · 에너지 관리, 보안 감시 자동화	· 인재 관리, 성과 모니터링, 교육 프로그램 개인화 · 채용 과정에서 AI 기반 후보자 분석

⬇⬆　　　　⬇⬆　　　　⬇⬆

비즈니스 모델		
AI 기반 전략 수립	**AI 에이전트**	**AI 지식 서비스**
· 시장 동향, 고객 행동, 경제 지표 등을 분석하여 미래 시나리오 예측 · 비즈니스 계획, 리스크 관리, 투자 전략 수립	· 경영 노하우를 집적한 개인화된 AI 모델 · 전문가 시스템의 개발, 외부 공개를 통한 사업화	· 비즈니스 전략, 운영 최적화, 시장 분석 등에 대한 AI 기반의 통찰력과 조언 제공 · 데이터 주도의 의사 결정 지원

AI 기업의 기회 영역

AI는 맞춤형 서비스, 개인화된 서비스를 제공하기에 고객 경험을 혁신할 수 있다. 이미 전자상거래 플랫폼과 OTT 업체는 개인화된 추천 기능을 제공하지만, AI는 여기서 더 나아간다. 교육 분야의 경우, 각 학생에게 가장 잘 맞는 프로그램을 자동으로 만드는데, 원어민 교사가 필요 없을 만큼 외국어 프로그램의 품질이 높다. 또한 하나의 콘텐츠를 개인이 원하는 형태의 숏폼 동영상으로 편집해주는 서비스도 등장했다. 촬영한 영상을 다국어로 바꾸어주는 기능까지 제공한다.

AI는 비즈니스의 효율성과 생산성을 획기적으로 높여준다. 예를 들어, 제조업과 물류업에서는 생산 운영 시스템의 성능을 모니터링하고 유지와 보수를 예측한다. 그리고 생산 자동화 기기, 즉 로봇은 물류와 조립, 품질 관리 등의 작업에서 인간을 대체할 수 있다. 전통적으로 자동화의 한계 투자 효율은 자동화 기기의 자본적 지출(capex)의 효율성을 확보하는 한계적인 수준에 머무른다. 하지만 AI가 자동화 제어 알고리즘을 발전시키고 개발 프로세스의 효율을 높이면서 한계 비용이 줄고 자동화가 투입되는 영역이 확대되고 있다. 문서와 서류 작업과 같은 지식 노동의 영역에서도 AI를 활용하면 생산성과 효율성이 개선된다. 2023년부터 본격화된 LLM은 자동화의 영역을 급격히 넓히고 있다. 금융과 법률 영역은 물론, 진단을 자동화하는 등 의료 영역에서도 효과가 나타나고 있다.

AI는 기존 사업의 제품과 서비스를 보완하는 수준을 넘어 완전히 혁신적인 비즈니스 모델을 만들 것이다. 오픈AI는 2023년 11월 6일 개최한 「개발자 대회(Dev Day)」에서 새로운 형태의 GPT 모델을 발표하고 GPTs 서비스를 제공하기 시작했다. 사용자는 서비스를 활용해 개인화된 대화 모델을 구성할 수 있다. 텍스트 메시지와 구체적인 정보를 학습시켜 더 정교하고 정확한 대답을 하는 모델을 직접 구성하는 것이다. 생성된 GPT 대화 모델은 다른 사용자가 사용하도록 공개할 수 있으며, 향후 유료 구독제로 전환할 계획이다. 바야흐로 AI 모델을 사고파는 시장의 탄생이다. 이제까지는 없던 새로운 시장이다.

현재 국내외에서 오픈AI 데이터베이스와 모델을 이용한 서비스가 확산 중이다. 앞으로 AI 서비스가 다양화되면 스타트업과 기업은 여러 비즈니스 기회를 발견할 수 있을 것이다.

AI 솔루션으로 새로운 비즈니스를 만든 기업

제품 개발과 운영, 서비스, 마케팅에 이르는 밸류 체인에도 AI를 활용할 수 있다. 아직은 피상적으로 느껴질 수 있으니, 이해를 돕는 차원에서 이런 서비스를 제공하는 솔루션 기업을 살펴보자. 여러 사례를 통해 더 구체적으로 기회 영역을 찾도록 한다.

고객/마케팅
고객 서비스 및 지원: 젠데스크(Zendesk)
젠데스크는 AI를 활용해 자동 응답 솔루션 분야에서 가장 앞선 경험을 제공한다. AI는 고객이 이전에 문의가 있었는지 등을 확인한 뒤 문의에 대한 답이 미리 마련되어 있으면 자동 응답을 전달하고, 필요한 경우에는 적절한 지원팀으로 연결한다. 이런 자동화 과정으로 젠데스크는 고객 만족도를 높이는 동시에 운영비를 절감하는 효과를 보았다.

마케팅 콘텐츠 생성: 카피AI(Copy.ai)

카피AI는 마케팅, 광고, 블로그 등에 활용할 콘텐츠 생성을 지원하는 AI 플랫폼이다. 다양한 템플릿, 사용자 친화적인 인터페이스를 갖추어, 누구나 간단한 입력만으로 창의적이고 매력적인 텍스트를 생성한다. 고객은 이를 활용해 브랜드 메시지를 강화하고 마케팅 캠페인을 가속할 수 있다.

마케팅 메시지: 퍼사도(Persado)

퍼사도는 AI를 사용해 언어의 감정적 요소를 분석하고 최적화한 다음, 개인화되고 효과적인 마케팅 메시지를 생성한다. 사전에 수집된 마케팅 메시지, 고객 코멘트에서 감정 표현, 단어, 문구를 분석해, 특정 고객 그룹에 가장 호소력 있을 메시지를 자동으로 만든다. 은행, 소매 업체, 여행사 등이 이 서비스로 고객 메시지를 개선하고 있다.

개발/제조

디자인 및 창작: 캔바(Canva)

캔바는 사용자가 손쉽게 전문 디자인을 제작하는 것을 돕는 온라인 플랫폼이다. AI 기술로 사용자의 선호 디자인과 작업 이력을 분석한 뒤, 이를 바탕으로 맞춤형 템플릿, 이미지, 레이아웃을 제안한다.

색상 조합, 폰트 선택, 이미지 구성 등 디자인 요소를 자동으로 최적화해 사용자가 쉽고 빠르게 아름다운 디자인을 완성하게 해준다. 마케팅, 소셜미디어, 기업 로고, 프레젠테이션 등 다양한 창작물을 만들 수 있다.

제품 개발 아이디어: 오토데스크(Autodesk)

오토데스크는 설계 프로그램인 오토캐드로 잘 알려져 있고, 건축, 엔지니어링 등 설계 소프트웨어를 제공하는 선도 기업이다. 이 기업의 생성적 디자인 기술은 AI로 제품 설계 과정을 혁신하고 있다. 엔지니어가 설계 목표와 제약 조건을 입력하면, AI가 최대 수천 가지의 설계 옵션을 생성하고 최적화한다. 인간 중심의 기존 설계 방식보다 훨씬 더 효율적이고 혁신적인 제품을 개발할 수 있으며, 자재 사용을 최적화하고 제조 비용도 절감할 수 있다.

지원

정보 수집, 문서 관리: 로스인텔리전스(Ross Intelligence)

로펌의 수습 변호사의 주된 업무는 판례와 법조문을 분석하고 정리하는 것이다. 로스인텔리전스는 이 업무에 소요되는 시간을 줄여준다. AI 시스템인 IBM 왓슨을 기반으로 대규모 법률 데이터베이스를 추가해, 자연어 질문에 답변을 제공하고 법률 문서와 판례 검색이 가능하다. 이로써 변호사는 단순 업무에서 벗어나 보다 복잡한 사건 해결에 집중할 수 있다.

교육, 인재 관리: 워크데이(Workday)

워크데이는 클라우드 기반의 인적 자원 관리(HRM) 솔루션을 제공하는 기업으로, AI 기반의 분석 도구로 인재 관리를 혁신하고 있다. 워크데이의 솔루션은 직원의 성과 데이터, 경력 개발, 학습 활동 등을 통합 관리하며, 이를 분석하여 직원의 잠재력을 평가하고, 인재 유지 전략을 개발한다. 이 과정에서 직원 간 기술 격차를 알아내 개인 맞춤형 학습 경로를 제안한다.

AI 기반 전략 수립: 스타벅스

스타벅스는 AI 프로그램인 딥 브루(Deep Brew)로 고객 경험을 개인화하고, 매장 운영을 최적화한다. 고객의 주문 기록을 분석해 메뉴를 추천하며, 매장 특성에 맞추어 인기 메뉴와 재고, 직원 스케줄 등을 관리한다. 이때 고객 데이터를 바탕으로 주문량을 예측하는데, 매장에 필요한 원두량과 바리스타 숫자까지 도출한다. 신규 매장 계획, 신규 메뉴 구성 등 여러 전략을 수립에도 활용된다.

AI 에이전트: 바이어블(Viable)

AI 에이전트는 자율적으로 환경 내에서 정보를 수집한 다음, 이를 기반으로 결정하고 행동을 수행하는 AI 시스템이다. 그중 바이어블은 GPT 기반의 AI 에이전트 모델로 기업이 고객 피드백을 분석하고 이해하는 것을 돕는다. 수천 건의 텍스트 데이터로 빈번하게 발생하는 문제점을 찾아 해결한다. 예를 들어, 배달 주문 플랫폼에 '배달 지연'이라는 문제가 발견되었다면 배달원에게 노선 최적화 교육을 강화하는 전략을 제안한다. 특정 전문 영역의 기업이라면 고도화한 AI 에이전트 개발로 새로운 기회를 찾을 수 있다.

기회 영역을 넘어 AI 신대륙을 찾아라

지금까지 언급한 기업 사례는 소수에 불과하다. 현재 AI 기술을 너무나도 잘 활용 중인 기업이 전 세계적으로 많다. AI는 제품과 서비스에서 보조적인 도움을 주고, 사업 모델에 근본적인 변화까지 일으키는 등 큰 잠재력을 품고 있다. 하지만 반대급부도 존재한다. 데이터 품질과 보안, 기술 인프라 준비, 직원 교육, 기업 문화의 변화, 책임과 윤리 고려, 그리고 직원을 변화에 적응시키는 것도 큰일이다. 기업은 여러 가지를 균형 있게 고려해야 한다.

AI의 미래는 기술 발전 속도에 달려 있지 않다. 우리가 어떻게 수용하고 활용하며, 도전 과제를 해결할지에 달려 있다. AI 시대를 맞아 선도적이고 지속 가능한 성장을 이루려면 모든 산업과 사회 구성원이 협력하고, 창의적이며 전략적인 사고를 발휘해야 한다. 이제 AI라는 거대한 물결을 헤치며 더 나은 미래를 만들어가는 여정이 시작되었다.

AX의 시대 ②
AX Journey를 위한 체크리스트

신규섭 IMM 인베스트먼트

AX는 지금까지의 변화와 비교할 때 우리에게 너무나 낯설다. 막연한 두려움이 있지만 장기간 사업을 해온 기업이라면 과거 겪었던 IT 분야의 변화와 비슷하게 생각하면 된다.

우리는 30년 전 PC를 사용하기 시작했고, 인터넷으로 산업 생태계가 달라지는 모습을 목격했다. 20년 전에는 무선 통신과 휴대전화의 도입, 5년 전에는 클라우드와 디지털 트랜스포메이션의 등장이라는 변화를 경험했다. 지나고 보면 그리 큰 변화도 아니었지 않은가? 더군다나 AX 시대에 대비하여 마음의 준비를 하고 적응할 시간은 아직 충분하다.

하루가 멀다 하고 혁신적인 AI 서비스와 솔루션이 발표되고 있다. 이제부터 미래 경영에 대해 고민하는 경영진과 임원진을 위해 'AX 시대를 맞아 점검할 체크리스트'를 살펴보려고 한다. 유튜브만 봐도 AI 기술에 대한 설명, AI 서비스 사례, 최신 변화 등은 알 수 있으니 이는 생략한다. AI가 대단하고 꼭 필요하다는 사실을 받아들이고, 우리가 점검할 체크리스트에 대해 논의해보자.

조직의 모든 것이 바뀐다

AI는 단순히 새로운 기술이 아니다. 조직 전체가 새로운 방식으로 생각하고 행동하는 전환 과정으로 정의할 수 있다. 조직 문화부터 업무 프로세스, 의사 결정 방식까지 재정의하는 여정, 즉 AX Journey다.

기업은 조직의 현재 상황을 정확히 파악하고, AI가 가져올 변화의 범위와 영향을 이해하도록 한다. 그리고 자체 역량과 자원을 바탕으로 효과적으로 실현할 수 있는 AI 도입 전략을 수립한다. 구성원에게는 AI의 가치와 비전을 명확히 전달한 다음, 지속해서 참여와 학습을 독려한다. 이를 위해 창의성과 혁신을 장려하는 기업 문화도 조성한다. AI로의 전환은 하루아침에 이루어지지 않을 것이다. 체계적이고 꾸준한 노력이 있어야 가능하다. 이 여정에서 학습과 경험은 미래의 성공을 위한 기반이 된다.

AI를 기업 경영에 적용하는 여정은 다음과 같이 진행된다.

1단계. AI 도입 수준 평가와 현황 파악

- 데이터베이스와 정보 등을 파악하고 비즈니스 모델에서 AI 기회 영역 우선순위화
- 잠재적 기회 영역에 대해 가설 수립
- 향후 도입할 솔루션에 대해 기대치 수립

2단계. 도입 전략 수립

- AI 전환 방향성 논의: 경영진 워크숍, 전문가와 논의, 직원 간 브레인스토밍을 통해 부문별 적용 검토
- 외부 협력 네트워크와 AI 플랫폼 솔루션 관련 스터디

3단계. 실행 및 통합

- 프로토타입을 빠르게 구축하고 테스트 도구를 선택해 일부 서비스와 제품에 적용(비즈니스 모델 혁신이라면 사내 벤처로 킥스타트 운영)
- AI 솔루션을 기존 IT 인프라와 연결해 자료를 머신러닝으로 트레이닝하도록 통합
- 파이롯트 사용을 위해 직원 교육 지원과 자생적인 학습 장려

4단계. 최적화 및 확장

- 적용된 AI 시스템과 비즈니스의 성능을 실시간 모니터링해 개선
- 필요한 경우 전사적 확장

각 단계에서 솔루션과 서비스 선택은 기업의 요구 사항, 예산, 기술 수준에 따라 달라질 수 있다. 아직 시장에는 정리된 솔루션 세트가 존재하지 않는다. 그러나 기업 자체적으로 AI 솔루션을 확보할 역량이 없을 때 도움받을 SI 업체가 많이 있다.

AI로의 전환에는 비즈니스 프로세스 최적화, 의사 결정 개선, 고객 경험 혁신 등이 포함된다. 때로는 데이터를 활용한 머신러닝과 이를 기반으로 비즈니스 통찰력을 도출하는 데 초점을 맞추어야 한다. 이렇듯 AI로의 전환은 조직에 광범위한 변화를 불러오므로, 반드시 AI에 대한 깊은 이해를 바탕으로 한 전략적 계획, 리더십, 직원 참여, 지속적인 교육, 윤리적 고려가 필요하다.

AI 전환을 위한 체크리스트

AI는 광범위한 데이터 분석에 기반을 둔다. 현재 사용되는 AI의 공통 모델인 심층 신경망 모델(Convolutional Neural Network, CNN)과 LLM, 이미지 생성을 위한 트레이닝 모델은 원본 데이터와 이를 학습하기 위한 목푯값을 확보해야 한다. 기업의 기회 영역은 고유의 데이터셋과 목푯값을 스스로 정의할 수 있다는 근본적인 강점이 있다. 빅테크 기업이 개발하는 대규모 기반 모델에 각 기업의 데이터를 광범위하게 학습시키면 정교한 AI 모델을 얻을 수 있다.

먼저 기업은 데이터를 폭넓고 정교하게 관리하고, 보안과 프라이버시의 확보에 신경써야 한다. 데이터의 양도 중요하지만, 동시에 정제되고 의미 있는 질도 중요하다. 기업은 데이터 질을 더욱 체계적으로 관리할 필요가 있다. 그리고 이를 뒷받침하는 기술 인프라가 기존 시스템, 특히 ERP, SCM, CRM 등 많은 경영 정보가 담긴 시스템과 연결되는지 점검한다. 한편, AI 학습 모델의 빠른 변화에 이런 솔루션이 따라갈 수 있는지를 솔루션 제공 사업자에게 확인하도록 한다.

AI 윤리 지침에도 관심을 기울이자. 특히 챗GPT 등 언어 모델에서 문제가 되는 환각 현상에 주의한다. 예측 모델은 기본적으로 언어를 변수로 한 확률적 접근 방식으로 작동된다. 그래서 사용자 질문에 정확한 답이 없을 경우, 가장 개연성 있는 답을 내놓는다. 전문가 수준의 지식을 갖춘 AI 모델이 간혹 엉뚱한 답을 내놓는 원인이 여기에 있다. 이때 답을 받아들이는 사람이 검증을 제대로 못하면 사실이 왜곡되기도 한다. 따라서 기업은 AI의 이런 특성을 인정하고 윤리적 측면을 고려하여 활용하도록 한다.

기업에서 AI를 활용할 때는 명확한 지침을 마련하고 인력을 교육한다. 경영진의 리더십과 비전도 필요하다. 국내 모 그룹은 챗GPT를 활용한 보고서가 품질이 떨어진다고 판단해 인트라넷에서 아예 챗GPT 접속을 금지했다. 이런 경우, 아직 변화의 물결을 받아들일 준비가 전혀 안 된 것으로 보인다. 하지만 변화의 물결에 적극적으로 대비하는 게 낫지 않겠는가? 직원 교육팀을 구성해 AI 툴

【 AI 전환을 위한 기업의 체크리스트 】

정확하고 다양한 데이터에 대한 접근 가능성	데이터 품질, 접근성	데이터 관리	인재 확보, 인력 개발	교육 및 트레이닝	직원에게 AI 기술, 도구, 교육 제공
데이터 정제, 보관, 업데이트 방법 수립					AI 도입에 따른 업무 변화 관리 및 지속적인 학습 문화 조성
개인 정보 보호 및 데이터 보안 준수	데이터 프라이버시			리더십 및 비전	AI 전략에 대한 명확한 리더십과 비전 제시
사용자 동의 및 데이터 처리에 관한 투명한 정책					조직 내 AI에 대한 이해와 참여를 촉진하는 리더십 개발
기존 시스템과 AI 솔루션의 호환성 평가	호환성 및 통합	기술 인프라	성과 평가	성과 측정, 모니터링	AI 도입의 효과를 측정할 성과 지표 설정
데이터 흐름, API, 플랫폼 간 연결 고려					지속적인 모니터링, 평가, 최적화 전략 수립
필요한 하드웨어와 소프트웨어의 투자 검토	하드웨어, 소프트웨어			비용 대비 효과 분석	AI 도입의 예상 비용과 예상 수익 분석
지속적인 업데이트와 유지 보수 계획 수립					장기적 투자 수익률 평가
데이터 프라이버시, AI 윤리 지침, 산업별 규제 준수	규제 준수	규제 및 윤리	전략 및 계획	확장성 및 유연성	사업 확장에 따른 AI 솔루션의 확장 가능성 평가
법적 요구 사항에 대한 지속적 모니터링 및 적용					기술 변화와 시장 변동에 유연하게 대응할 수 있는 전략 수립
AI의 책임 있는 사용을 위한 윤리 지침 수립	윤리적 고려			파트너십 및 협력	AI 솔루션 제공 업체, 학계, 산업 파트너와 협력 고려
편향, 차별, 오용에 대한 고려와 전략 수립					기술, 데이터, 인력 자원을 확장하고 혁신을 촉진하는 파트너십 구축

사용법을 교육하자. 사내 IT팀과 긴밀히 협업해 AI 도입을 촉진할 로드맵을 구상하고, 활용할 수 있는 솔루션이 외부에 어떤 것이 있는지도 알아본다.

AI 도입에는 긍정적 측면만 있지 않다. 도입에 따른 비용과 유무형의 효과를 정리해본다. 도입 방식에 따라 솔루션 마련 비용, 관련 인력을 채용하고 유지하는 비용, 하드웨어 인프라 구축 비용, 외부 컨설팅 비용도 고려해야 한다. AI 관련 서비스, 특히 앞서 언급한 다수의 솔루션은 사용한 만큼 비용을 지급하는 SaaS(Software as a Service) 형태로 지원되는 경우가 많으니 기업 규모에 맞게 사용하도록 한다. 그리고 갈수록 AI를 개발하고 커스터마이징하는 데 필요한 기술 난도와 진입장벽이 낮아지는 추세다. 이를 고려해 장기 수익률을 따져본다.

마지막으로, AI 도입에 따른 효과와 기대치를 반영한 전략적 시각 수립이 필요하다. 사실 AI 도입 전이나 초기에 하면 좋을 업무다. 전략적 시각은 AI 기술의 지속적인 발전에 발맞춰 분기와 연 단위로 계속해서 수정해나간다. 현재 AI 기술의 혁신 속도는 국내 기업의 의사 결정 주기보다 빠르다는 점을 명심한다.

직원을 AI의 파도를 즐기는 서퍼로 훈련시키자

AI로의 전환을 신속하게 이끌어갈 주역은 새로운 변화에 적응이 빠른 디지털 노매드, 즉 젊은 세대 직원이다. 기업은 직원에게 AI에 노출될 기회를 제공하고 혁신을 주도하도록 지원해야 한다. 단순히 기술적 지식 전달에서 나아가 조직 문화와 업무 수행 방식까지 바꿀 수 있게 장려하자.

예를 들어, 구글의 '머신러닝 크러시 코스(machine learning crash course)'는 모든 직원을 대상으로 AI 기본 원리와 실용적인 적용법을 가르쳐주는 프로그램이다. 이 프로그램은 다양한 배경의 직원이 AI 기술을 이해하고 업무에 적용하는 데 목적을 둔다. 아마존의 '머신러닝 유니버시티(machine learning university)'는 직원뿐 아니라 고객에게도 AI 교육을 제공하는데, 아마존과 관련한 실제 사례를 바탕으로 실용적인 실습까지 포함한다. 세계적으로 내로라하는 빅테크 기업임에도 불구하고 두 업체는 AI의 도입에 대단한 노력을 기울이고 있다.

국내에서도 무료 AI 교육 프로그램을 찾아볼 수 있다. 기초 수준은 유튜브에도 많다. 물론 기초 교육을 받는다 해도 직원이 갑자기 AI 전문가가 되는 것은 아니다. 하지만 직원은 AI로 무엇을 할 수 있는지, 무엇을 기대해야 하는지, 어떤 점은 걱정할 필요가 없는지 등을 알게 된다. 무엇보다 AI에 대한 이해를 높이는 것이 중요하다. 그럼으로써 업무에 AI 솔루션을 적용하는 데 아이디어를 낼 수 있다. 이것이 기업의 본질적인 경쟁력이 된다. 직원을 장려해 AI 교육을 진행하고, 피드백을 수집하자. 정기적으로 AI를 주제로 워크숍을 열고 좋은 성과를 낸 직원을 격려한다. 그리고 이런 선두 그룹의 아이디어가 사내에 퍼져나가게 하자.

기업은 프롬프트 엔지니어링을 개발하고 최적화해야 한다. 쉽게 말해 프롬프트는 챗GPT에 일을 시킬 때 사용하는 질문과 명령이다. 프롬프트 엔지니어링은 AI 모델에 정확한 질문을 하고 원하는 답변을 얻는 기술이다. 모델의 성능을 최대화하고, AI 모델에 정확한 언어로 일을 시키는 작업이다. 기업은 직원이 프롬프트 엔지니어링을 체계적으로 학습하고 실제 업무에 적용할 수 있게 교육과 자원을 제공해야 한다. 그리고 체계적으로 관리해 많은 직원이 프롬프트를 활용해 다양한 업무에서 효율성을 높이게 한다.

신비로움을 넘어 실용의 영역으로

AI의 급속한 발전이 비즈니스에 광범위한 변화를 불러올 것이다. 전망에 대해서는 약간 다른 의견이 있을 수 있으나 완전히 반론을 제기할 사람은 많지 않다. 한편, AI를 지나치게 신비로운 존재로 평가하는 사람도 있다. AI는 강력하지만 여느 도구와 마찬가지로 만능은 아니다. 특정한 목적을 위해 개발되었기에 활용 범위와 한계가 분명하다. 기업은 AI의 특성과 한계, 사용법을 이해하고 적절히 대응해야 한다. 일례로 고객의 단순 문의에 AI로 답변을 전하는 것은 훌륭한 대응이다. 그러나 감정적인 터치가 필요한 상황이라면 사람의 목소리와 위로가 더 낫다.

지금은 기업이 이성적으로 새로운 기회의 영역을 폭넓게 정의하고 그중 어디쯤 위치하는지를 찾아볼 때다. 경영진의 시각도 중요하지만 직원의 광범위한 아이디어도 필요하다. 기회가 있는 만큼 고려하고 신경 쓸 점도 많기 때문이다. 그리고 이런 변화의 과정에서 솔루션을 찾아보아야 한다. 이미 갖고 있는 것, 앞으로 등장할 것, 찾아보고 적용할 수 있는 것 등을 말이다.

AI가 가져올 변화가 어디까지 우리를 이끌지는 아직 아무도 모른다. 하지만 아무리 낯선 변화라 할지라도 제자리에서 가만히 얼어붙어 있을 수는 없다. 최소한 시각을 정리하고 판단을 내리자. 만일 잘못된 점이 있다면 수정 보완하며 조금씩 앞으로 나아가자. AI 시대의 도래는 결코 멈출 수 없다. AI를 어떻게 활용하느냐가 기업의 미래를 결정할 것이다.

아무것도 그리지 않은
화가들

이은화 융합미술연구소 크로싱

미술사를 빛낸 위대한 걸작들의 공통점은 뭘까? 바로 창의성이다. 기법이든 양식이든 주제든 표현 방식이든, 이전에 볼 수 없던 새롭고 창의적인 요소가 있어야 미술사에 기록될 가치를 인정받는다. 창의성의 사전적 의미는 '새롭고, 독창적이고, 유용한 것을 만들어내는 능력'이다. 세상은 불평하는 사람이 아니라 창의적인 발상으로 불편을 개선한 사람이 발전시켜왔다. 미술도 마찬가지다. 과거의 기법이나 양식을 답습하고 반복하는 것이 아니라, 관습의 틀을 깬 새롭고 혁신적인 미술이 발전을 이끌어왔다. 그런데 현대

미술 작품을 보면 도대체 어떤 점에서 창의적인지 이해되지 않는 경우가 많다. 심지어 이것이 미술인지 아닌지, 구분하는 것조차 쉽지 않을 때가 있다.

우리를 곤혹스럽게 만드는 그림 한 점이 있다. 프랑스 화가 이브 클랭(Yves Klein)이 1960년에 제작한 〈IKB3〉는 캔버스에 파란색 물감이 균질하게 칠해진 게 전부다. 아무런 형상이 없기에 무엇을 그린 건지조차 알 수 없다. 아니, 어떻게 보면 밑칠 작업만 한 것 같다. 게다가 표면에는 붓질 자국도 전혀 없다. 도대체 이브 클랭은 무엇을 표현한 걸까? 애초에 완성작은 맞는 걸까?

형상을 알아볼 수 없게 그린 그림을 일반적으로 추상화라고 부른다. 좀 더 구체적으로 설명하면, 추상화는 눈에 보이는 형상을 모방해 닮게 재현하는 것이 아니라 점, 선, 면, 색채 같은 미술의 기본 조형 요소만으로 표현한 그림을 말한다. 그런데 클랭은 파란색 이외 그 어떤 조형 요소도 사용하지 않았다. 제목에서 힌트를 얻을 수 있을까 싶다가도, 'IKB3'라는 수수께끼 같은 제목을 보면 좌절감까지 든다. 차라리 '무제'라고 했으면 '바다나 하늘을 그렸나 보다' 하고 감상자가 자유롭게 상상이라도 할 수 있으련만, 클랭은 그것조차 허락하지 않는다. 솔직히 '이런 그림이라면 나도 그리겠다'라는 호기로운 생각마저 든다. 그림 같지도 않다고 비웃을 수 있겠지만, 이래 봬도 프랑스 최고의 국립현대미술관 퐁피두센터 전시실에 걸린 세계적인 걸작이다. 현대 미술 입문자가 가장 좋아하는 그림 중 하나이기도 하다. 이쯤 되면 절로 궁금해진다. 도대체 왜? 저 단순하고 파란 그림이 뭐 그리 대단한 걸까? 이 속에 어떤 창의성이 숨겨져 있는 걸까?

클랭의 이유 있는 파란색

1928년 프랑스 니스에서 태어난 클랭은 부모님 모두 화가였지만, 단 한 번도 정규 미술 교육을 받지 않았다. 그가 파란색에 관심을 가진 건 고등학교 시절부터였다. 클랭은 19세 때 학교 친구 둘과 니스 바닷가에 드러누워 하늘 어디엔가 사인을 한 뒤 이렇게 말했다. "푸른 하늘은 나의 첫 예술 작품이야." 옆에 있던 아르망이란 친구는 땅을 선택하며 자신의 첫 작품이라 주장했다. 흥미롭게도 훗날 둘 다 미술가가 되었다. 누가 더 성공했을까? 당연히 클랭이다. 땅은 대부분 소유주가 있지만, 하늘은 소유주가 없으니 내 것이라 우겨도 상관없었으니까.

클랭은 당돌하고도 영민한 소년이었다. 그에게 파란색은 고향 바닷가에서 봤던 하늘의 색이자 온전한 자유를 주는 색이었고, 감성을 자극하는 색이었다. 또한 차원을 초월하는 정신의 색이자 신성한 색이었다. 실제로도 '울트라마린 블루(ultramarine blue)'로 불리는 선명한 파란색 물감은 17세기까지 금만큼이나 비싸고 귀한 안료였다. 준보석인 청금석을 갈아 만들었기 때문에 성모 마리아의 의상처럼 특별하고 신성하게 여기는 부분에만 칠해졌다.

유도 선수를 거쳐 화가가 된 클랭은 유난히 파란색에 집착했다. 금색이나 분홍, 빨강, 노랑 등 다른 색 회화도 실험했지만, 1957년부터 본격적으로 파란색을 자신의 트레이드마크 색으로 정했다. 그는 시중에서 판매하는 파란색 물감을 마음에 들지 않아 했다. 자신이 원하는 '정신이자 곧 마음이 될 작품을 창조'하기에는 역부족이었던 것이다. 이 문제를 클랭은 어떻게 해결했을까? 그는 1960년 물감 제조업자의 도움을 받아 자신만의 파란색 물감을 직접 개발하기에 이른다. 그러고는 IKB(International Klein Blue), 즉 '국제적인 클랭 블루'라는 이름을 붙여 특허까지 냈다. 자신만의 무기를 손에 넣은 이 화가는 무려 200점 가까운 IKB 회화를 탄생시켰다. 퐁피두 센터가 소장한 〈IKB3〉에 사용된 파란색도 바로 클랭 본인이 개발한 물감이었다. 작품명 뒤에 붙은 일련번호는 작가 사후에 작품 분류를 위해 그의 아내가 매긴 것이다.

자, 이제 암호 같은 작품 제목에 대한 궁금증은 풀렸다. 클랭의 그림을 보며 다시 질문해보자. 이 단순한 파란 그림은 왜 걸작인가? 무엇이 새롭고 창의적인가? 그 답은 역설적으로 아무것도 그리지 않았기 때문이라고 할 수 있다. 클랭은 화가 개인의 심상이나 감정을 그림에 표현하길 거부했다. 색채나 붓질 자국이 줄 수 있는 감흥이나 신비한 느낌을 극도로 싫어해 붓 대신 스펀지나 롤러를 사용했다. 점, 선, 면, 구성, 주제, 원근법, 조형미 등 전통 미술에서 중요하게 다루는 요소를 무시하고 과감하게 생략해버렸다. 이는 르네상스 이후 발전한 회화의 모든 전통을 부정하는 것이었다. 심지어 그는 그림을 벽에서 조금 띄워 설치해 공중에 부유한 것처럼 연출했다. 회화와 조각의 경계를 허물어 회화면서 동시에 조각인 작품을 만들었다.

이 과감한 시도는 당시 미술계에 신선한 충격을 가져다주었을 뿐 아니라 새로운 미술의 시대를 예고했다. 클랭은 자신의 파란 단색화를 "완전한 창조적 자유를 성취한 작품"이라고 일컬었다. 그렇다면 아무것도 그리지 않은 이 파란 그림 한 점의 가치는 얼마나 될까? 200점 가까이 만들어 희소성이 낮아 그리 비싸지 않을 것 같겠지만, 놀라지 마시라. 1960년 처음 제작한 〈IKB1〉은 2008년 뉴욕 소더비 경매에 나와 우리 돈 228억 원에 낙찰되었다. 2015년에는 〈IKB92〉가 런던 소더비 경매에서 121억 원에 팔렸다. 아무것도 그리지 않은 용기와 창의적 발상의 위대한 승리였다.

구멍 난 캔버스의 가치

프랑스에서 클랭이 오직 색 하나로 새로운 개념의 회화를 만드는 동안, 이탈리아에서도 틀을 깨는 회화에 도전하는 이가 있었다. 바로 루초 폰타나(Lucio Fontana)다. 폰타나의 〈공간 개념, 신의 종말〉 역시 클랭의 파란 그림만큼이나 감상자를 당혹스럽게 만든다.

분홍색 물감이 칠해진 달걀 모양 캔버스에 구멍이 숭숭 나 있다. 뾰족한 송곳이나 칼로 마구 찌르고 그은 흔적이 역력하다. 혹시 그림을 망쳐서 찢어버리려고 한 걸까? 아니면 화가 나서 그림에다 분풀이를 한 걸까? 둘 다 아니다. 그렇다면 화가는 왜 멀쩡한 캔버스에 구멍을 낸 걸까? 이 그림의 창의성은 도대체 어디에서 온 것이란 말인가.

19세기가 저물던 1899년, 아르헨티나에서 태어난 폰타나는 생애 대부분을 이탈리아에서 활동하며 국제적 명성을 얻었다. 조각가였던 아버지를 둔 덕에 일찍이 조각 기술을 배웠지만 그에게 전통 미술은 너무나 고루했다. '회화와 조각은 모두 과거의 것'이라는 생각에 이르자 전통 미술에 대한 반감은 점점 더 커졌다.

2차세계대전을 겪고 난 후 그 생각은 더욱 견고해졌다. 그는 전쟁 이후 세상이 완전히 달라졌듯, 미술도 이전과는 전혀 다른 새로운 형식이 필요하다고 믿었다. 폰타나는 그 믿음으로 1947년 밀라노에서 몇몇 작가들과 함께 '공간주의' 미술 운동을 창시했다. 회화와 조각을 구분 짓는 전통적인 방식에서 탈피해 회화에 공간 개념을 넣는 새로운 형식의 미술을 제안한 것이다. 그 실천으로 캔버스 표면을 날카로운 칼로 찢거나 구멍을 내기 시작했다. 2차원의 평면에 3차원의 공간을 만들기 위해서였고, 캔버스 너머에 있는 무한의 공간을 시각적으로 보여주고 싶어서였다.

원근법이 발견된 르네상스 시대 이후로 화가들은 평면 위에 대상을 실제처럼 재현하기 위해 수백 년간 고군분투해왔다. 그러나 사실적으로 그려진 인물이나 사물은 착시 현상일 뿐 진짜는 아니다.

폰타나는 평면 위에 진짜 같은 이미지를 그리는 대신 3차원의 구멍을 만들었다. 날카로운 도구를 이용한 아주 손쉬운 방법으로 말이다. 그런 후 클랭이 그랬듯이, 작품을 벽면에서 살짝 떨어지게 설치해 공간까지 작품 일부로 끌어들였다. 이는 회화와 조각, 건축의 영역까지 아우르는 새로운 개념의 예술이었다. '공간 개념'으로 명명된 이 연작은 전통 회화와 조각에 대한 명백한 도전이자 도발이었다. 폰타나는 평생 2,000점이 넘는 '공간 개념' 작품을 제작해 자신의 미학적 신념을 실천했다.

사각형 캔버스를 이용하던 폰타나는 1960년대부터 아예 사각형 틀까지 버렸다. 그는 계란형 캔버스 위에 분홍이나 노랑, 검정 등 단색을 칠한 뒤 구멍을 뚫은 〈공간 개념, 신의 종말〉 연작을 제작했다. 종이나 캔버스가 사각형이어야 한다는 고정관념을 깬 것이다. 사실 이 그림 표면에 칠해진 분홍색도 전통 회화에서는 절대 쓰지 않는, 인테리어나 산업 디자인 분야에서 쓰는 색이다. 이렇게 폰타나는 전통적인 미술 재료 대신 송곳과 칼, 둥근 캔버스와 산업용 물감 색을 선택함으로써 이전에 없던 혁신의 미술을 만들어냈다.

그렇다면 '신의 종말'이라는 제목은 무엇을 의미할까? 이 역시 수 세기 동안 신앙처럼 지켜져왔던 미술의 규범과 관습의 종말을 의미하는 것일 테다. 혁신은 낡은 것의 죽음을 통해 나온다는 뜻이기도 하다. 그리는 대신 캔버스를 찢고 훼손하는 방법을 택한 폰타나 그림의 가치는 얼마나 될까? 클랭의 IKB 회화들보다 비쌀까? 분홍색 〈공간 개념, 신의 종말〉과 같은 해에 제작된 검은색 달걀 모양 그림 한 점이 2015년 런던 소더비 경매에서 작가 최고가에 팔려 화제가 된 적이 있다. 가격은 무려 우리 돈 324억 원이었다. 바로 폰타나가 성취한 혁신의 가치다.

예술은 표절 아니면 혁명

프랑스 화가 폴 고갱(Paul Gauguin)이 말했다. "예술은 표절, 아니면 혁명"이라고. 과거의 규범을 그대로 따라 답습하면 표절이고, 깨부수고 이전에 없던 새로운 것을 창조해내면 혁명이란 의미다. 클랭과 폰타나는 둘 다 혁명가의 길을 택했다. 새로운 길을 내기 위해서는 새로운 연장이 필요하다. 이들은 전통적인 미술 도구를 버리고 낯선 연장을 선택했다. 클랭은 붓 대신 스펀지와 롤러를, 폰타나는 송곳과 칼을 들었다. 두 사람 다 아무것도 그리지 않았다. 클랭은 오직 파란색 하나로, 폰타나는 찌르고 긋는 행위만으로 새로운 그림을 만들어냈다. 이는 '그림을 그린다'는 오랜 관념과 '대상의 재현'이라는 미술의 전통을 전복시키는 혁명적인 행위였다.

익숙한 것을 버리고, 낯설고 새로운 것을 택할 때는 결단과 용기가 필요하다. 관습을 깨고 혁신을 위해 나아가려면 창조적 파괴는 필수다. 파괴의 충동 없이 창조의 충동은 일어날 수 없는 법. 클랭과 폰타나는 창조를 위한 파괴의 충동을 실천에 옮긴 용기 있는 자들이었다. 그렇기에 현대 미술사에 이름을 올린 거장이 될 수 있었다.

어찌 보면 두 작가 모두 2차세계대전 이후 급속하게 바뀐 시대적 변화와 요구를 간파해 자신의 분야에 적용했고, 또 성공했다 볼 수 있다. 최근 우리도 코로나19라는 사상 초유의 전 지구적 재난을 겪었다. 팬데믹 이후 세상은 급속하게 바뀌고 있다. 시대 변화에 적응하지 못하고 창의적이지 못하다면 어느 분야든 도태될 수밖에 없다. 창조적 파괴를 위한 나만의 새로운 연장을 준비할 때다. 발상의 전환을 보여준 클랭과 폰타나의 그림에서 그 힌트를 얻어보면 어떨까.

혁신의 원동력을 가진 자가
세계를 지배한다

김대륜 DGIST

전 세계에 큰 충격을 주었던 챗GPT의 등장 이후, 생성형 AI 기술이 빠른 속도로 우리 일상에 스며들고 있다. 최근 화제가 된 스마트폰의 실시간 번역 기능이 시사하듯, 새로운 기술이 우리 삶을 어떻게 바꿔놓을지 예측하기조차 어렵다. 글로벌 시장에서도 AI 기술을 둘러싼 국가 간 경쟁이 치열해지고 있다. 세계 경제의 패권을 두고 경쟁하고 있는 미국과 중국은 물론, 한국 정부와 민간 기업 모두 AI 관련 연구와 개발에 관심을 기울이기 시작했다. 일찍이 영국에서 자본주의 문명이 처음 등장한 이후, 기술 혁신은 자본주의 발전의 핵심 동력이었다. 경제력이 곧 국력인 자본주의 사회에서 새로운 기술은 한 나라가 가진 힘의 밑바탕이 되었다.

그렇다면 특정 시기, 특정 나라에서 집중적으로 세상을 바꾸는 혁신이 일어난 이유는 무엇일까? 이 질문에 대한 답은, 미래의 문명뿐만 아니라 세계를 주도하는 패권 경쟁의 방향을 가늠하는 데 중요한 열쇠가 될 것이다. 그 열쇠를 찾기 위해 먼저 역사를 되돌아보자. 19세기 말에서 20세기 초를 기점으로 자본주의 문명의 패권 국가는 영국에서 미국으로 바뀌었다. 그리고 오늘날 미국은 다시 중국의 도전에 맞닥뜨리고 있다. 역사의 흐름을 따라가다 보면 미국 경제학자 조지프 슘페터(Joseph Schumpeter)가 말한 '창조적 파괴'가 '끊임없는 혁신'을 작동시켰던 전제 조건을 발견할 수 있다.

지식과 정보를 거머쥔 영국의 산업 혁명

기술 혁신이 경제 성장에 본격적인 영향을 미치기 시작한 때는 자본주의 문명이 영국에 깊이 뿌리내리던 18세기 중반이었다. 당시는 흔히 '첫 번째 산업 혁명'이라 부르는 사건이 일어난 시기였다. 그 무렵 제임스 와트(James Watt)가 분리 응축기가 장착된 증기 기관을 개발했고, 면 직물업에서는 제니 방적기와 수력 방적기, 뮬 방적기와 같은 새로운 기계가 속속 등장했다. 직물업이나 제철업 같은 주요 공업 부문에서 특허 출원이 급속도로 늘었고, 또한 발명 활동을 장려하기 위해 기예협회(Society of Arts) 같은 민간단체가 설립되었다.

더 주목할 만한 사실은 영국 의회와 정부도 발명에 관심을 기울이기 시작했다는 것이다. 이를테면, 최초의 동력 직조기를 개발한 에드먼드 카트라이트(Edmund Cartwright)에게 의회가 1만 파운드의 상금을 내리거나 물 방적기를 발명한 새뮤얼 크럼프턴(Samuel Crompton)에게 5,000파운드의 상금을 준 것은 산업 혁명기에 이미 기술 혁신에 대한 국가의 관심과 지원이 있었음을 의미한다.

산업 혁명기, 영국이 발명을 비롯한 기술 혁신을 적극 지원한 이유에 대해서는 역사학계에서도 의견이 분분하다. 최근 주목받는 한 가설에 따르면, 영국을 산업 혁명으로 이끈 힘은 풍부한 석탄 자원과 증기 기관과 같은 기계 발명에 있었다. 17세기 후반, 자본주의 경제가 빠르게 발전하면서 영국은 전 세계에서 가장 임금이 높은 나라가 되었다. 하지만 석탄이라는 에너지원이 풍부했기에 기계 발명에 집중적으로 투자해 값비싼 노동력을 대체할 수 있었다. 이와 같은 다양한 요소의 가격 구조 덕분에 영국은 산업 혁명의 꽃을 피웠다.

이 가설도 꽤 설득력 있지만 혁신이 일어난 알기 위해서는 역사적 문맥에 주목해야 한다. 아무런 제약 없이 돈 버는 것을 수용하는 최초의 문명, 즉 자본주의 문명이 발전하면서 영국 사회는 새로운 국면에 맞이했다. 자유롭게 지식과 정보를 교류하면서 '돈 버는 효율적인 방법'을 찾아 협력하고 경쟁하는 문화가 자연스레 자리 잡은 것이다. 국왕부터 주요 귀족, 젠트리,[1] 전문 지식인 등 수많은 사람이 기예협회 같은 민간단체의 후원자로 이름을 올리며 발명 활동을 지원했다. 17세기 중반에 설립된 왕립협회(Royal Society)도 〈왕립협회보〉라는 간행물을 발행해 수많은 아마추어 과학 기술자가 자유롭게 소통하는 터전을 제공했다. 그러면서 지식과 정보에 접근하는 비용이 급속도로 낮아졌다. 1696년 도서 출판에 대한 검열을 사실상 폐지한 이후 인쇄물 출간은 폭발적으로 늘었다. 영국인은 직접 책이나 신문, 잡지를 사지 않더라도 커피하우스나 순회 도서관 같은 경로로 손쉽게 최신 지식과 정보를 접할 수 있었다. 프랑스인이 엄격한 출판물 검열제 탓에 스위스와 네덜란드에서 해적 출판물을 들여와야 했을 때, 영국인은 자유로운 지식과 정보를 바탕으로 앞다퉈 새로운 사업에 뛰어들었다. 바로 이것이 영국이 혁신을 꽃피울 수 있었던 가장 큰 원동력이었다.

미국 기업과 정부가 이끌어간 기술 혁신

19세기 중반까지 세계 공산품 무역의 절반을 차지하며 우위를 누렸던 영국의 경제 패권은 19세기 후반, 미국과 독일이 빠르게 산

---

1 중세 후기 영국에서 생겨난 중산적 토지 소유자층.

업화를 추진하며 위태로워졌다. 특히 미국은 남북전쟁 이후 높은 성장세를 이어가다 20세기 초가 되자 영국을 넘어 세계 최대의 산업 국가가 되었다. 이런 성장의 이면에는 방대한 내수 시장을 하나로 묶는 철도 및 전신망 구축, 강력한 관세 장벽의 보호주의, 주립 대학 설립 같은 정부 정책이 있었다. 그 터전 위에 미국의 자본주의 정신, 즉 '경제적인 성공을 통해 자신의 가치를 증명'하려는 미국인의 욕구가 마음껏 발현되었다.

19세기 말부터 미국은 세상을 바꾼 기술 혁신을 일구어냈다. 당시 장기적인 가격 하락과 경기 침체에 맞서 미국 기업은 기업 간 인수 합병을 통한 수평적 통합과 원료 채취부터 제품 분배에 이르는 전 과정을 하나로 묶는 수직적 통합을 수행했다. 그 결과, 오늘날 대기업의 원형이 되는 새로운 법인 조직을 만드는 혁신을 단행할 수 있었다. 대기업은 규모와 범위의 경제가 창출하는 막대한 이익을 누렸고, 그 이윤을 다시 신기술 개발에 대규모로 투자했다. 발명가 토머스 에디슨(Thomas Edison)이 GE를 설립해 연구개발을 계속한 것이 바로 그 예다. 개인 발명가의 시대는 가고, 기업의 체계적인 연구개발이 자본주의 경제를 이끌어가는 새로운 동력으로 떠오른 것이다. 이렇게 해서 지금도 경제 주축이 되는 전기, 전자, 화학, 철강, 자동차 같은 공업 부문이 탄생했고, 1920년대에 이르러 미국 대기업이 새로운 주도권을 쥐게 되었다.

20세기 전반, 두 번의 세계대전을 거치며 미국은 기업 주도의 혁신을 뒷받침하는 강력한 인프라를 구축했다. 또한 자국이 보유한 생산력과 자원을 모두 전쟁에 투입하면서 동맹국에 전쟁 물자를 공급하는 병기창 임무까지 수행했다. 그뿐만 아니라 역사상 처음으로 연방 정부가 기업과 연구 중심 대학에 연구개발 사업을 의뢰하고 대규모 자금을 투입했다. 이는 전쟁에 필요한 새로운 무기와 군사 기술을 확보하기 위함이었다. 이때 무려 20억 달러가 핵무기 개발 계획인 '맨해튼 프로젝트'에 투입되었다. 그렇게 정부와 기업, 대학이 협력해 신기술을 개발하는 혁신의 틀이 마련되었다. 일련의 과정을 거쳐 텔레비전, 합성 고무, 제트 엔진, 로켓, 컴퓨터 같은 새로운 발명품이 등장했다.

미국은 기술 혁신 덕분에 2차세계대전이 끝난 뒤 세계 경제를 완벽하게 장악했다. 영국과 영 제국의 세력이 절정에 이르렀던 1870년 무렵, 영국의 국내총생산(GDP)이 세계총생산(GWP)에서 차지하는 비중은 대략 25퍼센트 수준이었다. 이에 비해 1945년 미국의 국내총생산이 차지하는 비중은 무려 50퍼센트였다. 몇 가지 지표만 살펴보아도 미국의 우위는 놀랍다. 미국은 전력 생산에서 세계 발전량의 43퍼센트, 강철 생산에서는 57퍼센트, 원유 생산에서는 62퍼센트, 자동차 생산량은 무려 80퍼센트를 차지했다. 세계 인구의 7퍼센트에 불과한 미국이 이토록 압도적인 우위를 누린 적은 역사상 이전에도 이후에도 없었다.

미국 자본주의 혁신이 지속되는 원동력

미국의 압도적인 우위는 오래가지 않았다. 1970년대 초까지 생산성이 꾸준히 향상되었지만 생산성이 오르는 속도보다 더 빠르게 임금도 올랐다. 냉전 체제가 계속되면서 독일, 일본과 같은 주요 자본주의 국가가 성장했고, 한국과 대만 등 개발 도상국도 급부상해 미국을 추월했다. 1970년대 초부터 상황은 더 나빠졌다. 미국은 지금 가치로 환산하면 무려 1조 달러에 이르는 엄청난 자금을 투입하고도 베트남전쟁에서 패배했다. 소련과의 체제 경쟁으로 군사비 지출도 늘어나 정부 재정이 크게 악화했다. 미국의 번영을 떠받치던 대량 생산 체제 또한 후발 국가와의 생산성 격차가 줄어들고 실질 임금이 높아지면서 어려움에 부딪혔다. 결국 미국 기업은 비용이 싼 개발 도상국으로 생산 기지를 옮기기 시작했다. 1980년대에 들어서는 엔화 약세로 약진한 일본과 개혁 개방을 내세우며 경제 발전에 착수한 중국의 도전까지 거세졌다.

1980년대 후반 '미국의 세기(American century)'가 끝났다는 위기론이 득세했다. 하지만 바로 그 무렵 새로운 혁신의 바람이 불어오기 시작했다. PC와 인터넷, 통신, 소프트웨어 같은 전기 전자, 제약, 생명공학 같은 첨단 산업 분야에서 혁신 기술이 속속 등장했고, 새로운 산업에 투자를 돕는 금융 부문의 혁신이 함께 진행되었다. 미국 정부는 1970년대 초 이후 맞닥뜨린 위기를 전 세계적인 자유 무역 체제의 강화로 돌파하려 했다.

이후 세계화는 더욱 진전되어 미국을 비롯한 주요 자본주의 국가의 첨단 기업은 연구개발과 신상품 출시에 주력하되 제조는 중국 같은 신흥국에 맡기는 세계적인 공급망을 구축했다. 그러면서 20세기 초 반세기를 지배했던 대기업, 원료 획득부터 상품 분배에 이르는 모든 과정을 하나의 거대한 기업이 수행하는 대량 생산 체제 시대와는 전혀 다른 방식으로 자본 투자와 기술 혁신이 일어났다. 1990년대 후반, 미국 내 벤처기업에 대한 투자가 활발해지면서 신기술에 과감한 자본 투자가 이루어졌다. 그 결과, 실리콘밸리를 중심으로 애플, 구글, 아마존, 메타 등 거대 기술 기업이 세계 시장을 지배하게 되었다.

지금도 거대한 변화는 진행 중이고, 세계 각국의 첨단 제조 및 기술 기업이 경쟁하고 있다. 살벌한 경쟁 가운데 미국 기업이 여전히 우위를 차지하는 이유는 자본주의 문명에서 비롯된 혁신을 장려하는 문화 때문이다. 미국의 주요 연구 중심 대학은 끊임없이 새로운 인재와 기술을 배출했다. 미국은 물론 이민자 출신 인재가 창업에 매진했으며, 이들의 노력에 투자하고 그 성과를 통해 엄청난 부(富)로 보상하는 자본 시장이 원활하게 작동한다. 최근에는 중국과의 패권 경쟁에 돌입하며 연방 정부도 연구개발에 막대한 자본을 투입하기로 했으니 어떤 성과가 나올지 자못 궁금하다.

격변기의 생존법,
쓸데없는 짓을 하라!

서광원 인간자연생명력연구소

영국의 맨체스터라는 도시가 우리에게 본격적으로 알려진 것은 축구 선수 박지성이 2005년 이곳에 근거지를 둔 맨체스터유나이티드에서 뛰게 되면서부터다. 알다시피 맨체스터는 축구의 나라 영국에서도 손꼽히는 축구 도시다. 그런데 이곳이 축구에 열광하는 도시가 된 데에는 의외로 슬픈 역사가 있다. 맨체스터에는 만큐니움(Mancunium) 혹은 마무시움(Mamucium)이라고 불리던 서기 76년에 지어진 로마 요새가 지금도 남아 있는데, 맨체스터(Manchester)라는 이름은 여기서 유래한 것이다.

원초적 자본주의의 도시, 맨체스터

로마 멸망 후 500년 넘게 버려졌던 이 도시가 다시 살아난 것은 중세가 끝나가던 14세기부터였다. 맨체스터는 영국 중부에 위치한 지리적 특성 덕분에 공업이 발달했고, 나중에는 산업 혁명의 중심지가 되었다. 증기를 이용한 방적기와 직조기가 발명될 정도로 번성했는데, 번성한 비결 중 하나가 정부의 법적 제재가 미치지 않는 자치 도시였다는 점이다. 하지만 말이 자치 도시이지 모든 것이 돈을 기준으로 돌아가다 보니, 그야말로 '내놓은 도시'로 악명이 자자했고 산업화에 따른 부작용 역시 심각했다. 1830년대 말, 이 지역 군사령관이 했다는 말이다. "부유한 악당, 가난한 사기꾼, 술에 취한 부랑자, 매춘부가 이 도시의 도덕성을 대변한다. … 참으로 끔찍한 곳이다. 지옥에 입구가 있다면 이와 같을 것이다."

《미국의 민주주의》라는 책으로 유명한 프랑스 역사학자 알렉시 드 토크빌(Alexis de Tocqueville) 역시 1835년 이곳을 방문했는데 그의 기록은 더 신랄하다. "이 구역질 나는 하수구에서 역사상 가장 위대한 산업의 물결이 흘러나와 온 세상을 비옥하게 만든다. 이 불결한 웅덩이에서 빛나는 황금이 흘러나온다. 인간의 가장 완전한 발전과 가장 야만적인 발전이 여기서 동시에 이루어진다. 문명이 기적을 행하고 문명인이 야만인으로 퇴보하는 곳이다."

한마디로 맨체스터는 원초적 자본주의의 속살을 적나라하게 보여준 곳이었다. 재미있게도 같은 이유로 사회주의 역사에서도 맨체스터가 중요한 곳으로 꼽힌다. 마르크스와 함께 사회주의 기반을 마련한 프리드리히 엥겔스(Friedrich Engels)가 이곳에 살면서, 그 유명한《영국 노동 계급의 상태》를 쓴 까닭이다. 엥겔스는 면직 공장을 운영하는 아버지를 돕기 위해 1842년 맨체스터에 왔다가, 3년 동안 노동자의 현실을 본 뒤에 이런 평을 남겼다. "계획에 따른 건설이나 공식적인 규제와 무관하게 우연히 지어진 도시가 바로 맨체스터다."

맨체스터가 열광적인 축구 도시가 된 것도 이 같은 환경 때문이었다. 넷플릭스 드라마 〈잉글리시 게임〉에 나오듯, 가혹한 근로 조건에 허덕이던 노동자가 축구로 스트레스를 풀기 시작했던 것이다. 번영의 부작용에 짓눌렸던 건 노동자만이 아니었다. 수많은 공장에서 나온 시커먼 매연으로 이곳에 살던 생명체 역시 속속 자취를 감추었다.

그러던 1848년, 맨체스터에서 곤충학자 로버트 에들스턴(Robert Edleston)이 그동안 보지 못했던 검은 나방을 발견했다. 새로운 종인가 싶었으나 아니었다. 이전에 살던 회색가지나방의 변종이었다. 원래는 이름대로 밝은 회색 날개를 가지고 있었는데 어쩐지 날개가 검은색으로 변해 있어 알아보지 못했던 것이다. 매연으로 도시가 검게 변하자 천적인 새의 눈길을 피하려고 신속하게 몸 색깔을 바꾼 것 같았다. 덕분에 이 나방은 유명해졌다. 환경 변화에 빠르게 적응하는 놀라운 변신력의 상징으로 말이다. 더 나아가 나중에 도시 환경이 좋아지자 다시 밝은색으로 신속하게 변신해, 자신들의 능력이 우연이 아니라는 것을 증명하기까지 했다.

그런데 좀 이상했다. 사실 몸 색깔을 완전히 바꾸는 것은 유전자 변화가 필요한 엄청난 일인데 도대체 어떻게 그렇게 빠르게 해낼 수 있었을까? 한참 후에 알려진 사실이지만, 회색가지나방은 밝은색을 검은색으로 바꾼 게 아니었다.

회색가지나방은 어떻게 갑자기 검은색이 되었나?

생명체가 환경에 맞는 능력, 즉 새로운 생존력을 만들어내는 진화를 이루려면 세 가지 요건이 충족되어야 한다. 첫째, 지금과 다른 변이를 만들어내야 하고, 둘째, 이 변이가 환경에 잘 적응하는 자연 선택이 이루어져야 하며, 셋째, 이 능력이 후손에게 전해져야 한다. 진화의 시작점인 변이는 세대교체에서 생겨나는데, 유전자를 물려주고 받는 과정에서 새로운 유전자를 만들 수 있다.

흥미롭게도 변이는 사실 실수다. 유전자를 주고받는 과정에서 생기는 실수인데, 유익한 실수다. 실수로 생긴 변이 중 간혹 달라진 환경에 맞는 유전자가 있었기 때문이다. 보통 생존력에 해가 되는 것은 진화 과정에서 사라지는데, 이런 유익한 실수가 있어서 변이는 없어지지 않고 지속되어왔다. 역설적으로 실수가 있어야 진화할 수 있다는 이야기다.

놀라운 건, 생명체가 이런 변이를 통해 단순히 적응하는 데 그치지 않고 앞서 대비까지 한다는 사실이다. 변화가 닥친 후에 거기에 맞는 변이를 만들어내는 건 쉬운 일이 아닐뿐더러 변이를 만들어내는 동안 생존을 운에 맡겨야 한다. 세대교체를 통해 변이가 일어나기에는 시간이 걸리고, 유익한 실수도 우연으로 생겨난다. 그래서 생명체는 선제적으로 대응한다. 여러 변이를 미리 만들어두는 것이다.

예를 들어, 앞서 말한 회색가지나방은 그동안 밝은색만 만든 게 아니라 검은색은 물론 중간색까지 다양하게 만들어왔다. 그중 밝은색이 천적인 새의 눈에 쉽게 띄지 않아 잘 살아남은 덕분에 사람들은 밝은색만 있다고 생각한 것이다. 그러다 도시가 매연으로 시커멓게 변하자, 이번에는 검은색 나방이 더 많이 살아남는 바람에 다른 나방으로 보인 것이다. 사람들에게는 놀라운 변신으로 보였지만 사실은 다양한 대안을 만든 것이 비결이었다.

만약 회색가지나방이 '잘나가던' 밝은색을 살길이라고 판단해 여기에 집중했다면 어땠을까? 모르긴 몰라도 흔적도 없이 사라졌을 것이다. 하지만 '잘나가지 못하던' 검은색과 중간색 같은 여러 대안을 평상시에 만들어놓은 덕분에 갑작스레 변한 환경에서도 살아남아 또다시 번성할 수 있었다.

생명체는 하나에 올인하지 않는다

사실 효율을 중시해야 하는 생명체에게 이 같은 생존 방식은 상당한 낭비일 수 있다. 생존 가능성이 크지 않은 여러 모델을 만든다는 건 지금 잘나가는 모델을 희생시키는 기회비용의 손실이다. 혹시 모를 변화에 대비하는 거라지만 변화가 오지 않으면 시쳇말로 쓸데없는 짓 아닌가. 그런데도 왜 이런 낭비를 할까?

오랜 시간 수많은 일을 겪어온 생명체는 유전자 속에 중요한 교훈 하나를 내장하고 있다. 세상이란 언제 어디서 무슨 일이 일어날지 모르는 곳이기에 대비하는 게 더 효율적이라는 교훈이다. 수많은 생명체의 생존 전략을 살펴보면 의외로 하나에만 올인하지 않는 경향이 강하다. 예측할 수 없는 환경에 대비하는 것이다. 회색가지나방이 그랬듯 낭비처럼 보이는 대안을 마련해 어떤 환경에서든 살아남기 위해서다.

여름이면 볼 수 있는 풀무치 같은 메뚜깃과 곤충도 마찬가지다. 이들은 전략을 좀 더 단순화시켜 두 종류, 그러니까 녹색과 갈색 새끼를 같이 만든다. 일본 생태학자인 시즈오카대학교 이나가키 히데히로(稲垣栄洋) 교수는 그 이유를 "식물이 많은 곳에서는 녹색이 유리하고 식물이 적은 곳에서는 갈색이 더 눈에 띄지 않기 때문이다"라며 간단히 설명한다. 녹색과 갈색 중 어느 쪽이 생존에 유리할지는 환경에 따라 달라지기에 메뚜깃과 곤충은 두 가지 대안을 모두 만든다.

동물만이 아니다. 화단의 잡초는 뽑아도 뽑아도 다시 자란다. 어떻게 이토록 질긴 생명력을 가졌을까 싶은 잡초에는 비결이 있다. 잡초는 씨앗을 만들 때 크기와 껍질 두께를 똑같이 만들지 않고 다 다르게 만든다. 다음 해 봄이 와도 전부가 싹 트지 않게 말이다. 화창한 봄이 왔다고 모두가 싹을 틔웠다가 예상치 못한 천재지변이라도 일어나면 어떨까? 그야말로 한 방에 다 사라질 수 있다. 그래서 이들은 다른 씨앗을 만들어 해마다 싹을 틔운다. '한 바구니에 달걀을 한꺼번에 담지 마라'는 주식 투자 격언처럼 위험을 분산시킨다. 종이 완전히 다른 수많은 생명체가 이렇게 같은 전략으로 살아간다는 것은 무엇을 의미할까? 혹시 모를 변화에 대한 대비는 결코 낭비가 아니라는 것이다.

하나에 집중한 에릭슨 VS 대안을 마련한 토요타

1990년대 당시 세계적인 휴대폰 제조사였던 에릭슨(Ericsson)은 핵심 부품을 필립스 마이크로칩 공장에서만 생산했다. 여러 곳에서 생산하는 것보다 믿을 만한 한 곳에서 생산하는 게 훨씬 효과적이라 판단해서였다. 덕분에 한동안 그 효과를 만끽했으나, 2000년 그 공장에 이상이 생겨 몇 개월 동안 생산이 중단되는 바람에 무려 17억 달러의 손실을 보았다. 그리고 결국 소니에 합병되고 말았다.

반면, 자동차 회사 토요타는 1997년 P-밸브를 유일하게 공급하던 아이신세키 부품 공장에 화재가 발생해 몇 주 동안 생산이 중단될 위기에 처했지만 신속하게 공급처를 다변화한 덕분에 불과 6일 만에 생산을 재개했다. 밸브 생산 기술은 아이신세키만 가지고 있었으나 평소 협력사와 관계를 긴밀하게 유지하며 만일의 사태에 대비했기에 가동 중단의 여파를 최소화할 수 있었다.

개인 차원에서도 마찬가지다. 어디서나 일을 잘하는 사람들에게는 공통점이 있다. 이들은 자기 생각이 처음부터 멋지게, 한 번에 받아들여지리라고 기대하지 않는다. 그래서 귀찮고 힘들지만 두 번째, 세 번째 대안을 마련한다. 안 될 때를 대비하는 것이다. 남들 눈에 한 번에 되는 것처럼 보일 뿐 실제는 다르다. 반대로 어떤 일에 자주 실패하거나 중도 포기하는 사람들 역시 공통점이 있다. 우리는 흔히 이들에게 의지가 부족하다고 생각하지만, 사실은 그렇지 않을 때가 많다. 의지는 충분한데 예상치 못한 돌발 상황을 만났을 때 손쓸 만한 다른 방법, 다시 말해 대안을 마련하지 않은 탓에 실패하는 일이 허다하다.

상대보다 작은 규모의 군대로 연전연승하곤 했던 나폴레옹이 한 말이 있다. "작전을 세울 때 나는 세상에 둘도 없는 겁쟁이가 된다. 상상할 수 있는 모든 위험과 불리한 조건을 과장해보고 끊임없이 '만약에'라는 질문을 되풀이한다." 나폴레옹은 용감무쌍하게 적진으로 뛰어드는 용기 하나로 승리한 게 아니다. 최악의 상황을 끈

질기게 상상해보고 이에 대한 대비책을 미리 마련해둔 덕분에 승리를 얻은 것이다.

나중에 위대해지는 것은 지금 어리석어 보일 수 있다

바라는 일이 계획대로 되는 평온한 시기에는 대체로 정답이 하나다. 분명하고 확실한 것을 향해서 나아가면 된다. 가능성이 작거나 없는 일에 시간과 에너지를 쏟는 건, 말 그대로 딴짓이고 쓸데없는 짓이다.

하지만 언제 어디서 무슨 일이 일어날지 모르는 세상, 사소한 사건이 일파만파로 커질 수 있는 요즘 같은 시대에는 정해진 답이 없다. 가치와 쓸모는 지금까지 해왔던 것이나 믿음이 아니라 환경에 따라 달라진다. 지금은 틀렸다고 생각하는 게 미래에는 맞을 수도 있고, 그 반대도 마찬가지다. 이제는 세계적 기업이 된 회사들이 좋은 예다. 구글이 검색 엔진을 개발했을 때 투자자들은 사업 모델로 쳐주지도 않았고, 페이스북을 창업한 마크 저커버그는 케이스 스터디를 하는 명문대 대학원생들에게 "그게 되겠느냐"라며 외면받았다. 아마존이 초창기 시도했던 무료 배송 서비스 역시 무모하다는 말을 숱하게 들어야 했다. 미래를 기준으로 사업을 봐야 하는데, 다들 현재 기준으로 봤기 때문이다. 유명한 붉은 여왕(red queen) 가설을 경영학에 적용한 스탠퍼드대학교 윌리엄 바넷

(William Barnet) 교수가 이런 말을 했다. "위대한 기업은 무모하고 어리석어 보이는 아이디어를 통해 탄생한다. … 혁신적인 아이디어일수록 그렇다."

사실 멀리 갈 것도 없다. 몇십 년 전, 한국이 반도체, 자동차, 철강, 배터리를 만든다고 했을 때, 해외는 물론 국내에서조차 얼마나 많은 이가 '무모한 일', '가망 없는 일'이라고 했던가. 하지만 지금 세계적인 무역 대국 한국을 떠받치고 있는 산업은 바로 무모하고 가망 없다고 했던 것들이다.

자연에서 일어나는 변이와 자연 선택은 그 과정에 개입하기가 힘들고 시간이 오래 걸린다. 더구나 우연에 의해 결정되는 일이 많아, 될지 안 될지 알 수 없는 아주 지난한 작업이다. 물론 우리 삶과 비즈니스의 변이는 다르다. 쉽지는 않지만, 하기 나름에 달려 있다. 세상이 불확실할수록 영국 맨체스터의 나방이 그랬던 것처럼 쓸데없는 짓이 지극히 필요하다. 지금 잘된다고 영원히 잘될 수는 없다. '지금, 여기'에만 자원을 쏟아붓는 것이야말로 '쓸데없는 짓'이 될지 모른다. 한 글로벌 자동차 기업이 1만 5,000여 가지나 되는 수요 시나리오 모델을 구축한 것도 이래서일 것이다.

[참고 자료]
· 마틴 리브스, 사이먼 레빈, 다이치 우에다, 〈생물학에서 배우는 기업 생존의 조건〉, 《하버드비즈니스 리뷰》 1-2월호.
· 스티븐 존슨, 《이머전스》(김한영 옮김), 김영사.
· 이나가키 히데히로, 《이토록 아름다운 약자들》(오근영 옮김), 이마.

회피하지 마라, 주저하지 마라, 혁신 경쟁에서 승리하는 법

이동현 가톨릭대학교

혁신은 경영자가 가장 난감해하는 이슈다. 2007년 스마트폰 시장을 지배했던 블랙베리(BlackBerry)의 CEO 짐 발실리(Jim Balsillie)는 아이폰 출시 당시 이렇게 혹평했다. "아이폰은 수많은 스마트폰 중 하나다. 소비자의 이목을 끌기도 어렵고, 터치스크린 방식도 불완전하다." 하지만 발실리의 예상과 달리, 스마트폰 경쟁은 아이폰의 승리로 끝났고 블랙베리의 몰락으로 이어졌다. 그 후 사람들은 이 인터뷰를 근거로 발실리가 경영자로서 미래를 예측하고 혁신에 대응하는 능력이 부족했다고 비판했다. 과연 이 지적은 타당할까?

솔직히 경영자는 점쟁이가 될 수 없다. 세상에 처음 공개된 아이폰을 보자마자 대박 상품이라고 확신한 경영자가 몇 명이나 있었을까? 블랙베리의 진짜 문제는 잘못된 예측을 한 CEO가 아니었다. 블랙베리는 아이폰과 유사한 터치스크린 스마트폰을 무려 6년 뒤인 2013년에야 출시했다. 기업이라면 당연히 시장을 주도할 새로운 혁신에 항상 신속히 대응할 것 같지만, 현실은 블랙베리처럼 그렇지 않은 경우가 더 많다. 기업이 혁신을 외면하는 이유, 그리고 혁신을 외면하는 현상을 극복하고 혁신 경쟁에서 승리하는 전략에 대해 이야기해보자.

아래로부터의 혁신을 회피하지 마라

기존 제품이나 서비스보다 성능이 훨씬 낮은 혁신이 시장에 도입되면 경영자는 혼란에 빠진다. 전자식 시계, 잉크젯 프린터, 할인점 등이 대표적 사례로, 이들은 시장을 주도하는 제품 혹은 서비스보다 가격이 저렴하지만 성능도 떨어진다는 공통점이 있다. 하버드경영대학원 클레이튼 크리스턴슨(Clayton Christensen) 교수는 이를 '저성능 파괴' 혹은 '저가격 파괴'라고 정의했다. 이 혁신은 아래로부터의 혁신, 즉 성능이 낮은 저가 시장에서 혁신이 발생한 뒤에 점차 성능을 개선하면서 주류 시장을 압박한다.

1960년대까지 스위스의 시계 기업은 장인이 직접 조립한 기계식 시계로 세계 시장을 지배했다. 그런데 1969년 일본의 세이코(Seiko)가 최초로 퀴츠 손목시계 아스트론(Astron)을 출시하면서 시장에 전자식 시계가 도입되었다. 이때 스위스 시계 기업은 정교하고 품위 있는 기계식 시계에 비해 전자식 시계가 단순하고 싸구려같아 보인다는 이유로 적극적으로 대응하지 않았다. 선두 주자인 스위스 기업이 이렇게 전자식 시계를 방치하는 사이, 후발 기업인 세이코나 시티즌(Citizen) 등이 대규모 공장을 건설하고 시장으로 진출했다. 그리고 업계에서 스위스 업체를 몰아냈다.

경영자가 저성능 파괴를 무시하는 일은 수십 년 전 미국 서비스업에서도 있었다. 1962년 월마트가 등장하기 전까지 시어스(Sears)는 미국 소매업을 장악하고 있었다. 당시 시어스는 '상시 저가 판매(everyday low price)'를 선언한 월마트의 할인점 혁신을 가볍게 생각했다. 월마트가 집중 공략했던 저가 시장은 수익성이 낮아 보였고, 고객 서비스도 특별하지 않다고 판단했기 때문이었다. 오죽했으면 월마트 창업자 샘 월튼(Samuel Walton)이 "시어스가 월마트를 오랫동안 경쟁자로 인정하지 않고 무시한 덕분에 사업을 성공시킬 수 있었다"라고 자서전에서 고백할 정도였다. 시어스는 1988년이 되어서야 상시 저가 판매 정책을 채택했다. 하지만 월마트에 소매업 주도권을 빼앗긴 뒤였다.

도입하거나, 더 좋은 가치를 만들거나

이처럼 저성능 파괴가 기존 기업에 위협적인 이유는 혁신 자체가 우수해서가 아니다. 기존 기업이 혁신의 잠재력을 낮게 평가하는 잘못된 판단을 내릴 수 있기 때문이다. 앞서 살펴보았듯 기존 기업이 저성능 파괴를 간과하는 사이, 세이코나 월마트 같은 신규 업체는 무사히 저가 시장에 자리를 잡고 세력을 키웠다. 그렇다면 경영자는 어떻게 저성능 파괴에 당황하지 않고 효과적으로 대응할 수 있을까?

우선 저성능 파괴를 적극적으로 신사업에 도입하는 전략이다. 휴렛팩커드(Hewlett Packard, 이하 'HP')의 프린터 사업이 좋은 예다. HP는 레이저 프린터에 관한 꾸준한 기술 개선과 강력한 마케팅으로 높은 이윤을 남기며 시장을 장악했다. 그런데 잉크젯 프린터가 등장하면서 경쟁 상황이 복잡해졌다. 잉크젯 프린터는 레이저 프린터에 비해 인쇄 속도가 늦고 품질도 떨어졌지만, 가격이 저렴하고 프린터 부피와 무게가 적은 전형적인 저성능 파괴 제품이었다. HP 경영진은 잉크젯 프린터 시장의 진입을 검토했으나, 레이저 프린터 사업부의 반대가 심했다. 잉크젯 프린터의 성능이 낮은 데다 이윤도 적다는 주장이었다.

이런 상황에서 HP 경영진은 잉크젯 프린터 신사업을 위해 두 가지 중요한 전략적 결정을 내렸다. 일단 잉크젯 프린터 사업을 주력 부서인 레이저 프린터 사업부에 두지 않고 별개의 독립 조직에 맡겼다. 레이저 프린터 사업부의 간섭에서 벗어나 원점에서 잉크 젯 프린터 사업을 구축하겠다는 포석이었다. 다음으로 조직과 인력은 분리하되, HP의 핵심 역량인 프린터 기술과 브랜드는 공유할 수 있도록 본부에서 조율했다. 결과적으로 HP는 기존 사업인 레이저 프린터는 물론 신사업인 잉크젯 프린터에서도 모두 성공할 수 있었다.

물론 HP처럼 저성능 파괴를 도입하는 것만이 유일한 대응 방안은 아니다. 기존 제품을 부활시키는 전략도 가능하다. 전자식 시계에 제대로 대응하지 못해 1970년대 고전을 면치 못했던 스위스 시계 기업은 뒤늦게 쿼츠 기술을 도입했다. 1983년 출시된 스와치 (Swatch)는 그중 성공을 거둔 브랜드다. 그런데 스위스 시계 기업은 1990년대 들어 기계식 시계를 부활시키는 방안을 모색했다.

이때 핵심 전략은 고객을 상대로 기계식 시계의 가치를 재인식 시키는 것이었다. 기계식 시계는 수작업으로 만들어지므로 대량 생산이 어렵다. 기계식 시계의 이런 단점에 '장인 정신, 정밀성, 럭 셔리' 등의 예술적 가치를 접목해 장점으로 바꾸었다. 시계를 자신 의 정체성이나 지위를 상징하는 도구로 여기는 고객을 공략한 것 도 주효했다. 또한 스위스 시계 기업은 기계식 시계의 기술 개발 에도 적극 투자했는데, 특히 시간 오차를 줄이기 위한 무브먼트 개 선과 세라믹, 티타늄 등 차별화된 소재 개발에 집중했다. 덕분에

2002년부터 스위스의 기계식 시계 수출액이 전자식 시계 수출액을 넘어서기 시작했다.

위로부터의 혁신에 주저하지 마라

기존 제품이나 서비스보다 성능이 높은 혁신이 시장에 도입되었을 때도 경영자는 혼란에 빠져 실수를 범할 수 있다. '고성능 파괴'라 불리는 이 혁신은 위로부터의 혁신, 즉 기존보다 성능이 우수한 혁신이 발생한 다음, 가격을 낮추면서 주류 시장을 장악한다. 특히 고성능 파괴는 경영자에게 더 위협적이다. 기존 제품과 공존하는 저성능 파괴와 달리, 고성능 파괴는 기존 제품을 완전히 대체할 수 있기 때문이다. 예컨대 할인점은 백화점과 공존하지만, 스마트폰은 피처폰을 대체했다.

고성능 파괴 상황에서 경영자가 가장 많이 하는 실수는 기존 제품에 집착하느라 혁신에 너무 늦게 대응하는 것이다. 블랙베리는 아이폰의 성공적인 출시 이후에도 '쿼티(QWERTY)'라고 불리는 플라스틱 키보드에 대한 미련을 버리지 못했다. 사실 블랙베리뿐만 아니라 모토로라(Motorola), 팜(Palm), 노키아(Nokia) 등 당시 스마트폰 시장을 주도했던 다른 경쟁사도 플라스틱 키보드의 문제점을 애써 외면했다. 그 키보드 탓에 스마트폰 스크린은 작았고, 새로운 기능 버튼을 추가할 수 없었다. 아이폰은 바로 이런 약점을 파고들어 멀티 터치 기술로 스마트폰 시장에 혁신을 일으켰다. 2010년 이미 판이 기울어진 상황에서도 블랙베리는 쿼티 자판과 터치스크린을 함께 갖춘 슬라이드형 스마트폰 토치(Torch)를 출시했다. 게다가 2013년 출시한 터치스크린 스마트폰에도 안드로이드가 아닌 블랙베리 자체 OS를 고수하는 바람에, 블랙베리 소비자는 사용할 앱이 턱없이 부족했다. 이처럼 블랙베리는 고성능 파괴를 수용하기보다 기존 방식을 고집했다. 2011년 199억 달러에 달했던 블랙베리의 매출액은 2014년 68억 달러로 급감했고, 결국 2016년 자체 스마트폰 생산을 중단했다.

다른 시장을 찾거나, 하이브리드를 꾀하거나

블랙베리와 같은 실수를 범하지 않고 고성능 파괴에 대응하는 두 가지 전략을 제안한다.

첫째, 기존 제품으로 성과를 올릴 새로운 시장을 찾는다

과거에는 PC 저장 장치로 하드 디스크 드라이브(이하 'HDD')를 사용했지만, 이제는 낸드 플래시 메모리로 만든 솔리드 스테이트 드라이브(이하 'SSD')가 두각을 나타내고 있다. SSD는 HDD에 비해 데이터를 읽고 쓰는 속도가 빠르고, 외부 충격에 강하며 전력 소비량도 적어 성능 면에서 우수하다. 다만 가격이 HDD보다 비싸고 저장 용량이 적다. 시장에서 SSD를 선호하자, HDD 생산 기업은 사업 구조를 전환해야 했다. 자금과 시간을 확보하기 위해 HDD 업체는 HDD를 판매할 새로운 시장을 찾았다. 그렇게 발견한 것이 데이터 센터 시장이다.

클라우드 서비스 확산으로 데이터 센터 시장은 성장하고 있었는데, PC와 달리 저장 용량이 크고 가격도 저렴한 저장 장치가 필요했기 때문에 SSD보다는 HDD를 선호했다. HDD는 비록 고성능 파괴보다 성능이 낮은 기존 제품이라도 매력적인 시장을 찾는다면 기존 제품과 사업으로 성과를 낼 수 있음을 보여주는 사례다.

둘째, 한시적으로 하이브리드 혁신을 활용한다

하이브리드 혁신(hybrid innovation)이란 고성능 파괴를 기존 기술이나 제품에 접목해 서로 다른 두 가지 특성을 모두 포함한 혁신을 뜻한다. 다만 이 전략의 궁극적인 목적은 고성능 파괴에 관한 연구를 시작하면서, 사업 전환에 필요한 자금과 시간을 버는 것으로 한정해야 한다. 하이브리드 혁신 자체가 고성능 파괴에 최종 대응 방안이 될 수 없다는 점에 주의한다.

내연 기관 자동차를 선도했던 토요타, 폭스바겐, GM 등은 테슬라가 주도하는 전기차 혁명에 대응하려 일제히 하이브리드 혁신 카드를 꺼냈다. 토요타는 하이브리드, 폭스바겐은 디젤, GM은 플러그인 하이브리드를 선택해, 전기차로의 전환 시기를 늦추면서 테슬라의 공격에 대응했다. 토요타가 양산한 프리우스((Prius)는 내연 기관 자동차에 전기차 기술을 접목해 두 가지 특성을 모두 갖춘 하이브리드 자동차다. 그런데 세 기업 중 하이브리드 차로 소위 대박을 냈던 토요타가 전기차로의 전환에서는 가장 더딘 성과를 보이고 있다. 하이브리드 혁신을 활용해 테슬라의 독주를 막고 전기차 사업으로 신속히 전환했어야 하지만, 프리우스가 너무 잘 팔리자 본래 목적을 망각하고 내연기관 자동차에 연연한 탓이다. 그 결과, 토요타는 2022년 기준 전기차 2만 4,000여 대를 판매하며 세계 전기차 업체 중 28위에 머물고 말았다.

'아래로부터의 혁신'이든 '위로부터의 혁신'이든, 경영자는 혁신을 회피해서는 안 된다. 당장 지금의 사업에 위협이 되지 않는다며 무시하거나 기존 제품에 대해 집착하는 것은 결국 혁신을 회피하려는 꼼수에 불과하다. 냉철한 판단과 올바른 전략으로 혁신을 주도하는 기업만이 경쟁에서 승리할 것이다.

테크놀로지로
창의성을 리디자인하라

이승무 한국예술종합학교

"최악의 과학자는 예술가가 아닌 과학자며, 최악의 예술가는 과학
자가 아닌 예술가다."
— 아르망 트루소, 프랑스 물리학자

2023년 미국작가조합(Writers Guild of America, WGA)에 소속된
영화·방송 작가가 148일간 파업했다. 넷플릭스, 아마존, 애플, 디
즈니 등이 속해 있는 영화및텔레비전제작자동맹(Alliance of Motion
Picture and Television Producers, AMPTP)과의 임금 교섭이 결렬되자
총파업에 돌입한 것이다. 파업의 주요 쟁점 중 하나는 챗GPT 같은

생성형 AI가 작가의 창작 영역을 침범하는 걸 방지하는 것이었다.

이제 키오스크나 서빙 로봇처럼 새로운 기술이 인간의 일자리를 대체하는 것은 일상이 되었다. 이런 가운데 미국작가조합의 파업은 AI가 인간의 지적 창의성과 창작 영역을 위협할 수 있는 단계에 이르렀음을 상징적으로 보여준 사건이었다. 지금부터 창작과 기술의 역사적 발전 과정을 살펴보며, AI가 창의성과 기술의 상호 관계를 어떻게 재정립하고 있는지 생각하고자 한다. 더 나아가 혁명적 기술의 시대에 인간은 어떻게 창의력을 유지하고 발휘할 수 있을지에 대해 이야기해보자.

예술은 창의성과 기술의 결합으로 발전했다

"예술은 과학적으로, 과학은 예술적으로 접근하라."

— 레오나르도 다빈치, 르네상스 시대 미술가, 과학자, 사상가

인류 역사상 가장 오래된 그림인 라스코 동굴 벽화에는 광물, 숯, 황토, 식물 수액 등을 혼합한 안료가 사용되었다. 이집트의 피라미드는 기하학, 공학, 천문학 지식을 바탕으로 지렛대 같은 도구를 써서 세워졌고, 그리스인은 아에로레마,[1] 에케클레마[2]와 같은

---

1 Aerorama, 바람이나 천둥 등 자연 현상을 연출한 장치.
2 Eccyclema, 일종의 승강 무대로 배우나 소품을 싣고 무대에 등장할 때 사용된 장치.

기계 장치로 연극의 극적 효과를 연출했다. 로마 시대의 웅장한 건축물과 돔 역시 마찬가지다. 로마인은 공학 지식을 활용해 화산재와 소석회(수산화칼슘)로 콘크리트를 만들어냈다. 이처럼 인류는 창의성을 표현하기 위해 도구를 사용했다.

고대부터 이어진 기술과 창의성의 결합은 르네상스 시대에 이르러 더욱 본격적이 되었다. 다빈치 같은 '시대 융합적 창조자'는 인체 해부학, 물리학 등 다양한 학문과 기술 과학을 심도 있게 연구했다. 이를 바탕으로 활판 인쇄술, 유화, 명암법, 원근법 등을 개발하여 예술과 기술에 기반한 창의성의 영역을 크게 확장시켰다.

산업 혁명은 기계화와 대량 생산을 가능하게 해 예술 창작과 소비에 혁신적 변화를 일으켰고, 광학과 화학 기술의 결합으로 탄생한 사진은 현실을 기록하는 새로운 방식이 되었다. 사진의 탄생으로 예술적 훈련을 받지 않은 사람도 아름다움을 포착하고 공유하면서, 예술의 민주화가 이루어졌다. 영화 기술은 복제와 배급의 편리함으로 대중에게 동일한 문화적 경험을 제공하는 매스 미디어 시대를 열어 예술을 산업화했다. 시각, 음악, 연극과 공연 등 다양한 예술 형태를 하나의 매체로 융합하는 역할도 했다.

예술의 패러다임을 바꾼 가상 현실과 블록체인

"예술은 기술의 목표를 새롭게 정의하고, 기술은 예술에 영감을 주

어 서로를 발전시킨다."　　　　　— 존 래시터, 영화 〈토이 스토리〉 감독

컴퓨터, 인터넷, 모바일의 디지털 기술은 예술의 창작, 배포, 소비 방식을 근본적으로 변화시키며 예술과 창의성의 새로운 지평을 열었다. 예술 창작의 장벽이 낮아지면서 전문 장비나 교육이 필요했던 분야에서 비전문가도 쉽게 작품을 만들어 공유할 수 있게 되었다. 또 디지털 네트워크의 발전으로 창작자는 전 세계 어디서나 창작물 공유가 가능하다. 덕분에 지리적·문화적 제약을 뛰어넘어 글로벌 관객과 소통할 수 있는 길이 열렸다.

관객이 작품의 창작 과정에 참여할 수도 있다. 창작자와 소비자의 상호 작용으로 창작자와 수용자 사이의 경계가 허물어진 것이다. 스트리밍 서비스와 알고리즘 기반 추천 시스템은 개인화된 예술적 경험을 제공해 창작의 소비 방식을 변화시켰다. 이처럼 디지털 기술의 발전은 콘텐츠 생산과 소비의 패러다임을 혁신적으로 바꾸었다.

특히 디지털 기술의 첨단 영역인 증강 현실과 블록체인 기술은 창작과 유통에 새로운 가능성을 제시했다. 우선, 증강 현실과 혼합 현실은 물리적 세계와 디지털 세계를 융합하여 창작과 상상력의 새로운 영역을 열었다. 증강 현실 기술로 르네상스 시대의 그림 액자가 컴퓨터와 모바일, 스크린으로 이어져 2차원 평면 프레임이 3차원 공간으로 확장되었다. 이로써 사용자는 작품을 오감으로 느끼

며 현실 세계인 양 몰입해 감상할 수 있다. 증강 현실의 공간성과 다중 감각은 소비자가 창의성을 적극적으로 발휘하도록 해준다.

블록체인 기술은 채널이나 플랫폼의 통제 없이 창의성을 자유롭게 전파하고, 창작자와 소비자를 직접 연결한다. NFT와 같은 블록체인 기술은 작품의 원본성과 창작자의 소유권을 증명해주어, 디지털 창작물에도 아날로그 작품처럼 고유한 가치를 부여할 수 있게 되었다.

창작 과정의 중요한 협력자 AI

"AI는 우리를 더 인간다운 존재로 발전시킬 것이다."

— 사티아 나델라, CEO

우리 시대의 중요한 화두인 AI 기술은 '불과 전기의 발견'에 비유된다. 창의성과 예술 분야에 새로운 도구로서의 가능성을 넘어, 창작의 본질을 변화시키며 혁명을 일으키고 있기 때문이다. 스테이블디퓨전, 달리, 미드저니 등의 생성형 AI는 단어 몇 개를 입력하는 것만으로도 전문가 수준의 이미지를 만들어준다. 챗GPT 등의 대화형 AI는 사용자 요청에 따라 하이쿠에서 드라마 대본에 이르기까지 다양한 글을 쓰고, 무베르트(Mubert)와 사운드풀(Soundful) 등의 서비스는 저작권에서 자유로운 음악을 자동 생성한다. AI

라는 도구로 창작의 민주화를 완성한 것이다. 시뮬레이션(The Simulation)사의 AI 애니메이션 창작 프로그램 쇼러너(Showrunner)로는 사용자가 애니메이션을 직접 제작할 수 있다. 시나리오, 작화, 성우, 편집자 없이도 사용자가 원하는 애니메이션을 만들 수 있는 시대가 도래했다.

이제 '로맨스 요소가 강화되고 잔혹함이 제거된 버전'이나 '남녀 주인공이 만나지 않는 결말' 등 취향을 반영한 개인 맞춤형 작품을 만들어낼 수 있게 되었다. 이는 전통적 창작 과정의 단방향성을 깨트리고, 매스 미디어의 콘텐츠 공유 방식에 근본적으로 변화를 일으킬 것이다. AI는 단순한 도구를 넘어 독창적인 아이디어를 제안하고 창작 대안을 제시하는 중요한 협력자로 자리매김하고 있다. 더 나아가 인간 창작자의 역할 이상의 잠재력까지 보여주고 있다.

인간이 우위를 유지할 수 있는 영역

"창의성의 본질은 이미 알려진 지식과 경험의 한계를 넘어 새로운 미지의 영역으로 발을 내딛는 능력이다."　　— 마거릿 애트우드, 작가

AP통신은 미국작가조합의 파업 종료를 보도하는 기사에 '인간 대 AI, 할리우드 작가들의 싸움에서 인간이 승리하다. (잠정적으로…)'라는 제목을 달았다. 이 제목처럼 인간의 두뇌와 알고리즘 간

의 창의력 경쟁이 본격화되면, 인간이 창의적 우위를 유지할 수 있는 영역은 무엇일까.

창의적 비전과 동기 하나의 창작품은 개인적 경험과 감정, 사회적 메시지 등을 반영하려는 창작자의 비전과 열정에서 시작되어, 다양한 시행착오와 피드백을 거쳐 만들어진다. 이는 AI가 학습하고 재현하기에는 어려운, 인간만이 겪는 독특한 과정이다.

감성과 공감 창작자가 자기감정과 생각을 다른 사람과 공유하려는 욕구는 창작 과정의 필수 요소다. 예술가는 작품으로 감정을 표현하고 관객의 교감을 끌어낸다. 데이터와 알고리즘을 기반으로 하는 AI는 인간의 감정적 깊이와 세밀함을 포착하고 재현하는 데 한계가 있다.

직관과 통찰 아인슈타인은 "새로운 아이디어는 갑작스럽고 직관적인 형태로 온다"라고 했다. 대부분의 창의적 깨달음은 분석이나 선형적 발전이 아닌 순간적 직관에서 비롯된다. 이것은 추론 기반의 AI가 도달하기 어려운 영역이다.

심미안과 취향 할리우드에서 진행된 한 설문 조사에서 많은 전문가가 영화감독의 가장 중요한 자질로 '취향(taste)'을 꼽았다. 개인의 타고난 특성, 문화적 교육, 사회적 경험을 통해 자라난 고유의 심미안과 안목 등이 결합한 이 자질은 패턴 인식이나 머신러닝으로는 얻을 수 없다.

독창성 AI는 기존 요소와 관습을 효율적으로 조합할 수 있지만, 완전히 새로운 무언가를 창조하는 데는 한계가 있다. 기존 데이터의 학습을 기반으로 하는 AI는 "빈센트 반고흐(Vincent van Gogh) 화풍으로 그려줘"라는 요청을 이해하고 결과물을 내놓지만, 반고흐처럼 이전에 존재하지 않았던 독창적 예술을 창조하지는 못한다.

중요한 자질은 예술적 독창성

"부적응자, 반항아, 말썽꾸러기들. 사각형 구멍에는 맞지 않는 동그란 못들. 사물을 다르게 보는 사람들…. 누군가는 이들을 미친놈들로 볼지 모르지만 우리는 이들을 천재라고 부릅니다."

— 애플의 'Think Different' 캠페인 중에서

영어에는 '박스 밖에서 생각하기', '레프트 필드(left field)에서 생각하기'처럼 비전통적 발상을 의미하는 표현이 있다. 스티브 잡스가 인류 역사의 위대한 순간을 만들어온 괴짜와 천재를 기리며 제작한 애플의 'Think Different' 캠페인도 이런 비전통적 사고를 강조한 것이다.

규칙과 체계, 상식과 분석이 지배하는 '박스 안'이 일반인의 영역이라면, '박스 밖'은 규칙에 얽매이지 않는 괴짜, 부적응자, 예술가의 영역이다. 바로 박스 밖과 레프트 필드에서 AI가 대체할 수 없는 인간의 창의적 우위가 생겨난다. 'AI 시대에 가장 핫한 코딩 언

어는 영어'라는 말처럼 언어 구사력, 풍부한 어휘, 효과적 대화술로 빚은 인문학 소양과 함께, 박스 밖 예술적 독창성이 중요한 경쟁력 요소로 자리 잡을 것이다.

"크리에이티브의 미래는 기술과 인간 창의력의 결합으로 더욱 다양하고 혁신적인 형태로 발전할 것입니다. 경쟁력 있는 창작자는 기술을 이해하고 활용하는 능력과 더불어, 복잡한 문제에 대한 독창적인 해결책을 제시할 수 있는 창의적 사고를 갖추어야 할 것입니다."

'크리에이티브의 미래와 인간의 경쟁력'을 묻는 질문에 챗GPT가 내놓은 답이다. 인류 역사에서 인간의 창의력과 상상력을 표현하고자 하는 본능은 표현을 위한 도구, 기술 개발의 원동력이 되었다. 또 여기에서 영감을 받아 문화와 지식, 예술이 발전했다.

인류사에 등장했던 수많은 혁신 기술과 마찬가지로, 창작자에게 중요한 것은 AI 기술의 강점을 이해하고 활용하면서 한계를 인식하고, 기술로 달성할 수 없는 부분을 독창적 자질로 보완하는 능력이다. 'AI가 예술가를 대체하는 것이 아니라, AI를 효과적으로 활용할 줄 아는 예술가가 그렇지 못한 예술가를 대체할 것'이라는 관점은 비단 예술과 창작 분야에만 적용되는 이야기가 아닐 것이다.

큐레이션,
덜어낼수록 커지는 힘

이승윤 건국대학교

Less is More. '더 간결할수록, 더 풍요롭다'라는 뜻이 담긴 이 격언은 근대 건축의 거장 루트비히 미스 반데어로에(Ludwig Mies Van Der Rohe)의 건축 철학이다. 디지털 시대에 가장 필요한 가치인 '큐레이션(curation)'을 이보다 더 잘 설명한 말이 있을까.

지금은 그야말로 정보 과잉의 시대다. 시장조사 업체 스태티스타(Statista)에 따르면, 2022년 6월 기준으로 유튜브에는 60초마다 500시간이 넘는 영상이 올라온다. 또 세계적 경영학자 클레이튼 크리스턴슨은 보수적으로 추정해도 매년 3만 개가 넘는 신제품이 쏟아진다고 했다. 이 정도 물량이면 웬만한 중소형 마트 하나는 너끈하게 채울 수 있다. 지난 수백 년 동안 기업은 지속해서 더 많이 생산하는 데 집중했다. 그러나 이제 세상이 바뀌었다. '많이'가 아니라, '좋은' 것을 파악해 추려내고 생산해야 하는 시대가 되었다. 바야흐로 큐레이션의 시대가 열린 것이다.

큐레이션은 '보살피다'라는 뜻의 라틴어 큐라레(curare)에서 유래했다. 과거 부유한 수집가는 고대 유물 같은 세상의 진귀한 것을 모아두는 저장고를 가지고 있었는데, 이를 돌보고 지키는 사람이 생기면서 이 단어도 만들어졌다. 세월이 흘러 박물관이 소장품을 관리하는 시대가 오고, 전시품 보관 이상으로 소장품을 선별, 배치하고 전시하는 것이 중요해지면서 '큐레이션'이란 단어가 생겨났다.

AI와 빅데이터를 기반으로 한 기술의 급격한 발전으로, 큐레이션은 이제 박물관과 미술관을 벗어나 모든 영역에서 엄청난 영향을 미치고 있다. 최근 우리의 라이프 스타일에 큐레이션이 미치고 있는 영향력을 살펴보자.

〈워싱턴포스트〉를 살려낸 콘텐츠 큐레이션

큐레이션으로 혁신을 이룬 이야기에 빠지지 않고 등장하는 두 기업이 있다. 바로 넷플릭스와 아마존이다. 1994년 제프 베이조스(Jeff Bezos)가 설립한 아마존은 물류 창고가 없는 온라인 서점으로 비즈니스를 시작했다. 당시 아마존에서는 다양한 책을 추천하고 소개하는 편집자의 힘이 막강했다. 편집자의 추천 도서와 칼럼은 하루 수백만 명에 이르는 방문자의 구매에 영향을 미쳤다.

이때 베이조스는 몇몇 편집자의 주관적인 견해를 바탕으로 한 큐레이션 방식을 구시대적이라고 여겼다. 그래서 "기존 구매 데이터에 기초해 고객에게 자동으로 제품을 추천할 수 없을까?"라는 질문을 끊임없이 내부 직원에게 던진다. 여기서 나온 결과물이 '제품별 공동 필터링'이다. 제품 간 상관관계를 분석해서 이를 바탕으로 제품을 추천하는 것이다. 예를 들어, A를 구입한 고객은 대개 B도 함께 구입한다고 분석되면, A를 구매한 고객에게 B를 추천해주는 방식이다. 실제로 이 방식은 전문가의 수동 추천 방식과 비교할 때 판매에 훨씬 효과적이었다. 결국 알고리즘의 경쟁 상대가 될 수 없었던 아마존 편집자는 대부분 회사를 떠난다.

베이조스는 이 큐레이션 시스템을 다른 영역에도 적용했다. 2013년 8월 베이조스는 2억 5,000만 달러에 미국 유력지 〈워싱턴포스트〉를 인수했다. 당시 미디어 업계에서는 디지털에 적응하지 못한 신문사가 다시 살아날 수 있을지 반신반의했다. 결론적으로 베이조스를 새 주인으로 맞은 〈워싱턴포스트〉는 눈부시게 성장했다. 인수 2년 만에 유명 경제지 〈패스트컴퍼니〉가 뽑은 '올해의 혁신 미디어 기업'에 선정되었고, 2022년까지 유료 구독자 수를 250만 명까지 늘렸다. 죽어가던 〈워싱턴포스트〉를 살린 베이조스의 마법은 역시 콘텐츠 큐레이션이었다.

베이조스는 〈워싱턴포스트〉를 인수하자마자 〈비즈니스인사이더〉와 인터뷰를 했는데, 〈워싱턴포스트〉의 실패 원인은 "지나치게 제품, 즉 기사 중심으로 비즈니스를 운영했기 때문"이라고 했다. 베이조스가 인수하기 전, 실제로 〈워싱턴포스트〉는 좋은 기사를 만들면 자연스럽게 유료 구독자가 늘어날 것으로 전망했지만 현실은 그렇지 않았다.

베이조스는 훌륭한 기사라도 독자의 시선을 끌지 못하면 소용없다고 판단하고, 웹사이트의 트래픽을 늘리는 데 집중했다. 기사의 절대량을 늘리되, 동시에 정교한 큐레이션으로 웹사이트로 들어온 '우연한 방문자'를 매일 방문하는 '충성 고객'으로 전환하는 것을 목표로 삼았다. 이를 위해 도입한 대표적인 큐레이션 전략은 기사를 총 다섯 가지 버전으로 만드는 것이었다. 같은 기사지만 버전에 따라 제목과 사진도 달라졌다. 그런 다음 독자에게 다섯 가지 기사를 노출해 가장 좋은 반응을 얻는 형식을 알아냈다. 신문 편집자나 기자가 하던 제목이나 사진 선별을 정교한 알고리즘 기반의 기술로 대체하고, 사전에 알아낸 데이터를 바탕으로 관심이 있을 만한 사람에게 기사를 보여주는 콘텐츠 큐레이션을 적용함으로써 베이조스는 다시 한번 성공을 거두었다.

폭발적 가입자 수를 부른 90초 큐레이션

큐레이션으로 성장한 또 다른 거대 기업은 넷플릭스다. '이제 넷플릭스의 경쟁자는 수면 시간이다'라는 말이 있을 정도로, 넷플릭스의 시장 지배력은 나날이 높아지고 있다. 2023년 3분기 넷플릭스 가입자 수는 전분기 대비 876만 명 증가한 2억 4,715만 명으로 집계되었다. 제공하는 영상 콘텐츠 수도 엄청나다. 2024년 1월 왓츠온넷플릭스(What's On Netflix)[1]의 자료를 인용한 블룸버그의 발표에 따르면, 2023년 넷플릭스가 자체 제작한 오리지널 공개작만 700편이 넘는다.

넷플릭스는 단순하게 많은 콘텐츠를 확보하고 제작하는 데만 집중하지 않는다. 이미 넷플릭스에는 콘텐츠가 너무나 많다. 이러다 보니 넷플릭스 콘텐츠를 보는 시간보다 검색하는 시간이 더 길어 시청을 포기하는 현상을 가리키는 '넷플릭스 증후군'이라는 신조어도 생겼다. 이에 넷플릭스는 고객이 원하는 콘텐츠만 덜어내 보여주는 전략을 펴고 있다. 바로 '90초 룰'이다. 콘텐츠 골든 타임인 90초를 잡는 전략이다. 넷플릭스는 접속한 고객에게 맞춤형 추천 영상 및 섬네일을 제공한다. 넷플릭스는 이용자가 90초 안에 원하는 콘텐츠를 찾지 못하는 일이 반복되면 구독을 해지한다는 점

---

1 넷플릭스에서 제공하는 콘텐츠 목록을 확인할 수 있는 서비스.

을 파악했다. 그래서 90초 안에 이용자가 반드시 콘텐츠를 찾도록 한 것이다.

넷플릭스는 이용자의 시청 기록, '좋아요' 기록뿐 아니라 시청 시간, 뒤로 감기 및 빨리 감기 횟수 등 고객 프로파일을 확보하고, 영화마다 메타데이터(metadata)[2]를 태그하고, 이로써 다양한 장르를 카테고리화하는 작업을 해왔다. 아주 세분화해 분석하기 때문에 이를 '넷플릭스 양자 이론'이라 부른다.

한편 90초 룰은 넷플릭스 사용자에게만 적용되지 않는다. AI를 활용한 개인화 마케팅 솔루션 업체 그루비가 50억 건이 넘는 고객 행동 데이터를 분석한 결과에 따르면, 원하는 검색 결과를 얻은 사용자의 구매율은 67.5퍼센트에 이르지만, 원하지 않는 검색 결과를 얻은 사용자의 90퍼센트는 사이트를 이탈한다. 이처럼 아마존이나 넷플릭스와 같은 혁신 기업의 성공에는 비즈니스 환경 변화가 있었다. '산업화 선택 모델(industrial model of selection)'이라는 생산자 중심의 공급에서, '큐레이션 선택 모델(curated model of selection)'이라는 소비자 중심의 제품 제안으로 바뀐 것이다. 이제 수많은 선택지에서 불필요한 것을 최대한 덜어내 정말 고객이 원하는 것을 보여주는 것이 중요하다.

---

2 형성된 방식, 수집 시기, 수집한 사람 등을 포함하는 특정 데이터셋의 기술 정보.

왜 지금 큐레이션이 통하는 걸까?

전문가들은 앞으로 많은 산업 분야에서 더 다양한 방식으로 큐레이션이 강화될 것으로 본다. 그리고 큐레이션 선택 모델이 성장하는 이유에 대해 다음처럼 두 가지로 설명한다.

첫째, 우리 사회는 더 많이 가져야 행복한 시대를 지나고 있다. 과거에는 좋은 제품이나 서비스가 상대적으로 부족했고, 사람들의 충족되지 않은 니즈를 채워줄 수많은 제품과 서비스가 필요했다. 이때는 모두가 '어플루엔자'에 빠져 있었다. 어플루엔자(affuenza)는 'affluent(풍요로운)'와 'influenza(독감)'의 합성어로 풍요로워질수록 더 많은 것을 추구하는 소비 중독 현상을 가리킨다. 이 시기를 지나 공급 과잉의 시대로 가면 점차 '쾌락의 쳇바퀴'를 경험하는 소비자가 는다. 그런데 새로운 물건에 너무 빠른 속도로 적응해버리면 처음의 설렘과 환희가 금세 사그라진다. 즉, 많이 가질수록 체감하는 행복도가 낮아지는 것이다.

또 새로운 세대는 행복에 대한 접근 방식이 이전과 다르다. 한국 전쟁이 끝난 뒤 태어나고 자란 베이비 붐 세대의 삶은 한국 사회의 폭발적인 성장 과정과 궤를 같이한다. 그리고 그 성장 결과는 고스란히 다음 세대인 X세대에게 전달되었다. 이후 새로운 삶의 가치관을 가진 MZ세대가 등장한다. 1980~1994년에 태어난 MZ세대는 소위 저성장 시대를 맞이한 첫 세대로, 부모보다 경제적으로 가난할 수밖에 없다. 그들의 삶에서는 미니멀리즘이 중요한 지향점이 되었다. MZ세대는 삶에서 중요하다고 생각하는 하나의 가치에 집중하는데, 소비에서도 많은 대상 중 좋은 걸 하나 고르는 합리적인 소비에 익숙하다. 이처럼 무엇을 덜어낼 것인가에 집중하는 세대가 소비 주체로 등장하며 큐레이션은 한층 중요해졌다.

둘째, 선택의 가짓수가 늘어날수록 부정적인 결과가 도출된다. 컬럼비아대학교 쉬나 아이엔거(Sheena Iyengar) 교수와 스탠퍼드대학교 마크 레퍼(Mark Lepper) 교수는 잼을 판매할 때 시식품의 종류를 늘리면 판매율에 어떤 영향을 주는지에 대한 현장 연구를 진행했다. 결과는 놀라웠다. 24종 잼을 시식할 때보다 6종 잼을 시식할 때가 더 잘 팔린 것이다. 이런 현상을 흔히 '선택의 역설'이라고 한다. 너무 많은 선택권이 주어지면, 오히려 판단력이 흔들려 올바른 결정을 내리기 힘들어지는 현상이다. 앞서 설명한 넷플릭스 증후군을 증명한 실험인 셈이다. 이처럼 더 많은 옵션은 소비자 입장에서 오히려 인지적 과부하라는 부정적인 결과를 초래할 수 있다. 결과적으로 공급자에게도 좋은 결과가 아니게 된다.

좋은 것을 선택하고, 잘 연결하는 혁신

디지털 혁명은 자연스럽게 공급 과잉의 시대를 열었다. 그리고 이제는 누가 더 잘 덜어낼 것인가를 두고 경쟁하는 큐레이션 시대가 되었다. 게다가 AI와 빅데이터 기술의 등장으로 누구든 쉽게 정교한 큐레이션을 할 수 있다. 어쩌면 AI를 이용해 알고리즘을 강화하고, 이를 기반으로 정교한 큐레이션을 제공하는 회사만 살아남게 될지도 모른다. 기업의 리더 역시, 자신의 큐레이션 능력을 어떤 형태로 향상할지 고민해야 한다. '만드는 능력'을 넘어 '잘 구별하고, 선택을 일으키는 능력'이 필요하다. 이 능력을 기반으로 타인의 니즈를 파악해 큐레이터 역할을 할 수도 있고, 훌륭한 큐레이팅 기술을 가진 인재를 모아 비즈니스 플랫폼을 구축할 수도 있다.

과거의 성장이 급진적 혁신으로만 이루어졌다면, 세상에 존재하는 것이 너무나 많아진 지금은 점진적 혁신만으로도 충분히 놀라운 제품과 서비스를 만들 수 있다. 애플이 MP3 분야에 아이팟(iPod)으로 진출할 때 이미 수많은 한국 기업이 시장을 장악하고 있었다. 그리고 스마트폰을 세상에 처음 내놓은 것도 애플이 아니었다. 이제 혁신은 이미 존재하는 기술을 잘 관찰하고, 좋은 것을 모으는 것만으로도 가능하다. 애플, 아마존, 넷플릭스 등의 기업이 이를 증명한다. 정보의 과잉 속에 좋은 것을 추리고 잘 연결하는 큐레이션의 힘이야말로 이 시대 리더에게 요구되는 자질이다. 마지막으로 과학자 아이작 뉴턴(Isaac Newton)의 말을 되새겨보자.

"내가 남보다 더 멀리 볼 수 있었던 것은 거인들의 어깨에 올라탔기 때문이다."

한 개에 1억 4,000만 원,
카텔란의 바나나

이은화 융합미술연구소 크로싱

2019년 말, 미술품이란 꼬리표를 달고 세상에서 가장 비싼 가격에 팔린 바나나가 나타났다. 평범한 바나나가 세계적 명성의 아트 페어 「아트 바젤 마이애미비치」에 등장한 건 그해 12월 4일. 저명한 페로탕갤러리의 부스 벽에 덕트 테이프로 고정된 채 전시되었다. 이탈리아 미술가 마우리치오 카텔란(Maurizio Cattelan)이 선보이는 신작이었다. 〈코미디언(Comedian)〉이란 제목을 단 바나나의 가격은 12만 달러, 우리 돈으로 약 1억 4,000만 원이었다.

세계 미술계를 뒤집은 바나나 소동

놀랍게도 이 바나나는 VIP 오프닝 첫날 팔렸고, 3일 후 한 무명 작가가 허락 없이 바나나를 먹어 치우면서 또다시 화제와 논란을 불러일으켰다. 그런데 갤러리 측은 작품이 파괴된 게 아니라며 무명작가에게 법적 책임을 묻지 않았고, 그날 저녁 〈코미디언〉은 새로운 바나나로 대체되었다. 더욱 놀라운 건 〈코미디언〉의 에디션이 세 개나 되고, 모두 팔렸다는 점이다.

카텔란은 이 바나나를 마이애미의 한 식료품점에서 30센트에 샀다고 밝혔다. 그러니까 400원짜리 바나나를 1억 4,000만 원에 팔았다는 얘기다. 그것도 세 번씩이나. 어안이 벙벙해진다. 이쯤 되면 현대 미술은 사기가 아닐까 하는 의구심마저 든다. 그리고 궁금해진다. 평범한 바나나가 왜 12만 달러의 가치를 지니는지, 썩어 없어질 과일을 거액을 주고 사는 사람은 대체 누군지. 무엇보다 카텔란의 바나나가 왜 예술인지 말이다.

우선 바나나가 왜 예술품이 될 수 있는지부터 살펴보자. 솔직히 일반인들이 바나나를 예술로 받아들이기는 쉽지 않다. 실제로도 바나나가 12만 달러에 팔렸다는 언론 보도가 나오자, 이를 조롱하는 패러디물이 소셜미디어에 넘쳐났다. 심지어 마이애미의 청소 노동자들은 바나나 하나 값만도 못한 자신들의 노동 현실에 분개하며 거리로 뛰쳐나와 농성을 벌였다.

카텔란의 바나나를 그저 평범한 바나나로만 인식한다면 사람들의 조롱이나 분노를 이해 못 할 바도 아니다. 사실 카텔란은 전통적인 개념의 미술가가 아니다. 미술(美術)의 사전적 정의는 '아름다움을 시각적·조형적으로 표현하는 예술'이다. 손재주 뛰어난 화가나 조각가가 잘 그리거나 만든 그림이나 조각 등을 말한다. 전통적인 개념에서 미술은 이런 것이 맞다.

그런데 카텔란은 어떤가. 자신이 그리지도 만들지도 않았다. 그저 가게에서 산 바나나를 전시장 벽에 붙여놓았을 뿐이다. 그런데도 누군가는 웬만한 자동차 값의 몇 배나 되는 돈을 기꺼이 지급하고 구매했다. 왜일까? 그것이 정말 가치 있는 예술품이라서?

'레디메이드 선구자' 뒤샹의 후예

카텔란은 마르셀 뒤샹(Marcel Duchamp)의 길을 따르는 개념 미술가다. 변기를 뒤집어놓고 미술품이라 주장했던 바로 그 뒤샹 말이다. 카텔란의 바나나를 이해하기 위해서 뒤샹의 변기를 먼저 이해할 필요가 있다.

뒤샹은 1917년 가게에서 산 남자 소변기에 'R. Mutt'라는 익명의 서명을 한 뒤 뉴욕에서 열린 독립미술가협회 전시에 출품했다. 연회비 6달러만 내면 심사 없이 어떤 작품이든 전시할 수 있었지만, 그가 낸 변기는 개막식 전에 거부당했다. 전시 기간 내내 커튼 뒤에 가려져 공개되지 못했다. 동료 미술가들조차도 그것은 변기일 뿐 미술품이 아니라고 여겼기 때문이다.

〈샘(Fountain)〉이라는 제목의 변기는 당시 뉴욕 미술계를 발칵 뒤집으며 논쟁을 불러일으켰다. 뒤샹은 〈샘〉을 옹호하며 보수적인 평단과 동료 미술가들을 반박했다. 예술가가 자기 손으로 직접 만들었냐 아니냐가 중요한 게 아니라 무엇을 선택했냐가 중요하며, 일상의 사물이라도 미술가가 새로운 제목과 관점을 부여해 미술의 맥락 속에 전시한다면 그것은 새로운 개념의 예술이 될 수 있다고 주장했다. 그러고는 기성 제품을 이용한 미술을 '레디메이드(ready-made)'라 명명했다. 그는 〈샘〉 이전과 이후에도 삽이나 의자, 자전거 바퀴 등을 이용한 레디메이드 작품을 지속해서 선보이며 레디메이드 아트의 창시자가 되었다. 이것은 손재주 좋은 예술가가 잘 그리거나 만든 것을 예술품이라 여겼던 미술의 오랜 전통과 개념을 완전히 뒤집는 것이었고, 현대 미술의 새로운 길을 제시했다.

트럼프에게 냉소를 보낸 황금 변기

뒤샹의 〈샘〉이 탄생하고 약 100년 뒤, 카텔란은 〈샘〉을 오마주한 작품을 발표해 화제를 모았다. 18캐럿 황금으로 주조한 변기로 제목은 〈아메리카(America)〉라고 붙였다. 이 황금 변기는 2016년 9월부터 1년간 뉴욕 구겐하임미술관 5층 화장실에 설치되었다. 뒤샹의 〈샘〉은 변기의 기능을 완전히 상실한 조각이었지만, 카텔란의 〈아메리카〉는 변기의 기능도 완벽히 갖춘 '쓸모 있는' 예술품이었다. 예술은 무용하고 정신에 이바지하는 것이라는 관념에 도전하는 도발적인 작품이기도 했다. 제작비만 100만 달러가 들었고 작품의 가치는 600만 달러로 알려졌다. 이 황금 변기에 앉아 볼일을 보려 수많은 사람이 줄을 섰고, 전시 기간 무려 10만 명이 이용했다.

황금은 부와 권력의 상징이다. 그것으로 변기를 만들어버리다니! 〈아메리카〉라는 제목에서 유추할 수 있듯, 황금 변기는 미국 사회의 경제 불균형과 부의 과잉을 풍자한 작품이다. 이에 대해 카텔란은 "200달러짜리 점심을 먹으나 2달러짜리 핫도그를 먹으나 결과는 다 똑같이 변기로 간다"라며 제작 의도를 재치 있게 설명했다. 〈아메리카〉는 아메리칸드림을 더 이상 이룰 수 없는, 빈익빈 부익부 현상이 심화한 미국 사회에 대한 냉소이자, 1퍼센트 부자들의 과시욕을 충족시키기 위해 99퍼센트의 예술이 생산되고 유통되는 현상에 대한 비판이었다. 카텔란은 황금 변기를 공중화장실에 설치해 누구든지 사용하게 했다. 그의 표현대로 '99퍼센트를 위한 1퍼센트의 예술'이었다.

이 작품이 세계적 이슈가 된 건 오히려 전시가 끝난 이후였다. 2018년 1월 구겐하임미술관이 도널드 트럼프 전 대통령에게 카텔란의 황금 변기를 빌려주겠다고 제안했다는 기사 때문이었다. 앞서 백악관은 트럼프 대통령 부부의 침실을 장식하기 위해 구겐하임미술관 소장품인 반고흐의 〈눈이 있는 풍경화(Landscape with Snow)〉를 대여해달라고 요청했다. 백악관이 미술관에서 작품을 빌려 대통령 집무실이나 처소를 꾸미는 건 흔한 일이다. 그러나 당시 미술관 수석 큐레이터였던 낸시 스펙터는 카텔란의 말을 빌어 이렇게 회신했다.

"유감스럽게도 반고흐의 그림은 전시 스케줄이 잡힌 명화라 대여 불가합니다. 혹시 대통령 각하 부부께서 관심이 있다면, 카텔란 작가께서 〈아메리카〉 작품을 백악관에 영구 대여해줄 수 있다고 합니다. 황금이라 관리가 조금 까다롭지만 변기의 기능도 완벽히 갖추고 있으며 100만 달러 이상의 가치를 지닌 작품입니다."

부동산 재벌로 대통령 자리까지 오른 트럼프에 대한 조롱이자, 아무리 최고 권력자라도 반고흐의 명화를 독점할 수 없다는 점을 분명히 한 것이다. 이에 대해 백악관은 어떤 답도 하지 않았다.

이 황금 변기는 2019년 또 한 번 전 세계 언론을 뜨겁게 달궜다. 영국 옥스퍼드서에 있는 윈스턴 처칠(Winston Churchill)의 생가 블레넘궁에서 전시 중 도난당한 것이다. 4년 후 용의자들이 잡혔지만 작품을 되찾지는 못했다. 분해되고 녹아서 보석으로 용도가 변경되었을 것으로 추측할 뿐이다. 도둑들에게는 〈아메리카〉가 600만 달러 가치가 있는 예술품이 아니라 100만 달러짜리 금덩어리로만 보였을 것이다.

카텔란이 보여주는 유머와 풍자

발표하는 작품마다 화제를 불러일으키는 카텔란은 어떤 사람일까? 1960년 이탈리아 파도바에서 태어난 카텔란은 미술을 배운적이 없다. 대학에 다니지도 않았다. 그렇다고 금수저 출신도 아니다. 어머니는 청소부, 아버지는 트럭 운전사였다. 그는 젊은 시절부터 여러 직업을 전전한 뒤 가구를 만들다가 뒤늦게 미술가가 되어 31세에 첫 개인전을 열었다. 그런데도 개인전 2년 만인 1993년 「베니스 비엔날레」에 입성해 지금까지 여섯 번이나 초대되었고, 뉴욕 구겐하임미술관을 비롯한 세계 정상급 미술관에서 전시를 여는 월드 스타 미술가가 되었다. 2023년 우리나라의 리움미술관에서도 대규모 전시를 열며 동서양을 아우르는 인기를 증명했다.

그는 작품을 발표할 때마다 이슈가 되고, 언론을 움직이며, 사람들을 열광시킨다. 웬만한 기업이 돈을 쏟아부어 마케팅을 해도 따라가기 힘들 만큼 화제성과 영향력을 갖추었다. 아마도 그의 작품에는 강력한 유머와 풍자의 힘이 있기 때문일 것이다.

그의 천재성을 드러낸 작품 하나만 더 살펴보자. 1993년 「베니스 비엔날레」에 처음 초대받은 카텔란은 부담감에 어떤 작품도 만들 수 없었다. 대신 참신한 아이디어로 전시를 해결했다. 자신에게 주어진 공간에 대형 광고판을 설치한 뒤 향수 회사에 임대했다. 향수 회사 광고가 자기 작품이 된 것이다. 순수 미술 전시장에 광고

판을 설치하고 그것을 임대할 생각을 하다니! 엘리트 미술 교육을 받은 작가라면 절대 하기 힘든 발상이다. 카텔란은 기성 미술가의 길을 선택하지 않았기 때문에 오히려 주목받고 성공했다. 그는 전시를 만들면서 미술을 배웠다고 말한다. 치열한 미술 현장이 곧 학교였다는 것이다.

바나나 하나에 담긴 혁신성과 브랜드 가치

다시 카텔란의 바나나로 돌아가 보자. 장난 같은 〈코미디언〉은 왜 가치 있는 예술품일까? 사실 미술품 그 자체로는 아무 소용이나 가치가 없다. 미술품이 의미와 가치를 획득하려면 미술 제도 안에서 순환되어야 한다. 여기서 미술 제도란 갤러리, 미술관, 미술 학교, 출판, 언론, 아트페어나 경매 같은 미술 시장 등을 말한다. 뒤샹의 변기도 카텔란의 바나나도 전시회와 아트 페어라는 미술 제도 속에 들어와 논쟁을 불러일으켰고 결국 평단의 인정을 받으며 가치 있는 예술품이 된 것이다.

그런데 아무리 예술품이라 해도 바나나 하나에 12만 달러는 너무하지 않은가 싶은 생각이 드는 것도 사실이다. 부호들이 허세로 산 걸까? 앞서 언급했듯 〈코미디언〉은 총 세 개의 에디션이 있고 모두 판매되었다. 알려진 구매자 중 한 명은 사라 안델만(Sarah Andelman)이다. 파리의 상징적 명품 편집숍인 콜레트(Colette)의 공동 창립자다. 감각적이고 혁신적인 공간 디자이너로도 유명한 그녀는 아마도 카텔란 작품에서 사업의 영감을 얻었으리라 본다. 마이애미의 저명한 미술품 컬렉터이자 사업가인 빌리 콕스 부부도 "상징적인 역사적 오브제가 될 것"이라며 구입했다. 가장 성공한 영국 미술가 데이미언 허스트(Damien Hirst)도 카텔란의 바나나를 손에 넣고 싶어 했다. 그러나 카텔란은 작품이 매진되었다며 거절했다. 세 번째 에디션이 있는 곳은 다름 아닌 구겐하임미술관이다. 허스트가 거절당한 지 한 달 후 기증되었다. 그 덕에 작품의 가치는 고공 상승했다. 이로써 카텔란의 바나나는 가장 성공한 예술가와 디자이너가 갖고 싶어 하고, 세계적인 컬렉터와 미술관이 소장한 위대한 걸작이 되었다.

그렇다면 카텔란 작품의 혁신성은 무엇일까? 뒤샹의 레디메이드를 차용했다면 어떻게 독창성이 있다고 할까? 혁신은 묵은 관습이나 방법 따위를 완전히 바꾸어서 새롭게 하는 것을 의미한다. 사실 하늘 아래 완전히 새로운 것은 존재하지 않는다. 혁신은 없는 것을 만들어내는 것이 아니라, 기존에 있는 것, 일상에서 마주하는 것을 다른 시선으로 바라보는 데서 시작된다. 그런 점에서 카텔란은 정말 영리한 작가다. 평범한 바나나에 특별한 의미를 부여해 이전과 다른 시선으로 보게 만들었다.

바나나는 글로벌 무역의 상징이기도 하고 생김새 때문에 성적인 코드로 읽히기도 한다. 사실 바나나라는 물질이 중요한 건 아니다. 〈코미디언〉은 개념이 더 중요한 개념 미술품이기 때문이다. 실제로 바나나가 거래된 것도 아니다. 며칠이면 썩는 바나나는 오히려 보관과 뒤처리만 곤란할 뿐. 그렇다면 구매자는 거금을 지급하고 무엇을 받았을까? 바로 진품 인증서와 올바른 설치를 위한 지침서다. 이것이 물질적인 형태의 조각을 고수했던 뒤샹과의 차이다. 12만 달러라는 가격은 작가의 이런 혁신적인 아이디어와 새로운 개념에 대한 값이다. 무엇보다 이미 세계적 명성을 누리고 있는 카텔란이라는 이름이 갖는 브랜드 가치다.

일치일란의 중국사,
난세에는 혁신이 등장한다

조영헌 고려대학교

바야흐로 난세(亂世)다. 크고 작은 국제 전쟁과 무질서한 정치, 기후 위기와 인구 감소 등으로 어지럽고 살기 힘든 세상이 되었다. 그렇다면 난세의 반대 개념인 치세(治世)는 언제였던가? 인간은 망각의 동물인지라 쉽게 잊어버리기 쉽지만, 지난 역사를 잘 반추해 보면 치세라고 기억할 만한 시기도 분명히 있었다. 다만 짧게 지난 것처럼 느낄 뿐이다.

중국 역사에서도 치세와 난세는 반복되었다. 중국 역사는 매우 길고 그 속에서 수많은 왕조가 명멸하며 영토의 변화 역시 변화무

쌍했는데, 이를 치세와 난세가 반복되는 사이클로 보면 흥미로운 패턴이 발견된다. 중국사에서 치세와 난세를 구분하는 가장 중요한 기준은 통일의 여부다. 워낙 거대한 영토에서 다양한 민족이 어울려 살아야 했기에, 중국에서 하나로 통일된 정치체가 탄생하는 것은 역사적으로 대단히 어려운 과제였다. 여러 나라로 분열되었을 때는 분쟁이 많고 무질서한 상황이 지속되었는데, 중국에서는 이런 상황을 '난세'라고 불렀다. 반대로 분열 국면을 통일하고 질서를 회복함으로 전쟁이 줄어들면 '치세'라고 했다.

돌고 도는 치세와 난세의 역사

이 같은 치세와 난세의 개념을 가지고 중국사를 돌아봤을 때 최초의 치세는 언제였을까? 논란이 있지만, 그래도 춘추·전국 시대의 분열과 혼란한 시기를 통일했던 진나라와 뒤이어 등장한 한나라까지의 진·한(秦·漢) 시대를 최초의 치세로 볼 수 있다. 춘추오패나 전국칠웅(戰國七雄)으로 불리는 다양한 패권국의 군웅할거와 전쟁이 종식되고, 군현제라는 중앙집권식 행정 제도를 기반으로 전국이 치밀한 문서 행정으로 통치되는 방식이 최초로 실현된 시대였다. 춘추·전국 이전에도 주나라라는 종주국이 있었다고는 하나, 이는 어디까지나 후대에 만들어진 이상화된 모델일 뿐이었다. 진·한 시대가 되어서야 비로소 중국은 전국이 일사불란하게 움직이는 통일 제국이 되었다. 물론 그 통치권이 미치는 영역은 지금의 중국에 비하면 훨씬 제한적이었다.

하지만 치세는 영원할 수 없는 법! 후한 시대까지 약 400년을 이어온 진·한의 통일 시기도 우리에게 익숙한 삼국지의 시대가 되면서 다시 분열기로 접어든다. 그때부터 수나라의 통일까지가 위진남북조(魏晉南北朝) 시대라고 불리는 400년에 가까운 오랜 분열 시대였다. 다시 난세가 된 것이다.

남과 북으로 분열된 국면을 581년에 통일하며 두 번째 치세를 열었던 수나라는 첫 번째 치세를 열었던 진나라처럼 일찍 망했다. 그 뒤 당나라가 통일된 국면을 906년까지 이어갔는데, 이 역시 첫 번째 치세에서 진을 계승했던 한나라와 유사했다. 역사에서 수·당(隋·唐) 제국으로 불리는 두 번째 치세기로, 동아시아 문화권의 특징으로 손꼽히는 한자, 유교, 중국화된 불교, 율령 체제 등이 한반도와 일본으로 전해진 시기이기도 하다.

당이 몰락하면서 중국은 다시 오랜 분열기로 접어들었다. 오대십국(五代十國, 907~960) 시기는 말할 것도 없거니와, 잠시 중원을 통일했던 송나라는 북방에서 강력해진 거란, 여진, 서하에 밀려 남송으로 밀려 내려갔다. 이후 몽골인의 원나라가 모든 지역을 통일하는 13세기 후반까지 중원 지역은 400년 가깝게 분열과 전쟁으로 점철된 역사를 경험해야 했다.

이후 세 번째 치세는 몽골 제국의 쿠빌라이 칸이 유라시아 대부분을 점령하여 원을 세우면서 시작되었다. 이후 중원의 통치자는 몽골족의 원(元)에서 한족의 명(明), 그리고 다시 만주족의 청(淸)으로 바뀌었으나, 왕조 교체의 짧은 동란기를 제외하면 대체로 19세기 중엽까지 600년 가까운 통일 국면이 이어졌다. 한반도에서는 고려 후반기에서 조선 500년이라는 긴 통일 왕조와 중첩되는 시기다.

그리고 청나라는 외부적으로 아편전쟁에서 패배하고 내부적으로는 태평천국의 반란을 겪은 후부터 다시 분열 국면에 빠져들었다. 1911년 청나라가 몰락한 이후 1949년 중화인민공화국이 수립될 때까지 중국은 군벌의 할거, 국민당과 공산당의 분열, 서구 열강의 침탈, 그리고 일본과의 전쟁 등으로 그야말로 난세 중의 난세를 경험했다. 당시 중국은 수박처럼 쪼개질지 모른다는 '과분(瓜分)'의 공포가 팽배했다.

국·공내전에서 승리한 공산당이 중화인민공화국을 건립한 1949년부터 지금까지의 중국은 다시 통일된 국면의 연속이다. 마오쩌둥 시기에 대기근이나 문화대혁명과 같은 큰 위기를 겪었지만, 분열의 위험은 극복해냈다. 그리고 덩샤오핑 시기부터 전개된 개혁개방의 결과, 오늘날 중국은 세계 정세를 주도하는 양대 세력, 즉 G2까지 성장하여 미국과 패권을 다투고 있다. 역사적으로는 네 번째 치세 국면에 해당한다. 이처럼 난세와 치세가 반복되는 중국사를 '일치일란(一治一亂)'의 역사라고 부른다. 한번 치세가 이루어지면 다시 난세가 되고, 또다시 치세가 반복되는 패턴을 말한다.

기원전 3세기 무렵에 맹자가 처음 일치일란을 언급할 때만 해도 그는 이 패턴이 향후 2,000년이 넘도록 이어질 줄 전혀 예상하지 못했을 것이다.

그렇다면 현재 중국의 네 번째 치세 이후에는 어떤 국면이 이어질까? 난세가 도래하는 것이 두려운가? 난세에 정치적 혼란과 전쟁이 증가하곤 했지만, 부정적인 측면만 있던 것은 아니었다.

가장 살기 힘들 때마다 일어난 혁신

중국의 난세마다 등장한 것이 바로 혁신이다. 난세는 기존에 묵수하던 관습과 조직 혹은 방법을 완전히 새롭게 바꾸는 혁신적 사상이 등장하거나 혁신적 발전이 이루어졌다. 혁신적 발전이 일어난 네 번의 난세는 다음과 같다.

첫 번째 난세, 춘추·전국 시대

혼란한 시기였던 춘추·전국 시대에는 제자백가(諸子百家)라고 불리는 수많은 사상가가 경쟁적으로 등장했다. 오늘날까지도 중국을 비롯한 동아시아 지역에 영향을 미치는 유가와 법가를 비롯하여 묵가, 도가, 병가(兵家), 음양가(陰陽家) 등이 모두 이 시기의 산물이다. 분열되어 부국강병을 추구했던 여러 나라의 군주는 인재들을 불러들여 전략을 듣고자 경주했기에 공자, 맹자, 묵자, 순자, 상앙, 한비자, 노자, 장자 등은 자신의 사상을 노련하게 발전시킬 수 있었다. '어떻게 난세를 구할 것인가?'라는 큰 화두를 놓고 이전 시대와는 차원이 다른 혁신적인 사상이 앞다투어 탄생한 것이다. 때로 인재들은 군주를 바꾸어가며 자신의 사상을 실천할 최적의 나라를 선택했다. 통일된 국가에서는 생각할 수 없는 기회였다.

두 번째 난세, 위진남북조 시대

위진남북조 시대는 진·한 제국과 수·당 제국 사이에 있었다. 이 시기의 혁신은 풍요로운 강남(江南) 지역의 개발이었다. 당시 북방의 '오호(五胡, 다섯 호족 세력)'라 불리는 흉노, 선비, 갈, 저, 강족의 침략으로 중원에 살던 한족은 '원치 않던' 남쪽으로 대규모 이주를 해야만 했다. 당시 강남은 열대성 전염병이 창궐하는 저습지가 많아 정치 유배지로 간주하던 땅이었다. 중원을 지배한 호족 오랑캐를 피해 중국에서 가장 긴 강인 양쯔강(揚子江) 및 그 이남 지역으로 100만 명에 가까운 유민이 몰려들었다. 대규모 인구 이동이 발생한 것이다. 인구가 모이면 새롭게 살 궁리를 하게 되는 법이다. 이들은 저습지를 개간하여 토지를 확대하기 시작했고, 물이 풍부했기에 벼농사를 1년에 두 번까지도 짓기 시작했다. 경제력이 뒷받침되면서 강남에는 특유의 귀족풍 문화가 발전했다. 무엇보다 향후 중국에서 경제력과 교육에 대한 열기, 그리고 높은 문화적 수준을 담보한 강남 문화가 형성된 계기는 두 번째 난세 시기의 강남 이주로 마련된 것이다.

세 번째 난세, 북송과 남송 시대

이 시기에도 혼란과 분열은 강한 군사력과 이동성을 자랑하는 북방 민족의 위협 속에서 시작되었다. 북방 민족의 우월한 군사력에 맞서야 했던 이때 왕안석(王安石)의 신법과 성리학이 탄생했다. 군사적 열세 속에서 만성적인 재정 적자를 만회하기 위해 이전과는 차원이 다른 정책이 필요했고, 왕안석은 국가 주도로 재정 수입을 전면적으로 상업화하는 법안을 잇달아 제안했다. 물자 조달을 중앙에서 일괄적으로 통제하는 「균수법(均輸法)」이나 중소 상인에게 저리의 이자로 자금을 융자하는 「시역법(市易法)」이 대표 사례다. 이는 농본주의 시대에 재정 확충을 위해 기존의 지출을 줄이는 소극적인 방향이나 토지세를 올리는 등의 전통적인 방식과 달리, 당시로는 너무나도 급진적인 상업 정책이었다. 한편 북방 세력의 힘에 압도되었던 남송 시대를 살던 주자(朱子)는 도통(道統)의 원리로 실질적인 외부 상황을 이념적으로 극복하려는 절실함 속에서 성리학의 체계를 세웠다. 우주론적 세계관을 탑재한 성리학은 유가의 이념을 한 단계 업그레이드하면서 동아시아에서 상당 기간 혁신적인 사상으로 기능했다.

네 번째 난세, 19세기 중엽~20세기 중엽

중국의 가장 최근 난세는 18세기 청나라의 전성기와 1949년 중화인민공화국 사이에 낀 19세기 중엽부터 20세기 중엽까지 약 100년의 분열기다. 이 시기의 분열은 서구 열강으로부터 시작되었고 지도력의 부재 속에 혼란이 이어졌다. 이때 난세에 접어들자 중국은 비로소 내부가 아닌 외부 세계를 열린 자세로 배우기 시작했고, 민주주의와 과학을 혁신적으로 수용하기 시작했다. 쇠락해진 청나라를 부강하게 만들려고 19세기 후반에는 자존심을 무릅쓰고 양무(洋務), 즉 '서양을 힘써 배우기' 시작했고, 청나라가 무너진 뒤 천하가 쪼개지려는 20세기 초에는 민주주의를 의미하는 '덕씨(德氏, Mr. Democracy)'와 과학을 의미하는 '새씨(賽氏, Mr. Science)'를 소환하여 5.4 운동[1]의 양대 정신으로 삼았다. 청년의 발견도 모자라 신청년을 요청했던 20세기 전반기의 중국에는 통일된 정권이 부재했으나, 신문화의 조류 속에서 혁신적인 사상과 전통적인 사상이 혼종하는 열린 사회를 구현했다.

실패가 두렵지 않은 절박한 순간, 혁신은 시작된다

누구도 난세를 바라지 않는다. 하지만 난세에는 혁신이 어김없

---

1 1919년 5월 4일 중국 베이징의 학생들이 일으킨 항일 운동이자 반제국주의, 반봉건주의 혁명 운동.

이 등장했다. 바로 여기에 역사의 비밀이 숨어 있다.

혁신을 원하는 이들은 차고 넘치지만, 진정한 혁신과 창발을 성취한 이들은 극소수다. 중국사에서 난세는 항상 분열의 시대였다. 분열은 혼란과 불안정을 야기하고, 아노미의 증폭 속에서 경쟁과 전쟁이 발생하기 마련이다. 그런데 바로 그 순간 통일과 안정 속에서 분출하지 않던 의식의 전환이나 사고의 열림이 발생하고, 이런 전환과 열림을 지속시키는 불굴의 투지와 근성이 길러졌다. 자잘한 실패가 두렵지 않을 정도로 절박한 순간, 돌파구가 필요하다고 결심이 '되는'(결심을 '하는'이 아니라) 티핑포인트가 반복적으로 생겨났다.

일치일란의 역사에는 세상이 순환된다는 논리 이상의 메시지가 담겨 있다. 일치일란의 중국사를 보면 누구나 회피하고 싶은 난세에도 긍정적 측면이 있었음을 알 수 있다. 지금 어느 때보다 난세와 혼란의 시대라고 느끼는 경영인이 있다면, 분열과 혼란의 위기 속에서 탄생한 혁신의 역사를 음미해보기를 바란다. 치세는 늘 난세로부터 시작했음을 기억할 수 있다면, 가장 어려운 지금이 번영과 안정 속에서 분출하지 않던 의식의 전환과 사고의 열림이 발생할 수 있는 최적의 환경인 셈이다. 역사에서 난세의 분열과 불안정성이야말로 혁신을 일으키는 불꽃이었으며, 우리에게 불굴의 투지와 근성을 제공하는 엔진이었기 때문이다.

오기는 벽을 만들고 포기는 실마리를 준다
문제 해결의 프레임

안재현 KAIST

우리는 프레임이라는 단어를 자주 사용한다. 정치, 정확히는 정쟁에서 자주 사용하지만, 사실 프레임은 의사 결정에서 특히 중요한 개념이다. 프레임은 우리에게 주어진 문제를 이해하고 분석하기 위한 사고의 틀이다. 모호하고 추상적인 문제를 구체적이고 분명하게 정의하는 과정은 좋은 의사 결정을 위한 중요한 출발이다. 이때 당면한 문제를 이해하고 분석하기 위한 사고의 틀을 '의사 결정 프레임(decision frame)'이라고 부른다.

세상을 보는 렌즈, 프레임

프레임 하면 우선 사진이 연상된다. 여행지에서 찍은 사진은 찍은 사람의 의도에 따라 같은 상황을 다르게 전달한다. 가족의 즐거운 표정을 중심으로 사진을 찍을 수도 있고, 여행지의 근사한 모습을 보여주는 풍경 위주의 사진을 찍을 수도 있다. 풍경 위주의 프레임에서는 표정은 강조되지 않으나 여행지 전체의 멋진 풍광을 한눈에 볼 수 있다.

이처럼 사진을 찍는 사람은 본인의 주관적 프레임을 통해 당시의 상황과 추억을 사람들에게 공유한다. 그리고 사진을 보는 사람들은 주어진 프레임 안에서 사진에 담긴 스토리를 이해한다. 즉, 어떤 프레임으로 사진을 찍느냐에 따라 그 관점과 의미가 다르게 전달된다. 의사 결정 프레임도 사진의 프레임과 유사하다. 찍은 사람의 제한된 의도가 사진에 반영되듯이, 문제를 보는 제한된 시각은 의사 결정 프레임에 반영된다. 사진을 보는 사람이 주어진 프레임을 통해 그 장면을 이해하는 것처럼, 의사 결정 프레임은 현재 그 사람의 시각과 상황을 보여준다.

사진의 프레임은 지난 추억을 선택적으로 기억하도록 도와준다. 마찬가지로 의사 결정 프레임은 의사 결정을 위한 사고의 틀이 되어준다. 여기서 문제는 프레임을 제시하는 사람의 의도가 때로는 의사 결정자 혹은 소비자의 선택을 왜곡시킨다는 점이다.

맹인 6인의 프레임을 합치면 코끼리가 된다

의사 결정은 프레임을 통해 문제의 본질을 찾아가는 과정이다. 고대 인도로부터 전해 내려오는 '6인의 맹인과 코끼리 이야기'는 문제의 본질을 찾는 과정에 대한 중요한 시사점을 제공한다. 이 이야기는 6인의 맹인이 "코끼리가 어떤 모습일까?" 하고 추측하면서 시작된다.

그들은 모두 맹인이었기 때문에 동네에 처음 나타난 코끼리를 만져보며 코끼리의 모습을 파악하려고 한다. 몸통을 만진 사람은 "코끼리가 벽과 같다"라고 하고, 다리를 만진 사람은 "나무와 같다"라고 한다. 상아를 만진 사람은 "창과 같다"라고 이야기하고, 코를 만진 사람은 "코끼리는 뱀 같다"라고 말한다. 이처럼 그들은 촉감을 바탕으로 한 특별한 경험에 근거해서 코끼리에 관해 서로 다른 주장을 한다. 맹인의 제한된 시각에서는 코끼리가 뱀과 같을 수도 있고 나무와 같을 수도 있다. 그들의 시각에서는 이런 주장이 옳다. 하지만 그것이 코끼리의 정확한 실체는 아니다.

그런데 이 같은 개개인의 관점을 넘어 더 포괄적인 관점에서 맹인들의 생각을 종합하면 결과는 달라진다. 코끼리의 실체를 파악할 수도 있을 것이다. 결국 의사 결정 문제의 실체를 파악하려면 개인의 제한된 경험과 지식에 의존한 프레임보다는, 전체를 종합적으로 판단하는 더 큰 프레임이 필요하다. 적절한 프레임의 설정

은 문제의 본질을 더 잘 이해하고 이를 통해 정확한 판단과 결정을
내리게 한다.

행동경제학에서 말하는 프레임 효과

의사 결정은 프레임이 어떻게 제시되느냐에 따라 달라질 수 있
다. 세계적 행동경제학자인 대니얼 카너먼과 에이머스 트버스키는
이를 연구해 '프레임 효과(frame effect)'라는 개념을 만들어냈다. 프
레임 효과는 여러 가지 형태로 나타나는데, 여기서는 위험에 대한
태도와 준거점(reference)의 변화가 의사 결정에 미치는 영향을 확
인해보겠다.

김직진 대표는 투자를 통해 100의 손실을 보았다. 그리고 김 대
표는 두 가지 대안을 마련했다. 대안 A는 확실하게 20을 확보할 수
있다. 대안 B는 확률 20퍼센트로 100을 얻는다. 어떤 대안이 김 대
표에 유리한가?

두 가지의 대안을 이익과 손실의 프레임으로 살펴보자. 이익 프
레임에서 손실 100은 이미 발생한 매몰 비용으로 간주하고, 대안 A
의 확실한 기댓값 20과 대안 B의 20퍼센트의 확률로 발생하는 기
댓값 100을 비교한다. 손실 프레임에서는 이미 발생한 100의 손실
을 포함해 확실한 손실 80과 확률 20퍼센트로 0, 확률 80퍼센트로
발생하는 200의 손실을 비교한다. 이를 요약하면 다음 표와 같다.

이익 프레임	대안 A	20
	대안 B	확률 20%로 100, 확률 80%로 0
손실 프레임	대안 A	−80
	대안 B	확률 20%로 0, 확률 80%로 −100

일반적으로 사람들은 같은 투자 건이어도 이익 프레임으로 볼 때 이익을 확실히 실현하려는 위험 회피 성향을 나타내며 대안 A를 선택한다. 하지만 손실 프레임으로 바라보면 손실을 복구하려는 위험 추구 성향을 보이며 대안 B를 선택한다. 이익과 손실이라는 기준점 설정에 따라 위험에 대한 태도가 바뀌고, 이에 따라 전혀 다른 대안을 선택하기 때문이다. 결국 같은 문제라도 이익과 손실의 상반된 프레임이 의사 결정에 영향을 끼친다는 것을 알 수 있다.

네거티브 프레이밍, 남의 손해가 나의 이익으로

기준점 설정은 위험 추구뿐만 아니라 손실 회피 성향을 통해서도 의사 결정에 영향을 미친다. 손실 회피는 이익보다 손실을 피하려는 태도다. 손실 회피 성향이라면 같은 크기의 긍정적 결과에 대해 느끼는 이익보다 부정적 결과에 대해 느끼는 손실이 두 배 이상 크게 다가온다.

손실 회피가 의사 결정에 미치는 영향을 이해하기 위해, 경쟁 제품 A와 B를 판매하는 경우를 생각해보자. 제품 A는 제품 B에 비해 안정성 측면에서 장점이 있다. 이때 소비자에게 제품 A의 판매 메시지를 어떻게 전달하면 좋을까? "자사 제품은 경쟁사 대비 안정성이 좋다"라고 이야기하는 것이 좋을까? 아니면 "경쟁 제품은 자사 제품보다 안정성이 떨어진다"라고 이야기하는 것이 좋을까? 손실 회피 측면에서 보면, 부정적 결과에 대한 가치의 감소가 긍정적 결과에 대한 가치의 증가보다 크다. 따라서 상대 제품의 부정적인 면을 부각하는 것이 자사 제품을 긍정적으로 홍보하는 것보다 소비자의 선택을 받는 데 유리하다. 안타까운 일이지만, 자사 제품의 장점을 설명하기보다 타제품의 단점을 부각하는 게 마케팅 측면에서는 더 효과적이라는 소리다.

과거 소니의 CD플레이어는 경쟁사 파이오니아(Pioneer)의 CD플레이어보다 300달러 정도 저렴했다. 그런데 소니는 제품을 팔면서 "300달러 더 저렴하다"라고 하지 않고, "파이오니아는 300달러가 더 비싸다"라고 했다. 파이오니아의 단점을 공략한 것이다. 이 전략으로 소니는 소비자가 자사 제품을 구매하면 300달러를 절약해 20장의 CD를 구매할 기회가 생긴다는 점을 떠올리게 했고, 전략이 잘 들어맞아 판매가 촉진되었다.

이 전략은 선거전에도 적용된다. "제가 상대 후보보다 낮습니다"라고 말하는 것보다 "상대가 저보다 부족합니다"라고 호소하는 것이 결과적으로 나를 돋보이게 하는 더 효과적인 방법이다. 이처럼 내 장점보다 상대의 단점을 부각하고 이를 사람들에게 오래 기억되게 하는 '네거티브 프레이밍(negative framing)' 때문에 선거전은 이전투구가 되기도 한다.

도저히 안 될 때는 재프레이밍하라

우리는 설정된 프레임을 통해 문제를 바라본다. 따라서 문제를 이해하고 본질을 파악하기 위해 다양한 프레임을 고려하는 것은 의사 결정 과정에서 매우 중요하다. 의사 결정 프레임 중에 절대적으로 옳거나 그른 것은 없다. 문제의 성격에 따라 더 적절한 프레임이 있을 뿐이다. 적절성의 판단 기준은 문제를 이해하는 데 얼마나 도움이 되는지에 따라 달라진다.

어느 정도 시간을 들여 신중하게 고민했는데도 결정을 내리지 못한다면, 아예 문제를 다시 정의해보는 것이 좋다. 예를 들어, 물건을 어디에 두었는지 잊어버리는 경우가 있다. 결국 찾고 나면, 물건을 전혀 다른 곳에 두고서 집 안에 있다고 착각했을 때가 많다. 그렇다면 '집 안 어딘가 있다'라는 설정 자체가 잘못된 것이다. 따라서 이런 일이 발생했다면 주어진 프레임 안에서 문제를 해결하는 데 투입하는 시간을 제한해본다. 집 안에서 물건을 찾는 작업

시간에 제한을 두는 것이다. 이 제한 시간이 지나면 '집 안 어딘가'라는 기존 프레임을 포기하고 다른 프레임을 고려한다.

문제가 해결되지 않아 포기하고 있다가 어느 정도 시간이 지난 후 우연한 기회에 문제 해결의 실마리를 얻을 때가 있다. 컴퓨터 코드 작성 중에 발생한 에러를 해결하지 못하다가 나중에 샤워하면서 해결 힌트를 떠올리기도 한다. 기분 전환차 떠난 여행에서 아이디어가 샘솟아 업무 문제를 해결하기도 한다. 사실 이것은 우연이라기보다, 부적절한 프레임에서 벗어나 다른 관점을 가지면서 문제가 해결되는 것이다. 의사 결정에서 문제에 대한 과도한 집착은 오히려 문제 해결에 방해가 된다. 일정 시간이 지나도 문제가 잘 풀리지 않을 때는 프레임, 즉 사고 전환으로 문제를 다르게 볼 필요가 있다. 이런 습관을 키우면 문제 해결 능력이 급속히 향상된다. 가끔은 오기가 문제 해결을 가로막고, 포기가 문제 해결의 실마리가 된다.

프레임은 당면한 의사 결정 문제를 정의하고 이를 바탕으로 문제의 본질을 이해하기 위한 사고의 틀이다. 그리고 프레임의 설정에 따라 의사 결정이 달라진다. 기업의 목표는 소비자가 기업의 이익이 커지는 방향으로 결정하도록 하는 것이다. 그러므로 기업에서는 프레임 효과에 대해 잘 알고 이를 활용해야 한다. 적절한 프레임의 설정은 좋은 의사 결정을 위한 전제 조건임을 기억하자.

무모한 실험과 실패를
성공으로 연결한다

이승윤 건국대학교

아마존, 구글, 테슬라, 넷플릭스. 분야는 다르지만 각자 혁신을 만들어내며 성장하고 있는 기업들이다. 이들의 공통점은 무엇일까? 바로 '리스크 테이킹(risk taking)'이다. 전문가들은 이들 기업이 급변하는 기업 환경 속에서 끊임없이 도전하는 리스크 테이킹을 장려하는 기업 문화를 가지고 있다고 이야기한다.

아마존을 거대 기업으로 키운 성장 동력

"우리가 특출나게 두드러지는 영역이 있다면, 나는 그것이 '실패'라고 생각한다."

아마존이 연 매출 1,000억 달러에 도달했던 2015년, 제프 베이조스가 주주 서한에서 아마존의 성공 요인을 분석하며 강조한 이야기다. 모든 것이 빛의 속도로 변화하는 디지털 전환 시대, 성장을 위한 안전한 길은 존재하지 않는다. 베이조스는 "기업이 사라지지 않으려면 안전한 길로 가는 것이 아니라, 다양한 실패를 일으키는 실험까지 기꺼이 감수해야 한다"라고 했다.

2024년 4월 기준, 기업 가치 1조 7,000억 달러에 육박하는 거대 기업 아마존의 성장 동력은 리스크 테이킹 문화에 있다. 실제로 베이조스는 공식 석상에서 늘 이렇게 말한다.

"아마존은 타석에 10번 들어선다면, 9번 삼진을 당하더라도 1번의 홈런을 치겠다는 리스크 테이커(risk taker)를 선호한다."

실제로 미국 구직 평가 사이트 글래스도어(Glassdoor)에는 아마존 면접에서 "불완전한 데이터나 정보로 작업해야 했던 시간에 대해 말씀해주십시오" 등의 질문을 받았다는 구직자 후기가 많다. 아마존 채용 담당자도 "자신의 실패를 부끄러워하지 말고 오히려 드러내라"는 면접 팁을 제시한다. 또한 그 과정에서 어떻게 리스크를 감수하고, 성장했는지 설명하는 것이 중요하다고 한다. 그렇다면 아마존은 왜 이토록 리스크 테이킹을 중요하게 생각할까? 지금의 아마존을 만든 성공 과정을 살펴보면 그 이유를 이해할 수 있다.

배움이 있는 실패라면 얼마든지 하라

한때 미국에서는 '아마존드(Amazoned)'라는 신조어가 유행했다. '아마존에 의해 파괴된다'라는 의미가 담긴 이 단어는 아마존이 공격적으로 새로운 사업을 확장해가는 상황을 표현한다. 그리고 아마존이 해당 시장에 진출하면 원래 그 시장을 선점했던 기업이 곧 망한다는 뜻이기도 하다. 그만큼 아마존은 성공한 사업에 머물지 않고 늘 다양한 신규 사업에 진출하는 리스크를 받아들이며 성장했다. 실제로 창업 이후 아마존은 급속하게 성장한 2017년에서 2022년까지 70개에 가까운 신규 사업을 벌였다.

중요한 사실은 아마존이 공들여 진출한 70개의 신규 사업이 다 성공하지 않았다는 것이다. 아마존이 출시한 스마트폰인 파이어폰(Fire Phone)은 시장에서 외면당했고, 결국 2015년 생산이 종료되었다. 경매 사이트인 아마존옥션(Amazon Auction)도 2000년 서비스를 종료했다. 이외에 프리미엄 패션 브랜드 엔드리스닷컴(Endless.com), 검색 서비스 에이나인(A9)도 실패로 돌아갔다. 하지만 아마존은 항상 새로운 사업에 과감하게 진출했고, 때로 실패하더라도 대신 배움을 얻었다. 그리고 이를 기반으로 또 다른 새로운 사업에 진출했다. 소위 아마존이 이야기하는 '성공적인 실패'를 장려하며 성장한 것이다.

실제로 지금의 아마존을 만드는 데 중요한 역할을 한 아마존의 마켓플레이스 서비스는 아마존이 아마존옥션과 지숍(zShops)의 실패 원인을 분석한 뒤 단점을 보완해 론칭한 것으로 잘 알려져 있다. 1999년 3월 론칭한 아마존옥션은 온라인 경매 서비스를 제공하는 이베이(eBay)와 경쟁하기 위해 만든 서비스였다. 하지만 가격이 정해진 기존 아마존 시스템과의 괴리로 소비자가 외면하는 바람에 실패하고 말았다. 이후 1999년 9월에 론칭한 지숍은 판매가가 고정된 3자 판매 서비스로 시작했다. 아마존옥션의 실패 원인을 정찰제의 부재로 보고, 판매가를 고정해 물건을 판매했다. 그러나 이 서비스 역시 소비자는 불편함을 느꼈다. 이번에는 메인 아마존 플랫폼과 분리된 페이지에서 서비스를 제공한 것이 원인으로 분석되었다.

두 번의 실패에서 교훈을 얻은 아마존은 실패 원인을 없애고 보완하여 다시 3자 판매 서비스를 시작했다. 그것이 바로 2000년에 나온 아마존의 마켓플레이스다. 핵심 아이디어는 단일 상세 페이지였다. 경쟁력 있는 아마존 자체 제품을 팔던 상세 페이지에 3자 판매자를 끌어와 함께 경쟁하는 것이 서비스의 골자였다. 이 아이디어는 아마존 내부에서도 큰 반대가 있었다. 아마존 자체 상품보다 더 경쟁력 있는 3자 판매 상품이 매출을 뺏어갈 리스크가 있어서였다. 하지만 앞선 실패를 통해 이것만이 장기적으로 소비자를 만족시킬 서비스라고 판단하고 진행했다. 결과는 성공이었다. 론칭 1년 만에 마켓플레이스의 3자 판매 매출은 아마존 총매출의 5퍼센트에 이르렀고, 더 많은 소비자가 아마존의 상품과 다른 판매자의 상품을 비교하려 몰려들었다.

이처럼 길고 긴 실패 과정을 겪으면서도 베이조스는 낙담하지 않았다. 오히려 2014년 주주 서한에서 "옥션에 들어왔던 사람은 우리 부모님과 형제를 포함해서 일곱 명쯤이다"라며 실패를 쿨하게 인정했다. 그러면서 실패가 어떤 방식으로 지숍의 론칭과 마켓플레이스의 안착에 도움을 주었는지 밝혔다.

아마존의 에코와 알렉사 서비스 역시 실패 과정을 거쳐 만들어졌다. 아마존은 2014년 6월 3D 기술을 적용해 쇼핑에 특화한 스마트폰인 파이어폰을 공개했다. 파이어폰은 카메라로 촬영한 상품을 순간적으로 판단해 아마존 사이트에서 해당 상품의 정보를 보여주거나, 스마트폰을 통해 재생한 음악이나 영화 콘텐츠를 파악해 아마존이 제공하는 서비스로 안내했다. 이는 당시 스마트폰에는 없던 혁신 기술이었지만 결과적으로 파이어폰은 실패했다. 그 원인 중 하나는 지나치게 비싼 가격이었다. 고성능 기기로 개발되다 보니 파이어폰은 449달러라는 고가에 출시되었다. 동시에 안드로이드 커스텀 버전으로 평가받은 파이어폰의 OS는 경쟁자인 아이폰에 비해 양질의 앱을 제공하지 못했다. 파이어폰의 실패는 2014년 3분기에 5억 4,400만 달러의 영업 손실을 아마존에 안겨주었는데, 전년 대비 20배 가까이 늘어난 수치였다.

그리고 아마존은 파이어폰이 실패한 그해 11월, AI 스마트 스피커 에코와 음성 비서 서비스 알렉사를 성공적으로 출시했다. 파이어폰을 개발하며 쌓은 하드웨어 기술을 바탕으로 에코를 개발했고, 파이어폰을 위해 개발한 음성 인식 소프트웨어를 발전시켜 알렉사를 출시했다. 아마존이 세계 최초로 만든 음성 인식 스피커인 에코는 2014년 출시한 이래, 2017년까지 시장을 주도했고 지금까지도 구글과 함께 시장을 이끌고 있다.

결국 아마존의 현재는 수많은 성공적인 실패가 밑거름이 되었다. 이런 이유로 아마존은 자신들의 직장을 세상에서 가장 실패하기 좋은 직장으로 만들기 위해 노력한다. 또한 실패와 발명은 불가분의 쌍둥이라는 점을 강조하는 기업 문화를 구성원에게 꾸준히 전달해왔다.

계산된 리스크를 스마트하게 감수한다

실패를 두려워하지 않는 리스크 테이커를 장려하는 것은 비단 아마존만이 아니다. OTT 시장을 이끄는 넷플릭스의 채용 사이트에서는 가장 중요한 넷플릭스 문화 가치 중 하나를 '용기(courage)'

로 꼽는다. 그리고 '당신은 현명한 리스크를 감수하고, 가능한 실패에 열려 있어야 한다'라고 강조한다. 넷플릭스는 실패하는 것을 두려워한다면, 충분히 리스크를 감수하고 있지 않고 충분히 열심히 노력하고 있지 않는 것이라고 한다. 이와 함께 구성원이 실패할 수 있다는 것을 인지하는 문화를 만들려 노력한다. 실제로 넷플릭스가 구성원에게 유일하게 요구하는 사항은 '실패로부터 무엇인가를 배우고, 그 실패를 다른 사람과 공유해 같은 실수를 하지 않도록 하는 것'이다.

10년 동안 구글의 성장을 주도했던 에릭 슈밋 전 알파벳 회장 역시 〈타임〉지와의 인터뷰에서 "모든 진정한 의미의 혁신은 리스크 테이킹에서 나온다. 모두가 그들이 리스크를 부담하기 원한다고 말하지만, 실제로는 대부분 그렇지 않다. 오직 소수의 사람만이 모든 투자금을 날릴 각오가 되어 있다"라고 이야기했다. 구글 역시 여덟 가지 혁신 원칙 중 하나가 '실패를 주저하지 말라'다.

테슬라의 CEO 일론 머스크도 대표적인 리스크 테이커로 잘 알려져 있다. 그는 "실패는 하나의 옵션이고, 만약 실패하지 않으면 당신은 충분히 혁신적이지 않다"라는 이야기를 공공연하게 한다.

넷플릭스, 구글, 테슬라는 실패를 두려워하지 않는 리스크 테이킹 정신이 급변하는 디지털 전환 시대에 기업 성장의 필수 요건임을 강조한다. 특히 스마트한 리스크 테이킹이 중요하다. 그런 의미에서 최근에 등장한 것이 바로 '계산된 리스크 테이킹(calculated risk taking)'이라는 개념이다.

스마트한 실패 관리법이 성공을 이끈다

리스크 테이킹은 일반적으로 비즈니스 상황에서 리스크를 받아들이고 감수하는 행위를 말한다. 또한 기업이 발전하도록 끊임없이 새로운 변화를 시도하는 것을 의미한다. 그런데 무작정 리스크를 감수하고 받아들이면 고리스크와 자만이 발생한다. 궁극적으로 리스크를 테이킹하는 행위 자체가 빈번하게 실패로 연결되어 기업에 부정적인 결과를 초래할 수도 있다. 그래서 등장한 것이 바로 계산된 리스크 테이킹이다.

계산된 리스크 테이킹이란, 리스크에 대한 합리적인 인지가 포함된 리스크 테이킹을 의미한다. 시장 현황, 기업의 목표, 리스크가 가져올 부정적인 결과와 긍정적인 결과를 예측한 뒤, 선택적으로 리스크를 받아들여 실패할 확률을 줄이는 행위다.

리스크 테이킹은 그 행위 자체가 만든 성공이 자만심으로 연결되어 더 큰 문제를 발생시킬 수 있다. 운이 좋거나 일시적으로 단기적인 성과를 낸 기업의 경영자가 성과에 과도하게 취해 나르시시즘 성향을 보이는 경우도 많다. 그러다 결국 리스크가 큰 사업에 투자하고, 리스크를 성급하게 분석한 나머지 더욱더 큰 실패를 하기도 한다.

계산된 리스크 테이킹은 리스크를 계산하는 과정에서 직원들 간 소통을 강조한다. 개인이나 사업부가 직면한 리스크를 더 객관적으로 분석할 때는 다른 직원 혹은 타 부서의 의견을 자연스럽게 들어보고, 리스크에 대응하는 방안을 다각도로 살펴야 한다. 그 과정에서 개개인은 각자 리스크를 통제할 수 있다고 느끼고, 불확실한 상황에서 발생하는 두려움을 해소할 수 있다. 또한 리스크를 여러 측면에서 바라보게 하고, 자만심에 빠지지 않도록 할 뿐만 아니라, 개인적으로도 계산된 리스크 테이킹 성향을 개발해준다.

이상적인 리스크 테이커의 개인적 특징은 '성격 다섯 가지 요인 모형(Big Five Model)'에 기반하는데 다음과 같다.

첫째, 강한 개방성이다. 다양한 경험에 대한 욕구가 많다.

둘째, 높은 외향성이다. 타인의 의견을 경청할 수 있는 사회성을 비롯해 활동성, 적극성이 높은 성향을 말한다.

셋째, 견고한 정서적 안정감이다. 정서적인 안정감이 높을수록 리스크 테이킹에서 발생하는 실패를 크게 두려워하지 않는다.

넷째, 낮은 우호성이다. 지나치게 타인의 눈치를 보거나 다수 의견에 따라 안정적인 길을 가기보다는 자기주장을 남에게 관철시키려는 의지가 강하다.

마지막으로 즉흥성이다. 정해진 틀에서 벗어나는 데 거리낌이 없을 만큼 사고가 유연하다.

기업은 구성원이 이런 성향을 길러 건강한 리스크 테이커로 성장하도록 기업 문화나 교육 시스템을 만들어야 한다. 다시 말해 실패의 두려움을 줄여주는 기업 문화가 필요하다. 실패의 두려움을 줄여주는 기업 문화는 도전 수용성을 높여준다.

대부분의 혁신 기업은 건강한 리스크 테이커가 선호하는 기업 문화를 만들기 위해 다양한 노력을 해왔다. 아마존은 매년 도전적인 목표를 설정하고 즉각 실천한 사람에게 결과와 상관없이 '저스트 두 잇 어워드(Just Do It Award)' 상을 수여한다. 게임 개발사 슈퍼셀(Supercell)은 실패한 팀이나 개인에게 실패에 대한 피드백을 나누는 샴페인 파티를 열어준다. 중요한 것은 어떤 행사나 상이 아니라, 도전과 실패를 장려하고 용인하는 분위기다. 기업에서 이런 문화가 정착될 때, 실패에 대한 객관적이고 솔직한 분석이 활발히 이루어질 것이다. 그리고 분석이 정교화되면 기업 구성원들 간에 계산된 리스크 테이킹이 일어난다.

"새로운 세상(4차 산업 혁명)에서는 큰 물고기가 작은 물고기를 잡아먹는 것이 아니라, 빠른 물고기가 느린 물고기를 잡아먹는다."

세계경제포럼의 클라우스 슈바프(Klaus Schwab) 회장이 2019년 던진 이 화두만큼 디지털 전환 시대를 잘 설명하는 말이 있을까. 디지털 전환 시대에는 핵심 자원과 역량을 효율적으로 사용해 다양한 영역에 뛰어들어 빠르게 혁신적인 실험을 하는 것이 중요하다. 그런데 실험은 실패할 수 있다. 이때 다양한 기업이 리스크 테이킹 앞에 '계산된'이라는 형용사를 붙여 스마트한 리스크 테이커를 기르는 시도를 하고 있음을 기억하자. 무모한 실험을 과감하게 받아들이는 것도 중요하지만, 상황을 냉혹하게 분석하고 주변의 조언을 받아들일 줄 알아야 한다. 동시에 이전의 실패를 분석해 다음의 성공으로 연결해야 한다.

세계와 질서의 확대, 공간 혁명

조영헌 고려대학교

공간은 언제 확장되는가? 역사를 보면 물리적 공간은 인간이 이동하고 진출하는 범위만큼 확장되었다. 가령 인류의 시점에서 공간은 하루에 걸어서 왕래가 가능한 범위부터 시작되어, 이후 말을 이용하면서 혁명적으로 확대되었다. 배를 만들자, 인류의 공간은 강을 건너고 바다를 건너 다른 대륙까지 확대될 수 있었다. 또한 비행기와 우주선을 개발하면서는 하늘과 우주의 별까지 공간이 확대되는 중이다.

공간의 확장은 교류의 확산을 가져왔다. 인간은 확장된 공간을 탐험의 대상이나 존재의 인정으로 만족하지 못했다. 확장된 공간에서 새로운 자원이나 물건을 가지고 오는 동시에 다른 곳의 자원과 물건을 새로운 공간으로 옮겼다. 이 과정에서 차익이 생기며 물자 교류의 네트워크가 만들어졌다. 이처럼 인류 역사의 모든 교류는 공간의 확장과 물류의 차익이라는 두 요소가 맞물려 작동한다.

후발주자 영국이 19세기 패권을 거머쥔 이유

공간이 대규모로 확장되면 공간의 질서가 재편된다. 이때 지정학적 판도가 바뀌고, 그 뒤 패권의 주도권이 요동친다. 즉, 세계사의 패권 변화는 공간의 대규모 확대로부터 시작되었다. 독일 법학자이자 정치학자 카를 슈미트(Carl Schmitt, 1888~1985)는 저서 《땅과 바다》에서 이 현상을 "공간 혁명"이라고 불렀다. 슈미트는 세계사의 큰 전환은 공간의 변화와 결부되어 있으며, 그것이 광범위하고 핵심적인 정치적·경제적·문화적 변화로 이어졌다고 주장했다. 공간 혁명은 이처럼 대규모 공간 확대가 새로운 질서를 창출하는 데에서 착안한 역사 구성 개념이고, 혁명의 촉발제는 강, 말, 항해, 자본 등이다. 강을 중심으로 시작된 공간 혁명은 점차 해변이나 해양으로 확산했다. 고대 문명은 유라시아의 반건조 지역에서 시작되었지만, 점차 문명의 중심은 바다와 인접한 연안 지대로 이동했다.

19세기 후반 영국은 수에즈 운하를 점령하면서 공간 혁명을 이루어냈다. 영국이 해양에서 보여준 성취는 다른 유럽 국가에 비하면 상대적으로 늦은 편이었다. 하지만 영국은 자국의 운명을 확실하게 해양 패권에 걸었고, 여러 해전(海戰)과 해상 교역의 경쟁에서 승리를 거두었다. 무엇보다 19세기 영국을 남다르게 만든 것은 바다의 통제권을 염두에 둔 공간 인식과 통제 가능한 해양 공간의 확대였다. 영국이 수에즈 운하를 뒤늦게라도 점유함으로써 이루었던 공간 혁명이었다.

수에즈 운하를 통해 영국과 인도 사이의 이동 경로가 약 1만 킬로미터 줄어들었고, 영국 상선이 쉽고 빠르게 도달할 수 있는 공간은 대폭 확대되었다. 수에즈 운하를 이용해 인도, 중국, 동남아 등지를 여행했던 영국 지리학자 이사벨라 버드 비숍(Isabella Bird Bishop, 1831~1904) 여사는 홍콩을 '수에즈 운하의 종점'으로 파악했다. 164킬로미터 길이의 수에즈 운하를 잘 통제함으로써 영국은 거의 1만 킬로미터 가까이 떨어진 홍콩과 연결된 것이다. 미국 역시 82킬로미터 길이의 파나마 운하를 잘 관리함으로써 세계 주요 항구와 연결되었다. 이처럼 패권의 변화를 좌우했던 것은 '연결'을 통해 지리적 공간의 한계를 극복하는 공간 혁명에 있었다.

중국의 동서 통일과 남북 통일

중국이라는 공간도 본래부터 지금처럼 컸을 리 만무하다. 여러 작은 중심지가 산발적으로 형성되다가 어느 순간 하나로 통일되었는데, 대체로 기원전 221년 진나라를 첫 번째 통일된 나라로 간주한다. 춘추·전국 시대의 분열된 여러 집단과 나라가 하나로 통일되자 통치 공간이 대폭 확장되었다. 서로 다른 문자와 도량형을 사용하고 각자의 방식으로 살아가던 다양한 나라가 진이라는 통합된 정치체의 등장과 함께 새로운 질서로 재편되었다. 이른바 중앙집권식 군현제(郡縣制)가 등장하고 수도인 함양(咸陽)[1]에서 각 변경까지 일사불란한 문서 행정 체계가 확립되었다. 수도에서 각지로 뻗어 나간 도로, 치도(馳道)를 따라 진시황은 다섯 차례나 정복지 순행(巡幸)을 단행했다. 패권의 중심은 수도 함양과 그 주변의 관중(關中) 지역이었다. 진의 멸망 이후로도 수 세기에 걸쳐 관중은 패권의 중심지로 군림했다.

하지만 진이 통일했던 공간 역시 지금의 관점으로 보면 '작은' 중국에 불과했다. 황허(黃河) 서북부에 위치한 작은 나라 진이 동쪽의 여섯 나라를 무력으로 정복한 것이다. 당시의 통일은 황허를 축으로 한 동서 방향의 통일일 뿐, 남북 방향의 통일은 구상조차 이루어지지 않았다. 그만큼 진의 통일은 화북 지역에 국한되었다. 양쯔강과 그 이남의 광대한 지역은 정치적 유배지로 간주될 뿐이었다.

남쪽으로의 공간 확대는 위진남북조의 분열기에 이루어졌다.

---

1 혹은 장안. 오늘날의 시안.

북방 민족의 침략을 받아 중원에 살던 한족이 남쪽으로 이주해야 했던 난세에 이루어진 공간적 확대였다. 하지만 이후로도 남과 북은 쉽게 통일되지 않았다. 시작은 7세기 초반 수나라의 통일이지만, 북쪽의 만주 지역에서 남쪽의 윈난성까지 남북이 통일된 정치체를 이루며 경제와 문화적으로도 동질감을 느끼게 된 것은 명·청 시대(1368~1911)의 일이다. 그만큼 남북의 자연환경과 문화적 이질감은 컸고 자연적인 유통로는 취약했다. 결국 인공적으로 남북을 연결하는 대운하가 등장한 이후에야 비로소 중국에서 공간 혁명이 가능해졌다.

남북 통일의 기반이 된 수양제의 대운하

중국사에서 대운하의 시초는 수양제(隋煬帝) 때 등장한다. 이전에도 짧은 운하는 무수히 존재했지만, 운하 앞에 큰 '대(大)'를 붙인 대운하는 남과 북으로 분열된 남북조 시대를 통일한 수나라 때 등장했다. 수양제가 대운하를 뚫어서 나라가 망했다는 통념도 있지만, 남과 북을 연결하는 인공 수로라는 것이 대운하의 본질이다.

당시 정치 중심지인 수도는 관중 지역의 장안(長安)으로 이전과 변함이 없었는데, 경제 중심지가 관중에서 양쯔강 하류 지역으로 이동하면서 두 지역을 연결하는 대운하가 등장했다. 수나라 때 건립된 대운하는 크게 두 구간으로 나뉜다. 제2의 수도였던 뤄양(洛

陽)을 중심으로 남쪽의 양쯔강 하류로 연결된 통제거(通濟渠) 루트와 북쪽의 베이징 지역과 연결된 영제거(永濟渠) 루트다. 두 운하를 모두 합하면 총길이가 2,700킬로미터에 달했으므로 그야말로 '대'운하라 불릴 만했다.

이후 원나라에 접어들면서 대운하는 새로운 수도 베이징(당시 이름은 대도)과 곡창 지대인 양쯔강 하류의 항저우(杭州)를 연결하는 '경항(京杭) 대운하'로 재편되어 수·당 시대의 대운하보다 길이가 다소 줄어들었으나, 왕복에 거의 1년이 소요되는 장거리 유통로였다. 원나라 이후 등장한 명나라와 청나라, 두 국가 모두 수도를 북방의 베이징에 두면서 대운하를 활용해 남방에서 성공적으로 물자를 조달했다.

동북부에 치우친 베이징, 중심지가 되다

대운하는 중국의 통치 공간이 남쪽으로 대규모 확장되면서 등장했다. 경제 중심지는 양쯔강 하류의 동남부 지역으로 이동했다. 정치 중심지 역시 이를 따라 동남부 지역으로 이동하는 것이 자연스러웠지만, 실제로 그런 변화는 발생하지 않았다. 거란, 여진, 몽골, 만주 등 북방 세력이 연달아 강성해졌기 때문이다. 요(遼)와 금(金)의 여러 수도 가운데 하나이자 원, 명, 청이라는 거대한 왕조의 수도가 모두 베이징으로 정해진 것은 이 같은 시대적 흐름의 결과였다. 이로 인해 경제 중심지와 정치 중심지가 멀어지고, 대운하는 분리된 정치 중심과 경제 중심을 연결하기 위해 계속 중건(重建)되었다. 남북 방향의 공간적 확장 속에서도 정치 중심과 경제 중심을 연결하여 남북의 통합성을 유지한 하드웨어가 바로 대운하였다.

총연장 1,800킬로미터에 달하는 대운하는 단순히 남과 북을 연결하는 인공 수로가 아니다. 그 사이에 서쪽에서 동쪽의 바다로 흘러가는 황허강, 양쯔강, 화이허(淮河), 첸탕강(錢塘江), 하이허(海河) 등 5대 수계와 교차했다. 남북을 가로지르는 대운하는 동서 방향의 5대 수계를 베이징으로 연결하는 물류의 골드 라인으로 기능했다.

이처럼 대운하는 오늘날까지 중국의 부유한 지역이 밀집한 동부 해안을 따라 남북을 관통하면서, 동서 방향의 5대 수계를 통해 내륙 깊숙한 곳까지 물건, 사람, 정보를 연결했다. 대운하를 이용하면 육상 교통로를 이용하는 것보다 시간과 비용이 절약되었기에 상인은 앞다투어 대운하 유통망을 이용했다.

이처럼 대운하를 통한 남북 방향으로의 공간적 확대와 연결은 베이징 중심의 질서로 중국을 재편했다. 진의 통일 이후 10세기까지 패권 중심지로 군림하던 관중 지역의 명성과 중요성은 대운하의 등장과 베이징 중심의 질서 재편으로 사라졌다. 대운하는 새로운 경제 중심지의 재력과 인력, 그리고 정보력을 모두 빨아들이며 베이징을 새로운 패권의 중심지로 부상시켰다. 요컨대 대운하로 중국의 공간 혁명이 이루어진 것이다. 이에 베이징은 중국 동북부

치우친 자리에 위치하면서도 대운하를 혈류(血流)로 삼아 공간적으로 확대된 중국을 치밀하게 다스리는 패권의 거점이 될 수 있었다.

공간 혁명을 넘어 연결 혁명으로

다시 언급하지만, 공간 혁명이 발생하면 지정학적 판도가 재편된다. 그리고 지정학적 판도가 재편되면 패권의 주도권이 요동친다. 공간 혁명의 핵심 개념은 연결에 있다. 그야말로 연결이 화두가 된 세상이다. 이처럼 전 세계가 이어지는 '연결 혁명'이 파생시킨 변화에 대해 국제관계 전문가 파라그 카나(Parag Khanna)는 '커넥토그래피(connectography) 혁명'이라고 명명했다. 그는 연결 중심지가 연결 통로가 되기 위해서는 많은 대가를 지불해야 한다고 했다. 그리고 그 대가 중 하나로 기반 시설을 강조했다.

과거에는 땅따먹기 경쟁을 통해 패권을 장악했지만, 연결 혁명이 진전되면서 거점 장악과 기반 시설의 중요성이 높아진다는 것이다. 가령 20세기 초 미국을 횡단하는 철도가 생기면서 파나마 운하와 남미의 마젤란 해협의 중요도가 떨어졌다. 태국에서 크라 운하(Kra Canal)가 새롭게 건설되거나 유라시아 횡단철도가 제대로 가동되면, 기존의 믈라카 해협과 싱가포르의 중요도가 낮아질 것이다. 고속도로와 철도처럼 에너지 파이프라인과 운하는 글로벌 연결의 효율성을 증대시키는 기반 시설로 주목받고 있다. 카나는

"가장 중대한 지정학적 개입은 군사적 침략이 아니라 기반 시설 건설"이라고 강조했다.

13세기부터 베이징 중심으로 재편된 중국의 새로운 질서는 대운하가 기능을 발휘하던 19세기 전반기까지 흔들림 없이 유지되었다. 하지만 19세기 중엽부터 내우외환의 위기가 시작된 가운데, 해양 시대가 본격적으로 열리고 물류의 중심이 개항장과 철도의 거점을 이동하면서 베이징 대운하 시스템 역시 막을 내렸다.

21세기에 접어든 지금, 새로운 공간 인식이 요청된다. 말과 운하에서 발생한 공간 혁명의 역사는 해양 시대와 우주 시대의 개막으로 바다와 우주까지 확산했고, 최근에는 디지털 세계의 확산을 통해 가상 공간에서의 공간 혁명과 패권 변화가 발생하고 있다. 중국 대운하는 공간의 확장과 물류의 차익이라는 두 요소가 맞물려 역사의 패권이 어떻게 변동하는지 잘 보여준다. 시대적 흐름에서 우리가 반드시 참고해야 할 사례다.

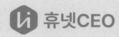

프리미엄 인사이트 콘텐츠를 제공하는 CEO전용 멤버십

4

글로벌·인문

키워드는 각자도생,
2024 글로벌 통상 환경 전망

제현정 한국무역협회

2008년 글로벌 금융 위기 이후 미국이 중국을 세계의 공장이 아닌 미국의 안보를 위협하는 경쟁국으로 인식하기 시작하면서 미중 갈등이 본격화되었다. 혹자는 미중 경쟁의 시대를 '신냉전'이라고 표현하지만, 경제적 의존이 심화한 이후에 안보적·군사적 경쟁 관계로 변모한 미중 관계는 과거 냉전과 큰 차이가 있어 보인다. 현재 미국의 안보 사령탑인 제이크 설리번(Jake Sullivan) 안보보좌관은 작금의 상황을 두고 "세계가 변곡점에 놓여 있으며, 두 강대국의 경쟁이 앞으로 다가올 미래를 만들어가고 있다"라고 언급했다.

누구도 정의하기 어려운 변곡점의 시대에는 국가 안보가 경제 이익보다 우선한다. 따라서 기업은 효율성만 추구하지 말고 공급망의 안정성과 회복력에 무게 중심을 두어야 한다. 전 세계 다양한 국가와 무역을 하고 해외에 투자한 기업이라면 돈을 잘 벌 방법을 고민하는 동시에, 미중 갈등, 우크라이나 전쟁, 이스라엘-하마스 전쟁 등 지정학적 리스크로부터 기업의 이익을 지켜내는 방안도 마련해야 한다. 불과 10년 전만 해도 중국 공장에서 생산하고 미국으로 수출하는 비즈니스 모델은 아무런 문제가 없었지만, 이제 중국과의 연계를 최소화해야 미국 국내법상 세제 혜택을 받는 시대로 변했다. 미국은 자국뿐 아니라 동맹국도 중국과의 거리 두기에 동참할 것을 요구하고 있으며, 이런 정책은 시행착오를 겪으면서 상당히 오랫동안 지속될 것으로 예상된다. 끝이 보이지 않는 전쟁, 미국의 중국 견제 지속, 1월부터 본격화된 미국 대선 레이스 등 불안정한 변곡점의 터널은 2024년에도 이어질 전망이다.

미중 헤게모니 경쟁이 불러온 비즈니스 환경 변화

1990년대 후반 이후 급물살을 탄 자유무역협정(FTA)은 기본적으로 자유로운 무역과 투자를 위해 관세와 비관세 장벽을 허무는 데 초점을 두었다. 새로운 협상은 멈춘 지 오래지만 글로벌 다자무역 체제인 세계무역기구(이하 'WTO')를 통해 적어도 국가 간 자유

무역을 저해하는 불공정 관행에 시시비비를 가릴 수 있었다. 그러나 미중 갈등이 촉발되면서 글로벌 통상 환경은 큰 변화를 겪고 있다. 미국이 중국 견제를 명분으로 자국 산업을 보호하기 위한 정책을 추진하자 국가 간 자유화와 개방보다는 국가별 각자도생의 분위기로 급반전되었고, 이런 추세는 당분간 계속될 것으로 예상된다.

트럼프 행정부가 중국을 견제하기 위해 수많은 조처를 하는 동안 기업의 화두는 중국과의 디커플링(decoupling, 탈동조화) 전략이었다. 그러나 미국과 중국 간 무역 규모, 상호 경제 의존도, 중국에서 비즈니스 중인 미국 기업의 현실을 고려할 때, 중국과의 디커플링은 불가능해 보일 뿐 아니라 오히려 무리한 디커플링이 미국 경제에 역풍이 될 수 있다. 미국보다 중국에 대한 의존도가 큰 EU에서 중국과의 관계를 디커플링에서 디리스킹(derisking, 위험 축소)으로 수정하면서 미국에서도 디리스킹이라는 표현이 보편화되고 있다.

같은 맥락에서 바이든 행정부는 중국을 견제하기 위해 '좁은 마당, 높은 담장(small yard, high fence)' 전략을 내세웠다. 즉, 반도체, AI, 퀀텀 등 안보와 직결되는 첨단 기술에 한해 높은 담장을 쌓고 일반적인 중국과의 무역과 경제 관계는 지속하겠다는 의미다. 그런데 문제는 미국이 중국으로부터의 위협을 느끼는 수위가 높아질수록 좁은 마당에 해당하는 기술과 산업 분야가 점점 더 넓어질 수 있다는 것이다. 헤게모니를 넘볼 수 없도록 중국의 첨단 기술 발전은 철저히 견제하되 값싼 소비재는 중국으로부터 수입하고 미국산

농산물은 중국으로 계속 수출하겠다는 미국의 입장을 과연 중국이 그대로 받아들일지도 의문이다.

미국의 대중국 견제 전략이 효과가 있을 것인가는 차치하고, 현재 극심하게 분열된 미국 정계가 유일하게 초당적으로 합의할 수 있는 사안이 중국과의 경쟁이다. 지난 트럼프 행정부는 의회 승인을 받아야 할 상황을 최소화하면서 중국산 제품에 고관세를 부과하는 온갖 통상 조치를 취했다. 뒤를 이은 바이든 행정부는 정치적으로 중국에 대한 견제가 약화되는 것처럼 보이는 결정을 내릴 수 없어 트럼프 행정부의 조치를 그대로 유지하고 있다. 그뿐만 아니라 공급망을 안정화하고 중국과의 경쟁에서 이기기 위한 「반도체지원법(CHIPS Act)」과 「인플레이션감축법(Inflation Reduction Act)」을 제정하고, 반도체 수출 통제 강화, 중국 기업의 미국에 대한 투자심사 강화, 그리고 중국에 대한 미국 기업의 투자를 규제하는 목적의 행정 명령을 발표했다.

미국 행정부의 대중국 견제 정책과 더불어 미국 의회에서도 끊임없이 중국 관련 법안이 상정되고 있다. 2023년 초 미국 의회 118번째 회기가 시작되면서 발족한 하원 중국특별위원회는 1년여 동안의 활동 결과를 정리한 〈중국 공산당과의 경쟁에서 승리하기 위한 전략〉 보고서[1]를 공개했다. 보고서의 핵심 내용은 첫째, 미국이

---

1 〈Reset, Prevent, Build: A strategy to Win America's Economic Competition with the Chinese Communist Party〉.

중국에 대해 부여했던 경제적 혜택의 조건을 리셋하고, 둘째, 미국의 자본과 기술이 중국의 군사 현대화와 인권 탄압으로 유출되는 것을 방지하며, 셋째, 동맹국과 함께 기술 리더십을 위해 투자하고 공동의 경제 회복력을 만들어낸다는 것이다. 정치권에서 작성한 보고서라 다소 구체성이 떨어지고 모두 현실화하기는 힘들겠지만 적어도 미국 의회가 중국을 바라보는 시각과 향후 중국과 관련된 입법의 방향성을 가늠할 수 있다.

한편 중국도 미국의 견제 정책에 대응하기 위한 반격 조처를 하고 있다. 2023년 5월 중국 내 주요 시설에서 미국 반도체 제조사인 마이크론 제품 구매를 금지했으며, 반도체 제조에 필요한 핵심 광물 중 갈륨, 게르마늄, 그리고 전기차 배터리에 사용되는 흑연의 수출을 통제하기 시작했다. 중국은 미국이 안보상 최우선으로 여기는 반도체와 자동차 산업의 패러다임을 바꾸고 있는 전기차에 사용되는 핵심 광물의 생산과 가공에서 우위를 점했기에 앞으로도 미국의 행보에 따라 보복 조치를 추가할 수 있다.

이런 상황에도 불구하고 미국과 중국은 경제적으로 서로 크게 의존하고 있어, 양국이 쓸 수 있는 레버리지는 크지 않다. 문제는 미국 동맹국에 대한 중국의 레버리지가 작지 않다는 것이다. 한국도 이미 사드 사태를 겪으면서 중국의 경제 보복에서 자유롭지 않음을 직시했으며, 호주도 코로나 원인 규명을 요구했다가 중국으로부터 호된 무역 보복을 당했다. 또한 미국과 중국이 주고받는 통제와 규제는 관련 산업의 공급망상에 있는 모든 기업에게 리스크로 작용한다. 이제 기업은 고래 싸움에 새우등이 터질 수 있는 상황을 항시 준비해야 한다.

다자 체제가 무너지고, 각자도생으로

2001년 중국이 WTO에 가입할 당시만 하더라도 미국과 유럽 국가는 중국이 다자 무역 체제에 편입되어 시장 경제가 발전하면 궁극적으로 민주주의가 꽃필 수 있다는 장밋빛 미래를 상상했다. 그런데 20년이 지난 현재 중국은 애초 예상에서 크게 벗어난 행로를 걷고 있다. 중국이 보조금을 통해 전략적으로 산업을 육성하고 세계 무역 질서를 교란하는 데 대한 WTO의 통제력 한계가 드러나자, 미국은 다자 무역 체제의 약화를 방관하고 있다. 아이러니한 것은 중국의 보조금을 맹렬히 비난한 미국이 중국과의 경쟁에서 이기기 위해 같은 산업 정책을 채택했다는 사실이다. 2022년 의회를 통과한 「반도체지원법」은 미국 내 반도체 제조 시설 건립에 대한 보조금 지급이 핵심이며, 「인플레이션감축법」은 전기차를 비롯한 친환경 산업에 대한 보조금이 골자다.

물론 미국의 산업 정책은 중국과는 다른 측면이 있다. 보조금을 받은 중국 산업은 수출 경쟁력을 갖출 뿐 아니라 궁극적으로 생산 과잉 문제가 불거져 시장을 교란한다. 반면, 미국의 산업 정책

은 중국과의 헤게모니 경쟁에서 이기려고 핵심 산업의 국내 제조
기반을 구축하는 것이지 수출을 목표로 하지 않는다. 그러나 지금
까지 역사가 입증했듯이 보조금은 경제의 효율성을 왜곡시켜 생
산 설비의 과잉을 초래할 수 있으며, 중장기적으로는 보호받는 산
업의 경쟁력을 오히려 약화시키기도 한다. 고비용 구조에도 불구
하고 「인플레이션감축법」 제정 이후 미국 내 친환경 산업과 전기차
및 배터리 산업에 대한 투자가 계속 늘어나고 있다. 미국은 전기차
와 배터리 제조 기반을 국내에 구축해 중국산 배터리와 전기차로
부터 미국 시장을 지키고자 하지만, 결국 미국 내 높은 생산 비용은
국내 소비자에게 전가되고 어떤 이유로든 수요가 감소하면 과잉
생산 문제가 불거질 수 있다.

여기서 주목할 점은 미국이 보조금 수혜 요건으로 중국과의 공
급망 차단을 요구하고 있다는 것이다. 「인플레이션감축법」상 완성
차 기업이 전기차 세액 공제를 받으려면 배터리에 사용되는 핵심
광물의 채굴, 가공 단계부터 중국 정부와 연계된 중국 기업과의 공
급망에서 벗어나야만 한다. 다시 말해, 미국에서 판매되는 전기차
에 중국에서 채굴되거나 가공된 핵심 광물이 포함되면 세액 공제
대상에서 제외된다. 2023년 미국에서 전기차 세액 공제의 이행 규
칙이 4월에 발표되었고 중국 기업 배제에 대한 규칙은 12월에 발표
되었는데, 여전히 규칙의 해석상 모호한 부분이 있다. 공급망상 중
국 기업과 관계가 없음을 어떻게 입증할지, 애당초 전기차 공급망

에서 중국을 배제할 수 있을지도 미지수다.

　1929년 대공황이 발발하고 미국 의회는 자국 경제를 보호하기 위해 수입품에 대한 관세를 높이는 무역법을 제정했다. 이는 곧 유럽 국가에 영향을 주었고 세계 경제는 침체의 심연에 빠졌다. 미국이 중국과의 경쟁을 위해 산업 정책으로 기울어지자 EU를 비롯한 많은 국가가 유사한 정책을 채택할 명분이 충분해졌다. 이미 유럽 국가, 일본, 한국 등이 반도체와 배터리 등의 산업을 지원하는 정책을 발표했거나 구상하고 있다. 1930년대의 실수를 반복하지 않고 국가 간 무역 장벽을 허물기 위해 태어난 다자 무역 체제는 당분간 호흡기에 의존한 채 국가별 각자도생에 자리를 내어줄 수밖에 없는 현실이다.

미국 대선으로 인한 불확실성 확대

　2024년 통상 환경의 변화에서 가장 큰 변수는 미국 대통령 선거를 꼽을 수 있다. 미국의 대통령 선거는 연방 국가라는 특성상 건립부터 간접 선거로 진행되었으며, 대통령은 국민의 다수가 아닌 각 주를 대표하는 선거인단에 의해 선택된다. 이 시스템에 따라 50개 주별 인구 비례로 할당된 선거인단 총 538명 중 270명 이상을 확보하는 후보가 대통령이 되는데, 실제로 국민 다수가 선호하더라도 선거인단의 다수를 확보하지 못해 대통령에 당선되지 못한 사례가 발생해왔다.

미국은 민주당과 공화당 양당 체제하에서 당 선호도가 별 변동 없이 고정된 주가 많다. 전통적으로 캘리포니아를 포함한 서부, 뉴욕·보스턴 등 동북부, 그리고 노조의 힘이 큰 미시간·펜실베이니아 등 5대호 주변 주들은 민주당을 지지해왔고, 중부 및 남동부 지역은 공화당의 텃밭이다. 이 중에는 최근 양당에 대한 지지가 거의 비슷하게 양분되어 선거 때마다 당 선택이 달라지는 소위 스윙스테이트(swing states)가 있는데, 이 주들이 사실상 선거 결과를 좌지우지한다. 이런 이유로 대통령 후보들은 선거운동 과정에서 스윙스테이트에서 승리하려고 총력을 다하고, 재선을 목표로 하는 현직 대통령은 스윙스테이트의 환심을 살 정책을 추진하기도 한다. 2024년 11월 대선에서는 미시간, 조지아, 애리조나, 펜실베이니아, 위스콘신, 노스캐롤라이나, 네바다, 버지니아 등이 스윙스테이트가 될 것으로 예상된다. 특히 노조의 영향으로 민주당이 우세임에도 불구하고 2016년 대통령 선거에서 트럼프 후보를 선택했다가 2020년 선거에서는 다시 민주당 바이든 후보로 선회한 펜실베이니아, 미시간, 위스콘신의 행보가 주목된다.

민주당은 대선 후보에서 바이든 대통령이 사퇴한 뒤 부통령인 카멀라 해리스(Kamala Harris)가 후보로 나섰다. 그리고 공화당에서는 트럼프 전 대통령이 후보로 선출되었다.

미국 대선에서 각 당의 대통령 후보는 주별 당원 대회(caucus)

혹은 예비 선거(primary)를 거쳐 여름 전국 전당 대회에서 확정된다. 1월 15일 아이오와 코커스가 첫출발이며 23일에는 뉴햄프셔에서 예비 선거가 시행되는데, 통상 초반에 선거가 시행되는 주에서 승리하는 후보가 언론의 주목을 받아 선거 지원금 확보에 유리한 고지를 차지한다. 트럼프는 조지아주, 플로리다주, 뉴욕, 워싱턴 DC에서 기소당해 사법 리스크가 있음에도 불구하고 공화당 다른 후보에 비해 지지도가 높아서 대선 후보로 선출되었다.

트럼프는 당선 후 정책 방향을 여기저기서 언급하고 있다. 바이든 행정부의 가장 큰 치적으로 꼽히는 「인플레이션감축법」을 폐지하고 화석 연료의 투자를 늘리겠다고 했으며, 모든 수입품에 대해 보편적 10퍼센트 관세를 부과하는 안을 검토하고, 현재 협상 중인 인도·태평양경제프레임워크를 백지화하겠다고 언급했다. 동맹국과의 협력보다는 미국 우선주의를 내세우며 국가별로 주고받기식의 양자 협상을 선호했던 트럼프가 재선된다면 또다시 큰 혼란이 있을 것으로 예상된다.

각종 여론 조사 결과만을 근거로 2024년 미국 대선 결과를 예단하기는 어렵다. 그런데도 외국 정부뿐 아니라 기업, 특히 최근 미국에 투자한 기업은 벌써 트럼프의 재집권 가능성과 그 이후의 정책 향방을 가늠하기 시작했다. 지난 트럼프 행정부의 행보를 돌이켜보면 선거 캠페인에서 내세웠던 공략을 대부분 현실화시켰다. 따라서 현재 트럼프가 내세우는 정책을 가벼이 볼 수 없는 실정이다. 특히 기업은 바이든 행정부의 치적인 「반도체지원법」과 「인플레이션감축법」의 미래에 대해 우려하는데, 2024년 선거 결과 공화당이 하원 다수당 지위를 유지하더라도 상원 100석 중 60석 이상을 확보하지 않는 한 이미 의회를 통과한 법 자체를 폐지하거나 수정하기는 쉽지 않다. 미국은 의회가 강력한 입법권을 발휘하므로 행정부의 독자적인 정책이 매우 제한적이다. 그런 이유로 트럼프는 정책 대부분을 행정 명령으로 추진해 의회의 입법권을 상당히 무력화시켰고, 재집권 시에도 유사한 행태가 예상된다. 「반도체지원법」은 의회에서 초당적인 지지를 얻어 승인되었기 때문에 큰 변화가 없겠지만, 「인플레이션감축법」상 친환경 산업 지원은 대통령 권한 내에서 어떤 형태로든 조처할 가능성을 배제할 수 없다.

미중 경쟁에서 비롯된 변곡점에 선 기업은 비즈니스 전략에서 '경제 안보'를 상수로 두어야 한다. 기업의 비즈니스가 국경을 초월하더라도, 국가가 존재하는 한 크고 작은 지정학 리스크에서 자유로울 수 없다. 특히 공급망이 미국, 중국과 연계된 비즈니스와 미국이 상정한 좁은 마당에 해당하는 하이테크 핵심 기술 분야의 기업이라면 미국의 대중 정책 방향과 기조를 자세히 모니터링해야 한다. 향후 가장 큰 불확실성으로 꼽히는 미국 대통령 선거는 11월 선거 직전까지도 향방을 가늠하기 어려울 수 있으므로 여러 가능성을 열어놓고 대비할 필요가 있다.

미국에게 한반도란?
한미 동맹의 운명

박태균 서울대학교

국가 간 관계는 항상 유동적이다. 세계 정세에 따라 국내 상황이 변화하면서 국가의 이해 관계도 변화하기 때문이다. 그렇다고 외교 관계나 외교 정책을 시시각각 수정하기란 쉽지 않다. 국가 진로를 결정적으로 바꾸는 변화가 아니라면 외교 정책은 어느 정도 긴 호흡으로 운용되기 마련이다. 20세기 말 냉전 체제가 무너졌을 때 적대국이었던 중국과 수교가 이루어졌지만, 미국과의 동맹 관계는 그대로였던 것이 외교 관계의 특징을 잘 보여준다.

한미 동맹은 한국의 외교 정책을 좌우하는 가장 중요한 축이라고 할 수 있다. 그런 한미 동맹도 세밀하게 들여다보면 많은 변화가 있었다. 70년이 넘는 기간 동안 한미상호방위조약은 개정되지 않았으나, 1970년대 초 주한미국대사였던 필립 하비브(Philip Habib)가 회고했듯 한미 동맹이 편안하게만 유지된 것은 아니었다. 민주주의와 시장 경제를 공통의 가치로 하는 동맹은 계속되었지만 양국 간에 갈등과 충돌은 적지 않았다.

'위치냐, 돈이냐' 한반도 딜레마

1953년 정전 협정 직후, 한미상호방위조약이 체결되며 한미 동맹은 시작되었다. 그러나 조약은 바로 발효되지 않았고, 1954년 한미합의의사록이 체결된 뒤에야 조약이 작동했다. 그사이에 실행되지는 않았지만 미국은 1953년 이승만 대통령을 제거할 계획을 가지고 있었다. 1963년에는 원조를 끊겠다고 한국 정부를 협박했다. 1968년과 1971년, 그리고 1978년에는 주한미지상군을 철수하는 계획을 세웠고, 이 때문에 한국 정부와 갈등을 빚었다. 왜 이 같은 갈등이 반복해서 벌어졌을까?

이 질문에 답하려면 우선 '미국에 한국은 어떤 존재인가?'라는 본질적인 질문의 답을 찾아야 한다. 일반적으로는 한국이 지정학적으로 매우 중요한 위치에 있어서 미국에 중요한 국가라고 평가한다. 6.25 전쟁은 냉전 시기에 발생한 강대국들의 대리전이었다.

실제로 냉전 시기 미국, 소련, 중국 등 세계의 강대국이 모두 참전한 전쟁은 6.25 전쟁이 유일했다. 그런데도 미국은 몇 차례나 한반도를 포기하려고 했다. 20세기 초에는 식민지 필리핀을 지키려고 일본의 한반도 식민지화를 묵인했다. 1945년 일본 제국이 해체된 시점에도 미국은 한반도를 최우선 순위에 두지 않고 다른 제국과 함께 신탁 통치 계획을 세웠다. 20세기 전반, 일본이 태평양 전체를 위험에 빠뜨리는 것을 보고서야, 특정한 강대국이 한반도를 지배하면 커다란 불안 요소가 될 수 있다고 판단했다.

그 결과 1950년 초 미국 국무장관 딘 애치슨(Dean Acheson)은 "미국의 직접적인 방위선(defense perimeter)에 한반도가 제외되어 있다"라고 선언했다. 솔직한 발언이었지만, 이것이 공산주의자에게 잘못된 신호를 보냈다. 공산주의자의 남침으로 미국은 한반도에서 생각보다 많은 방위비를 지출하게 되었다. 정전 협정이 맺어지는 시점에 미국은 다시 한번 한반도의 가치를 검토해야 했고, 당시 백악관 국가안보회의에서는 한반도를 중립화하는 방안을 심도 있게 논의했다.

중국의 존재와 북한에 대한 영향력을 고려했을 때 중립화는 비현실적 방안이었으나, 미국은 한반도에 더 이상 큰 비용을 쓰지 않으려 했다. 여기에 미국의 딜레마가 있었다. '한반도처럼 중요한 지역을 공산주의자에게 넘겨주면 동북아시아에서 힘의 균형이 무너져 미국은 주도권을 잃는다. 그렇다고 한반도에 큰 비용을 들이자니 더 중요한 지역에 쓸 비용이 줄어든다.' 이런 흐름의 알고 살피면, 주한미지상군 철수 논의와 한국군 작전통제권 문제를 이해할 수 있다. 그리고 카터 행정부의 남북미 3자 회담, 클린턴 행정부의 북미 간 제네바 합의와 남북미중 4자 회담, 부시 행정부의 6자 회담 등도 마찬가지다. 미국은 한반도에서 다시 전면전이 일어나 비용이 들어가는 것을 아끼고자 했다. 미국이 보여주는 대한정책의 커다란 목적은 한국 정부와 일치하지만, 미국의 전략은 공세적이기보다는 억지력(deterrence power)을 만드는 데 방점이 찍혀 있다.

주한미지상군 철수 문제는 항상 남북, 미북 간의 관계 완화와 연결되어 있다. 남북 간 긴장을 풀지 못하면 주한미지상군 철수로 약해지는 억지력을 메울 방법이 없다. 이는 또한 미국이 주한미군 유지에 드는 비용을 아끼는 가장 좋은 방법이다. 결국 트럼프 행정부의 주한미군 주둔비 인상 문제는 미국 입장을 솔직하게 표현한 것이었다.

국제 정치 이론에서는 동맹 관계의 동태성을 '연루(entrapment)'와 '방기(abandonment)'로 구분한다. 한미 동맹은 항상 연루의 관계였다. 그러나 대한정책 관점에서 미국은 때로 두려움을 느낀다. 한반도에서 긴장이 고조되면 미국은 한층 더 큰 비용을 쓰는 상황이 될 수 있다. 그러니 이 과정에서 주한미군과 한국군의 작전통제권, 북한 핵 문제 등을 두고 한국과 미국 정부 간에 갈등이 빚어질 수밖에 없다.

한반도를 보는 두 개의 시각

　미국의 모든 행정부가 한국에 대한 정책을 일관되게 운용하지는 않는다. 한국이 민주화된 이후 보수와 진보 진영이 다른 대외 정책을 펴듯이 미국의 민주당과 공화당도 대외 정책의 기조가 다르다. 대체로 민주당은 대외 개입에 매우 적극적이며, 공화당은 소극적이다. 특히 공화당의 대외 정책은 '먼로주의'라는 고립주의적 외교 정책을 배경으로 한다.

　사실 민주당과 공화당의 대외 정책은 국내 정책의 방향과 크게 차이가 있다. 민주당은 국내에서 상대적으로 진보적인 정책을 추진하며 사회복지, 인종, 세금 문제에서 소수자에 유리한 정책을 펼친다. 그런데 대외 정책은 이와 달리 적극적 개입을 추구한다. 때로는 전쟁에 참여하고, 때로는 갈등 국가와 직접 협상을 한다. 2차 세계대전을 주도한 루스벨트 행정부, 한국전쟁에 파병한 트루먼 행정부, 베트남 전쟁의 늪에 빠진 케네디와 존슨 행정부 등이 대표적 사례다. 1979년 이스라엘-이집트 평화조약, 1994년 제네바 북미합의, 오바마 대통령 시절 이란-쿠바와의 합의에도 민주당 행정부의 개입이 있었다. 민주당의 적극적 개입 정책은 재정적으로는 케인스 정책, 이념적으로는 가치 외교라는 틀 안에서 이루어진다.

　반면 공화당 행정부는 개입에 소극적이거나 마무리하는 역할을 한다. 한반도에서 정전 협정을 이끈 아이젠하워 행정부, 베트남 전쟁에서 미군을 철수시킨 닉슨 행정부, 해외 주둔 미군 재배치 사업을 시작한 아버지 부시 행정부 등이 여기에 해당한다. 국외 문제에 개입하더라도 1991년 걸프전처럼 빠르게 개입을 종결한다. 이런 관점에서 아들 부시 행정부의 아프가니스탄 전쟁과 이라크 전쟁, 그리고 바이든 행정부의 아프가니스탄에서의 철수는 예외적 상황이라고 할 수 있다.

이 같은 특징은 미국의 대한정책에도 그대로 반영된다. 특히 주한미군의 축소나 주한미지상군의 철수 문제에서 양당의 입장 차가 잘 드러난다. 공화당 행정부 시기에는 주한미지상군 철수(닉슨 행정부), 주한미군의 축소(아이젠하워 행정부, 부시 행정부), 한국군의 작전통제권 반환(닉슨 행정부, 아버지 부시 행정부, 아들 부시 행정부), 그리고 북한과의 핵 협상(아들 부시 행정부, 트럼프 행정부) 등 한반도에 들이는 비용을 최소화하려는 노력이 이어졌다.

주한미군의 비용 문제에서는 민주당도 공화당과 크게 다르지 않지만, 민주당 행정부 시기에 한반도는 다른 지역에 비해 상대적으로 덜 중요하게 여겨졌다. 한국전쟁 때 파병을 제외하면 민주당 행정부는 1960년대에는 베트남, 1970년대에는 중동과 아프가니스탄, 1990년대에는 유고슬라비아, 2000년대에는 중동, 북아프리카, 중남미 문제를 더 긴급한 현안으로 다루었다. 공화당 행정부처럼 한반도를 비용 절감의 대상으로만 논의한 것은 아니지만, 한반도 문제를 후순위로 미루는 일이 많았다. 2000년 이후 북핵 문제와 관련해 부시와 트럼프 행정부와 달리 오바마와 바이든 행정부가 소극적으로 움직이며 '전략적 인내'로 포장한 것 역시 이와 관련 있다. 최근 계속된 우크라이나-러시아 전쟁과 이스라엘-팔레스타인 전쟁은 민주당 행정부의 한반도에 관한 관심을 한층 약화시켰다. 그러나 클린턴 행정부에서 그랬듯 전략적 인내가 힘들어지는 시점이 되면 빠른 문제 해결을 위해 북한의 핵시설 폭격도 계획할 수 있는 것이 민주당 행정부다.

미 대선 결과가 한반도에 가져오는 변화

2024년 미국 대통령 선거는 한미관계에 중요한 분기점이 될 것이다. 특히 트럼프가 당선되면 급변할 수 있다.

트럼프 행정부는 가치 동맹의 중요성을 낮게 보면서 무엇보다 미국 우선, 미국 편의 우선 정책을 폈다. 트럼프가 당선되면 이런 정책이 재등장할 수 있다. 먼저 가치 동맹 외교를 그만둘 것이다. 그리고 파리기후협약에서 다시 탈퇴해 에너지 정책에 대대적인 변화를 가져올 것으로 예상된다. 전기차에 대한 국가 보조가 축소되고 화석 에너지 개발이 활기를 띨 가능성이 크다. 트럼프는 대선에 나서며 국내 인플레이션의 위기는 에너지 부족에서 오고 있으며, 자체적인 화석 에너지 생산이 인플레이션 억제에 큰 역할을 할 것이라고 역설했다.

트럼프의 정책은 한국의 무역 정책과 기업에 영향을 줄 것이다. 한국은 미국에 1억 달러 이상의 투자 계획을 발표한 최다(20건 이상) 투자국이다. 그런데 트럼프 행정부가 전기차 할인이나 첨단 제조 생산 세액공제 백지화, 혹은 인센티브 축소 정책을 추진하면 미국에 진출한 한국 기업은 바로 타격을 입는다. 전기차 수요가 감소하고, 여기에 더해 수입 관세가 3퍼센트에서 10퍼센트로 인상될 가능성까지 있다.

무엇보다 트럼프가 김정은과 직접 협상에 나서는 것은 한국 정부의 가치 동맹에 큰 충격을 줄 것이다. 최근 트럼프는 자신의 가장 큰 업적 중 하나가 북한 핵 문제를 걱정하지 않도록 했던 것이라고 언급했다. 본인이 대통령에 당선되면 또다시 북미협상을 추진할 수 있음을 암시하는 대목이다. 물론 한국 정부에는 주한미군 주둔비에 대해 더 많은 부담을 요구할 수도 있다. 그러나 이 문제는 현 한국 정부의 한미 동맹 우선 정책을 고려할 때 북미회담에 비해 그리 중요하지 않다.

역사적으로는 22대 그로버 클리블랜드(Grover Cleveland) 대통령이 24대에 다시 한번 대통령으로 당선된 적이 있었다. 법적 리스크를 안고 있는 트럼프가 또다시 대통령에 당선될 가능성을 배제할 수 없다. 2023년 11월 27일부터 12월 6일까지 진행된 블룸버그의 여론 조사에 따르면, 주요 스윙 스테이트 일곱 곳(네바다, 애리조나, 조지아, 노스캐롤라이나, 위스콘신, 미시간, 펜실베이니아)에서 트럼프가 모두 앞서고 있다. 현재 추세라면 트럼프가 다시 대통령에 당선될 가능성이 크다.

트럼프가 당선된다면? 지금 당장 준비할 것들

만일 트럼프가 대통령이 되면 한미관계에서 변화의 충격이 예상보다 클 수 있다. 공화당과 민주당의 태도 차이에 더해 사업가 출신인 트럼프의 개인 특징이 더해지기 때문이다. 지난 70년간의 한미관계를 볼 때 이 변화가 한미 동맹의 성격을 완전히 바꾸지는 않을 것이다. 미중 경쟁이 경제 분야뿐 아니라 가치의 측면에서도 명분이 있다는 점을 고려하면 충격은 의외로 약할 수도 있다. 오히려 현 한국 정부의 정책과 트럼프 정부의 외교 정책이 조화를 이룰지도 모른다. 그럼에도 대북 정책이나 무역 정책에서 충돌은 불가피할 것이다. 과연 이 문제를 어떻게 해결할 것인가?

트럼프 행정부의 '예상할 수 없는' 정책이나 리더의 인성 등을 고려해야 한다. 문재인 정부 시절에는 이를 고려해 대응했기에 한미관계가 그나마 유연할 수 있었다. 지도자를 잘 다루며 관계를 만들어갔다고 할까? 같은 가치 동맹을 추구했지만 한국에 비해 상대적으로 불편한 관계를 보였던 아베 정부와 트럼프 행정부의 관계는 참고할 만하다. 잘 맞지 않을 것 같았던 노태우 정부와 아버지 부시 행정부, 그리고 노무현 정부와 아들 부시 행정부는 미국의 대한정책에 대한 동상이몽 속에서도 한미관계를 무난하게 이끌었다. 이 또한 앞으로 전개될 한미관계에 중요한 교훈을 준다. 언제나처럼 미국의 정책 방향과 그 배경을 이해하고, 행정부와 지도자의 특성을 파악하는 것이 중요하다. 안정된 한미 동맹을 유지하기 위한 심도 있는 고민이 필요한 시점이다.

소비자가 열광하는 매력적인 세계관,
브랜드 IP

유승철 이화여자대학교

여러분의 기업에는 '브랜드 IP'가 존재하는가? 우리는 종종 브랜드를 단순 제품이나 서비스를 대표하는 기호로 여기지만, 사실 브랜드는 하나의 이야기며 동시에 살아 숨 쉬는 콘텐츠다. 브랜드 콘텐츠는 단순한 상품 정보의 의미를 넘어, 우리 기억 속에 자리를 잡는다. 어린 시절 들었던 광고 속 CM송이 시간이 흘러도 귓가에 맴도는 게 바로 그 증거다.

2001년 CF에서 음료를 마시고 "쿠우~" 하고 감탄사를 뱉으며 큰 인기를 끌었던 쿠우 캐릭터가 2023년 4월 레트로 열풍과 함께

재출시되었다. 한정판 피규어까지 등장하며 1020세대뿐 아니라, 어린 시절 캐릭터를 접했던 4050세대도 크게 호응했다. 2001년 방영되었던 쿠우 CF는 2024년 1월 기준 유튜브에서 83만 조회수를 넘어섰다. 판매사인 코카콜라는 이런 소비자의 반응에 쿠우를 다양한 방향으로 콘텐츠화하고 있다.

이처럼 브랜드 콘텐츠는 소비자의 추억과 감성을 움직이는 힘으로, 평범한 제품을 '브랜드 IP'로 만들어낸다. IP(Intellectual Property)란 '지식재산'을 의미하며, '콘텐츠 IP'는 저작물 또는 창작물을 가리킨다. 예를 들어 한 영화가 성공한 뒤 도서나 만화로 추가 제작되면, 형식은 달라도 하나의 콘텐츠 IP라고 볼 수 있다.

그렇다면 '브랜드 IP'란 무엇일까? 브랜드가 지닌 이야기, 광고, 상징, 가치관, 디자인, 로고, 철학 등이 모두 포함된 지식재산을 뜻한다. 제품이나 서비스를 넘어, 브랜드의 모든 무형적 요소가 콘텐츠 IP로서 재산적 가치를 지니는 것이다.

MZ세대는 단순 소비를 넘어 브랜드의 경험적 가치를 찾는 가치 소비(value based consumption)에 열광한다. 2021년 250달러짜리 테슬라 데킬라가 완판된 것도, 에르메스와 디올, 구찌 같은 명품 브랜드가 레스토랑 사업을 진행하는 것도 좋은 브랜드 IP를 구축하기 위해서다. 1964년에 태어난 미국 유명 스낵 도리토스(Doritos)는 팬의 성원으로 광고, 영화, 각종 패션 아이템으로 제작되며 대중문화의 아이콘이 되었다. 스낵 브랜드가 이처럼 다양한 영역으로 발전할 수 있는 이유는 단 하나, 소비자에게 추앙받는 브랜드이기 때문이다. 바로 브랜드 IP의 힘이다.

MZ세대는 제품의 기능을 넘어, 제품 뒤에 숨겨진 이야기, 브랜드 철학, 그리고 자신이 브랜드 스토리의 한 페이지가 될 수 있는 '참여적 경험'을 갈망한다. 1998년 캐나다에서 탄생한 요가 의류 브랜드 룰루레몬(Lululemon)은 소비자에게 요가복이 아니라 라이프 콘텐츠를 제공한다. 2019년 홈트레이닝 스타트업 미러(Mirror)를 인수해, 구독 모델을 테스트하고 있는 룰루레몬의 도전은 브랜드 팬덤 없이 불가능한 것이다. 디지털 시대에 브랜드 IP를 향한 소비자의 애착은 극적으로 드러난다. 작은 기업도 대기업과 경쟁할 수 있는 SNS와 온라인 플랫폼이 생겨나면서 브랜드 IP는 선택이 아닌, 기업의 성공을 결정하는 필수 자질이 되었다.

브랜드 IP는 어떻게 만들어지는가?

정보와 기술의 발달로 모든 것이 미디어화되는 지금을 '미디어타이제이션(mediatization) 시대'라고 한다. 기업이 소비자에게 '미디어로 기능하는 브랜드'를 어필하는 시대라고 할 수 있다. 소비자의 이목을 끄는 미디어적 능력만 있다면 플랫폼이 될 수도, 상거래를 주도할 수도 있다. 2021년 설문조사 업체 오픈서베이의 조사에 따르면, 인스타그램 이용자 열 명 가운데 세 명만이 브랜드 관련 계정을 팔로우했다고 한다. 어제 '핫'했던 브랜드가 오늘은 관심 밖으로 밀려나는 경우도 허다하다. 소비자와 공감할 수 있는 고유의 브랜드 정체성(authentic brand identity), 즉 브랜드 IP가 필요한 이유다.

그렇다면 브랜드 IP는 어떤 방법으로 구축할 수 있을까?

방법1. 소비자가 공감하는 독특한 세계관

지나가는 소비자를 붙잡으려면 뇌리에 박히는 전략이 필요하다. 그러나 흥미로운 콘텐츠로 관심을 끄는 소위 휘발성 재미로는 시장에서 오래갈 수 없다. 브랜드 IP의 핵심은 바로 '브랜드 세계관'이다. 모든 성공한 콘텐츠는 자신만의 독특한 세계관이 있다. 브랜드의 세계관은 브랜드가 세상을 바라보는 관점이며 브랜드가 지닌 깊이와 넓이를 표현한다. 강력한 브랜드 세계관을 만들려면 지극히 주관적인 소비자의 세계관과 적극적으로 소통하며 독특한 관점을 표현해야 한다.

2002년 일론 머스크가 화성 식민지화를 목표로 설립한 스페이스X의 세계관은 '우주로 가는 장벽은 지금 극복할 수 있다'이다. 스페이스X의 궁극적 목표는 '인간이 다른 행성에서 살 수 있도록 하는 것'이다. 이 원대하고 독특한 비전은 임직원에게 영감을 주는 것을 넘어 수많은 팬을 만들어냈고, B2B 기업임에도 스페이스X는 기념품과 만화를 출시했다. 팬에게는 스페이스X의 실패조차 드라마의 한 장면처럼 서사의 일부로 받아들여진다.

달러쉐이브클럽(Dollar Shave Club)은 질레트와 같은 거대 브랜드가 지배하는 시장에 새로운 아이디어로 혜성같이 등장했다. 월간 구독을 통해 1달러짜리 면도날을 구독자에게 제공하는 간단한 비즈니스 모델임에도, 불손한 광고와 재치 있는 카피로 '그루밍계의 안티히어로' 이미지를 구축했다. 달러쉐이브클럽의 세계관은 '면도는 정말 저렴하게 구독할 수 있다'이다. 2011년 달러쉐이브클럽이 처음으로 만든 'Our Blades Are F***ing Great'[1]라는 제목의 영상 광고가 입소문을 타며 48시간 만에 구독자 1만 2,000명을 확보했고, 2016년 창업 5년 만에 달러쉐이브클럽은 유니레버(Unilever)에 약 10억 달러로 매각되었다. 이 모두가 유머러스한 라이프스타일을 파는 달러쉐이브클럽의 브랜드 IP 덕분이었다.

방법2. 개발부터 영업까지 일관된 기업의 핵심 전략

그저 좋은 세계관만으로 성공적인 브랜드 IP가 되는 것은 아니다. 확립된 그 세계관이 직원, 제품, 서비스, 영업 활동, 재무에 이르기까지 기업의 모든 운영 과정에서 구현되어야 한다.

2006년에 설립된 미국 신발 브랜드 탐스(TOMS)는 한 켤레가 판매될 때마다 한 켤레를 기부하는 'One for One' 마케팅으로 잘 알려져 있다. 이 세계관은 소비자에게 긍정적인 이미지를 제공하고

---

1 해석하면 '우리 면도날은 존나 좋아'라는 의미다.

브랜드 충성도를 높여주었지만, 세계관을 단순히 브랜드 이미지나 마케팅에 활용하는 걸로는 부족했다. 탐스의 세계관은 구체적이고 지속 가능한 비즈니스 모델로 전환되지 못했다. 착한 기업으로 명성을 얻은 탐스는 그 '착함'에만 기댄 결과, 2020년 채권단의 공동 관리 체제로 전환되었다. 세계관은 경영 전략부터 기업 운영에 이르기까지 모든 영역에 걸쳐 일관되게 구현되어야 한다. 탐스의 사례에서 보듯, 재무적 성공과 사회적 가치를 동시에 추구할 수 있어야 지속적인 기업 생존에 기여한다.

방법3. 공감을 부르는 상징과 스토리텔링

브랜드 IP 세계관에서 상징은 매우 큰 역할을 한다. 상징은 기업의 메시지를 전달하고, 소비자와 감정적 연결을 만드는 핵심 요소다. 그러한 브랜드의 상징을 만드는 강력한 원천 중 하나가 바로 원형이다. 인류의 상상력과 감정을 자극하는 신화나 전설에 등장하는 원형을 가져와 브랜드에 적용하는 것이다.

많은 기업이 원형의 이미지를 이용해 브랜드를 만들어간다. 한 연구에 따르면 소비자는 페이스북에서 광대, 만인, 통치자의 이미지를 느낀다고 한다. 반면 아마존에서는 현자, 창조자, 통치자와 같은 이미지를 연상했다. 다른 연구에 따르면 나이키는 영웅과 반란군이라는 이질적 이미지를 동시에 전달했다고 한다.

그렇다면 여러분의 브랜드는 어떤 원형과 이미지를 연상시키는가? 만약 아무런 원형도 연상되지 않는다면 브랜드의 경쟁력이 위험하다는 뜻이다. 오늘날 브랜드는 더 이상 기능만으로 차별화되지 않는다. 고대 이야기의 원형을 현대적으로 재해석함으로써, 소비자에게 친숙하면서도 깊은 경험을 제공할 수 있어야 한다. 예를 들어, 고대 영웅의 여정을 현대적인 도전과 모험으로 재구성하거나, 신화 속 상징과 문화적 모티브를 브랜드의 시각적 요소나 메시지에 통합할 수도 있다. 이렇게 원형에서 영감을 받은 스토리텔링은 브랜드를 더욱 독특하고 매력적으로 만든다.

방법4. 브랜드 샌드박스 제공

샌드박스(sandbox)는 본래 어린이가 모래를 가지고 자유롭게 노는 공간을 의미한다. 비즈니스에서의 샌드박스는 소비자가 브랜드의 요소를 자유롭게 탐색하고, 자신만의 방식으로 놀 수 있는 환경을 뜻한다. 충성심 높은 소비자는 브랜드의 일부가 되고자 하기에 기업은 이제 제품 판매를 넘어, 브랜드 세계관을 느낄 수 있는 실제 경험, 다시 말해 샌드박스를 제공해야 한다.

대표적인 예시로 미국 장난감 회사 마텔의 인형 바비(Barbie)를 들 수 있다. 마텔은 다양한 피부색, 직업을 가진 바비를 소개하고 여성 역할의 다양성을 강조하는 동시에, 미모 지상주의와 고정관념을 반성하며, 이를 소비자 참여 기회를 통해 전달하고 있다. 2023년 개봉한 영화 〈바비〉는 브랜드 IP의 정수를 보여준다. 당시 실제로 바비 복장을 하고 만나는 바비 커뮤니티가 생길 정도였다. 마텔은 〈바비〉의 흥행에 힘입어 '마텔 유니버스' 제작을 회사 목표로 설정했다.

　이처럼 브랜드 샌드박스는 소비자에게 브랜드를 경험하게 하고, 개인의 것으로 만들어준다. 이런 참여는 기업과 소비자의 깊은 관계를 구축하고, 브랜드의 지속적인 성장과 발전을 도와준다. 매력적인 세계관으로 기업은 강력한 브랜드 IP를 만들 수 있다. 소비자가 브랜드의 요소를 자유롭게 탐색하는 '브랜드 샌드박스'를 통해 그 가치는 더욱 높아진다. 불황이나 포화한 시장에서도 브랜드 IP를 갖춘 기업은 당당하다. 충성도 높은 소비자를 얻을 수 있기 때문이다. K-컬처가 세계 문화를 선도하는 지금, 우리 기업 역시 매력적인 브랜드 IP를 통해 세계적으로 힘을 발휘하길 고대한다.

'미스터 에브리씽'
빈 살만이 꿈꾸는 사우디의 미래

조원경 UNIST

사우디아라비아의 실세로 알려진 무함마드 빈 살만(Mohammed bin Salman) 왕세자의 별명은 권력과 재력을 모두 가진 '미스터 에브리씽(Mr. Everything)'이다. 그는 32세에 왕위 계승 서열 2위에서 1위로 발돋움하며 왕좌를 향한 과업을 본격화했다. 그 과정에서 부패 척결을 명분으로 왕가와 정재계 고위 인사 수백 명을 숙청했다. 이런 그를 두고 '사이코패스', '인권 유린자'란 혹평도 있지만, 일부에서는 '중동의 젊은 계몽 군주'라고 평가하기도 한다.

'미스터 에브리씽'의 개혁은 어디까지일까?

어린 시절부터 공부와 담쌓은 골칫덩어리였던 빈 살만은 형들을 제치고 왕가의 중심이 되었다. 형들처럼 유학을 떠나지 않고 아버지 곁을 지킨 덕분일까? 89세 고령인 부왕에게서 왕권을 이어받으면 중동의 미래는 그의 손에 좌우된다. 2023년 사우디가 2030년 엑스포 개최지로 선정되자 외신은 일제히 이 쾌거를 그의 완승으로 평했다. 엑스포 유치로 사우디 경제와 사회를 개혁하겠다는 국가 개조 프로젝트 '비전 2030'이 가시권에 들어왔다.

비전 2030 사업의 핵심은 석유 의존도를 낮추고 민간 경제를 육성하는 것이다. 사우디의 2023년 GDP 규모는 1조 1,095억 달러로, 2030년까지 내건 GDP 목표는 1조 3,000억 달러다. 이를 통해 사우디는 세계 15대 경제 대국 진입을 목표로 하고 있다. 관건은 유가다. 2023년 3분기(4.4퍼센트), 4분기(3.7퍼센트)처럼 유가 하락으로 전년 동분기 대비 경제성장률이 크게 하락한 걸 보면 석유에 과도하게 의존하는 경제 구조는 바람직하지 않다.

사우디 당국에 따르면 사우디의 2023년 경제성장률은 0.9퍼센트며, 국영 석유 기업 아람코의 석유 수출에 대한 재정 의존율은 유가에 따라 67~85퍼센트에 이른다. 사우디국부펀드 지출을 제외하면 균형 재정 유가는 배럴당 80~88달러로 추정된다. 석유수출국기구(OPEC)의 좌장인 사우디가 왜 석유를 감산해야 하는지가 이 대목에서 이해된다. 그러나 사우디국부펀드로 진행하는 초대형 프로젝트를 고려하면 균형 재정 유가는 더 높아져야 한다. 이것이 사우디 경제가 직면한 딜레마다. 사우디의 GDP 중 원유 비중은 2023년 기준으로 42퍼센트였다. 이슬람 수니파 종주국이라는 지위를 유지하기 위해서는 높은 고유가 전략이 절실히 필요하다.

유가 하락이 사우디아라비아의 재정 위기를 초래하자 빈 살만은 악순환의 고리를 끊기로 결심한다. 경제 다각화와 외국인 투자 유치 전략으로 석유 의존도를 줄이고 관광, 문화, 정보, 기술 분야에서 수익을 창출하겠다는 야심을 품은 그는 역사상 가장 큰 기업 공개(IPO)를 단행해 아람코의 지분 5퍼센트를 매각하고 1,000억 달러를 모았다. 홍해 인근에 혁신적인 상업과 산업의 중심지 네옴시티(NEOM City)를 건설하는 데에는 5,000억 달러를 투입할 예정이다.

네옴시티는 사우디 수도 리야드에서 약 1,200킬로미터 떨어진 지역에 세워질, 서울 면적의 44배에 달하는 2만 6,500제곱킬로미터 규모의 스마트 도시다. 사막 한가운데에는 170킬로미터의 수직 직선 도시를, 바다에는 팔각형의 초대형 산업 단지를 조성할 계획이다. 네옴(NEOM)은 새로움을 뜻하는 그리스어 '네오(Neo)'에 미래를 뜻하는 아랍어 '무스타크발(Mustaqbal)'의 'M'을 합친 말이다.

스포츠와 문화 산업 육성도 일사천리

빈 살만이 생각하는 사업 다각화는 의외의 방향이었다. 바로 스포츠와 문화 산업. 그는 축구를 미래의 주요한 수익 산업으로 보고 2021년 10월 뉴캐슬유나이티드(Newcastle United)를 인수해 유럽축구연맹(UEFA) 챔피언스리그(UCL) 반열에 올렸다. 사우디 국부 펀드가 프로 리그 대표 구단인 알 이티하드, 알 힐랄, 알 나스르, 알 아흘리 등을 인수하는 공격적인 투자를 감행해 세계적 슈퍼스타를 영입하기도 했다. 이로써 유명 축구 선수들이 엄청난 속도로 사우디 리그에 모여들었다. 빈 살만의 축구 산업 지원을 두고 스포츠를 앞세워 부정적 평판을 세탁하려는 '스포츠 워싱'이라 비판하는 여론도 있다. 그러나 그는 아랑곳하지 않고 이렇게 말한다.

"스포츠 워싱이 우리나라 GDP를 1퍼센트 올려준다면 계속해서 하겠다. 그런 것에 신경 쓰지 않는다. 스포츠 산업으로 GDP 1퍼센트 성장을 이뤄냈다. 앞으로도 1.5퍼센트 추가 성장이 목표다."

그는 골프에도 큰 관심이 있다. 2023년에는 미국 프로골프 투어와 DP 월드투어(구 유러피언투어), 사우디국부펀드가 후원하는 LIV 골프가 통합되어, 세계 스포츠 역사상 중대한 사건으로 기록되었다. 사우디는 LIV 골프의 주요국 대회 개최를 자국 경제 교류와 연결하려 한다.

넥슨과 엔씨소프트의 주주이기도 한 빈 살만은 게임을 즐기는 인물답게 게임과 e스포츠에도 투자를 아끼지 않는다. 2024년 여름, 최대 규모의 e스포츠 대회 개최도 그 일환이다. 레슬링, 자동차 경기에도 관심이 높다. 스포츠를 중시하는 개혁을 일군 덕분에 사우디는 2029 동계 아시안게임, 2034 하계 아시안게임 개최국으로 확정되었다. 그리고 2030 FIFA 월드컵, 2036 하계 올림픽 유치에 도전하려 한다.

사우디의 석유 발견과 아람코 탄생을 다룬 영화 〈행운의 모래 (Sands of Fortune)〉도 제작된다. 1938년 최초 유정을 탐사한 미국 지질학자와 현지 유목민 가이드의 이야기가 담기는 이 영화에는 미국인과 사우디인을 주연으로 캐스팅할 예정이다.

또한 사우디 경제 성장을 목표로 조성한 국가발전기금(National Development Fund) 중 문화발전기금 지원도 눈에 띈다. 이 기금은 영화를 비롯해 패션, 음악, 문화재, 공연 예술에 이르기까지 16개 분야를 지원한다. 1979년 동부 카티프 지역의 폭동과 이슬람 극단주의자의 메카 모스크 점거 사태 이후, 사우디 정부는 엄격한 이슬람 규범 사회를 지향했고 극장마저 폐쇄했었다. 그러다 2018년 4월 18일, 35년 만에 첫 상업 영화관이 개관했고 이제 사우디는 두바이나 아부다비와 마찬가지로 영화 촬영에 대한 세금 환급제를 실시한다. 가령, 사우디 문화와 자연을 홍보하는 제작물에 대해서는 최대 40퍼센트를 돌려준다. 빈 살만은 직속으로 만든 비영리 단체 미스크(Misk)와 미스크가 100퍼센트 지분을 보유한 콘텐츠 기업 망가프로덕션(Manga Productions)도 운영하고 있다. 이 기업은 일본 애니메이션 스튜디오와 공동으로 영화를 제작하며 아시아권 파트너사와 협업을 확대해가고 있다. CJ ENM도 협력사 중 하나다.

왕세자의 야심작, 네옴시티

빈 살만은 사우디 역사상 최초로 관광 비자를 도입했다. 이전까지는 주변국에만 비자 면제를 제공했으나, 관광 산업을 통해 국가 브랜드 향상과 일자리를 창출하려는 전략이다. 사우디는 홍해 휴양지 프로젝트로 약 3만 5,000개의 일자리와 150억 리얄(약 5조 원)의 부가 가치를 창출할 것으로 기대한다. 수도 리야드에 활주로 여섯 개를 갖춘 킹살만국제공항을 건설하려는 계획 역시 야심 차다. 2030년 완공을 목표로 하는 이 공항은 연간 여행객 1억 2,000만 명을 소화할 수 있는 규모를 자랑한다.

네옴시티 건설 또한 관광 정책의 일환이다. 100퍼센트 신재생 에너지로 운영하는 친환경 주거 상업 도시 '더 라인', 바다 위에 떠 있는 최첨단 산업 도시 '옥사곤', 사막 위 스키장을 갖춘 친환경 관광 도시 '트로제나'가 환상적인 조합을 예고한다. 사우디 정부가 설립한 네옴컴퍼니에 따르면, 이 도시 내 모든 에너지원은 수소와 태양광 같은 친환경 에너지로 충당한다. 170킬로미터 길이의 더 라인 양쪽 끝을 20분 만에 주파하는 고속 철도와 도시 내에서 사용될 에너지원을 석유가 아닌 재생 에너지로 구성해 탄소 중립 도시로 만들겠다는 구상이다.

사우디는 지리적·환경적으로 일조량이 풍부한 데다 넓은 영토와 낮은 인구 밀도로 태양광 발전에 유리한 조건을 갖추었다. 홍해 연안 얀부시에 39만 6,694제곱미터 규모의 그린 수소 공장을 세우는 프로젝트도 친환경에 관심이 높은 유수 기업의 구미를 당긴다. 그린 수소는 태양광, 풍력 같은 이산화탄소를 배출하지 않는 재생 에너지에서 나온 전기로 물을 분해해 생산한 수소다. 사우디는 이를 통해 2030년까지 탄소 감축 20퍼센트, 2050년까지 탄소 중립을 달성한다는 목표를 세웠다.

네옴시티는 정보통신기술과 친환경 인프라를 기반으로 만들어진다. 도심 항공 모빌리티를 포함한 교통, 운송 인프라부터 주거, 오피스까지 스마트하게 채워진다. AI는 네옴 프로젝트를 책임질 핵심 기술로 디지털 헬스, 금융, 시민권 등 주민 생활 관리까지 AI가 맡을 전망이다.

이집트, 요르단, 팔레스타인 등 중동 주요 분쟁 지역과 인접한 이 최첨단 도시에 중동의 미래가 달렸다. 빈 살만은 중동의 모든 사람에게 총을 내려놓고 기회의 땅인 네옴시티로 오라고 손짓한다. 한정된 자원과 가난이 만든 분쟁의 고리를 끊겠다는 그의 의지가 담겨 있는 프로젝트다. 여기에 막강한 자본과 기술력으로 사우디 왕조의 통치 아래 중동 전체를 무릎 꿇게 하겠다는 야망이 숨어 있다면 과언일까? 네옴시티는 '공상 과학 만화에 나오는 이야기'라고 혹평을 받기도 하고, '그린 워싱(위장 환경주의)'이라는 비판도 심심치 않다. 네옴시티 프로젝트에서 가장 먼저 모습을 드러낼 호화 인공섬 신달라가 골프장과 요트 선착장, 리조트 단지 등 고급 해양 관광 단지로 완공되고 있기 때문이다.

그러나 어떤 비판에도 빈 살만은 꿈을 접을 생각이 없다. 리야드 인근에는 복합 엔터테인먼트 도시 '키디야'도 건설 중이다. 미국 테마파크인 식스플래그와 대형 워터파크를 중심으로 골프장, 자동차 경주장, 올림픽 박물관, 호텔, 공연 시설 등이 들어설 예정으로, 규모는 서울의 절반에 육박한다. 그의 목표는 키디야가 엔터테인먼트, 스포츠, 문화를 즐기기 위해 세계 관광객이 가장 먼저 찾는 도시가 되는 것이다. 그는 키디야가 사우디의 경제 성장, 국제 평가, 전략적 지위를 높여줄 것으로 기대하고 있다.

한편, 사우디는 2030 엑스포를 위해 78억 달러를 투자할 예정이다. 수도 리야드에 세워질 엑스포 부지만 600만 제곱미터에 이른다. 엑스포의 표어는 '변화의 시대, 미래를 내다보는 내일로 함께'다. 기후 위기 대처와 대체 에너지 도입 등을 주제로 석유 산업 의존도 탈피라는 비전 2030 의미를 살릴 계획이다. 2030 엑스포는 비전 2030의 선포식이자 그의 왕위 대관식이 될 수도 있다.

빈 살만의 지렛대 외교

사우디는 지금까지 엄격한 이슬람 율법으로 여성의 사회 활동을 극도로 제한해왔다. 그러나 빈 살만은 이슬람 원리주의인 와하비즘(Wahhabism) 전통에 변화를 더해 여성의 운전을 허용했으며, 첫 여성 우주인까지 배출했다. 그의 개혁에 젊은 층은 환호하고, 강성 종교계도 반발하지 못하는 분위기다. 무엇보다 그의 힘은 실리 외교에서 발휘된다. 빈 살만은 국익 우선을 앞세워 외교에서 어느 한편에 서지 않는다. 그는 미국과 서구 동맹국이 요청하는 중국 봉쇄와 줄서기 요구를 거절하고 독자적 외교 영역을 구축하고자 했다. 2022년 중국 시진핑 국가 주석을 초청해 양국 관계를 '포괄적 전략적 협력동반자 관계'로 격상시켰으며, 중국을 기반으로 이란과의 관계 개선을 추구했다. 러시아와는 석유에 관한 공감대를 형성하며 기존 친미 이미지에서 탈피했다.

빈 살만의 행보에 조 바이든 미국 대통령도 애가 탔다. 그는 빈 살만을 사우디 반체제 언론인 자말 카슈끄지의 암살 배후로 지목하며 "국제 왕따를 만들겠다"라고 경고했지만 허언이 되어버렸다. 결국 바이든은 회유와 타협으로 돌아섰다. 이처럼 그는 미중 패권 경쟁, 세계 에너지 시장의 격변, 중동 안보 등이 뒤얽힌 복잡한 국제 정세에서 중국과의 지렛대 외교로 미국으로부터 이익을 취하는 전략을 구사하고 있다.

계속되는 이팔 전쟁, 후티 반군의 홍해 습격, 이란의 호르무즈 해협 관련 돌발 행동 등 지정학적 위협 속에서 중동의 평화는 멀어 보인다. 이런 가운데 펼쳐지는 미국-이스라엘-사우디 간의 3각 협력 구도가 세계의 주목을 받고 있다. 이스라엘 안보 강화, 이란 견제, 중국의 중동 지역 영향력 차단은 미국에 매우 중요한 사안들이다. 걸프만과 아랍 국가를 철도망으로 연결하고 이 지역 항구를 통해 인도까지 항로를 이으려는 미국의 계획은 이루어질 수 있을까. 중국의 일대일로(一帶一路, 육·해상 실크로드) 사업에 맞불을 놓으려는 미국의 꿈에 전 세계의 관심이 쏠려 있다.

2024년 초 빈 살만은 미국의 입장을 고려한 새로운 외교적 포부를 밝혔다. 그의 목표는 미국 대통령 선거가 치러지기 전, 미국과 사우디 간 군사 협약을 체결하는 것이다. 이는 미국이 한국, 일본과 각각 맺은 한미상호방위조약이나 미일안보조약과 유사한 것으로, 그는 미국이 사우디와 이스라엘의 관계 정상화를 대가로 군사 보호를 해주어야 한다고 주장한다.

지난 1월 EU는 이스라엘-팔레스타인 분쟁 종식의 방법으로 국제 사회의 지지를 얻은 '두 국가 해법'에 반대하는 이스라엘에 대한 제재를 검토했다. 빈 살만은 이 상황에서 어떤 전략을 취했을까? 그는 같은 달 사우디를 방문한 미국 토니 블링컨(Tony Blinken) 국무장관을 고대 문명 도시이자 휴양지인 알울라의 호화 텐트 별장에 초청해 이렇게 말했다.

"가자 지구의 군사 작전을 중단하고 인도주의적 조치를 강화해야 한다. 팔레스타인이 정당한 권리를 얻고 정의롭고 지속적인 평화를 달성하도록 안정을 회복해야 한다. 평화 프로세스를 위한 국제 사회의 노력이 중요하다."

중동과 사우디의 평화를 주도하는 그는 민생과 국방 모두에서 승자가 되기를 원한다. 그러나 북한과 달리 이란은 핵무기를 완성하지 못했기에 한국과 사우디는 상황이 전혀 다르다. 미국이 사우디와 안보 동맹을 맺으면 오히려 이란과의 긴장이 심화할 수 있다. 그 과정에서 미국이 중동 분쟁에 끌려 들어갈 수 있으므로 쉽지만은 않아 보인다.

2024년에는 중동을 둘러싼 세계 지도자의 움직임이 바빠질 전망이다. 중동 평화 체제를 두고 벌이는 관련국의 치열한 샅바 싸움은 오늘도 진행형이다. 그 속에서 배짱 영업을 하는 빈 살만이 돋보이는 것은 당연하다.

협력 속 경쟁에서 경쟁 속 협력으로, 미중 갈등의 이해

강준영 한국외국어대학교

'신냉전 시대의 도래'로까지 일컬어지는 미국과 중국의 전략 경쟁이 계속되고 있다. 당초 미국은 '미국 주도 질서 내의 중국'을 구상했으나, 중국은 국제 무대의 중심 국가로 성장하며 새로운 경쟁자가 되었다. 이로써 양자 관계는 전략적 경쟁 시대를 넘어 전략적 대항 시대에 진입했다.

1949년 사회주의 정권인 중화인민공화국의 수립으로 적대적 관계를 유지하던 미중 양국은 1972년 핑퐁 외교를 펼친 미국 리처드 닉슨(Richard Nixon) 대통령의 중국 방문으로 대화의 물꼬를 텄고, 1979년 수교에 이르렀다. 중국은 경제 발전을 목표로 대내적인 개혁을 이루고 미국 주도의 국제 경제 체제에 편입하겠다는 개방 정책 추진을 선언했으며, 이어 미국의 제한적 협력 아래 세계의 공장으로 성장했다. 그리고 마침내 2001년 WTO 가입으로 공식적으로 국제 경제 체제에 편입되었다.

그동안 미국에서는 중국의 부상이 세계를 위협한다는 '중국 위협론'이 끊임없이 제기되었지만, 통상 관계에서는 투이불파(鬪而不破) 기조를 유지해왔다. 국익을 위해 상대국과 격렬히 다투되 전쟁은 하지 않는다는 것이다. 그러나 트럼프 행정부 시절 상황이 달라졌다. 미국은 중국을 국제 사회의 포용 정책에도 불구하고 자유세계를 위협하는 악랄한 독재 정권이자, 미래를 함께할 수 없는 국제 경제의 약탈자라고 판단, 강하게 압박하고 견제했다. 그리고 이 기조는 바이든 행정부에도 계승되었다. 이 같은 대중 압박에 중국 역시 한치도 물러날 수 없다면서 결사 항전을 천명했다.

양국은 갈등을 관리할 새로운 제도를 만드는 데 실패했다. 그래서 미국은 중국에 대한 압박을 어느 정도로 지속할지, 중국은 미국에 어느 정도의 대응을 할지, 각자 전략적 고민에 빠져 있다. 일단 미국은 중국을 도전자의 반열에서 탈락시키는 전략을 취하고 있다. 중국 또한 물러설 뜻이 없어 보여, 미중 갈등의 장기화는 불가피한 것으로 보인다. 게다가 갈등 원인을 상대방의 책임으로 전가하면서 많은 국가를 '선택적 공황'으로 내모는 타자의 함정(他者陷

罪)까지 만들고 있다. 특히 미중 관계에 상당한 영향을 받는 한국의 입장에서 양국의 의도 파악은 매우 중요한 과제가 되었다.

미국, 도전하는 중국을 압박하다

1978년 덩샤오핑이 주도한 개혁 개방 이후 미국과 중국은 순탄한 관계를 유지했다. 중국은 경제적으로 자유화되었고, 군사적으로 미국에 도전하지 않았다. 그러나 중국이 급격하게 부상하자, 트럼프 행정부는 '중국이 변하지 않으면 미국의 지위가 위협받고 궁극적으로는 세계가 안전하지 않다'라는 강한 위기감에 칼을 빼 들었다. 2017년 말 미국에서 발간된《국가 안보 전략 보고서(National Security Strategy)》에서 미국 정부는 중국을 전략적 경쟁자로 지목하고 전면적인 경쟁을 선언했다.

바이든 행정부 역시 중국을 '경제, 외교, 군사, 기술력을 결합해 안정적이고 열린 국제 체계에 지속적으로 도전하는 잠재력을 가진 유일 경쟁자'로 지목했다. 그리고 중국 외교 정책의 방향을 견제로 정했다. 특히 바이든 행정부는 미중 양자가 아닌, 미국이 주도하는 다자 규범, 즉 '국제 사회 대(對) 중국'의 구도를 그렸다. 바이든 행정부는 자유 민주주의와 시장 경제를 추구하는 국가들과 연대해 중국의 도전을 물리치고, 미국 국익과 가치 증진에 도움을 주는 국제 규범을 새롭게 만들겠다는 목표를 세웠다. 그런 뒤 트럼프 행정부가 시행한 통상 분쟁과 기술 패권 저지를 강화하면서, 중국의 최대 약점인 민주, 자유, 인권 등 인류의 보편 가치로 중국을 압박하기 시작했다. 이는 미국의 부담은 최소화하면서 바이든 대통령이 강조하는 동맹 규합에 적합한 조처였다.

곧이어 중국을 압박하는 다양한 법이 제정된다. 미국은 「반도체칩과과학법」, 「인플레이션감축법」, '국가 생명공학 및 바이오 제조 이니셔티브' 행정 명령으로 최첨단 핵심 물자의 주도를 천명했다. 또한 미국·EU무역기술위원회(TTC), 북미 지역의 미국·멕시코·캐나다협정(USMCA), 주요 7개국(G7)과 인도·태평양경제프레임워크 등으로 중국 리스크에 대응하고 있다. 구체적으로는 미국 주도의 산업 공급망 확립과 첨단 산업의 국제 규범 제정을 논의 중이다. 이는 바이든 행정부가 미중 사이의 첨단 과학기술 산업 및 공급망 경쟁을 경제는 물론 군사, 안보 문제로도 인식하고 있기 때문이다.

특히 미국은 중국의 군사적 도전에 대해 다양한 측면에서 목소리를 내고 있다. 남중국해 항행의 자유 보장, 「대만관계법」에 따라 대만 지원, 티베트와 신장 위구르의 인권 탄압 비판, 홍콩의 일국양제(一國兩制) 이행 감시 등이 그것이다. 바이든 행정부가 인권과 민주 가치를 대중 압박의 첨병으로 제시한 데에는 이유가 있다. 서로가 부품 공급 체인으로 얽혀 있어서 트럼프 행정부의 대중 경제 압박이 계획대로 성과를 거두기 어렵다고 판단했다. 바이든 행정부가 대중 정책에 적대적·경쟁적 측면뿐 아니라 협력적 측면도 있다고 밝혔지만, 현실적으로는 디커플링에 기반한 디리스킹 전략을 계속 펼칠 것이다.

미국 공세에도 표면적 안정을 유지하려는 중국

중국은 아직 미국을 일대일로 상대하기 벅차다는 사실을 잘 안다. "100년간 보지 못했던 대혼란이 중국을 엄습하고 있다"라는 시진핑 주석의 말에서 위기의식을 읽을 수 있다. 중국 경제의 위기, 장기화하는 미중 전략 경쟁, 일대일로(一帶一路) 확산 전략의 차질, 티베트와 신장 위구르의 인권 문제, 홍콩과 대만 문제 등 중국은 서방 세계에 갈등의 여러 빌미를 제공하고 있다. 일단 중국은 자국의 힘이 미국과 대등해질 때까지는 안정적인 관계를 유지하려 한다. 미국의 갖은 공세에도 대응을 자제하면서 평화와 공존을 강조하는 이유다.

중국은 미국의 대중 압박을 다음과 같이 이해한다.

첫째, 지금의 대중 압박은 미국 내 강경파의 입장이라고 파악한다. 미국 강경파는 미래 패권과 국제 질서 주도권을 원칙적 현실주의를 기반으로 바라본다. 그래서 중국이 직접적으로 미국 패권에 도전하고 있으며 결국 미국 주도의 국제 질서를 철저히 파괴할 것이라고 여긴다.

둘째, 성장하는 중국의 국력이 미국의 이익 창출을 저해한다는 이유로 미국이 강공책을 펼친다고 이해한다. 미국의 주도적 지위가 상실될 것을 우려한 일부가 중국의 체제와 국가 목표에 대해 적의(敵意)를 증폭시켜 갈등을 키웠다며 억울해한다. 게다가 제도와 문화, 이데올로기를 둘러싸고 중국을 서방 민주 제도와 문화를 위협하는 최대 도전자로 보며 존중하지 않는다고 생각한다.

국내 리스크를 해결하며 대외적 힘을 키우는 시진핑

미국과 서방 세계의 압박 속에서도 시진핑의 중국은 또 다른 국제 질서의 제정자가 되겠다는 의지를 숨기지 않는다. 개혁 개방이 획기적인 성과를 거두면서 세계적 강국으로 발돋움했기 때문이다. 이는 시진핑 3기 체제의 출범을 알리는 제20차 공산당 대표 대회에서 '중국식 현대화'라는 표현을 당장(黨章)에 삽입한 데서도 알 수 있다. 2035년 1인당 국내총생산을 중진국 수준으로 끌어올려 사회주의적 방식으로 현대화된 국가를 건설해, 2050년에는 세계 최강 국가가 되겠다는 중국몽(中國夢)의 의지를 드러낸 것이다. 특히 시진핑 지도부는 미국이 중국의 사회주의 제도와 이념을 문제 삼는 것은 패권주의적 행태이자 내정 간섭이라면서 강력하게 맞선다.

문제는 중국이 공산당 정권과 사회주의 제도의 유지를 위해 '정치 안전'이라는 전통 방식을 고수한다는 데 있다. 글로벌 스탠더드에 근거한 제도 개선이나 국제적 공감대 확보 같은 노력은 뒷전이다. 이는 문화 대혁명이나 천안문 사건처럼 경제 사회 리스크가 정치 리스크로 확대 재생산된 역사적 경험이 있어서다. 그래서 공산당 지도부는 여전히 이념적이고 압박적인 선전 방식으로 사회주의와 중국식 발전의 우월성을 강조하면서 애국주의를 주도한다.

중국은 미중 갈등이 장기화하면서 미국의 압박과 견제에 정면돌파를 선언했다. 우선 중국몽은 역사적으로 정당한 지위가 있다는 주장과, 서구 및 자유주의와 다른 세계관과 국제 관계론을 통해 중국의 독자성과 가치, 규범에 근거한 인류 운명 공동체론을 설파 중이다. 경제에서는 제14차 5개년(2021~2025) 경제 사회 발전 계획으로 국내 수요 확대와 국제 무역 활성화를 병행하는 쌍순환 발전과 과학 기술 강국 건설이라는 목표를 제시했다. 불확실한 국제 경기나 미국의 공급망 와해 정책에 휘둘리지 않는 내수 시장을 구축하고, 지속가능한 경제 발전을 과학 기술 자립으로 이루려는 것이다.

또한 중국은 국제적 통상 질서의 재편에 적극적이다. 환태평양경제동반자협정(TPP)에 맞서 세계 최대 규모의 FTA인 역내포괄적경제동반자협정(RCEP)을 타결시켰고, EU와의 무역 투자 협정에 합의했다.

외교적 측면에서도 자신감을 내비친다. 지난 3월에 열린 전국인민대표대회 기자 간담회에 나선 왕이(王毅) 외교부장은 미국과의 장기 경쟁에서 중국이 유리하다고 말했다. 그러면서 브릭스나 상하이 협력 기구 및 100여 개국이 넘는 국가와 교류를 확대하겠다는 공세적 외교 방침을 밝혔다. 당연히 안정적인 관계 유지가 중요하지만, 중국도 세력 확대에 적극적으로 나설 계획임을 알린 것이다.

깊어지는 미중 갈등 속 한국의 설 자리

미국과 중국은 2023년 인도에서 열린 G20 회담을 계기로 캘리포니아에서 양국의 정당 회담을 개최했다. 시 주석은 미중 관계는 세계에서 가장 중요한 양자 관계로 중국은 미국을 추월하거나 대체할 생각이 없으며, 미국도 중국을 압박할 계획이 없어야 한다고 강조했다. 단절보다 소통 채널 유지라는 상징적 관계에 무게를 둔 것으로 판단된다. 바이든 대통령 역시 2022년 발리에서 개최된 G20 정상 회담에서 합의한, 갈등이 충돌로 비화하지 않도록 관리하는 양자 관계 설정을 재확인했다. 미국은 본격적인 '갈등 있는 대화기'를, 중국은 '갈등 있는 라이벌 구도'를 확인하려는 시도로 보인다. 그러나 양국은 핵심 이익 혹은 사활적 이익을 둘러싼 전략 경쟁에서 물러날 뜻이 없음을 분명히 했다. 이로써 표면적인 화해 무드 조성에도 불구하고 양국 갈등의 장기화는 불가피해졌다.

이는 미중 양국 사이에서 고민하는 한국을 더욱 어렵게 만든다. 지금까지 미중 갈등은 이념과 군사 안보에 초점이 맞춰져 미소 냉전 시대와 구분되었다. 그런데 지금 중국은 글로벌 시장을 공유하면서 부품 공급망을 보유한 막강한 경제 실체다.

향후 미중 관계는 '협력 속 경쟁'보다 '경쟁 속 협력'으로 전개되면서, 미국 주도의 대중 압박과 이를 저지하려는 중국의 대응이 계속되는 선택적 디커플링이 될 것이다. 우리가 북핵 위협에 맞서 안보를 확립하기 위해 한미 관계를 계속 강화하고, 한미일 3각 공조를 확대하며, 향후 경제 분야에서 교류가 재건되는 것을 고려해 한중 관계에서도 분야별로 전략적 접근을 해야 하는 이유다.

세대별 인구 트렌드로 본
소비의 미래

전영수 한양대학교

우리가 사는 세상의 상수였던 인구 문제는 변화의 속도와 범위를 늘 염두에 두어야 할 커다란 변수가 되었다. 이제 사업 모델과 정책에서 인구 통계 없는 의사 결정은 무의미하다. 판세를 진단하고 미래에 대응하기 위한 필수 요소가 된 것이다. 원래부터 인구는 생산과 소비라는 경제 활동의 근원이었지만, 갈수록 그 뚜렷한 구조 변화로 미래를 예측하는 망원경이 되고 있다. 정리하면 '인구 변화→상식 수정→기회'로 연결되는 인과성이 커졌고, 사실상 인구에 대한 정확한 예측이 사업의 성패를 결정짓는 요소가 되었다.

인구에 주목할 이유는 또 있다. 인구 예측으로 얻는 시너지 효과다. 인구를 비즈니스에 효과적으로 반영하면 투입 원가보다 탁월한 가치를 얻을 수 있다. 장기 통계로 얻은 정확하고 정밀한 결과라면 더 그렇다. 저출생과 고령화라는 전에 없던 인구 현상을 지금 당장 비즈니스에 투영할 수 있다면 시장 선점 효과가 엄청날 전망이다. 현재 한국의 인구 감소 추세는 대단하다. 출산율 1.6명 정도를 보이는 EU의 인구 감소 추세도 한국(2023년 잠정출산율 0.72명)보다 한참 낮다.

그만큼 한국은 달라지는 인구 트렌드를 사업에 반영하는 선두주자가 될 것이다. 시행착오도 있겠지만 얻어낼 파이도 크고 맛날 것이다. 퍼스트 펭귄이 신선한 생선을 독점하는 것과 같은 이치다. 시장을 선점하면 게임의 규칙을 만들고 시장을 지배할 수 있다. 심판이 선수로 뛰는 셈이니 지기도 어렵다.

한국 기업이 퍼스트 펭귄이 될 수 있는 이유

여기에 기대감을 한 스푼 더해보자. 현재 한국의 인구 변화를 반영한 사업 모델은 세계 무대에 내다 팔 미래지향적 비즈니스로 제격이다. 세계적으로 저출생과 고령화 현상이 뚜렷한 가운데, 한국의 인구 변화가 글로벌 표준이 될 가능성이 크기 때문이다. 유엔은 여전히 인구 폭발을 걱정하지만 현실적인 통계를 무시한 견강

부회에 가깝다. 2021년 세계출산율은 2.3명을 찍으며 인구유지선 (2.1명)에 근접했다. 그나마 아프리카(4.1명)가 끌어올린 결과였다. 북미(1.6명), 남미(1.9명), 유럽(1.5명), 아시아(1.9명) 등은 모두 인구 유지가 불가능한 수준까지 떨어졌다. 전 세계적인 추세의 선두에서 인구 트렌드를 경험 중인 한국의 현실과 선택에 세계가 주목하는 까닭이다.

한국의 발걸음은 세계의 나침반이 될 것이다. 전제는 인구 변화로 달라진 생산과 소비의 뉴노멀형 자본주의를 성공적인 비즈니스로 보여주는 것이다. 표준 편차를 벗어난 한국형 인구 변화를 혁신적이고 지속가능한 비즈니스의 재료로 사용할 수 있다면 인구 급변은 위기가 아닌 기회다. 변화하는 인구 트렌드를 장애물이 아닌 점프대로 활용하는 건 한국 기업에 행운이다. 아직은 모호하지만 빠르게 방향성을 읽고 먼저 움직일수록 기회는 커질 것이다. 미래학자 페이스 팝콘(Faith Popcorn)은 "트렌드를 모르면 절대 사업하지 말라"고 했고, 경영학자 피터 드러커(Peter Drucker)는 "트렌드를 예측한다고 100퍼센트 성공하진 않아도 트렌드를 못 읽으면 100퍼센트 실패는 보장한다"라고 했다.

현재는 과거를 통해 미래로 향한다. 바꾸어 말하면 미래 트렌드의 예측은 과거가 잉태한 현실의 변화로부터 시작된다는 뜻이다. 어제와 오늘에 나타나는 변화를 정밀하게 읽어내 미래 사회를 장악할 메가 트렌드를 찾아야 한다. 한국 사회는 언제나 빠르고 다양한 변화를 반복해왔다. 저성장발 인구 변화로 제도와 기반이 수정되었고, 고성장 시기에 만들어진 고용과 가족 모델도 달라졌다. 덕분에 새로운 소비 트렌드가 쏟아졌다. 인구 변화를 바탕으로 트렌드를 세분하면 뚜렷하고 확실한 시대 흐름을 읽을 수 있다. 청년, 중년, 노년의 세대별 변화와 니즈를 찾아 기존 사업에 연결하면 새로운 비즈니스의 힌트도 얻을 수 있다. 기존 사업의 라인업을 강화하거나 신사업 진출을 노려보자.

청년 소비의 키워드: 높아진 생존 원가와 득도

달라진 가치관은 소비 경향을 바꾸고, 시장의 기존 질서를 뒤흔든다. 청년의 소비 성향은 부모 세대와 달라졌다. 고객이 달라졌고, 생활이 달라졌고, 그에 따른 욕구와 소비가 달라졌기 때문이다. 그들은 소비에 대한 저항이 크다. 돈도 꿈도 없어 지출을 줄일 수밖에 없다. 쓰긴 쓰지만, 소비의 기준이 다르다. 한 세대가 청년이 되면 으레 만들어지던 생애 주기별 소비의 패턴도 사라졌다. 이전 세대로부터 넘겨받아야 하는 역할을 거부하니 연령대별로 뚜렷하던 특정 분야에 대한 소비 성향도 없어져간다.

그럼에도 불구하고 청년 세대는 최소 60~70년간 시장에서 중요한 위치를 차지할 것이다. 저출생 시기에 태어난 그들은 지향하는 인생도 색다르다. 가장 두드러지는 특징은 현실 타협형 소비 성향과 득도(得道) 소비다. 써봐도 큰 감동이 없다면 아예 시장에서 이탈하겠다는 기제다. 결국 절약을 넘어 지갑을 닫아버린다. 평소에는 지갑을 닫고 있다가 순간순간 '탕진잼'을 부추기는 충동적인 비용이 목격된다.

젊어 고생은 사서도 한다는 기성세대의 가르침도 청년 세대는 거부한다. 열심히 벌어서 많이 쓰라는 조언에 대한 반발로 오히려 득도 소비 시장이 커졌다. 주목할 지점은 득도 상황에서 지출하는 소비 품목이다. 일종의 대안 소비 혹은 대체 소비다. 가령 연애와 결혼 대신 다른 친목 관계에 돈을 쓴다. 내 집 마련을 포기하는 대신 고가의 컴퓨터를 사는 것도 마찬가지다. 열심히 돈을 모아도 집을 살 수 없다면 나를 위한 값비싼 취미나 여행에 돈을 쓰는 것이다. 다른 사람이 보기에는 잠깐의 즐거움을 위해 사치하는 것 같아도 본인에게 가치 있다면 나름대로 합리적인 가치 소비가 된다.

전통적으로 청년 세대가 선호해왔던 소비 대상도 바뀌고 있다. 대표적인 것이 주거 소비다. 졸업-취업-결혼-출산-양육의 연결이 당연하게 이루어졌던 시절의 내 집 마련 개념은 사라졌다. '주택 소유'에서 '주택 사용'으로 집에 관한 인식이 바뀌었고, 불안정한 소득과 높아진 집값으로 부동산을 포기하는 게 보편적이다. 음주에 대해 부정적인 청년 세대의 문화도 비슷하다. 마시기 쉽거나 빨리 취하는 술이 아니라면 거부한다.

기업이 청년 세대의 득도 소비를 분석해 얻은 결과는 크게 세 가지다. 우선, '불완전한 인생'이라는 사고방식이 각인되어 있다. 따라서 가성비를 중시해 명품 옷 한 벌보다는 패스트패션 여러 벌을 택한다. 위험을 피하려는 전략이다. 그리고 태어날 때부터 풍족했던 환경으로 애초에 물욕이 적다는 점도 특징이다. 여기에 저성장 경험까지 더해지면서 패스트패션, 아웃렛, 저가 안경, 편의점 PB, 경차, LCC(저비용 항공사) 등 절약 상품에 익숙하다. 가난해도 양질의 물건을 살 수 있다면 만족한다. 넘치는 정보 덕에 경험해보지 않은 상품도 경험해본 듯한 기시감이 있어 소비 의욕이 적다. 자동차, 해외여행, 맛집에 대한 정보가 넘치니 간접 경험만으로 충분할 정도로 피로감을 느끼고, '높은 가격=높은 가치' 등식을 인정하지 않는다. 이처럼 전통 경로에서 벗어난 새로운 청년 세대의 소비 트렌드는 가족을 구성한 다음의 소비 패턴에도 변화를 부른다.

중년 소비의 키워드: 나 혼자, 그리고 노후 불안

가족 구성의 모계화는 뚜렷한 트렌드다. 어쩌면 역사상 강력했던 모계 사회로의 귀환이 이루어질지 모른다. 남성 위주의 고도성장을 지향하던 시대의 결과인 저출생과 고령화를 버텨내는 데 실질적으로 기여한 것이 모계 파워다. 고도성장기에는 확장을 향한 탐욕이 시장을 지배했다면, 이후에는 숨을 고르며 공생을 위한 안정을 추구하는 것이 시장의 순리다. 옳고 그름의 이슈가 아닌 시대 변화에 따른 자연스러운 방향이다. 여성의, 여성에 의한, 여성을 위한 사회가 되어야 지금처럼 표준 경로를 벗어난 초저출생의 인구 변화를 다시 정상으로 돌릴 기회도 생긴다.

여성 파워의 주인공은 중년의 골드미스, 백금 세대다. 여성의 사회적 성공, 가정을 위해 자신을 희생하지 않는 분위기, 그리고 가부장적인 남녀 차별이 개선되면서 생겨난 집단이다. 이들은 결혼으로 가정을 이룬 뒤에 친정 중심의 대가족화를 주도하기도 한다. 또한 모계를 중심으로 한 여성 파워가 대를 이어 계속되면서 과거와 달라진 새로운 구매 패턴을 보인다.

반대로 모계화가 뚜렷해지는 사회에서 남성은 새로운 생존 전략을 찾아야 한다. 산업화 시대에 유용했던 남성의 근육이 필요 없어지자, 남성은 존재감이 작아졌다. 이에 따라 최근 남성성이 옅어진 '요즘 남편', '새로운 아빠'가 등장하기 시작했다. 자라면서 마주한 권위적 중년 가장의 최후가 어땠는지를 눈으로 보며 적극적으로 변신한 결과다. 그런 흐름 안에서 청년 남성은 결혼 여부와 무관하게 남성성을 회피한다. 술을 마시지 않고, 멋진 차로 자신을 과시하지도 않는다. 혼자서 먹는 식사에 익숙한 초식 남성이 되었다. 결혼한 남성은 전통적인 남편상에서 벗어나려 열심이다. 제조 공장이 문을 닫는다면 대안은 서비스의 미소다. 남성이 적극적으로 미소를 가꾸려 뷰티 시장으로 진입하는 이유다. 기업은 여성 파워가 강해지고 남성성이 약화하는 변화의 지점에 어떤 욕구가 있는지 정밀하게 분석해 새로운 비즈니스에 반영해야 한다.

결국 저출생과 고령화는 생애 전체에 걸쳐 결혼을 포기하는 결과를 낳았다. 1인 가구 증가가 인구 변화의 원인이자 결과인 셈이다. 아빠가 돈을 벌고, 엄마는 살림하는 3~5인 가구 소비의 패턴은 1인 가구의 급속한 등장으로 개인 소비로 전환되었다. 인구 변화의 원인이 1인 가구라면 전통적으로 모든 사업 구상에서 표준 모델이었던 '3~4인 가구'라는 기준도 달라져야 한다. 홀로 사는 새 고객층의 욕구를 만족시키기 위한 그랜드 디자인이 필요하다. 혼자 살지 않으면 알지 못할 답답함은 곳곳에 숨어 있다. 우선 생각할 수 있는 사업 모델은 가족을 포기하고 선택한 나 홀로 삶의 가려운 부분을 도와주는 것이다. 1인이라는 기준에 맞추어 기존의 상품이나 서비스를 나누자. 고객의 욕구와 소비는 작고, 똑똑하며, 나를 위한 특화된 서비스에서 일어난다.

노년 소비의 키워드: 도시 진입과 돌봄

지금의 노년 세대는 '믿을 건 결국 자신 뿐'이라고 생각한다. 태어나는 사람은 적고 늙어가는 사람은 많으니, 다음 세대에 기대할 수 없다는 것을 안다. 인구 공급이 계속된다는 전제하에 만들어진

국민연금이라는 부조 체계가 저출생 현상 앞에서 불안한 이유다. 즉, 생애 전체에 걸친 자금 경영을 본인의 장부 안에서 해결할 수밖에 없다.

노년 세대는 적자를 최소화하고 최대한 흑자 구간을 늘려야 하기에 은퇴를 받아들이기가 어렵다. 그래서 능력만 있다면 계속 일하며 흑자 구간을 늘리려 한다. 정년 연장이나 정년 폐지처럼 나이를 이유로 현역에서 퇴장시키는 제도도 결국 사라질 수밖에 없다. 실제로 산업 현장에서는 고령 근로자가 많아지고 있다. 예전에는 50세 전후로 직장에 물러났지만, 이제 70세까지 일해야 먹고사는 냉혹한 현실이 펼쳐지고 있다. 이들의 고용은 단기적이고 불안정하지만, 정부는 복지로 커버해줄 여력이 없다.

고학력과 대기업을 추구하는 인생 모델은 한국의 출생율을 급락시켰고, 국토 전체의 12퍼센트에 불과한 서울에 인구 52퍼센트를 끌어모았다. 기업과 인재 등 모든 것을 블랙홀처럼 흡수한 서울은 인구 극점에 달했다. 그러면서 청년을 내쫓는 게 빗장 도시 서울의 매몰찬 질서다. 회색 콘크리트가 쌓아 올린 승자의 도시는 높은 비용을 내는 사람만 통과를 허용했다. 그래서일까. 고령 인구의 서울 진입이 높아지고 있다. 빈곤 노인은 도시에서 추방되지만, 지방에 거주하던 부자 노인은 프리패스로 의료 인프라가 집중된 서울에 진입한다. 그러니 노화를 키워드로 한 비즈니스라면 성공 가능성이 크다. '수요 증가→매출 확대→투자 증대→산업 확장' 흐름에 따라 현재 공공 기관과 영세한 민간 업체가 채우지 못한 노인 돌봄 시장을 공략하는 것도 유력한 사업 모델이 될 수 있다.

확실히 노년 세대의 증가는 새로운 시장을 불러왔다. 인구 구조 변화가 가져온 불편과 불만을 해소할 수 있다면 짭짤한 비즈니스로 제격이다. 무대는 열렸고 고객도 입장했다. 남은 것은 현명한 전략이다. 사업을 위한 환경과 제도 지원도 예고되었다. 시장을 확대해 고객의 요구와 기업의 이익을 극대화하는 실행이 필요하다.

기업에서는 인구 변화의 영향을 받는 사업 부문을 정리하여 미래를 예측해야 한다. 수많은 선진국이 한국의 초고령화에 주목하고 있다. 0.72명(2023년 기준)이라는 출산율도 놀랍지만, 급격화될 고령화의 압박에 가장 먼저 대응할 국가이기 때문이다. 노년 세대가 요구하는 시장은 선진국이 눈독 들이는 강력하고 매력적인 블루오션이다. 노년 세대의 집중이 가속하는 서울은 초고령화 비즈니스를 실험하는 테스트 도시로 대두되고 있다. 기업은 테스트를 넘어 시장을 선점할 기회를 놓쳐서는 안 될 것이다.

세속적 욕망이 꽃피운 문예 부흥, 르네상스

남종국 이화여자대학교

'르네상스' 하면 위대한 예술 작품을 만들었던 천재 예술가와 주요 활동지인 피렌체가 떠오른다. 르네상스는 프랑스어로 '재생, 부활'을 의미하며, 일반적으로 14~16세기 고대 그리스와 로마의 고전 작품을 수집하고 연구한 문예 부흥 운동으로 간주한다. 이 운동은 당시 경제적으로 번영했던 피렌체 등의 이탈리아 도시에서 시작되어 유럽으로 퍼졌다고 알려져 있다. 특히 문예 부흥이 두드러진 분야는 예술과 인문주의였다. 그래서 우리는 그리스와 로마의 고전 작품을 수집하고 연구함으로써 인문주의를 선도했던 페트라르카,

보카치오, 마키아벨리, 에라스뮈스, 그림과 건축으로 르네상스 시대 피렌체와 로마를 아름답게 장식했던 레오나르도 다빈치, 미켈란젤로, 라파엘로, 보티첼리 등을 통해 르네상스를 이해하려 한다.

그러나 예술과 인문주의라는 두 렌즈로 보는 르네상스는 당시의 실제 모습과는 큰 차이가 있다. 사실 르네상스 시대의 진정한 주역은 이탈리아 상인과 도시였다. 상인이 학자, 화가, 건축가를 후원하지 않았다면 새로운 학문과 찬란한 예술은 탄생하지 못했을 것이다.

이탈리아 상인은 어떻게 거부가 되었나?

르네상스 시대 화가는 상인의 주문에 따라 작품을 제작하는 장인에 가까웠다. 화가 베노초 고촐리(Benozzo Gozzoli)가 〈동방 박사의 행렬〉을 그릴 때 주문자인 메디치 가문의 피에로 데메디치(Piero de Medici)에게 보낸 편지는 당시 구매자와 화가의 관계를 분명하게 보여준다.

"오늘 아침 로베르토 마르텔리를 통하여 당신의 편지를 받았습니다. 편지를 보고, 제가 그린 세라피노(천사)가 적당한 자리에 있지 않아서 당신 마음에 안 든다는 것을 알았습니다. 하나는 구름들 사이에 그렸는데 이것은 날개 끝만 보일 뿐 거의 안 보이는 정도입니다. 거의 가려져 있기 때문에 그림을 전혀 왜곡시키지 않으며 오히려 아름다움을 더해줍니다. 다른 하나는 제단 반대편에 그렸는데 이 또한 감추어져 있습니다. 로베르토 마르텔리도 이 천사들을 보고는 별로 걱정할 필요가 없다고 하더군요. 그렇지만 저는 당신이 명령한 대로 하겠습니다. 작은 구름 두 쪽이면 그것을 없앨 수 있습니다."

이처럼 구매자는 그림의 주제와 내용, 안료와 색채 등 세세한 사항까지 지시했다. 아마 이런 관계 때문에 당시 화가는 그림에 서명을 하지 않았을 수도 있다. 대신 그림에 본인 얼굴을 작게 그려 넣음으로써 자기 창작물임을 소심하게 주장했다.

이탈리아 상인과 상업 도시가 이룩한 부는 르네상스의 물적 기반이 되었다. 이탈리아 상인은 십자군 전쟁 때 본격적인 상업 활동을 시작했다. 가톨릭 세계뿐만 아니라 동지중해의 비잔티움 제국과 이슬람 영토까지 진출하며 지중해 교역으로 큰 부를 축적했다. 초기에는 제노바, 베네치아, 피사, 아말피가 흐름을 주도했으나, 아말피는 노르만족 지배 이후 상업적 활력을 잃었고, 피사는 1284년 제노바와의 전투에서 패배해 위상을 상실했다가 15세기 초 새롭게 부상한 피렌체에 복속되었다. 그 결과, 중세 말에는 베네치아, 제노바, 피렌체가 국제 무역과 산업을 주도하게 되었다. 이것이 스위스 미술사가 야코프 부르크하르트(Jacob Burckhardt)가 분석한, 피렌체와 베네치아가 르네상스 최고의 중심지가 된 배경이다.

베네치아는 중세 후반 지중해에서 가장 좋은 배를 가장 많이 보유한 해상 강국이었다. 덕분에 지중해 무역에서 독점적인 지위를 누렸다. 특히 베네치아가 1300년대 이후 정기 선단 제도와 효율적인 수송 정책을 도입한 덕분에 상인들은 지중해 교역을 주도할 수 있었다. 그때 베네치아의 최대 무역국인 맘루크 제국은 동양의 향신료가 지중해로 유입되는 통로인 이집트와 시리아를 장악하고 있었다. 베네치아는 맘루크 제국과의 향신료 무역으로 엄청난 부를 축적했다.

13세기 중반까지 피렌체는 피사, 시에나 등의 도시와 경쟁하는 처지였다. 해상 무역에서는 피사에 뒤져졌고, 금융업은 시에나의 수중에 있었다. 하지만 14세기 이후 전례 없는 경제 성장으로, 15세기에는 토스카나 지방의 맹주가 되었다. 피렌체 상인은 13세기 말 파산한 시에나 은행가를 대신해 국제 금융을 주도했고, 또한 1406년에는 피사를 정복해 지중해 진출로를 확보했다. 이후 피렌체 공화국은 베네치아처럼 지중해와 대서양을 오가는 정기 선단 제도를 도입했다. 해상 수송에서는 베네치아와 제노바를 따라가지 못했지만, 중세 말 은행업과 모직물 제조라는 두 산업을 통해 얻은 부를 학문, 미술, 건축에 투자했다.

르네상스 미술과 건축의 숨은 후원자들

르네상스 미술의 문을 연 선구자는 1300년경 이탈리아 여러 도시에서 명성을 떨쳤던 조토 디본도네(Giotto di Bondone)였다. 파도바의 한 예배당에 그린 그의 프레스코화는 미술사에서 새로운 시대를 연 혁신으로 평가된다. 사실 이 그림은 파도바 출신의 대부업자 엔리코 스크로베니(Enrico Scrovegni)가 의뢰한 것이었다. 스크로베니는 '예배당에 그려진 지옥도', '일곱 가지 악덕과 일곱 가지 미덕'이라는 주제의 그림을 요청했다. 그림 속 돈주머니를 목에 걸고 고통받는 유다는 대부업자를 상징한다. 악명 높은 대부업자였던 스크로베니는 교회가 금한 일을 한 죄를 뉘우치고 구원을 얻기 위해 이 그림을 의뢰했다.

미켈란젤로와 라파엘로를 로마로 불러 그림을 의뢰했던 사람은 교황이었다. 르네상스 시대 교황은 세속 군주나 다름없었다. 교황은 교황청을 화려하게 꾸며 로마가 기독교 제일의 도시임을 과시하고 싶은 욕망에 화가와 건축가를 고용해 교황청 리모델링을 진행했다. 교황 율리우스 2세는 라파엘로에게 그리스 철학을 상징적으로 보여주는 〈아테네 학당〉을 그리게 했다. 중세 교회는 오랫동안 고대 학문을 이교 학문으로 배척했지만, 르네상스 시대의 교황은 인문주의를 후원했다. 그런 연유로 〈아테네 학당〉의 중앙에는 아리스토텔레스와 플라톤이 서 있다. 이 그림은 르네상스의 중요한 특징인 고대의 부활, 즉 그리스 철학의 부활을 잘 보여준다.

피렌체에서 르네상스를 대표하는 건축물은 피렌체 대성당이다. 일명 '두오모'라고 불린다. 대성당의 돔을 완성한 필리포 브루넬레스코(Filippo Brunellesco)는 르네상스 최고의 건축가로, 성격이 괴팍했다. 그가 피렌체 세례당의 청동문 제작 공모전에서 로렌초 기베르티(Lorenzo Ghiberti)에게 패하고 로마로 가서 판테온 건축을 공부하면서 와신상담한 이야기, 그 후 피렌체로 돌아와 대성당 돔 제작을 맡은 이야기는 유명하다. 그러나 이 작업이 피렌체 공화국의 도시 미화 공공사업이었음은 잘 알려지지 않았다. 그 시대 이탈리아의 도시 공화국과 군주국은 경쟁적으로 도시를 화려하게 치장했다. 브루넬레스코에게도 피렌체 정부와 상업 엘리트인 모직물 길드가 공공사업을 의뢰한 것이었다.

이탈리아 상인과 도시는 넘치는 부와 경제적 힘을 대외적으로 과시하려 도시 정비 사업을 추진했다. 예술가는 도시 풍경을 화려하게 만들고, 인문주의자는 글을 지어 도시의 역사와 위대함을 찬양했다. 피렌체의 인문주의자이자 정치인으로 널리 알려진 레오나르도 브루니(Leonardo Bruni)도 《피렌체 찬가》를 저술해 공화국의 위대함을 노래했다.

통치자와 자본가를 위한 인문학

르네상스 시대 이탈리아 공화국, 군주국과 교황청은 인문주의 자가 필요했다. 증가하는 행정 업무를 담당하고 자신들의 정치적 입장과 이해관계를 떠받쳐줄 관료로서 말이다. 흔히 르네상스 인 문주의를 인간의 개성과 존엄성을 찾는 고상한 운동으로 이야기하 지만, 실제로 당시 사람들은 인문학을 배워 편지 및 연설문 작성, 번역 등을 담당하는 행정 관료, 대사, 변호사가 되었다.

그 시대 인문학을 가르쳤던 과리노 다베로나(Guarino da Verona) 교수는 학생들에게 "통치자가 무엇을 선언하건 간에, 이를 평정한 마음과 기쁜 표정으로 수용해야 한다. 그럴 수 있는 사람만이 통치 자들에게 총애받고, 출세하고, 그들의 부유한 측근이 되어 높은 자 리에 오를 수 있기 때문이다"라고 권했다. 이에 대해 영국인 르네 상스 연구자인 제리 브로턴(Jerry Brotton)은 다음처럼 말한다.

"이는 고전 문화가 낳은 위대한 책들을 찾아다니고 문명사회를 만 들기 위해 고대 저자들의 지혜에 몰두하는 로맨틱하고 이상화된 인문주의자의 모습과 동떨어진 것처럼 보인다. 르네상스 인문주의 에는 직업적 성취를 위한 틀을 제공하는, 특히 정부 관리를 키우려 는 실용적인 목적이 있었다."

1462년 메디치 가문의 후원으로 설립한 플라톤아카데미에서 활동했던 인문주의자 마르실리오 피치노(Marsilio Ficino), 안젤로 폴리치아노(Angelo Poliziano), 조반니 피코 델라미란돌라(Giovanni Pico della Mirandola)는 메디치 가문에 우호적인 여론을 만드는 역할을 했다. 예를 들어, 폴리치아노는《파치가(家)의 음모에 관하여》에서 1478년 피렌체대성당에서 벌어졌던 메디치 가문 암살 사건의 경위를 설명하면서 노골적으로 메디치 가문의 입장을 옹호했다. 폴리치아노는 살인을 주도한 파치 가문을 악당으로 묘사하고 메디치 가문의 미덕을 찬양했다. 그러나 사실 이 사건은 메디치 가문의 독재에서 비롯되었음이 분명했다.

세속적 소유욕이 학문 발전을 촉진하기도 했다. 그때 책을 수집하고 서재나 도서관을 만드는 것은 대외적으로 명성을 알리는 좋은 수단이었다. 그래서 상인, 군주, 교황은 경쟁적으로 도서관을 만들려고 했다. 이 과정에서 인문주의자는 책 사냥꾼으로 활약했다. 1475년 교황 식스투스 4세(Sixtus IV)는 바티칸도서관을 설립했고, 신학 외에 철학, 문학, 예술 분야 저작도 수집했다. 1481년 1대 바티칸 도서관장인 바르톨로메오 플라티나(Bartolomeo Platina)가 작성한 장서 목록에 따르면, 이곳에는 3,500권의 책이 있었다. 16세기 초 메디치 가문은 더 이상 평범한 상인이 아닌 교황을 배출하는 피렌체 군주임을 과시하기 위해 도서관을 설립했다. 이 도서관에는 초기 인쇄본 책 4,500권과 필사본 책 1만 1,000권이 있었다.

'최초의 인문주의자' 프란체스코 페트라르카(Francesco Petrarca)는 수 세기 동안 유럽 각지의 수도원에 묻혀 있던 고전을 찾아다닌 책 사냥꾼이었다. 15세기 초 교황청 서기로 활동하던 포조 브라촐리니(Poggio Bracciolini)는 독일의 한 수도원에서 고대 로마 공화정 시기의 작가 루크레티우스가 저술한 《사물의 본성》을 찾아냈다. 이처럼 르네상스 시대 책 사냥은 인문주의자에게 명예와 돈을 가져다주는 큰 일거리였다.

상업과 함께 퍼져나간 르네상스

유럽, 이슬람, 때로는 아시아에서까지 활발한 상업 활동을 펼쳤던 이탈리아 상인은 그 과정에서 상품 교역뿐만 아니라 지식, 문화와 예술 교류도 촉진했다. 비잔티움, 이슬람 세계와 활발하게 교역한 베네치아에는 아직도 그 흔적이 곳곳에 남아 있다.

《베네치아와 동방》의 저자인 데보라 하워드(Deborah Howard)는 산마르코대성당, 두칼레궁전, 귀족이나 대상인 가문의 저택에서 이슬람 양식의 흔적을 찾아냈다. 이슬람 문화를 베네치아로 도입한 사람은 상인과 외교관이었다. 대운하에 즐비한 저택 중 가장 화려한 건물로 알려진 '황금의 집, 카도로(Ca d'oro)'는 베네치아 귀족인 콘타리니 가문이 15세기에 건립했다. 콘타리니 가문은 국제 교역을 하면서 접한 다양한 문명권의 양식을 저택에 도입했다.

혼한 일은 아니었지만 화가가 외교관 역할을 하기도 했다. 15세기 베네치아를 대표하는 화가 가문 출신의 젠틸레 벨리니(Gentile Bellini)는 오스만 술탄의 궁정에 초대받아 술탄의 초상화를 그렸다. 베네치아와 긴 전쟁을 끝낸 술탄은 유럽 기독교 세계에 우호적인 모습을 보이고 싶었다. 그래서 베네치아 정부에 화가를 파견해 달라고 요구한 것이었다.

미술은 신에게 드리는 봉사

피렌체 모직물 상인 가문 출신의 조반니 디루첼라이(Giovanni di Rucellai)는 미술을 좋아했다. 그는 미술을 후원하는 이유를 여러 번 말했다. "미술은 소유하는 만족을 준다." "미술은 신에게 드리는 봉사의 역할을 한다." "미술은 피렌체의 명예를 드높일 수 있고, 미술은 자신을 추모할 수 있다."

또한 르네상스 시대 은행가이자 수집가였던 코시모 데메디치(Cosimo de Medici)는 미술품을 수집하는 이유를 이처럼 밝혔다. "요즘 우리나라 정치가 돌아가는 걸 보면, 반세기가 지나가기도 전에 우리 집안은 쫓겨날 것 같다. 비록 우리 집안이 쫓겨나더라도 내 미술품들은 여기에 계속 남아 있을 것이다."

이처럼 르네상스 시대 상인은 소유욕 때문에, 가문의 명예와 도시의 명성을 높이기 위해, 신에 대한 경배와 구원으로서 예술을 후원했다. 그중 '신에 대한 경배와 구원'은 오직 르네상스 시대에 나타난 특징이었다.

중세 유럽 기독교 사회에서 상인은 신을 결코 기쁘게 할 수 없다는 이유로 천시받는 직종이었다. 중세를 대표하는 스콜라 신학자 토마스 아퀴나스(Thomas Aquinas)는 상업을 불명예스러운 직종으로 간주했고, 특히 대부업자는 저주받은 자로 여겨졌다.

교회는 대부업자에게 부당하게 취한 이자를 채무자에게 돌려주지 않으면 지옥에 떨어진다고 경고했다. 그런데 이자를 공개적으로 돌려주면 자신이 대부업자임을 자백하는 꼴이어서 중세 말로 갈수록 우회적인 방법을 선호했다. 그것은 다름 아닌 기부였다. 그래서 대부업자는 물론 상인까지 부당하게 얻은 이익을 교회에 기부하고 아름다운 예술품으로 교회를 장식했다. 그런 다음 죄를 용서받고 구원을 약속받았다. 역사가 사마 마마도바(Sama Mammadova)에 따르면, 코시모 데 메디치는 대부업에 대해 비판적인 수도사를 달래고 오명을 벗기 위해 교회를 예술품으로 장식했다. 그뿐만 아니라 그는 교황과 면담을 한 뒤 산마르코수도원 재건에 5만 피오리노(한화로 약 500억 원)라는 막대한 금액을 기부했다.

통상적으로 예술과 인문주의를 통해 르네상스 시대를 이해한다. 하지만 르네상스 시대를 만든 진정한 주체는 이탈리아 상인과 그들의 도시였다. 이탈리아 상인은 상업으로 일군 막대한 부를 학문과 예술에 투자했고, 이 덕분에 문예 부흥이라 불리는 역사적 발전이 있었다. 그들은 고전 문화가 남긴 위대한 유산을 배우고 싶은 지적 열망보다 도시의 부와 경제력을 대외적으로 보여주려는 과시욕, 가문의 명예를 높이기 위한 열망, 그리고 구원을 향한 간절함에서 예술과 인문주의를 후원했다. 이탈리아 상인의 죄의식과 구원을 향한 열망이 아름다운 교회를, 그리고 지금까지 사랑받는 그림과 조각을 넘쳐 나게 만든 것이었다.

[참고 도서]
· 이은기, 《르네상스 미술과 후원자》, 시공사.
· 제리 브로턴, 《르네상스》(윤은주 옮김), 교유서가.

민주주의를 위협하는
인도의 종교 갈등

오화석 글로벌경영전략연구원

잘 알려져 있듯이 인도는 소, 특히 암소를 숭배하는 나라다. 그래서 인도는 예로부터 소로 인한 정치적·사회적 갈등이 매우 심했다. 소를 두고 살인도 일어났고 폭동이 발생하기도 했다. 영국 식민 통치 시절에 일어난 인도 최초의 대규모 반영(反英) 항쟁도 소가 도화선이었다.

힌두교도가 신성시하는 소는 물소가 아닌 일반 소다. 그중 특히 흰 암소는 여신과 같은 존재다. 힌두교도는 흰 암소를 돌보거나 기도하면 악을 쫓고 소원을 이룰 수 있다고 믿는다. 따라서 그들에게 소고기를 먹거나 암소를 도살하는 행위는 신성 모독에 해당하는 위중한 종교적 도발이다. 오늘날에도 소는 힌두교의 중요한 상징 중 하나다. 2014년 소를 중시하는 힌두민족주의 정당인 인도인민당(Bharatiya Janata Party, 이하 'BJP')이 집권한 이후 소와 관련한 정치적·사회적 갈등은 더욱 첨예화되었다. 이 갈등은 소라는 외피를 둘렀지만, 근본적으로는 힌두와 무슬림의 갈등이다.

2019년 2월 인권 단체 휴먼라이츠워치(Human Rights Watch)는 2015년부터 2018년까지 약 3년 동안 인도에서 최소 44명이 소와 관련한 집단 폭력으로 숨졌으며, 사망자 대부분은 무슬림이라는 내용의 보고서를 발표했다. 이 보고서는 특히 지난 10년간 인도에서 발생한 종교 관련 증오 범죄의 90퍼센트 이상이 나렌드라 모디(Narendra Modi) 현 정부가 출범한 이후 발생했다고 전했다.

실제로 모디 정부는 소를 보호하는 조치를 점점 강화했다. 2017년 3월 집권 정당인 BJP가 장악한 구자라트 주의회는 암소 도살에 대한 처벌을 종전 7년 이하 징역에서 최고 종신형으로 강화한 「동물보호법」도 통과시켰다. 외부 세계에서는 일상적으로 먹는 소를 도살했다고 종신형을 받는 논리를 이해하지 못한다. 구자라트 주(州)는 유수의 글로벌 금융사와 기업이 많이 진출한 '개방'된 지역이어서 더 놀랍다.

모디 총리, 인도 경제를 살린 지도자

최근 인도에서 발생한 힌두-무슬림 갈등의 중심에는 모디 연방 총리가 있다. 그가 힌두-무슬림 갈등을 유발하는 힌두민족주의의 최고위 정치인이기 때문이다. 2014년부터 인도 연방 총리로 재직 중인 그는 지금 전 세계적으로 유명한 인물이지만 2014년 총선 전 까지만 해도 그가 연방 총리에 오를 줄은 아무도 예상하지 못했다.

모디는 1971년 인도-파키스탄 전쟁이 끝난 직후 힌두민족주의 단체인 민족봉사단(Rashtriya Swayamsevak Sangh, 이하 'RSS')에 입단해 정치에 뛰어들었다. RSS를 모체로 1980년 창당된 BJP에서도 그는 승승장구했다. 1995년과 1998년 구자라트주 선거를 성공적으로 이끈 그는 2001년부터 주 총리를 세 번이나 연임하며 명성을 얻었고, 당내 핵심 인물로 거듭났다. 그러나 그에게는 심각한 결격 사유가 있었다. 바로 그가 주 총리 시절이었던 2002년 구자라트주에서 발생한 무슬림 학살 사건을 방관했다는 의혹이다. 당시 2,000여 명의 무슬림이 힌두교도에 의해 살해되었고, 모디의 손에는 무슬림의 피가 묻어있다는 부정적인 이미지가 굳어졌다. 미국을 비롯한 서방 국가는 그의 입국 비자 발급을 거부하기도 했다.

하지만 얼마 뒤 기회가 그에게 찾아왔다. 2013년 인도국민회의(Indian National Congress, 이하 'INC') 정부하에서 연평균 7~8퍼센트대였던 경제성장률이 5퍼센트대로 떨어지는 와중에 당시 만모한 싱(Manmohan Singh) 정부의 부패 의혹이 불거진 것이다. 인도는 이 위기를 해결할 사람이 필요했다. 그리고 사람들은 모디를 주목했다. 구자라트에서 주 총리를 세 번 연임하면서 그는 성공적인 경제 성장을 이끌었다. 구자라트주의 연평균 경제성장률은 10~11퍼센트대로 인도 전체 성장률보다 훨씬 높았고, 부패 의혹도 거의 없었다. 이제 인도인에게 2002년 학살 사건 의혹은 중요하지 않았다. 그렇게 인도인은 모디에 열광하기 시작했다.

결국 2014년 5월 치러진 총선에서 모디를 연방 총리로 내세운 제1야당 BJP는 집권하고 있던 INC에 대승했다. BJP는 282석을 얻어 2009년 총선보다 166석을 더 확보했고, 집권당이었던 INC는 206석에서 162석을 잃어 44석으로 추락했다. 인도 역사상 INC의 의석 수가 이토록 적었던 적은 없었다. 지난 150년간 '인도 국민의 정당'으로 절대적 지지를 받았던 INC가 몰락하고 새로운 시대가 개막되었다. 승리의 주역은 단연 모디였고, 그는 인도의 제14대 연방 총리에 올랐다. 강력한 카리스마를 가진 새로운 지도자의 탄생에 인도는 물론 세계가 환호했다.

주 총리 시절, 모디는 시장 친화적 정책을 펼치며 인도 타타모터스(Tata Motors)와 미국 GM 등 대기업을 유치하기 위해 적극적으로 노력했다. 그의 주 총리 재직 기간에 높은 경제성장률을 달성한 것도 바로 이 같은 친시장, 친기업적 정책 덕분이었다. 이런 정책은 그가 인도 연방 총리가 된 뒤에 만든 경제 정책인 모디노믹스

(Modinomics)로 구체화되었다. 이는 선순환 경제를 구축하는 것이 핵심이며 그 흐름은 다음과 같다.

모디 연방 총리가 이 같은 정책을 통해 인도 경제를 성장시키고 있다는 긍정적 평가는 사실이지만, 이와 함께 힌두민족주의로 인한 사회 갈등이 고조되고 있다는 부정적 평가 또한 나오고 있다.

모디노믹스에 가려진 종교 갈등

1948년 1월 30일 인도 독립의 영웅 마하트마 간디(Mahatma Gandhi)가 한 청년의 권총에 암살되었다. 암살자는 그 자리에서 붙잡혔다. 암살자의 이름은 나투람 고드세(Nathuram Godse)로 힌두민족주의 단체 마하사바(Mahasabha)의 일원이었고, 한때 극우 힌두민족주의 단체인 RSS에 몸담기도 했다. 이에 따라 마하사바와 RSS가 암살 배후로 지목되었고, 마하사바의 창립자 사바르카르(Savarkar)와 RSS 총재 골왈카르(Golwalkar)가 바로 체포되었다.

사바르카르는 독립운동가이자 힌두민족주의 사상을 창시한 인물이다. 영국 식민 통치 시절 독립운동을 하다가 10년간 복역하기도 했다. 그는 힌두민족주의 단체 마하사바를 이끌며 당시 주류 독립운동 세력인 간디와 네루 등을 끊임없이 비판했다. 그에게 간디와 네루는 무슬림에게 지나치게 유화적으로 보였기 때문이다.

사바르카르는 1923년 저서 《힌두트바(Hindutva): 힌두는 누구인가?》를 통해 힌두민족주의에 대해 설파했다. 그에 따르면, 힌두트바란 힌두교 민족주의의 지배적 형태로 인도 내에서 힌두교와 힌두교의 헤게모니를 확립하려는 이데올로기 혹은 운동이다. 즉, 힌두성(性), 힌두적인 것을 추구하는 운동이다.

힌두트바 지지자의 인도 역사 해석은 독특하다. 힌두트바는 인도 대륙에서의 투쟁을 '대륙을 소유하기 위한 힌두와 무슬림 사이의 투쟁'이며, 이 투쟁은 지금도 계속되고 있다고 간주한다. 힌두트바 지지자에게 200년간 있었던 영국의 통치는 1,000년여 동안 이어진 무슬림과 투쟁의 막간(intermission)으로 여겨진다. 그래서 힌두트바는 영국 통치를 무슬림 통치보다 호의적으로 본다.

또 이들 힌두민족주의자와 국가의 통치 사상은 종교로부터 분리되어야 한다는 세속주의자의 간디에 대한 평가는 극과 극이다. 세속주의자는 인도가 비폭력적 방법으로 독립을 성취한 것을 인류 역사상 의미 있는 사건으로 평가한다. 한마디로 인류 세계의 보편적인 평가와 동일하다. 그러나 힌두민족주의자는 인도 독립이 아니라 인도 분할에 초점을 맞춘다. 무슬림에 대한 온건한 태도가 인도 분할을 가져왔다며 간디에게 책임을 묻는다. 그래서 힌두민족주의자는 간디를 암살한 고드세의 범죄를 면죄하는 경향이 있다.

힌두-무슬림 간 갈등 고조의 정치적 주역은 BJP다. BJP는 힌두민족주의를 추구하는 RSS를 사상적 모태로 1980년 창당되었다. 오늘날 RSS는 조직의 규모와 영향력 측면에서 비정부, 비정당 조직으로는 인도에서 필적할 만한 상대가 없을 정도다. BJP를 비롯해 인도에서 영향력 있는 힌두민족주의 단체 대부분이 RSS를 모태로 한다. 다시 말해, BJP는 RSS의 정치 조직이다. 1990년대 후반 인도 연방 총리를 지낸 아탈 비하리 바지파이(Atal Bihari Vajpayee), 2009년 총선거의 총리 후보였던 힌두 강경파 랄 크리슈나 아드바니(Lal Krishna Advani), 모디 현 연방 총리 등 BJP의 쟁쟁한 정치인이 RSS 출신이다.

오늘날 RSS는 직접 정치에 참여하지 않는다. 대신 BJP라는 거대한 정당을 지도한다. 그렇기에 RSS의 인도 내 정치적 영향력은 상상할 수 없을 정도로 막강하다. RSS와 BJP는 태생적으로 서로 얽혀 있고 BJP는 RSS의 지원이 없으면 존재하기 힘들다. 두 단체는 힌두민족주의 세력의 핵심으로서 숱한 종교적 폭력 사태를 일으키거나 연루되었다는 의심을 사고 있다. 예를 들어, 모디 정부하에 소 자경단(cow vigilante)은 소를 도축하거나 소고기를 소지한 것으로 의심되는 사람을 집단 구타하는 등 폭력을 행사한다. 모디 집권 이전 2012년에는 1회에 불과했던 소 자경단의 폭력 사태가 모디 집권 1차의 막바지인 2018년에는 무려 55회로 대폭 증가했다.

또 BJP 정부는 2019년 무슬림계 주민이 다수인 잠무 카슈미르 지역에 허용되었던 광범한 자치권을 박탈하고 중앙 정부의 통제를 강화했다. 이외에도 정부는 파키스탄, 방글라데시 등 이슬람 국가에서 종교적 박해를 받는 사람에게 인도 시민권의 신청 자격을 부여할 때 무슬림은 제외했다. 그리고 우타르프라데시주(州) 등에서는 힌두교도와 이슬람교도의 결혼을 금지했다.

이처럼 '세계 최대의 민주주의 국가' 인도에서는 무슬림에 대해 비민주적 차별 조치가 다수 취해지고 있다. 이에 따라 최근 인도의 민주주의 후퇴에 대한 우려가 나온다. 국제 인권 단체 프리덤하우스(Freedom House)는 인도를 '자유롭게 선출된 지도자가 반민주적인 행동을 취하면서 민주주의가 후퇴한 대표 사례' 중 하나로 꼽았다. 영국 경제지 〈이코노미스트〉도 "인도의 민주주의 규범에 대한 압력이 가중되고 있다"라며 우려를 표했다.

인도는 수많은 문명과 종교가 만들어낸 풍요로운 역사와 문화를 가진 나라다. 힌두교, 불교, 이슬람교, 시크교, 자이나교, 조로아스터교, 기독교, 유대교 등 많은 종교가 뒤섞여 독창적인 문화를 창조한 것은 세계사에서도 드문 사례다. 힌두민족주의자는 이처럼 풍부하고 다양한 문화를 힌두트바란 기치 아래 하나의 힌두 문화에 쑤셔 넣으려 하고 있다. 이는 인도가 수천 년간 이어온 특징인 '인도다움'을 파괴하는 것이다. 오늘날 많은 선진국이 종교적 다양성을 포용하는 방향으로 나아가고 있다. 그런데 인도는 왜 수천 년부터 실천해온 종교적 관용과 세속주의라는 빛나는 자산과 가치를 버리려고 하는지 의문이다. 인도인의 자각과 각성이 필요하다.

아리스토텔레스는
행복을 이렇게 말했다

박찬국 서울대학교

누구나 행복을 추구한다. CEO가 큰 책임이 수반되는 기업 경영을 기꺼이 하는 것도 행복을 위해서일 것이다. 몇 년 전부터 소소하지만 확실한 행복이라는 뜻의 '소확행'이라는 말이 널리 쓰이고 있다. 이 말이 시사하듯 우리는 흔히 행복을 순간순간 경험하는 즐거운 기분이나 감각적인 만족과 동일시한다. 다시 말해, 우리는 식욕이나 성욕과 같은 감각적인 욕망을 신속하게 충족시키면서 인생을 마음껏 즐기는 것을 행복이라 생각하는 경향이 있다. 그리고 행복을 위해 고통과 불쾌한 상태는 어떻게든 제거해야만 한다고 여긴다. 행복에 대한 이런 관점을 '쾌락주의적 행복관'이라고 부른다.

물질문명의 급속한 발전과 함께 우리는 맛있는 것을 먹고 싶은 욕망, 흥미 있는 것을 보고 싶은 욕망을 신속하면서도 다채롭게 충족시킬 수 있게 되었다. 온갖 음식을 다 맛보고, TV만 켜면 무수한 볼거리가 기다린다. 그러니 쾌락주의적 행복관에 따르면, 오늘날 사람들은 행복할 조건을 잘 갖추고 있는 셈이다.

쾌락주의 행복관에서 보면 CEO는 사실상 불행한 인간이다. 남보다 경제적으로는 여유가 있을지 모르지만, 감각적인 쾌락을 누리는 시간보다 일에 쏟는 시간이 훨씬 많을 테니 말이다. 또한 기업을 성공적으로 경영한다는 것이 항상 뜻대로 되지 않아 고통이나 불쾌감을 느낄 때도 많다. 따라서 쾌락주의적 행복관의 관점에서 CEO는 하루의 대부분을 불행하게 보내는 사람이다.

쾌락주의적인 행복관에서는 속된 말로 '놀고먹는' 사람이 가장 행복하다. 그러나 한 통계 조사 결과, 기업 최고경영자와 임원 등 경영인 열 명 가운데 아홉 명은 다시 태어나도 경영인의 삶을 살겠다고 밝혔다. 이 세상의 CEO들이 의외로 자기 삶에 대해 만족하고 있음을 알 수 있다. 이 결과를 보면 행복이란 무엇인가에 대해 다시 한번 생각하게 된다.

오늘날 뭇사람이 당연하게 받아들이는 쾌락주의적인 행복관과 대립하는 행복관을 제시한 철학자는 아리스토텔레스다. 아리스토텔레스는 '우리가 제대로 살 때 자신의 삶에 대해 느끼는 만족감'이 바로 행복이라고 보았다. 예를 들어, 이순신 장군 같은 분은 감각적인 쾌락은 남보다 덜 느꼈을지 모르지만 '자신의 의지대로 제대로 살다가 돌아가셨으니' 행복한 삶을 살았다고 할 수 있다. 그러면 아리스토텔레스가 말하는 '제대로 사는 삶'이란 어떤 삶인가?

행복한 삶이란 이성적 능력을 최대한 실현하는 것

아리스토텔레스는 행복을 이렇게 말했다. 인간을 비롯한 모든 동식물은 자신에게 부여된 본질을 구현하는 것을 목표로 하며, 그런 본질을 구현할 때 행복을 느낀다고. 이때의 '본질'이란 사물들이 실현해야 할 이상적인 삶의 모습을 가리킨다. 예를 들어, 닭에게는 좁은 닭장 속에서 수많은 닭과 뒤엉켜 사는 삶보다 넓은 마당에서 맘껏 뛰어노는 삶이 이상적일 것이다. 아리스토텔레스는 인간의 본질은 생각하는 능력, 즉 이성이라고 여겼다. 따라서 인간에게 행복한 삶이란 자신의 이성적인 능력을 최대한 실현하면서 사는 삶으로 보았다.

아리스토텔레스는 인간의 이성을 크게 '실천적 이성'과 '이론적 이성'으로 구분했다. 실천적 이성은 매사에 중용을 지킬 줄 아는 이성이고, 이론적 이성은 세계를 관조하고 학문하는 이성이다. 이 중 CEO가 경영에서 중시하는 기준과 밀접한 관련이 있는 것은 실천적 이성이다. 실천적 이성이 중용을 지킨다는 것은 단순히 어떤 중간 지점을 실현하는 것이 아니라, 모든 상황에서 가장 적합한 결정을 내리는 것을 말하기 때문이다.

일례로 용기는 만용과 비겁의 중용이다. 만용은 패배할 것이 분명해 후퇴가 필요한 상황인데도 적과 싸우는 것이다. 비겁은 죽음을 각오하고 적과 싸우는 것이 필요한 상황인데도 도망가는 것이다. 용기는 적과 싸워야 할 때는 싸우고, 후퇴해야 할 때는 후퇴하는 것이다. 또 우리는 남을 돕더라도 관용이라는 중용을 지켜야 한다. 남을 돕되 상대방이 자립하는 것을 방해할 정도로 지나치게 많이 베푸는 것은 낭비다. 이에 반해 상대방에게 거의 도움이 되지 않을 정도로 지나치게 적게 베푸는 것은 인색함이다. 상대방이 자립하는 데 도움 될 정도로 적절하게 베푸는 것이 관용이다.

중용은 산술적으로는 확정할 수 없다. 우리가 마주하는 상황이 끊임없이 변하기 때문이다. 어떤 상황에서는 용기 있는 결정이 다른 상황에서는 만용이거나 비겁한 결정이 된다. 어떤 사람은 적절한 것으로 평가하는 베풂이 다른 사람에게는 낭비이거나 인색함이 될 수도 있다.

CEO는 항상 어떤 사업에 어느 정도로 투자할 것인가와 같은 중요한 결정을 내려야 한다. 이런 결정이 어려운 이유는, 잘못된 선택지는 수없이 많고 올바른 선택지는 오직 하나밖에 없기 때문이다. 이때 수많은 선택지 중에 올바른 하나를 제대로 발견하는 것이 실천적 이성이다.

실천적 이성은 학문을 하는 이성과는 완전히 다르다. 훌륭한 경영학자가 훌륭한 경영인이 되리라는 보장은 없다. 예를 들어, 고정주영 회장은 대학에서 경제학이나 경영학을 공부한 사람이 아니었지만, 뛰어난 경영 능력을 발휘하는 실천적 이성이 크게 발달한 인물이었다. 이 경우, 실천적 이성은 어떤 사업에 어느 정도 투자하면 될 것이라는 본능적인 감각에 해당한다. 이 본능적인 감각은 천부적 능력과 함께 많은 경험에서 나온 것이다. 우리는 종종 학교 교육을 제대로 받지 못했지만 매사에 현명한 사람을 만난다. 바로 실천적 이성이 발달한 사람이다.

실천적 이성을 제대로 구현하는 사람은 단순히 자신만 위하는 것이 아니라 자신이 속한 조직이나 공동체에 대해 책임을 진다. 능란한 사기꾼은 모든 상황에서 자신에게 가장 유리하게 행동할 줄 안다. 그러나 아리스토텔레스는 이런 사람을 실천적 이성이 뛰어나다고 보지 않았다. 실천적 이성의 소유자는 공동체를 위해 필요할 때는 기꺼이 자신을 희생하기 때문이다.

아리스토텔레스는 진정한 행복을 위해서는 실천적 이성뿐 아니라 이론적 이성도 실현해야 한다고 했다. 이런 이론적 행복은 세계를 관조하는 이성으로서, 학문에 몰두하거나 자연을 관조하면서 아름다움을 느끼는 이성이다. 우리는 흔히 학문을 고역이라고 생각하는 경향이 있지만, 누구나 훌륭한 책을 읽으면서 몰입하는 기뿜을 경험한 적이 있을 것이다. 또한 아름다운 자연을 보면서 몰입하는 것 역시 인간이 식욕이나 성욕과 같은 감각적인 욕망을 넘어 이성을 갖고 있기에 누릴 수 있는 행복이다. 이 행복은 감각적인 욕망을 충족시킬 때 느끼는 자극적인 쾌감과는 다른 정신의 평정에서 온다.

건강해야 누릴 수 있는 즐거움 역시 행복

아리스토텔레스는 우리가 행복을 누리기 위해서는 실천적 이성이나 이론적 이성과 같은 내적인 요인 외에 건강, 그리고 어느 정도의 부와 명예와 같은 외적인 요인도 필요하다고 말했다. '건강한 거지가 병든 제왕보다 행복하다'라는 말처럼 아무리 많은 부와 권력을 가지고 있어도 병으로 고생하고 있다면 행복하기 힘들다.

건강이 중요한 이유는 감각적인 즐거움을 누리려면 건강한 육체가 필수기 때문이다. 아리스토텔레스는 인간은 이성을 갖고 있기에 식욕이나 성욕을 동물과는 다른 방식으로 충족시킨다고 여겼다. 인간은 단순히 식욕을 충족시키는 것이 아니라 음식의 맛을 음미하고 그 맛을 즐길 줄 안다. 성욕도 단순한 욕망의 충족이 아니라 상대와의 교감에서 더 큰 만족을 느낀다. 이는 인간이 감각은 물론 사물을 음미하는 이성을 갖고 있어서 가능한 일이다.

따라서 아리스토텔레스는 인간이 이성과 동시에 육체를 갖는 존재로서 누릴 수 있는 감각적인 즐거움을 무시하지 않았다. 또한 감각적인 즐거움을 제대로 향유하기 위해서도 매사에 중용을 지키는 실천적 이성이 필요하다고 보았다. 감각적인 즐거움에 지나치게 탐닉하면 건강을 해칠 수 있으며, 감각적인 즐거움을 지나치게 무시하면 삶이 삭막해진다.

아리스토텔레스는 여기에 더해 우리가 행복해지려면 남에게 경제적으로 예속되지 않을 정도의 부를 가져야 한다고 했다. 항상 빚 독촉에 시달리는 사람이 행복할 수는 없는 법이다. 그리고 뭇사람에게 손가락질을 받지 않을 정도의 명예도 필요하다. 물론 아리스토텔레스는 부나 명예에 대한 탐욕에 사로잡히는 것은 부나 명예의 노예가 되는 것으로 여기고 경계했다. 그런 탐욕은 과도한 이기심에서 비롯되는 것으로서 공동체에 대한 책임감과 애정에 입각해 있는 실천적 이성과도 대립한다. 따라서 인간의 성숙과 참된 행복을 방해한다.

행복은 덕을 실현하다 보면 따라오는 것

아리스토텔레스는 인간이 행복한 삶을 누리려면 감각적인 즐거움과 실천적 이성의 실현에서 느끼는 만족감, 그리고 이론적 이성을 실현하는 데서 느끼는 관조와 정신적 몰입의 기쁨을 함께 구현해야 한다고 보았다. 인간은 육체와 감각을 갖는 개별적인 존재면서, 공동체 속에서 다른 인간들과 함께 사는 사회적·역사적인 존재고, 또한 세계를 관조하는 정신성을 동시에 갖춘 존재이기 때문이다. 이것들은 서로 무관하게 존재하는 세 가지 위계가 아니라 통일된 존재로서의 인간을 구성한다.

인간은 성장하면서 이성적인 능력을 실현하지만, 사람마다 실현하는 정도는 다르다. 이성적인 능력을 완전하게 실현하면 할수록 인간다운 존재가 되며, 그렇지 못한 사람은 인간답지 않은 존재가 된다. 이처럼 아리스토텔레스는, 진정한 행복은 이성적인 능력을 도야함으로써 인격적으로 자신을 완성하는 데 있다고 했다.

이성적인 능력의 실현은 어쩌다 한번 일어나는 것으로는 이루어지지 않고, 습관이 될 때 비로소 온전히 달성되었다고 할 수 있다. 이렇게 이성적인 능력이 온전히 구현된 상태를 아리스토텔레스는 '덕'이라고 불렀다. 아리스토텔레스에게 행복이란, 결국 인간이 자신의 본질인 이성적 능력을 매사에 잘 발휘하고 있는 상태, 즉 덕을 구현한 상태였다.

행복은 덕을 실현한 결과로 나중에 따라오는 보상이 아니고, 오히려 덕을 실현하면서 느끼는 정신적인 만족감이다. 덕이란 이성적으로 사고하고 행동하는 것이 습관이 된 상태이기에, 덕을 갖춘 사람에게 덕의 실현은 힘든 일이 아니다. 오히려 덕을 실현하는 가운데서 행복을 경험한다. 덕을 구현한 사람, 다시 말해서 이성적으로 사유하고 행동하는 것이 습관이 된 '유덕한 인간'은 그렇게 살지 못하는 상태를 오히려 불행하게 느낀다. 오늘날 우리는 흔히 행복을 물질적인 안락이나 쾌감과 동일시한다. 하지만 아리스토텔레스가 말하는 행복을 의미하는 '에우다이모니아(eudaimonia)'에는 만족이라는 의미 외에 '잘 행위함'과 '잘 살아감'이라는 의미가 포함되어 있다. 나는 아리스토텔레스야말로 행복이라는 말의 의미를 가장 잘 파악한 사람이라고 생각한다.

기업을 운영하며 물질적 이윤을 추구하는 CEO라면 아리스토텔레스의 행복관을 반드시 되새겨볼 필요가 있다. 오직 이윤의 추구가 아닌 이성적인 능력을 최대한 실현하면서, 한편으로는 어느 정도 감각적인 즐거움을 추구하고, 이와 함께 덕을 추구하면 행복이 따라온다는 위대한 철학자의 행복관을 통해 균형 있는 삶을 살아가기를 바란다.

근대를 탄생시킨 유럽인의 환상,
향신료

남종국 이화여자대학교

통상적으로 유럽에서 근대는 크리스토퍼 콜럼버스(Christopher Columbus)의 신대륙 도착(1492년)과 바스쿠 다가마(Vasco da Gama)의 인도 항로 개척(1498년)으로 시작되었다고 본다. 이를 계기로 해상 모험 항해가 급격하게 증가했기에 '대항해 시대'라고 불리기도한다. 근대의 시작을 알린 것은 1498년 7월 다가마가 이끄는 포르투갈 선단이 인도 캘리컷에 도착한 사건이었다. 아프리카 희망봉을 돌아 긴 여행 끝에 인도 해안에 상륙한 다가마 일행은 튀니스 출신의 이슬람 상인들로부터 다음과 같은 질문을 받았다. "도대체 무엇이 당신들을 이곳으로 오게 했소?" 이에 다가마 일행은 "우리는 기독교인들과 향신료를 찾아 이곳에 왔소"라고 대답했다.

이 답에서 짐작할 수 있듯 대항해 시대를 연 핵심 동기 중 하나는 바로 향신료에 대한 유럽인의 열망이었다. 결국 향신료는 근대 세계를 만들어낸 역사적 상품이었다. 어쩌면 향신료에 관한 환상과 오해가 없었다면 역사는 달라졌을 수도 있다.

아시아의 향신료는 권력의 상징

유럽인은 고대부터 줄곧 아시아 향신료를 갈망했다. 왜 유럽인은 이토록 아시아 향신료가 필요했을까? 이에 답하기에 앞서 유럽 세계로 수입된 아시아 향신료가 구체적으로 어떤 것들이었는지 알아보자. 고대부터 중세 말까지 유럽으로 수입된 아시아 향신료 중에는 후추의 비중이 압도적으로 높았고, 생강과 육계(계피)가 뒤를 이었다. 반면 정향, 육두구(nutmeg), 메이스(mace) 등의 향신료는 수입량이 많지 않았고 가격도 상대적으로 비쌌다. 이런 고가의 향신료는 인도 항로가 개척된 이후에 수입이 급증한다.

향신료의 소비와 용도에 관해서는 여러 오해가 있다. 대표적인 오해는 향신료가 항상 금처럼 비쌌으며, 향신료 무역이 황금알을 낳는 거위였다는 이야기다. 대항해 시대 인도 향신료 무역이 엄청난 이윤을 남겼다는 과장이 여전히 통용된다. 하지만 수송비, 수입량, 가격 등은 시대적 상황과 여건에 따라 달랐기에 고대부터 중세 말까지 향신료가 고가의 사치품이었다는 해석은 수정되어야 한다. 중세 말 후추 수입량이 늘면서 후추 가격은 낮아졌다. 심지어 후추는 시골뜨기나 먹는 향신료라는 말이 나올 정도였다.

그렇다면 후추, 생강, 계피 등의 대표 향신료는 어떤 용도로 사용되었을까? 아시아 향신료는 유럽 사회에서 다양하게 사용되었는데 가장 핵심적인 용도는 크게 두 가지, 식재료와 약재였다. 유럽 요리에서 아시아 향신료는 없어서는 안 되는 필수품이었다.

요리에서 향신료가 얼마나 중요한지를 설명하기 전, 향신료의 용도에 관해서도 바로잡을 오해가 있다. 고기의 부패를 막거나 이미 상하기 시작한 고기의 냄새를 감추려 향신료를 사용했다는 오래된 설명은 최근의 연구 성과를 통해 오해였음이 밝혀졌다. 당시 기록에 따르면 고기를 저장하는 데는 주로 소금을 사용했으며, 때로는 유럽에서 자라는 타임과 같은 허브를 이용했다. 또한 고기는 주로 신선한 상태에서 요리해 먹었기에, 저렴한 고기를 저장할 목적으로 비싼 향신료를 사용했다는 설명은 설득력이 없다.

향신료 소비에 관한 또 다른 오해는 중세 유럽에서 향신료를 많이 사용하게 된 계기가 아랍 요리의 영향이라는 것이다. 십자군 전쟁 이후 이슬람과의 교역이 증가하면서 향신료 수입이 늘어났다는 설이 있지만, 아시아 향신료는 이미 고대 지중해 세계에 널리 알려져 있었고, 로마 제국 시절에도 많은 양의 향신료가 지중해 세계로 수입되었다. 고대 로마의 요리책을 살펴보면, 후추가 전체 요리의 80퍼센트에나 들어갈 정도로 후추 수입과 소비는 일반적이었다.

향신료의 또 다른 용도는 약재였다. 향신료가 약재로 널리 사용된 것은 중세 유럽의 의학 이론 덕분이었다. 중세 유럽의 의학은 고대 그리스의 의학 전통과 이를 발전시킨 이슬람 의학을 기반으로 한다. 고대 그리스와 중세 이슬람 의학의 핵심은 그리스 출신의 히포크라테스(Hippocrates)와 갈레노스(Galenos)가 체계화한 '체액 이론'이었다. 이 이론은 몸을 구성하는 네 가지 체액, 즉 피, 황색 담즙, 검은색 담즙, 점액에 따라 사람의 건강과 체질이 좌우된다고 설명한다. 그래서 건강해지려면 우선 체액의 상호 균형이 필요하며, 이외에도 외부 환경과 조화를 이루어야 했다. 구체적으로 외부 환경을 구성하는 네 가지 원소, 즉 흙, 물, 불, 공기와의 조화다. 각각의 체액은 4가지 원소와 쌍을 이루었다. 공기의 성질을 가진 피는 뜨겁고 습하고, 불의 성질을 가진 황색 담즙은 뜨겁고 건조하며, 흙의 성질을 가진 검은색 담즙은 차고 건조하고, 물의 성질을 가진 점액은 차고 습하다.

중세 의학에서는 음식과 동식물도 고유한 성질이 있다고 보았다. 대부분의 향신료는 뜨겁고 건조한 성질이라서 고기나 생선이 가진 습하거나 찬 성질을 중화할 수 있었다. 그런 점에서 고기나 생선 요리에 들어간 향신료는 풍미를 높이는 조미료이자 약이었다. 의사가 남긴 기록에도 이런 의학적 사고는 잘 드러난다. 6세기 그리스 출신으로 최초의 프랑스 요리책으로 인정받는 《음식 섭취에 지켜야 할 것들에 관해》를 저술한 의사 안티무스(Anthimus)는 좋은 식이 요법이 건강한 신체를 유지해주며 병을 치료한다고 했다. 그는 특히 소화불량 치료에 생강 넣은 요리를 처방했다. 당시 의사는 음식으로 신체의 균형이 깨지면 병이 생긴다고 생각했고, 음식에서 균형 맞추는 것이 병을 예방하는 수단이라고 여겼다.

이 같은 의학적 사고 때문에 대표적 향신료였던 생강은 강장제로 인기가 높았다. 체액 이론에 따르면, 정자는 따뜻하고 습한 성질이라 차고 건조한 음식은 성기능 장애를 일으킬 수 있었다. 그래서 향신료 중에 따뜻하면서 습한 성질을 가진 생강이 성기능을 높이는 약으로 인기를 누렸다. 11세기 베네딕투스 수도회 소속 수도사였던 콘스탄티누스(Constantinus)는 갈레노스와 히포크라테스의 의학서를 포함한 다양한 자료를 활용해, 성기능 장애를 해결하고 성적 능력을 증가시키는 처방을 다룬 《성교에 관하여》라는 책을 저술했다. 이 책에서 성적 흥분과 가장 관련 있는 음식은 무엇보다도 향신료였고, 향신료는 거의 모든 처방전에 들어가는 필수 약재였다. 중세 최고의 강장제였던 생강의 효능을 예찬하는 시도 있었다.

위와 허리와 허파에서 뜨거운 생강에 대한 찬가가 울려 퍼진다.

갈증을 풀어주고, 뇌를 되살려서 흥분시킨다.

늙은이는 다시 젊어져서 사랑을 나누게 된다.

향신료는 이외에도 다양한 용도로 사용되었는데, 고대부터 종교나 주술 의식에서 중요한 소품이었다. 향신료를 태워 연기를 만들어냄으로써 의식의 신성함을 과시했다. 그리고 오랫동안 아시아에서 수입한 이국적 향신료는 신분과 권력을 과시하는 사치품으로 활용되었다.

어떻게 향신료는 유럽의 근대를 만들었나?

향신료는 근대 세계를 여는 데 결정적으로 기여했다. 그 이유는 향신료에 대한 중세 유럽인의 환상이었다. 향신료의 원산지를 직접 가보지 못했던 유럽인 사이에서는 향신료에 관한 과장되거나 너무 신비해서 믿기 어려운 이야기가 넘쳐났다. 특히 헤로도토스(Herodotos), 플리니우스(Plinius)와 같은 고대 작가의 이야기는 중세 유럽인에게 향신료에 관한 환상을 심어주었다. 플리니우스의 저서를 참조한 에스파냐 성직자 이시도루스(Isidorus)는 7세기 초엽 저술한 저서 《어원학》에서 후추를 지키는 뱀 이야기를 다루었다.

후추나무는 인도에서 자라는데 카우카스산의 돌 틈에서 흔히 볼 수 있다. 잎이 주피터나무의 잎과 유사하다. 뱀들이 후추나무가 있는 숲을 지키고 있다. 그 지역 원주민은 후추가 익으면 불을 질러 뱀을 쫓아내고, 그렇게 하면 불에 탄 검은색 후추가 만들어진다.

이후 이시도루스의 이야기는 내용상 큰 변화 없이 중세 후반의 기록에서까지 계속해서 재생산된다. 12세기 후반 동방의 기독교 왕국을 다스린다고 알려진 사제 요한이 비잔티움 황제 콤네누스 마누엘 1세(Manuel I Komnenos)에게 보낸 편지에도 동일한 내용이 나온다. 14세기 초, 동방을 여행했던 프란체스코 수도회 소속 수도사 포르데노네(Odoric of Pordenone)의 여행기에도 비슷한 종류의 뱀 이야기가 등장한다.

당시 유럽인은 이런 믿기 어려운 이야기를 어느 정도 사실로 받아들였던 것 같다. 17세기 영국 의사이자 사상가인 버나드 맨더빌(Bernard Mandeville)은 사제 요한의 편지와 포르데노네의 여행기에 나오는 후추에 불을 놓아 뱀을 쫓는 이야기에 약간의 의구심을 품기는 했지만 완전히 부정하지는 않았다. 14세기 인도를 여행하면서 후추 수확 과정을 실제로 목격했던 요르단 카탈라는 자신의 여행기에서 그 이야기가 거짓말이라고 역설했으나 일반인의 환상과 믿음을 바꾸지는 못했다.

향신료를 둘러싼 가장 환상적인 이야기는 향신료가 지상 낙원에서 흘러나온다는 것이었다. 중세 유럽 기독교인은 지상 낙원을 동쪽 끝 어딘가 실재하는 공간으로 인식했고, 향신료가 낙원에서 발원하는 네 개의 강(피손강, 기혼강, 티그리스강, 유프라테스강)을 통해 인간 세상으로 흘러나온다고 믿었다. 네 개의 강에 대한 믿음은 구약 창세기에 근거한 것이었다. 성스러운 경전에 나오는 내용을 문자 그대로 받아들인 결과였다. 지상 낙원에는 향신료뿐만 아니라 진귀한 보물과 기이하고 신비로운 식물이 있다고 믿었다. 4세기의 한 기록에 따르면, 지상 낙원과 가까운 곳에 사는 사람들은 지상 낙원에서 흘러나오는 무한한 즐거움을 향유하며, 인간이 일상적으로 먹는 음식을 먹지 않고 매일 하늘에서 떨어지는 빵과 꿀과 후추로 만든 음식을 먹는다고 생각했다.

향신료가 지상 낙원에서 흘러나오거나 아니면 지상 낙원과 가까운 곳에서 자란다는 환상적 이야기는 중세 기독교인에게는 근거 없는 헛소리가 아니었다. 5세기 초엽 그리스 출신의 교부 필로스토르기우스(Philostorgius)는 지상 낙원으로부터 흘러나온 정향나무가 피손강 주변에서 자란다고 말했다. 12세기 프랑스 출신으로 성왕 루이 9세의 생애를 저술한 주앵빌(Joinville)은 나일강 수원이 지상 낙원의 샘이고, 지상 낙원에서 자라는 식물은 바람을 타고 나일강을 따라 세상에 흘러나오며 이집트 사람은 그물을 쳐서 지상 낙원에서 흘러나오는 생강, 대황근(rhubarb), 알로에우드, 육계 등의 향신료를 얻는다고 이야기했다. 13세기 이탈리아 피렌체 출신의 학자 브루네토 라티니(Brunetto Latini)도 후추, 생강, 육계와 같은 향신료가 피손강을 따라 세상으로 흘러나온다고 기록했다. 확실히 이런 환상이 향신료 소비를 부추겼음에 틀림없다.

중세 유럽 기독교인은 향신료를 신성한 가치가 있을 뿐 아니라 영생과 기적의 치료 능력까지 있다고 생각했다. 예컨대 영원한 생명의 상징이었던 불사조가 부활할 수 있었던 것은 육계 덕분으로 여겨졌다. 이처럼 중세 유럽인은 향신료의 남다른 효능을 믿었다. 실제로 유럽 사회에서 만병통치약으로 인기를 누렸던 테리아카(theriaca)의 주성분도 향신료였다.

향신료에 담긴 중세 유럽인의 열망과 종교관

'지상 낙원의 열매'라 불렸던 향신료 말라게트(malaguette)의 이야기는 유럽인의 환상적 사고를 잘 보여준다. 유럽인이 지상 낙원에서 자란다고 생각한 말라게트는 생강과에 속하며, 아프리카에서 자라는 후추의 짝퉁이자 소두구와도 비슷했다. 중세 유럽인은 말라게트에 신성한 치료 능력이 있다고 여겼다. 중세 영국 문학가 제프리 초서(Geoffrey Chaucer)의《캔터베리 이야기》에는 성모 마리아가 식도가 잘린 어린 소년을 구하기 위해 기적의 약을 넣어주는 일화가 있는데, 그 약이 바로 말라게트였다. 이런 믿음 덕분에 말라게트는 중세 말 엄청난 인기를 누렸다. 하지만 대항해 시대가 열리면서 유럽인은 말라게트의 원산지가 아프리카임을 알게 되었다.

이후 말라게트에 대한 유럽인의 욕구와 열정은 식어버렸고, 그 결과 16세기 유럽 요리에서 거의 사라졌다.

중세 유럽인에게 향신료에 관한 환상은 허무맹랑한 거짓이 아니라 어느 정도 현실성을 내포한 진실에 가까웠다. 그리고 향신료에 관한 환상적 사고와 열망은 원산지를 찾아 모험을 감행하게 했다. "기독교인과 향신료를 찾아서 이곳에 왔소"라고 했던 다가마 일행처럼 말이다. 프랑스 역사가 장 들뤼모(Jean Delumeau)는 《지상 낙원의 역사(Une Histoire du Paradis)》에서 "인간의 꿈은 인간 역사의 일부고, 인간 행동의 많은 부분을 설명해준다"라고 말했는데, 이는 중세 유럽인이 모험을 떠난 이유를 뒷받침한다.

유럽인은 오랫동안 아시아 향신료에 매혹되었다. 고대 로마의 지식인은 로마 사람이 인도양에서 수입하는 후추를 너무 좋아해서 엄청난 부가 아시아로 빠져나가고 있을 뿐만 아니라, 로마의 건전한 문화를 해친다고 개탄하기까지 했다. 아시아 향신료의 수입은 시대적 상황과 여건에 따라 부침을 겪었지만, 향신료에 대한 열망은 중세에도 계속되었다. 또한 아시아 향신료는 유럽 사회에서 사치품으로 신분과 권력을 과시하는 수단으로 활용되었다. 이처럼 아시아 향신료에 대한 유럽인의 환상적 사고와 열망이 향신료의 원산지를 찾아 모험과 여행을 떠나게 했고, 그 결과 근대가 탄생했다.

생태계의 역설,
그 나쁜 놈이 사실은 보호자였다

서광원 인간자연생명력연구소

오래전 워싱턴대학교 로버트 페인(Robert Payne) 교수가 시애틀 서쪽 머코만(灣)에 있는 한 무인도에서 획기적인 연구를 시작했다. 밀물과 썰물이 드나드는 이곳 해안 생태계에서 공포의 포식자로 군림하는 불가사리를 제거하는 연구로, 당시에는 의미가 있거나 결코 대단해 보이지 않았다. 하지만 그는 궁금했다. 단단한 외피를 무기 삼아 육중한 탱크처럼 돌아다니며 모든 걸 먹어 치우는 이 무소불위의 악당이 사라지면 어떤 일이 일어날까? 예상대로 지속가능한 평화가 찾아올까?

불가사리가 사라진 1년 후, 예상은 맞았고 해안 생태계의 주인 공이 바뀌었다. 불가사리에게 마냥 당하던 따개비와 홍합이 대폭 늘어나며 번성을 구가하기 시작했다. 그런데 시간이 갈수록 예상 치 못한 상황이 벌어졌다. 처음 조사했을 때 15종이나 되었던 생물 다양성이 몇 년 후 절반인 8종으로 줄어드는 등 생태계가 눈에 띄 게 황폐해졌다. 공포의 불가사리가 없어졌으니 생물 다양성이 더 풍부해져야 하는데, 반대 현상이 일어난 것이다. 주범은 이곳 생태 계를 새롭게 독점한 홍합이었다. 먹이사슬의 정점에 있는 존재는 보통 생물 다양성을 급격하게 줄어들게 하지 않는다. 자신의 생존 기반을 무너뜨리는 결과를 초래해서다. 그런데 홍합은 왜 이토록 자기 파괴적인 존재가 되었을까?

그 나쁜 놈이 사실은 포식자가 아닌 보호자

불가사리라는 위협 속에서 살 때 홍합의 최대 목표는 무조건적 인 생존이었다. 어떻게든 생존력을 길러 끈질기게 살아남아야 했 다. 그런데 불가사리가 사라지자 그동안 축적한 생명력이 폭발했 다. 급격하게 번성하며 따개비와 해면 같은 경쟁자까지 속속 제압 해 절멸시켰다.

하지만 홍합의 번성은 막다른 골목을 향한 것이었다. 불가사리 는 오랜 시간 이 생태계에 적응해오면서 개체 수를 조절하는 능력을 갖추었지만 홍합은 그러지 못했다. 스스로 개체 수를 조절해야 생태계를 유지할 수 있고, 그래야 자신도 오래 살아갈 수 있다는 것을 몰랐다. 이런 경험을 한 적이 없으니 이를 위한 성향(유전자) 역시 갖추지 못해 찾아온 번성을 열심히 누리기만 했다. 그러니까 단순한 포식자인 줄 알았던 불가사리가 사실은 이 해안 생태계의 보호자라는 놀라운 역설이었다.

페인은 여기서 아주 중요한 개념을 도출해냈다. 얼핏 불가사리가 파괴자인 것 같지만 그렇지 않을 뿐만 아니라, 오히려 자신이 속한 생태계를 존재하게 해주는 '핵심종(keystone species)' 혹은 '쐐기돌종'이라는 것이었다. 쐐기돌은 원래 건축의 아치 모양 구조에서 불안정한 힘을 흡수하고 평형을 유지해주는 돌을 일컫는다. 그와 같이 한 생태계를 지속가능하게 하는 핵심적 역할을 하는 종이 있다는 뜻이다. 그대로 놔두면 생태계를 망치는 홍합을 억제해 다양성을 가능케 했던 불가사리처럼 말이다.

그의 논문은 즉각적인 반향을 일으켰고 격렬한 논쟁을 불렀다. 학계만이 아니라 일반인에게도 화제가 되었다. 누구나 다 아는 나쁜 놈이 사실은 보호자이자 필수적인 존재일 수 있다니 놀라지 않을 수 없었다. 과연 그럴까 하는 반론도 만만찮았다. 하지만 논쟁은 시간이 갈수록 사그라들었다. 다른 생태계에서도 이 같은 사실이 속속 확인되었기 때문이다.

이제는 유명해진 미국 옐로스톤공원의 늑대가 대표적이다. 오랜 세월 이곳의 터줏대감이던 늑대는 1900년대 초 완전히 사라졌다. 이 지역 목장주들이 늑대가 가축을 해친다며 목소리를 높였고, 일반인 역시 순한 사슴을 잡아먹는다고 합세해 늑대를 멸종시켰다.

하지만 기대하던 평화는 잠시뿐, 다른 문제가 나타났다. 늑대에게서 해방되어 대폭 증가한 사슴이 어린나무의 잎까지 모조리 뜯어 먹는 바람에 나무가 자라지 못했고, 그 탓에 그동안 없었던 홍수가 발생하는 등 생태계가 심각할 정도로 망가졌다. 결국 1990년대 중반, 논란 끝에 캐나다에서 다시 회색 늑대를 들여와서야 문제가 해결되었다. 늑대만 없애면 모든 문제가 사라질 줄 알았는데 반대였다. 늑대는 파괴자가 아니라 이곳을 살아 있게 하는 핵심종이었다. 정밀 조사 결과, 사실 늑대가 가축을 잡아먹는 일은 드물었다. 눈에 보이는 것을 확대해석한 결과였다.

지금까지 야생을 간직한 아프리카 세렝게티 초원에서도 마찬가지다. 사람들은 오랫동안 코끼리를 초원의 무법자로 생각했다. 코끼리는 거대한 덩치와 기다란 코로 큼지막한 나무들을 통째로 뽑거나 쓰러뜨려 나뭇잎을 먹어 치웠다. 하지만 알고 보니 코끼리가 나무에는 무법자여도 초원 생태계 차원에서는 없어서 안 될 존재였다. 나무들을 자라지 못하게 했기에 풀들이 자라고, 코끼리가 배출한 배설물 역시 초원에서 중요한 역할을 했다. 덩치만큼이나 배설물도 거대하다 보니 쇠똥구리나 땅속 곤충에게는 풍요로운 환경이 되었고, 풀들이 잘 자랄 수 있는 기름진 토양을 만드는 데 도움을 주었다. 덕분에 수많은 초식동물이 몰려오고, 이에 따라 사자와 치타 같은 사냥꾼도 살 수 있었다.

눈에 보이는 것은 전부가 아닌 일부일 뿐

인간에게는 시각이 주요 감각이기에 우리는 보는 것을 믿는다. '보는 것이 믿는 것'이라는 격언도 있다. 그런데 우리가 보는 것은 우리가 알아야 할 전부가 아니라 일부일 수 있다. 그래서 본 것보다 보지 못한 것, 혹은 눈에 보이지 않는 것이 더 중요할 수 있다. 내 눈으로 본 건 분명 존재하는 것이니 사실이지만, 사실이라고 모두 진실은 아니다. 사실과 진실은 같을 수도 있지만 다를 수도 있다. 보이는 것 역시 사실일 수도 있지만 역시 전부가 아니기에 보이지 않는 것이 진실일 수도 있다. 우리가 나쁘다고 여기는 게 나쁘지 않을 수도 있고, 좋다고 생각하는 게 그렇지 않을 수도 있다.

우리는 흔히 초식동물은 순해서 피해자일 수는 있어도 가해자일 수는 없다고 생각한다. 과연 그럴까?

생태계가 잘 형성된 무인도나 영역이 정해진 녹지에 들어간 양과 염소는 거의 반드시 그곳을 황폐화시킨다. 앞서 사례를 든 홍합처럼 생태계 차원의 조절 경험이 없어 그곳의 풀을 다 뜯어 먹을 때까지 번성한다. 그렇게 되면 결국 양과 염소마저 모두 죽는다. 우리 역시 이들을 쫓고 쫓기는 포식자 관계로만 보는 경향이 있어 이런 면모를 모른다. 우리 눈에는 초식동물은 좋고 포식동물은 나쁘다는 등식이 성립되지만, 생태계 차원에서는 아닐 수 있다. 전체 상황과 맥락에 따라 선과 악은 달라진다.

멸종은 나쁜가? 그럴 수 있다. 하지만 지구 역사상 다섯 번째 대멸종으로 공룡이 사라진 덕분에 포유류가 번성했고, 우리 역시 여기에 있다. 적은 나쁜가? 너무나 당연한 듯하지만 독재자에게는 반가울 수 있다. 우크라이나와 전쟁을 벌이는 러시아 푸틴 대통령은 위기 상황을 통해 지배력을 강화했다. 갈등은 어떨까? 학자들은 영국이 산업 혁명으로 해가 지지 않는 제국을 이룰 수 있었던 비결 중하나로 갈등을 꼽는다. 영국 역시 계층 간 갈등이 심각했으나 생산적으로 해결한 덕분에 엄청난 희생을 치러야 했던 프랑스 등의 다른 나라와 달리 빠르게 번영의 길로 달려갔다. 갈등은 언제 어디서나 생길 수 있고 나쁜 것이 아니다. 갈등을 제대로 해결하지 못하는 게 나쁜 것이다.

핵심종을 살려야 조직이 산다

회사에서도 그렇다. 언젠가부터 팀장과 부장은 회사에서 가장 원성을 많이 받는 직급이 되었다. 갑질을 리더십인 양 구사하는 장본인으로 꼽는다. 그런데 이들이 나쁜 사람들인가? 분명한 건, 진짜 나쁜 사람도 있지만 그 자리에 가기 전에는 괜찮은 사람도 많았다는 것이다. 그러면 자리가 그렇게 만드는가? 전부는 아니지만 적어도 반은 맞다. 예를 들어보자. 총알이 비 오듯 쏟아지고 포탄이 정신없이 날아다니는 최전선에서 싸우는 소대장과 중대장은 많은 부하가 죽을 걸 알면서도 "앞으로 돌격!"을 외쳐야 하고, 망설이고 꾸물거리는 부하의 등을 떠밀어야 한다. 부하를 사지로 모는 소대장과 중대장은 나쁜가? 그렇지 않다. 그들은 해야 할 일을 할 뿐이다. 좋아서가 아니라 그렇게 해야 하기에 한다.

팀장과 부장 역시 다르지 않다. 이들 또한 비즈니스의 최전선에서 있다. 하기 싫은 일을 하게 하고, 등을 떠밀며 독촉하며, 누군가해야 할 일을 하게 한다. 문제는 일과 사람을 동시에 다루는 데는 다양한 경험과 테크닉이 필요한데, 이제 막 리더가 되었거나 일에 익숙해질 시간이 없었던 사람에게는 풍부한 노하우가 부족하다. 시행착오를 할 시간이 넉넉하게 주어지지도 않는다. 날마다 싸워가면서 익혀야 하니 하루하루 외나무다리를 건너는 셈이다. 지친 나머지 하지 말아야 할 행동을 할 가능성도 크다. 인도해야 하는데 강압하고, 채근해야 하는데 닦달한다. 악역을 해야 하는데 악당이 되고 괴물이 된다.

부모 역할이 처음이면 내가 낳은 자식을 키우는 것도 서툴 수밖에 없다. 바람 잘 날 없는 조직을 이끄는 자리는 말할 것도 없다. 물론 본인의 능력이 중요하지만, 회사가 너무 개인 역량에만 맡겨놓는 탓에 문제가 더 크게 불거지는 경향이 있다. 불확실성이 디폴트가 되면서 업무 수행 방식의 변화가 커진 데다, 세대 갈등까지 심해진 요즘에는 최일선에 있는 이들이 결국 덤터기를 쓸 수밖에 없다. 코칭과 교육 같은 지원이 훨씬 밀도 있게 이루어져야 하지만 그렇지 못한 게 현실이다. 결국 커지는 원성을 맨몸으로 받아낸다.

자연과 사회의 사례가 우리에게 알려주는 게 있다. 보이지 않거나, 나쁘게 보이는 핵심종을 살려야 생태계가 유지되듯 조직 역시 마찬가지라는 것이다. 자연에서 자주 볼 수 있는 핵심종은 크게 두 가지 유형이다. 불가사리와 늑대처럼 나쁘게 보이지만 사실은 조절자 역할을 하는 경우가 있고, 나무를 쓰러뜨려 작은 댐을 만드는 숲속의 비버처럼 그저 자기 집을 지었을 뿐인데 그것이 다른 많은 생명체가 살아가기 위한 기반 환경을 만드는 경우가 있다. 악역을 담당하는 핵심종도 중요하지만 비버처럼 조용히 생태계를 살리는 핵심종 역시 조직에는 필요하다. 별로 눈에 띄지 않았으나, 승진이나 사내 알력에 밀려 퇴직하거나 다른 부서로 옮겨간 뒤에 빈자리가 유난히 크게 느껴지는 사람이 있다면 그가 바로 비버 같은 핵심종이었던 셈이다. 핵심종을 잃은 생태계는 최소한 한동안 휘청거리거나 주저앉는다. 대체 불가인 경우가 많아서다.

잘되는 조직은 비버 같은 핵심종, 그러니까 보이지 않는 헌신을 대우한다. 예전 영국 프리미어리그에서 박지성과 같이 뛰었던 선수들은 지금도 박지성 선수를 높이 평가한다. 심장이 두 개인 것처럼, 무릎에 물혹이 생기도록 보이지 않는 곳에서 열심히 뛰어준 덕분에 자신들이 빛날 수 있었기 때문이다. 그리고 당시는 맨체스터 유나이티드의 전성기였다. 누군가의 보이지 않는 헌신을 당연하게 여기거나 대우해주지 않는 조직은 잠시 잘나갈 수는 있어도 그 번영이 계속되지 않는다. 모두가 자기 몫만 챙기려는 이기적인 조직이 어떻게 잘되겠는가?

레오나르도 다빈치는 "진정한 통찰을 얻으려면 사물의 표면 아래를 보아야 한다"라고 했다. 그래서 알고 싶은 게 있으면 가만히 앉아 몇 시간씩 그것을 응시했다. 눈으로 볼 수 있는 것 너머에 있는 것을 보려고 했다. 있는 그대로를 그리는 게 아니라 본질을 포착하는 게 화가라고 여겨서였다. 그가 위대한 예술가가 된 것은 이런 능력을 끊임없이 갈고닦았던 덕분이다.

리더로서 좋은 조직을 만드는 것 역시 마찬가지다. 보이는 모습 너머를 볼 수 있어야 한다. 자신이 중심이라고 과시하는 '보이는 쐐기돌'보다 묵묵히 전체를 보살피고 챙기는 '보이지 않는 쐐기돌'을 알아보고, 나아가 누군가는 해야 하는 악역을 하는 등 얼핏 걸림돌처럼 여겨지는 핵심종을 잘 품어야 한다. 보이는 걸림돌보다 보이지 않는 걸림돌을 조심해야 하는 건 말할 것도 없다. 예나 지금이나 리더십에서 통찰력이 중요한 이유는 명확하다. 가치 있는 것일수록 잘 보이지 않고, 한번 훼손되면 회복하기 힘들기 때문이다.

쇼펜하우어 인생론,
고통과 권태의 굴레

박찬국 서울대학교

아르투어 쇼펜하우어(Arthur Schopenhauer)는 인생의 본질을 한
마디로 이렇게 표현했다. "인생은 고통과 권태 사이에서 오락가락
하는 시계추와 같다." 인간은 갖가지 욕망에 시달린다. 좋은 대학
에 가고 싶은 욕망, 멋진 이성을 만나고 싶은 욕망, 높은 명예나 큰
돈을 갖고 싶은 욕망, 자식이 잘되길 바라는 욕망…. 이런 욕망을
실현하기 위해 우리는 온갖 노력을 다하지만 뜻대로 되지 않아 고
통과 허탈함을 느낀다. 이처럼 우리가 겪는 많은 고통이 충족되지
못한 욕망에서 비롯된다.

인생은 고통과 권태 사이를 오가는 시계추

쇼펜하우어에 따르면, 정작 욕망이 충족되어도 행복감은 그다지 오래가지 못한다. 오랫동안 노심초사한 것에 비하면 욕망이 충족되는 순간에 느끼는 행복감은 항상 너무나 짧다. 그래서인지 쇼펜하우어는 "우리 행복은 욕망에 기생하는 것"이라고 말했다. 행복이란 욕망이 충족되는 것에 지나지 않으며, 행복은 욕망이 충족되는 순간 사라지기 시작한다. 허기에 시달린 후, 밥이 입에 들어가는 순간 우리는 행복감을 느끼지만, 허기가 채워지는 것과 동시에 행복감은 사라지기 시작한다. 그리고 행복감이 사라진 빈자리에 권태가 들어선다.

우리는 종종 무엇 하나 부족할 것이 없어 보이는 유명 인사가 마약이나 도박, 성폭력 등으로 한순간 나락으로 떨어지는 모습을 본다. 그토록 어리석은 짓을 하는 가장 근본적인 원인은 권태다. 그들은 권태에서 벗어나기 위해 자극을 찾아 나섰던 것이다. 인류가 만들어온 모든 오락거리는 사실 권태에서 벗어나기 위한 몸부림이라고 볼 수 있다.

"인생은 고통과 권태 사이에서 오락가락하는 시계추와 같다"라는 쇼펜하우어의 말은 인생의 본질 중 한 단면을 무척이나 잘 드러낸 명언이다. 기업을 경영하는 CEO에게도 큰 공감을 부르는 말일 것이다. 온갖 노력을 다해 회사를 성장시키는 등 과업을 성취해도 기쁨은 오래가지 않는다. 다시 권태에 사로잡히거나 다시 새로운 욕망과 고통에 사로잡히기를 누구나 반복해서 경험한다.

쇼펜하우어는 대표적인 염세주의 철학자다. '염세주의(厭世主義)'라는 단어에서 '염'은 미워하고 싫어하는 것을 의미한다. 따라서 염세주의란 세상을 고통이 지배하는 곳으로 보고 부정하는 철학적 입장을 가리킨다. 경제적으로 여유가 없는 보통 사람이 충족시키기 어려운 많은 욕망 때문에 고통에 시달린다면, 넘쳐 나는 부(富)로 아무 걱정도 없을 것 같은 사람은 권태에 시달린다. 그래서 쇼펜하우어는 다른 사람을 부러워할 필요가 없다고 말한다. 사람들의 삶을 잘 들여다보면, 누구에게나 사는 건 고통이기 때문이다.

고통과 권태의 굴레에서 벗어나기 위한 여덟 가지 조언

쇼펜하우어는 염세주의 철학자였으나, 우리가 인생의 굴레에서 벗어날 수 있는 길로 다음의 여덟 가지를 제안했다.

1. 욕망을 절제하라

충족되지 못한 욕망으로 힘들어하는 사람에게 쇼펜하우어는 그 욕망을 실현하기 위해 안달하기보다 욕망을 줄일 것을 권한다. 쇼펜하우어는 우리 욕망은 밑 빠진 독과 같다고 본다. 특히 부와 명예에 대한 욕망은 마시면 마실수록 갈증을 느끼는 바닷물과 같아서 아무리 많이 가져도 만족하지 못한다. 우리가 욕망을 통제할 줄 모른다면, 욕망은 걷잡을 수 없을 정도로 커진다.

욕망이 큰 사람은 비교 의식도 강하고 시기심도 강하다. 우리 나라 사람들이 단군 이래로 유례없는 물질적인 풍요를 누리면서도 행복도가 높지 않은 이유는 비교 의식과 '사촌이 땅을 사면 배 아프다'라는 식의 시기심이 상대적으로 강해서가 아닌가 한다. 우리는 아무리 많이 가져도 더 많이 가진 사람을 보면서 자신이 불행하다고 생각한다. 자신보다 행복한 사람 탓에 고통받는 사람은 결코 행복해질 수 없다. 그러니 시기심은 행복의 적이자 악마로 간주하고 끊어내려 노력해야 한다.

소박한 음식이라도 맛있게 먹고, 자신보다 못한 처지의 사람을 생각하면서 가진 것에 만족하고 감사하는 훈련을 해야 한다. 절도 있고 온화하며 선량한 인간은 빈천한 환경 속에서도 만족하지만, 탐욕스럽고 시기심 많은 악한 인간은 아무리 풍족한 환경 속에서도 만족할 줄 모른다. 욕망을 절제하는 방법의 하나로 쇼펜하우어는 "모든 것이 무상함을 잊지 말라"고 당부한다. 모든 것이 죽음과 함께 사라진다는 사실을 생각하면 대상에 대한 집착과 욕망에서 어느 정도 벗어날 수 있다.

2. 교양을 쌓아라

쇼펜하우어는 권태를 이기는 방법의 하나로 교양 쌓기를 권한다. 스페인 문학가 세르반테스(Cervantes)처럼 정신적으로 탁월한 인간은 감옥에서도 《돈키호테》를 써냈다. 죄수가 가장 두려워하는 것은 독방에 오랫동안 간히는 것이라 할 정도로, 권태는 우리를 짓누르는 무서운 형벌이다. 정신적으로 빈약한 인간은 혼자 권태롭게 있을 때 직면하는 내면의 공허함과 삭막함을 견딜 수 없다. 역사적으로 보면 공허한 내면과 권태감을 벗어나기 위해 온갖 사교, 기분 풀이, 오락, 사치에 대한 욕구가 생겨났는데, 한편으로는 이런 것들이 많은 사람을 재산의 낭비와 정신적으로 비참한 상태로 몰아넣기도 했다.

어리석은 사람은 부만 얻으면 자기 욕망이 완전히 충족될 거라고 믿는다. 그러나 부를 기쁨으로 바꿀 줄 모른다면, 아무리 많은 재산을 소유해도 쓸데없다. 부를 기쁨으로 바꾸기 위해서는 교양과 지혜가 필요하다. 찰나적인 관능적 욕망을 추구하는 것은 결코 장기적인 만족을 주지 못하고 결국 우리를 권태에 빠뜨린다. 사고의 무한한 활동과 유희, 생각을 항상 다르게 결합하게 하는 힘과 충동이야말로 우리를 권태에서 벗어나게 해준다.

우리는 흔히 반고흐를 불행한 삶을 살았다고 동정하지만, 사실 그는 그림을 구상하고 그림을 그리는 오랜 시간 동안 행복을 맛보았을 것이다. 미켈란젤로는 평생을 일 중독자였으나, 평생 조각과 그림에 몰입하는 기쁨을 맛보면서 살았다고 할 수 있다.

3. 명랑한 마음과 건강을 유지하라

쇼펜하우어는 또 명랑한 마음을 가질 것을 권한다. 우울한 인간은 열 가지 계획 중 아홉 가지가 성공하더라도 아홉 가지의 성공에는 관심이 없고 한 가지 실패에 화를 낸다. 이에 반해 명랑한 인간은 열 가지 계획 중 아홉 가지가 실패하고 한 가지만 성공해도 만족하고 즐거워한다. 명랑한 사람은 긍정적이기에 아무리 가난해도 매사에 행복하다. 명랑한 마음을 갖기 위해 일차적으로 필요한 것은 건강이다. 장기간 병으로 고생하는 사람은 우울해지기 쉽다. 따라서 부나 명예보다도 건강을 가장 중시해야 한다.

4. 행복을 늘리기보다는 고통을 줄이려 노력하라

행복을 늘리려고 하기보다는 고통을 최소한으로 줄이고 제거하려는 노력이 중요하다. 우리는 행복보다 고통을 강하게 의식한다. 그래서 건강한 상태는 별로 의식하지 않으나, 병으로 인한 고통은 강하게 의식한다. 행복한 인생이란 고통이 없어 견딜 만한 인생이다. 쾌락은 욕망의 충족과 함께 사라지는 찰나적 즐거움이지만, 그것을 누리는 대가로 치르는 고통은 오랫동안 지속될 수 있다. 마약이나 섹스 등을 통한 찰나의 쾌락 탓에 한 사람의 인생이 순식간에 추락하는 일도 종종 있다. 이런 의미에서 쇼펜하우어는 "어리석은 사람은 쾌락을 원하고, 현명한 사람은 고통이 없기를 바란다"라고 말한다.

5. 현재를 즐겨라

우리를 불행하게 만드는 것 중 하나는 과거에 대한 회한이나 미래에 대한 불안이다. 인간은 과거와 미래를 생각한다는 점에서 동물과 다르다. 동물은 언제나 현재의 순간에 몰입해 있다. 인간은 과거를 기억하고 미래를 생각하기에 과거의 실패를 거듭하지 않고, 미래의 불상사를 예방할 수 있었다. 그러나 그와 동시에 과거에 대한 후회나 미래에 대한 지나친 걱정으로 자신을 고문한다.

그러므로 과거의 잘못에서 배울 것은 배워야 하지만 잊어야 할 것은 사소한 일로 간주하고 무시해야 한다. 언제 닥칠지 모르는 일로 마음의 평화를 잃을 필요도 없다. 우리는 불행한 일이 절대로 일어나지 않거나 적어도 지금 당장은 일어나지 않을 것으로 생각할 필요가 있다. 오직 현재만이 실재하며 확실하다는 사실을 기억하고 지금 자신이 가진 것을 즐기려는 노력이 중요하다.

6. 사교보다 고독을 즐겨라

쇼펜하우어는 "행복해지려면 고독을 즐길 줄 알아야 한다"라고 말한다. 인간이 겪는 많은 불행이 사교에서 비롯되기 때문이다. 그는 인간관계를 고슴도치에 비유했다. 고슴도치는 가시가 있어서 다른 고슴도치에게 가까이 다가가면 서로 찌르게 된다. 우리도 서로 친해지면 상대방을 함부로 대하거나 상처를 주기도 한다. 그렇다고 해서 모든 인간관계를 다 끊는다면 삶이 춥고 외롭기에 우리는 항상 자신과 뜻이 맞는 사람을 찾아 나선다. 그러나 인간은 기본적으로 자기중심적이라 내 뜻에 맞추어줄 상대는 거의 존재하지 않기에, 그런 기대로 사람을 사귀면 상처받을 수밖에 없다.

결국 사교에서 행복을 찾기보다는 고독 속에서 위대한 철학자, 예술가와 사귀면서 고독을 즐길 줄 알아야 한다. 고독을 즐길 줄 아는 사람은 다른 사람에게 기대가 없으니 상처받을 일이 줄어든다. 그릇이 크고 깊은 사람일수록 혼자 있을 때 더욱 큰 기쁨과 행복을 느낀다. 사교를 비롯해 외부에서 오는 행복과 쾌락은 모두 불안정하고 덧없으며 우연에 지배되기에 아무리 좋은 상황에서도 쉽게 사라져버릴 수 있다. 쇼펜하우어는 이렇게 말한다. "사교나 사람들의 모임은 '불'과 비교될 수 있다. 현명한 자는 적당한 거리에서 몸을 녹인다. 그러나 어리석은 자는 불 속에 손을 집어넣는다. 이렇게 불에 데고 나서는 추운 고독 속으로 도망가 불이 뜨겁다고 징징거린다."

7. 남의 시선이나 평가에 신경 쓰지 말라

행복해지려면 자신에 대한 험담을 무시할 정도의 자존감 또한 필요하다. 우리가 느끼는 온갖 비애와 걱정의 절반은 나에 대한 타인의 생각에 신경을 쓰는 데서 비롯된다. 악성 댓글 탓에 연예인이 극단적인 선택을 했다는 뉴스가 종종 나온다. 악성 댓글은 사람은 보통 성공한 사람에 대한 시기심으로 가득 찬 저열한 사람이 쓴다.

이런 자의 머리는 피상적이고 천박한 생각, 편협하고 하찮은 신념, 불합리하고 거짓된 의견으로 가득 차 있다. 이런 자의 견해에 큰 가치를 두는 것은 지나치게 경의를 표하는 셈이다.

볼품없는 자가 뛰어난 자를 비웃는 일은 동서고금을 막론하고 흔하다. 그런 자에게라도 사랑받기를 원하는 것은 악당에게조차 사랑받고 싶다는 허영심일 뿐이다. 이런 허영심은 낮은 자존감에서 비롯된다. 자존감이 높은 사람은 이런 허영심을 경계하고 자신이 참으로 존경하는 사람의 평가에만 귀 기울인다.

8. 피할 수 없는 일이라면 용기 있게 맞서라

쇼펜하우어는 행복을 위해 가장 필요한 것으로 현명함을 꼽았고, 다음은 용기라고 했다. 어차피 피할 수 없다면 용감하게 맞서라는 것이다.

우리는 항상 다른 이의 삶을 부러워한다. 그러나 부러운 이의 삶도 그 안으로 들어가보면, 그 역시 자신만의 고민으로 고통스러워한다. 누구에게나 사는 건 고통이다. 고통과 권태의 굴레에서 벗어나려는 진지한 노력만이 욕망과 행복 사이에서 우리 인생을 건강하게 지탱해주는 힘이 될 것이다.

통찰

1판 1쇄 인쇄 2024년 10월 8일
1판 1쇄 발행 2024년 10월 15일

엮은이 휴넷리더십센터
책임편집 박주란
편집 · 디자인 눈씨

펴낸곳 행복한북클럽
펴낸이 조영탁
주소 서울특별시 구로구 디지털로26길 5, 에이스하이엔드타워 1차 807호
메일 bookorder@hunet.co.kr
팩스 02-6442-3962

ISBN 979-11-92815-11-4   03300

- 잘못된 책은 구입하신 곳에서 교환해드립니다.
- 책값은 뒤표지에 있습니다.

행복한북클럽은 ㈜휴넷의 출판 브랜드입니다.
Happy Bookclub